解读化十人兵法

著 韩胜宝

团结出版社

© 团结出版社，2024 年

图书在版编目（CIP）数据

解读华人兵法 / 韩胜宝著 . -- 北京：团结出版社，
2024. 9. -- ISBN 978-7-5234-1069-1

Ⅰ . E892.25

中国国家版本馆 CIP 数据核字第 2024Z5M021 号

责任编辑：安胡刚
封面设计：谭　浩

出　版：团结出版社
　　　　（北京市东城区东皇城根南街 84 号　邮编：100006）
电　话：（010）65228880　65244790（出版社）
　　　　（010）65238766　85113874　65133603（发行部）
　　　　（010）65133603（邮购）
网　址：http://www.tjpress.com
E-mail：zb65244790@vip.163.com
经　销：全国新华书店
印　装：三河市东方印刷有限公司

开　本：170mm×240mm　16 开
印　张：38.25　　　　　　　字　数：520 千字
版　次：2024 年 9 月 第 1 版　　印　次：2024 年 9 月 第 1 次印刷

书　号：978-7-5234-1069-1
定　价：99.00 元
　　　　（版权所属，盗版必究）

作者在澳门大学访问中国社会科学院学部委员杨义

作者与台湾中华孙子兵法研究会学会会长傅慰孤合影

马来西亚孙子兵法学会创会会长吕罗拔

新加坡南洋女中参观《孙子兵法》诞生地苏州穹窿山

印尼华人致力传播中华兵家文化

澳大利亚孙子兵法研究会会长丁兆璋向Jim Malan（伊拉克战争期间澳大利亚军队总指挥）赠送《孙子兵法》

作者专访法国《欧洲时报》社长张小贝

台湾诚品书店出售作者的"孙子兵法全球行"系列丛书

新加坡先贤馆陈嘉庚展览

泰国侨领廖梅林

世界华人围棋联合会会长蔡绪锋

作者访问香港儒商方润华

"印尼钱王"李文正在阅读作者出版的《解读新加坡兵法》

蒙古国孔子学院崇尚"尊老爱孙"

黄昭虎开创《孙子兵法》品牌课

首个在台湾将《孙子兵法》列为必修学分的王立文

大陆台商《孙子兵法》授课第一人

邱庆河出版的《孙子兵法》在马来西亚书店位列排行榜之首

作者与黄基明合影

澳洲华人学者丁兆德

作者与加拿大皇家院士孙靖夷合影

台湾孙子研究学者严定暹

英国著名侨领、全英华人中华统一促进会会长单声

作者与香港《亚洲周刊》总编辑邱立本合影

蒙特利尔唐人街的"吴宫教战"大型壁画

韩国仁川唐人街《三国演义》画廊街

马六甲鸡场街

作者与法国巴黎13区首位华裔副区长陈文雄（中）合影

《日本新华侨报》总编辑收藏的日文版《孙子兵法》

作者与原香港理工大学博士生导师、香港国际孙子研究学院院长庐明德合影

序　言

　　旅居南洋的"孙子兵法全球行"发起人、CCTV国家宝藏孙子兵法守护人韩胜宝先生出版《解读华人兵法》，是第一部以华人为题材的兵法书。全书分为华人兵法传播、华人兵法应用、华人兵法教学、华人兵法人生、华人兵法论坛和唐人街兵法共六章，均为作者采访的第一手资料，生动翔实地记录了华侨、华人、华商、华校、华媒如何传承和弘扬中国老祖宗的顶级智慧和顶层思维。

　　"一本兵书闻天下，十三篇章传全球。"这是一部华人世界弘扬孙子思想的写真，传授孙子智慧的传奇，应用孙子谋略的荟萃，论述孙子理念的集锦。

　　这本书展示了全世界华人传播研究应用《孙子兵法》的经验和成果，凸显了马来西亚华人做出的出色贡献和独特风采。书中以较多篇幅介绍了大马华人"帛书"孙子学专家郑良树出版的《孙子斠补》《竹简帛书论文集·〈孙子〉续补》《竹简帛书论文集·论〈孙子〉的作成时代》《竹简帛书论文集·论银雀山出土〈孙子〉佚文》等一系列有学术价值的书籍。介绍了马来西亚孙子兵法学会创会人吕罗拔20多年来共讲了680多场《孙子兵法》，创造了海外华人演讲的最高纪录。介绍了大马华人作家邱庆河出版《孙子兵法》相关著作37本，创华人世界兵书出版最高纪录。马来文《以孙子兵法驰骋商场》发行80万册，销售一空。尤其是与槟州总警长拿督尹树基副总监合著的《孙子兵法防范罪案》，加入《孙子兵法》战略，演变成大马皇家警察部队在防范罪案的策略，成为大马皇家警察部队在打击罪案策略上的指南，在MPH书店大马各大分行出售。他出版的多部兵书在大马书店销售名列年度排行榜之首。介绍了大马资库学者黄基明博士在研究政治和哲学中参透的中国兵法，先后把两部《孙子兵法》和四部中国"武经七书"翻译成瑞典文和英文。介绍了马来西亚孙子兵法策略哲理学会会长陈正华在大马刮起"孙子演讲旋风"，举办五届《孙子兵法》全文导读班。介绍了大马企业资深顾问、《孙子兵法》策略讲师陈富焙倡导向孙子实践者学习的"孙子经"。介绍了大马华人收藏家骆锦地把《三国演义》作为《孙子兵法》的实战演绎，他的收藏与联展体现了华人战略思维等优良传统价值观，发掘了中国古代的智慧与宝藏。

这本书对华人世界具有重要的历史价值和时代价值——

价值之一：展示了《孙子兵法》对华人世界产生了重要影响。由一代兵圣孙武创立的兵学文化，已经积淀为中华民族的精神、品格和气质中不可替代的文化传统，深深融入全球华侨华人和港澳台同胞的精神血脉中。

价值之二：展示了华人世界传播中华传统文化的中坚力量。《孙子兵法》在海外传播范围之大，辐射之广，影响之深，离不开作为中华文化重要传承者和传播者的广大华侨华人。

价值之三：展示了《孙子兵法》在华人世界应用的丰硕成果。本书汇集了全球华商的经典案例，印证孙子智慧是海外华人的无价之宝，能在海外从容面对一切。

价值之四：展示了华人世界的中华文化的自信。2024年恰逢马来西亚和中国建交50周年，本书不但见证中华兵家文化在马来西亚华人中的传播和应用，而且见证《孙子兵法》从中国走向世界，依然充满活力，使独有的中国古老智慧和传统经典文化思想在华人世界绽放光彩。

作为东方智慧的结晶，《孙子兵法》集中体现了中国古代军事思想的巨大成就，历经时间长河的荡涤冲刷，影响经久不衰。及至今日，这部兵法仍在世界范围产生着广泛影响，其哲学思想价值一直得到东西方的普遍认同，也让华人世界为之骄傲和自豪。

马来西亚中华大会堂总会成立于1991年，是由马来西亚13州的中华大会堂或华团总会组成的一个总机构。多年来，华总整合全马华人社团，凝聚华社力量，建设华人博

吴添泉

物馆，打造成一处记录华人历史、传承中华文化的基地。华总还主办华人文化节，轮流在各州举办，至今已历经33届，成为全马华社知名的文化品牌。

数百年以来，从先辈下南洋一直到今天，马来西亚华人社会坚持和发扬中华文化，重视母语和传统文化教育，从未间断。《孙子兵法》在马来西亚华人文化传承、发展中具有重要意义，是华人赖以生存和发展的法宝，华总在这方面责无旁贷，也必须坚守与传承。

是为序。

吴添泉

2023 年 12 月

（作者系马来西亚中华大会堂总会总会长、丹斯里拿督斯里帮里玛局绅博士）

自 序

　　客家人廖梅林19岁只身从广东梅州来到泰国，箱子里带的除了衣服就是一本《孙子兵法》；美籍华人朱津宁20世纪70年代从台湾地区移居美国时，只带了两本书，一本是《厚黑学》，另一本是《孙子兵法》；美籍华人吴瑜章最爱读的一本书就是《孙子兵法》；菲律宾华人富豪陈永栽能整篇背诵《孙子兵法》；美籍华人谢一铭每次出门不忘带一本《孙子兵法》……

　　一本兵书闻天下，十三篇章传全球。由一代兵圣孙武创立的兵学文化，集中体现了中国古代军事思想的巨大成就，历经时间长河的荡涤冲刷，影响经久不衰，已经积淀为中华民族的精神、品格和气质中不可替代的文化传统，深深融入全球华侨华人和港澳台同胞的精神血脉中，对华人世界产生了重要影响。

　　《孙子兵法》在海外传播甚广，离不开作为中华文化重要传承者和传播者的广大华侨华人。华侨华人远赴海外拉近了外国人与中华文化的距离，包括兵家文化在内的中华传统文化引起更多海外人士的关注，中华传统文化也随着华侨华人的遍及并融入世界各地而不断传承传播，发扬光大。

　　二战以后，以吴天才、叶新田等人为主体的印尼华人翻译家群体用马来文翻译了《孙子兵法》，引导华侨回归华夏文化。马来西亚华人邱庆河

30多年来著有马来文、英文、中文译本共37本，平均不到一年就出版一本，是目前世界上翻译《孙子兵法》数量及版本最多的华人。缅文版《孙子兵法》由缅甸华人刘汉忠翻译，僧伽罗文《孙子兵法》由斯里兰卡郝唯民翻译，瑞典文《孙子兵法》由新加坡国立大学东南亚研究所高级研究员黄基明翻译。

马来西亚孙子兵法学会创会会长吕罗拔20年来演讲680多场，创造了海外华人演讲《孙子兵法》的最高纪录。新加坡南洋理工大学黄昭虎曾为30多个国家和经济体包括财富500强在内的220家主要机构演讲，成为海外华人为西方高层主管培训《孙子兵法》第一人。

民国兵学第一人李浴日在美国的五个儿女成立李浴日基金会，建立李浴日著作网络版，出版100多万字的《李浴日全集》放进美国图书馆，翻译李浴日兵学著作英文版，在美国传播中国兵家文化。

澳洲华裔丁氏三兄弟在南半球成立第一个孙子兵法研究会，老大丁兆德十多年来自费在悉尼社区举办《孙子兵法》图片书籍展览，开设孙子讲座，在《澳洲日报》《星岛日报》等华文媒体发表了一系列介绍《孙子兵法》的文章，他的格言是"有生之年只做孙子传播一件事"。

印尼侨领阮渊椿举办的孙子兵法与三十六计书法雕刻艺术展，荣获"传播中华文化贡献大奖"。新加坡华人收藏家骆锦地珍藏的"三国豪情再现"经典油画，在北京中华世纪坛和新加坡展出，对弘扬和推动中华兵家文化产生了影响，受到中国和新加坡有关方面的高度评价，也备受世界名画收藏家的关注。

越南《西贡解放日报》，泰国《中华日报》、《星暹日报》，新加坡《联合早报》，印尼《国际日报》，葡萄牙《葡华报》、《澳洲新报》，美国《侨报》、《世界日报》、《日本新华侨报》等海外华文媒体，坚持不懈地传播《孙子兵法》。2011年3月，由法国《欧洲时报》、英国《欧洲侨报》、德国《欧华导报》等18家全球最具影响力的主流华文媒体共同评选出"中华五千年10大名著"，《孙子兵法》名列其中，在海内外华人读者中引起强烈反响。

海外华侨华人自豪地说，如果说牌坊、中餐馆等有中国特色的建筑是唐人街的"骨骼"的话，那么，这里流淌的中华传统文化无异于是唐人街的"血液"。而这"血液"中最重要的无疑是几千年的中国传统哲学，其中包括博大精深的孙子哲学思想。

仅以加拿大唐人街为例，2012年，由30多个当地艺术家制作的34座彩绘兵马俑"驻"在温哥华唐人街中山公园，这批彩装兵马俑在大温哥华地区各城市街头陈列半年时间，有的被分派在温哥华市区不同地点"站岗"；在维多利亚唐人街门楼上，刻着孙子同舟共济的"同济门"；在蒙特利尔唐人街的墙壁上，绘有孙子"吴宫教战"的巨幅壁画。

中国人走出去了，中国文化走出去了，但是没有走出唐人街，包括儒家学说、兵家文化在内的中国传统文化还是在华人中间流行。唐人街既是中华民族在海外的落脚点，也是中华文化在海外的保留地和生长点，更是延续着中华文化、传播中国国粹的"小中国"。唐人街代表着中华文明、中华传统。有人赞美说，唐人街就像一座中国文化博物馆，它宣传和继承着中华优秀文化，是西方人认识中国文化的"窗口"。

美国孙子研究学者披露，洛克菲勒财团成功的一个重要原因是运用其智囊团所提供的《孙子兵法》智慧谋略。而这些研究《孙子兵法》的智囊团重要人物，几乎多系华裔、华人。所以洛克菲勒财团的直线猛升的趋势，华人是起了很大的作用。

移居美国时只带了《孙子兵法》和《厚黑学》的朱津宁，后来成为畅销书作家、著名讲演家，曾与美国前总统卡特和英国前首相梅杰同台演讲。朱津宁对孙子在美国和世界的传播及应用是有特殊贡献的，她曾担任美国学习频道"伟大之书系列"《孙子兵法》单元的主要撰稿人。她出版的《新厚黑学之孙子兵法：先赢后战》等书籍，由英文原著被译为17种语言，共有60多国读者。

鲍威尔书店老板迈克·鲍威尔称，朱津宁的书"专为那些相信全部生活的重点在于取得个人、社会或者经济等各个方面成功的人们而著"。美国企业家萨姆·J.塞巴斯蒂安尼评价说,"假如我手中拿着最后几本书匆匆奔向机场跑道,那几本书将是《圣经》《孙子兵法》和《新厚黑学》"。

原中国远征军五十四军副军长叶佩高之子叶祖尧,是美国电脑科技大师,在美国的20年间开了三家软件公司,成为联合国和美、日、新加坡等国的科技顾问。叶祖尧精通《孙子兵法》,他用英文写了一本《商道》,把很多大公司的经营秘诀写进去,介绍《孙子兵法》在商场上的运用之妙,这本书出版后在美国相当受欢迎。

华尔街金融大鳄对《孙子兵法》倒背如流,而在华尔街用孙子谋略炒股的高手中也不乏华人的身影;《曼哈顿的中国女人》曾给人带来巨大的震撼,而今又有着无数优秀的中国智慧女人在曼哈顿应用孙子的智慧,在美国创造了非凡的业绩;硅谷出了无数的科技富翁,而这些科技富翁中不缺既懂科技又懂兵法的华裔创业家。

能整篇背诵《孙子兵法》的菲律宾侨领陈永栽,做烟草成了"烟草大王",做啤酒成了"啤酒大王",做金融成了"银行大王",做航空也成了"航空大王"。

箱子里只带一本《孙子兵法》的客家人廖梅林,后来成为泰国著名文化侨领。他潜心研究传播《孙子兵法》60多年,白话注解《孙吴兵法》,写成《商场经纬》12篇,在泰国和中国已拥有物业、地产、工厂,设立了梅林基金会,建成一所现代化的亚洲商学院,在芭堤娅建造东南亚最大的中华文化宫,免费接待来自世界各国游客300多万人次。

有"日本的比尔·盖茨"之称的网络巨子孙正义,是第三代韩裔日本人,孙家祖先原来从中国福建迁移到韩国,到孙正义祖父一代,又从韩国的大邱迁徙至日本九州。孙正义说,他就是孙子的后裔,他的血管里流着孙子的血液,"如果没有《孙子兵法》就没有我孙正义"。他还把孙子语录作为厂训放在大门口:一边是"胜兵先胜而后求战",另一边是"败兵先战而后求胜"。他将孙子的精髓应用到软银的一次次投资并购中,做到真正的"不战而胜"。

最爱读《孙子兵法》的吴瑜章，后来成为沃尔沃中国掌门人，曾将孙子谋略游刃有余地运用在沃尔沃卡车运营上。他撰写的《〈孙子兵法〉与市场战争学》，将孙子思想称为管理者的"充电器"和获取经济利益的"方法库"。他开创了全新"中西兼容、贯通古今的中国式营销管理哲学"，即吴氏"兵家"营销管理哲学。

马来西亚华人专家郑良树创造了"帛书"孙子学；严定暹成为华人世界第一个将兵法运用于生活的女性学者。

泰国文化侨领廖梅林应用《孙子兵法》13篇写就《商场经纬》12篇，《泰国风》杂志作了连载。此书是廖梅林40年商场驰骋的经验总结，具有商战实用价值，深受泰国华侨华人尤其是华商的欢迎。

"泰国围棋之父"、世界华人围棋联合会会长蔡绪锋，曾任泰国正大集团副董事长和首席行政官，是泰国现代企业管理的领军人物，他应用孙子思想来管理团队，以兵解棋，以棋喻兵，创造了"围棋管理法"。

香港协成行集团主席、方树福堂基金会主席方润华独创《孔明兵法运用于工商业》，他把30年总结出来的"股票兵法"公之于众，他编印的《如何将中国兵法运用于工商业》汇集了中国兵法之精华，上面题写了"永留天地间"。

香港"期货教父"刘梦雄创造了"期货孙子兵法"，他编撰的《期货决胜一零八篇》，连续六版，销量以10万计，被全国各期货交易所及经纪公司用作基本教材，荣获全国优秀畅销书、全国城市出版社优秀图书二等奖、粤版优秀畅销书等多项大奖。

澳门大学社会科学及人文学院中国文学讲座教授杨义，对先秦诸子进行了富有创造性的研究，进入先秦诸子的生命本质，接触到诸子的生命的密码，对作为一个有血有肉的孙子要触摸他的"体温"，对孙子所创造的智慧要进行生命还原。

台湾学者钮先钟通过还原、比较以及创新的观点，出版了《孙子三论》，他被誉为20世纪台湾引进西方战略理论及研究中国战略思想的第一人。

台湾东吴大学政治系教授刘必荣，开创了"谈判兵法"，其专著《谈判孙子兵法》成为常销书，他担任台北谈判研究发展协会理事长、和风谈判学院主持人，是目前台湾最权威的谈判学教授，谈判专著超过十本。

孙正义对《孙子兵法》的这种创新性应用很明显地表现在企业经营管理中，他独创了一套"孙孙兵法"。其兵法核心就是25个字："一流攻守群，道天地将法，智信仁勇严，顶情略七斗，风林山火海。"

值得一提的是，每次出门不忘带一本《孙子兵法》的谢一铭正在创新"金融兵法"。他是美国斯坦福大学学者、华尔街金融交易台专家，将《孙子兵法》应用于金融领域的高手。他曾任职于德意志银行贷款敞口管理小组，常驻纽约，参与德意志银行风险咨询服务；曾出任中国国家开发银行信贷风险以及巴塞尔协议事务顾问；曾任奥纬咨询负责人，负责公司的中国策略，是金融科技与信贷组合管理资深专家；现任连连集团高级副总裁。

笔者在海外采访期间，接触了许多华侨华人，他们在海外从零开始，白手起家，一点一滴发展起来，非常艰辛。中国传统文化思想深深扎根于一代又一代华侨华人的精神中，对他们事业的成功有重要的作用。从全球传统的餐饮服务、商贸制造业，到迅速崛起的高科技、新经济产业，处处活跃着华人的身影，并成为世界的财富引擎。

"我们华人的血脉中流淌着中华传统文化，孙子不仅是中国的宝贝，也是为世界的宝贝，更是海外华人华侨的宝贵财富。传承2500多年的孙子如今仍焕发出勃勃生机，让人爱不释手。"一位海外老华侨自豪地说。

"《孙子兵法》包括日本在内的全世界都在应用，我们华夏炎黄子孙自己不用好对不起老祖宗。"日本新华侨动情地说。

"在放眼环球的泱泱文化大潮时，更应该挺直起大国文化自信的脊梁。全世界的华人热爱孙子，全世界都在接受孙子，全世界没有一个国家不研究孙子的。"一位华人孙子研究学者如是说。

菲律宾华人富豪陈永栽说，中华文化是孕育了5000多年的文明结晶，是世界文化宝库珍贵的财富，源自中国，却属于全世界。

越南侨领朱应昌感叹，我们华侨华人是世界上最智慧、最聪明的，因为我们懂道、懂礼、懂兵法。

缅甸华商商会会长赖松生说，我们华人在缅甸立足十分艰难，主要靠的是老祖宗留下的博大精深的中华文化，孙子的思想对我们很有用。

英国著名侨领、全英华人中华统一促进会会长单声说，孙子的"妙算"已成为中国人智慧的代名词，中国人应该是全世界最有智慧的人。

巴黎首位华裔副区长陈文雄表示，包括《孙子兵法》在内的中国文化真的很有魅力，巴黎华商靠中国人的智慧取得成功，站稳脚跟。

法国潮州会馆监事长许葵说，为什么全世界这么喜欢和热衷孙子？因为中华智慧是最优秀的精品、绝品，我们所有碰到的问题孙子都说到了。

加泰罗尼亚华人华侨社团联合总会主席林峰说，中国人站在孙子肩膀上看世界，更具有战略眼光，面对欧洲危机，更具有抗风险的能力。

马德里大学翻译学院兼任教授黎万棠评价说，欧洲危机造成许多人失业，而教汉语的不会失业，研究中国传统文化的也不会失业，懂《孙子兵法》的更不会失业。

澳大利亚华商协会人士表示，在新的世纪里，在来势凶猛的全球化经济浪潮面前，参与现代经济竞争，更要借鉴孙子的理论。

加拿大皇家科学院院士、孙武后裔孙靖夷说，读懂和应用了孙子的大智慧，人生将会更加精彩。

在墨西哥开中医馆的华人发自肺腑地说：孙子智慧是无价之宝，一个人拥有孙子智慧，并懂得运用孙子智慧，就能在海外从容面对一切。

是为序。

韩胜宝

2023年12月于新加坡

目 录

第一章　华人兵法传播 　　　　　　　　　　　　　　　1

泰国华人翻译《孙子》在东南亚最早最多 　　　　　　　3

泰国潮州会馆弘扬中国兵法 　　　　　　　　　　　　　5

大马华人民间推动中国兵法传播 　　　　　　　　　　　7

狮城刮起《孙子》演讲旋风 　　　　　　　　　　　　　9

南洋孔教会兵儒哲学交融 　　　　　　　　　　　　　　11

随笔南洋读书会传播兵家哲学 　　　　　　　　　　　　15

"三国兵法"深深扎根世人心中

　　　　——访新加坡华人收藏家骆锦地 　　　　　　20

印尼侨领阮渊椿兵法书法艺术展获大奖 　　　　　　　　22

踏访印尼郑和纪念馆 　　　　　　　　　　　　　　　　24

印尼华人致力传播中华兵家文化 　　　　　　　　　　　26

缅甸议员人手一册华人翻译兵法 　　　　　　　　　　　28

驻英大使率先向西方传播中国兵法 　　　　　　　　　　30

英国华社多种形式弘扬中国兵家文化

　　　　——访英国中华传统文化研究院院长桂秋林 　　33

澳洲华裔丁氏三兄弟热衷《孙子》 　　　　　　　　　　35

大量华人助推美国《孙子》研究传播 　　　　　　　　　37

世界兵学社发行李浴日《政略政术》 40

加拿大华人传播《孙子》有声有色 43

加拿大中山同乡会弘扬孙子与中山思想 45

太极伉俪与金庸兵法轰动加拿大 47

香港兴起孙子书籍出版销售热 49

香港知名明星主演《孙子》影视剧 51

香港诗人的《兵圣孙武交响乐》 53

邱逸向香港社会大众推广兵法 55

用书画艺术弘扬中华兵家文化

　　——访全国政协原文史和学习委员会副主任计佑铭 57

澳门从战争堡垒到文化共融大展馆 59

台湾兵法研究学会推动两岸孙子文化传播 61

台湾《孙子兵法》书籍层出不穷 63

台湾退役将领用孙子精髓编撰《两岸之路》 65

台湾学者编撰《中国兵学名著大全》 67

台湾商务印书馆弘扬中华兵家文化 69

台湾《孙子兵法》研究传播已形成氛围 71

两岸孙子文化交流日益频繁 73

两岸孙子学术交流获丰硕成果 75

华媒老总在日本推介《孙子兵法》 77

越南华文报纸传播东方兵家文化 81

泰国华文媒体老总访谈记 83

《联合早报》传播孙子思想 85

香港媒体全方位传播《孙子》 88

澳门媒体传播孙子打"组合拳" 90

《欧洲时报》社长张晓贝谈传播《孙子》 92

葡萄牙华文媒体念好兵家"借字经"

　　——访《葡华报》社长詹亮 94

澳洲华文媒体传播《孙子》扮演重要角色   96

美华文媒体传播孙子文化有广度和深度   98

第二章　华人兵法应用   101

孙正义独创的"孙孙兵法"   103

名古屋华侨华人善用《孙子兵法》   105

《孙子兵法》成日本华侨生财之道   108

日本华商王远耀的"五定兵法"   110

陈嘉庚是杰出的孙子实践者   113

李文正、李棕父子的谋略   115

海底捞："捞"出新加坡新首富   118

孙修顺缔结"赢联盟"   121

"砂一般的小船"开进狮城   124

孙礼锋在狮城愈战愈勇   128

屡败屡战的"陈文平精神"   131

新加坡企业家的营商智慧   135

孙子国际营销专家洪瑞云   139

黄昭虎：向《孙子兵法》学管理   142

越南华商玩转"东方兵法"   145

越南侨领朱应昌红木之中藏兵法   147

泰国侨领廖梅林《商场经纬》12篇   149

"泰国围棋之父"的围棋管理法   152

大马讲师倡导向孙子实践者学习   154

印尼华商用兵法谋略成就大业   156

能整篇背诵《孙子》的菲律宾侨领陈永栽   158

蒙古华侨用孙子团队精神拥抱成功

    ——访旅蒙古国华侨协会会长白双占   160

华人靠中国人智慧立足缅甸 162

　　——访缅甸华商商会会长赖松生

欧洲华商视《孙子》为"世界宝贝" 164

法国陈氏兄弟聚力"如左右手" 167

法国华商运用兵法立于不败之地

　　——访法国潮州会馆监事长许葵 169

意大利华商转型巧用《孙子兵法》 172

西班牙侨领陈胜利的"胜利观" 174

中国人站在孙子肩膀上看世界闯天下

　　——访加泰罗尼亚华侨华人社团联合总会主席林峰 176

高德康用兵法在英伦刮起波司登旋风 178

华尔街华人用孙子谋略炒股真"牛" 185

美籍中国智慧女人懂兵法会妙算 187

硅谷精英喜欢鬼谷子懂科技善谋略 190

中国智谋让新华侨在加拿大"腾飞" 192

墨西哥华人称孙子智慧是无价之宝 194

南美华商喜欢中国园林与兵书 196

香港巨商由孙子谋略悟营商之道 198

《孙子》成为李嘉诚智慧韬略泉源 200

方润华50年香港营商话兵法 202

刘梦熊的"期货孙子兵法" 209

台湾企业应用《孙子兵法》达到纯熟境界 211

第三章　华人兵法教学 213

孔子学院不能缺"孙子" 215

全球众多孔子学院开讲《孙子兵法》 218

新加坡孔子学院传授《孙子兵法》 221

蒙古国孔子学院崇尚"尊老爱孙" 224

蒙古孔子学院文武兼备百家争艳 226

让孙子和成吉思汗走进蒙古孔院 228

马德里孔子学院推崇中国孙子 230

欧洲孔子学院用武术传播中华文化 232

《孙子兵法》走进德国孔子学院 234

加拿大孔子学院读经典练太极 237

阿根廷孔子学院催生"孙子热" 240

墨西哥孔子学院弘扬中国兵法 241

黎万棠：教汉语懂《孙子》不会失业 243

吕罗拔：海外华人演讲兵法第一人 245

陈正华在大马刮起"孙子演讲旋风" 248

黄昭虎开创《孙子兵法》品牌课 250

《孙子》超越蓝海受狮城大学生的欢迎 252

南洋女中选修《孙子兵法》 256

华侨中学双语教育与兵家文化 258

新加坡中华总商会开讲"兵道与商道" 260

蒙古华侨学校不忘"老子"不丢"孙子" 263

香港开设高阶管理博士兵法班 265

香港三联书店读书会兵法开讲者 267

学部委员澳门大学"还原孙子" 269

台湾元智大学将《孙子》列为必修学分 271

《孙子》与《水浒》合读之精妙 273

台湾讲师乐当大学生"兵法教官" 275

台湾56人兵学论文获博硕士学位 277

台湾岛内开展《孙子兵法》进校园活动 279

台湾退役将领教授"竞争兵法" 281

中国大陆台商《孙子兵法》授课第一人
——访海基会台商财团法律顾问萧新永 283

海峡两岸举办大学生孙子兵法友谊辩论赛　　　　285

第四章　华人兵法人生　　　　287

泰国侨领廖梅林 60 年兵法情　　　　289

泰国侨领从围棋中领悟兵学智慧

　　——访世界华人围棋联合会会长蔡绪锋　　　　291

"帛书"孙子学华人专家郑良树　　　　293

大马华人的兵法·事业·人生　　　　295

大马华人作家邱庆河创兵书出版最高纪录　　　　297

懂《孙子》的东亚研究所所长　　　　299

黄基明从研究政治到翻译《孙子》　　　　304

著名运筹学家孙德锋　　　　306

85 岁华人选手用《孙子兵法》打桥牌　　　　309

"民间外交官"＋"民间情报官"

　　——访日本侨报社总编辑段跃中　　　　311

英国留学生称《孙子》影响现代人　　　　314

澳洲华人只做孙子传播一件事　　　　316

陈万华用西方理念解读东方兵学智慧　　　　318

加拿大孙武后裔的孙武梦　　　　320

加拿大皇家科学院院士的"重智色彩"　　　　322

民国著名兵学家李浴日在美国的儿女　　　　325

李浴日之子在美国延续《孙子》研究　　　　327

美国华裔《孙子》研究学者朱津宁　　　　329

美国最早"海归"吴瑜章的中国兵学梦　　　　332

成龙"逼"儿读兵法　　　　335

刘德华有感话兵法　　　　337

金庸武侠藏兵法　　　　339

解
读
华
人
兵
法

方润华用兵法造就智慧人生 341

香港石油公司老总"贩卖兵法" 343

香港学子宋代兵学论文获博士学位 345

香港画家李志清丹青十年漫画兵法 347

孙武后裔苏州"寻根之旅" 349

海峡两岸《孙子兵法》交流第一人李子弋 351

将兵法运用于生活的台湾女学者 353

柳元麟海峡两岸"柳毅"传兵书 355

台湾谈判学权威的"谈判兵法" 357

台湾研究《孙子》的女军事评论员田金丽 359

第五章 华人兵法论坛 361

《孙子兵法》融入日本国民精神生活 363

日本华媒老总蒋丰论《孙子》在日本 365

日本手上两件宝：左手孔子，右手孙子 368

驻韩国参赞："韩流""汉风"话孙武 370

泰拳用于军事与兵法不可分割 372

新加坡学者关注《孙子》文学价值 374

吕罗拔叫板不喜欢《孙子》的国际汉学家 376

象棋大师谈象棋哲学与孙子哲理 380

黄昭虎论"水的哲学" 382

陈富焙：孙武文化在大马传播及应用 385

中国驻阿富汗大使刘劲松论《孙子》 387

斯里兰卡学者郝唯民论孙武与"一带一路" 390

黎巴嫩华人中东弄潮"一带一路" 392

中国人会"妙算"是有智慧的人 397

澳洲华人学者称孙子思想耀全球 399

孙武后裔谈《孙子》在新西兰的传播　　　401

杨壮称《孙子》是全球企业的制胜巨著　　　404

美籍华人吴瑜章解读《孙子》十三篇　　　407

美国斯坦福学者谢一铭论"金融兵法"　　　411

美华文媒体老总论《孙子》全胜观　　　418

美国布什父子不同的《孙子》观　　　420

李浴日之子在美国谈先父兵学思想　　　423

美籍华人作家林中明论《孙子》文化价值　　　426

美籍华人许巴莱略论《孙子》危机智慧　　　433

许巴莱谈医易中和思想与儒法兵道　　　435

加拿大参议员胡子修论孙子与和谐　　　438

邱立本：弘扬孙子文化具有世界价值　　　440

全球有 25 亿人热衷《孙子兵法》　　　442

孙子文化传承是一种星火传递　　　444

香港高级讲师解答宋代兵学疑案　　　449

香港学者称太史公是孙子首研者　　　451

香港学者论孙子杀姬与吴王爱才　　　453

杨义澳门大学论孙武　　　455

澳门孙子兵法学会会长谈"用药如用兵"　　　464

钮先钟和他的《孙子三论》　　　467

孙子"道胜"是最高境界　　　469

经济全球化是一场空前的"伐谋"　　　471

台湾退役上将谈活学活用兵法　　　473

中国兵法研究应用蔚为世界潮流　　　475

台湾学者论孙中山与《孙子兵法》　　　477

孙子精髓符合两岸和平共赢主旋律　　　479

孙子辩证思想与两岸"双赢"方略　　　481

易学与兵法的神奇结合渊源深厚　　　483

刘君祖诠释孙子"全胜"智慧 485

王长河解密《孙子兵法》"密码" 487

台湾女学者眼中的孙子哲学观 489

孙子思想有益于两岸对话与谈判 491

兵法神机与太极神功的完美结合 493

第六章 唐人街兵法 495

唐人街成传播中国国粹"窗口" 497

横滨中华街彰显"中华之势" 500

以新华侨为主体的"池袋唐人街" 502

仁川中华街演绎"五变兵法" 504

探访首尔大林洞唐人街 506

越南唐人街流淌兵法神韵 508

曼谷唐人街的"黄金兵法" 510

马六甲唐人街重振郑和雄风 512

从丘牛大车时代走来的牛车水 515

巴黎13区唐人街与兵法13篇 519

巴黎唐人街中西结合"变中取胜" 522

用兵法谋略铺就的巴黎温州街 525

伦敦唐人街与留学生相互依存 527

约翰内斯堡唐人街"自保而全胜" 529

从兵家文化角度解读澳洲唐人街 531

多伦多唐人街多元文化多姿多彩 534

枫叶旗下的蒙特利尔唐人街 536

温哥华唐人街为华人利益百年奋战 538

仰光唐人街充满华人智慧传奇 541

加拿大唐人街似华人大家庭同舟而济 543

纽约唐人街地理优势有利华人发展　　　　　　545

贵在变通的美国休斯敦唐人街　　　　　　　547

旧金山唐人街百年不变的中国梦　　　　　　549

墨西哥城小唐人街藏中国大智慧　　　　　　551

芝加哥唐人街开启中国智慧之门　　　　　　553

秘鲁利马唐人街秘而不宣的经商秘诀　　　　555

解读华人兵法

第一章　华人兵法传播

泰国华人翻译《孙子》在东南亚最早最多

《孙子兵法》在东南亚的传播很广，尤其是在华人众多的泰国被广泛接受与喜爱。中国的兵家智慧，在东南亚的影响是巨大的。

在曼谷书店，记者看到有泰文版、英文版、中文版，还有礼品版、精装版、线装版、图画版的《孙子兵法》；在曼谷汉语书店中文版本很多，有大陆版、台湾版，如《孙武兵法》《孙子兵法智慧》《孙子兵法大传》《搞定孙子兵法》等，十分醒目。

泰国在东南亚翻译最早也最多，从第一个译本问世后，泰国《孙子兵法》译本没有间断过。1952年，泰国首次出版了《诗歌兵法与中国兵法》一书，书中的中国兵法即《孙子兵法》。此书译者是泰国著名学者、翻译家沙天·唯拉昆。这个译本开启了泰国翻译《孙子兵法》的先河，成为后来翻译泰文版《孙子兵法》的重要参考书。1965年，素威·瓦那哈泰汇编泰国和中国的军事著作，书名为《泰中兵法》，其中收有《孙子兵法》。1977年，天猜·严瓦拉梅翻译出版首部泰文版《孙子兵法》。如今泰国《孙子兵法》版本有60种以上，成为泰国最受欢迎的中国典籍之一。

据泰国华人作家协会秘书、泰国潮州会馆图书馆馆长李友忠介绍，《孙子兵法》在此间的影响可追溯到泰国的第二个王朝。这个王朝的末期，缅军攻入大城，大城沦陷。这时，出现了一个叫郑信的中国人，他重新组织力量大举反攻，和缅军展开血战，消灭了据地称雄的其他势力，收复失地，统一了泰国，建立起泰国的第三个王朝。

人们奇怪，一个华人怎么可能在他人的国土上立足并能崭露头角？原来郑信在这次战争中展现出中国式的英勇和智慧，熟练引用了《孙子兵法》，成就了泰国历史上的一分钟定天下的美谈。于是，中国兵家文化在泰国受到推崇，让泰国华人一直引以为豪，并奉为法宝。

泰国侨领廖梅林就是其中突出代表，他潜心研究传播《孙子兵法》60年。受《孙子》13篇的影响，廖梅林30多岁就写成《商场经纬》12篇，由王云五作序，发行3000多册。时隔40余年，《泰国风》杂志作了连载。1982年，廖梅林开始着手白话注解《孙吴兵法》，花了大量时间对泰文版《孙子兵法》进行校正，先后出版两个版本。

目前，泰国有近千家中文学校，其中得到泰国政府认可、具备颁发正规文凭资格的学校也多达数百所。在华人众多的泰国，学汉语之"热"已在民间燃起，包括儒家文化、兵家文化在内的中华文化在泰国受到推崇。

天津师范大学在泰国曼谷建立了第二家孔子学院，该学院也同时传承了老子、庄子、孙子等中国古代的思想。泰国孔敬大学孔子学院图书及音像资料，有《孙子兵法》、《孙膑兵法》汉英对照、《孙子兵法》光盘。

泰国正大集团董事长谢国民在投资战略中善于念好孙子的"智胜经"，先谋善断，兵贵神速，顺势而动，跻身世界500强企业行列，成为最有钱的泰国人之一，当选为中国侨商投资企业协会会长。泰国侨领李光隆深谙《孙子兵法》"知己知彼，百战不殆"，扬长避短，出奇制胜。经过30多年的奋斗，成为泰国知名的金融证券商和泰国华人的巨富。

不仅是华人，在泰、华一家的泰国，对中国兵家文化多有几分兴趣。泰国文的《孙子兵法》，由天猜·严瓦拉梅翻译，于1977年出版。颂奇为道南学校进行捐款，乡亲则为其献上了具有中国特色的五英寸微雕象牙扇《孙子兵法》作为纪念，这是由澄海著名微雕艺术家创作的。

世界泰拳理事会副主席方炜告诉记者，已有了500年历史至今相当普及的泰拳，属武术体系，堪称格斗技中的极品，而武术的元素源自《孙子兵法》。脱胎于暹罗武术的泰拳，其根源是中国南派格斗。泰拳融入兵法的智谋、胜变、进攻、防御等军事思想，泰拳师决胜条件是智谋、技艺、气力及精神力量的总结合，其最高领域为机巧圆通，变化无常。

泰国潮州会馆弘扬中国兵法

"泰国是海外华侨华人聚居最多的国家，其中又以潮州人最多，约有700万之众。华人和泰人世世代代和谐相处，携手发展，泰华一家，'如左右手'。"对《孙子兵法》颇有研究的泰国潮州会馆副主席方炜在接受记者采访时表示说。

方炜介绍说，从泰国素可泰王朝时起，一批批华人开始迁居泰国，在此安居乐业，繁衍生息，与泰人相处和谐、水乳交融，为泰国的繁荣与发展做出了重要的贡献，为中国与泰国的长久友好奠定了基础。

泰国潮州会馆图书馆馆长李友忠称，如今泰国到底有多少华侨华人，没有一个确切的数字，因为在泰国华人、泰人已水乳交融。泰国华人人口大约占全国14%，这是指仍保留中国国籍者而言。其实，多年以来，有大量华裔居民已入泰籍，并拥有泰人姓名。

说着相同的语言，过着一样的生活；华人的华族血统，融入泰国人的身份之中；华人是泰国国民一分子，获得同等对待，不容歧视，和泰人一样受泰王爱护……熟悉泰国和华人社会的李友忠，拿出图书馆馆藏的《孙吴兵法》对记者说，正如孙子在"九地篇"中所云："当其同舟而济，遇风，其相救也如左右手。"他还向记者讲述了泰、华一家亲的形成历史。

曼谷王朝在与吞武里隔河相望的湄南河边建起首都，需要大量的素质高、工艺技术水平高的劳动力，而由于潮州人在帮助郑信复国过程中有功，在泰国享有"皇族华人"的荣誉，故有大量的潮州人涌入泰国，形成第一个移民高潮。他们与其他华人一起，为泰国社会的经济建设做出积极的贡献。

华人在泰国成为自由劳动力，仅需缴纳外侨居留税，有比泰人和其他少数民族更优越的条件，加上泰人对从商不感兴趣，使华商无须与泰人竞争。华人在泰国安定下来以后，许多人与当地泰族女人或中泰混血女人相互通婚，进一步促使潮州人与当地人和睦相处，共同生活。华人与人为善、祥和谦让和热情好客的习俗礼仪，早已为泰人所借鉴，泰国人与华人很快就能融洽相处，给人一种亲如一家的感觉。

二战以后，泰国逐步从农业国向工业化国家转变。已经成了泰国经济领域重要力量的华商企业家，在推动泰国经济现代化中扮演了重要的角色。他们从大米贸易开始，兴起了四处做生意的风气，从中介商、零售商变成现代企业家，形成新兴的商人阶层。

到了现代，华人凭着经商经验和资金基础，依然在工、商和金融业扮演主导角色。在曼谷，华人及拥有华裔血统的泰人数目几乎占一半人口，华人已进入泰国的主流社会。目前，泰国60％大机构及银行由华裔人士控制，泰国最大规模的银行如大成、盘古、京华等，都以华人为主要股东，华人华裔企业遍布泰国的各行各业。

大批华人移居泰国，其中尤以潮州人居多。他们将中国的风俗习惯带到这里，在饮食方面，泰国菜受到中国的烹煮方法影响很大，与潮州菜相近，就连泰语中也渗入一些潮州语。

说到潮州会馆，方炜颇为自豪。他对记者说，我们会馆是泰国规模最大的华人团体，会员成千上万，光理事就有好几百。我们的宗旨之一是促进中泰亲善。建馆初期，组织潮州米业公司购运米粮到潮汕平卖，减轻当地粮荒。曼谷黄桥及彭世洛府大火灾后，开展救灾活动，开创泰国华人社团大规模救灾先例。

方炜说，抗战胜利后，潮州会馆组织暹罗华侨救济祖国粮荒委员会，复办培英华文学校，创办会馆医务处，修建华人公墓，筹集米粮赈济泰国各地水灾、火灾灾民。1957年泰国发生流行感冒、霍乱等传染病时，不分种族，大量施医赠药。历年来救灾恤难，捐款慰劳，修建学校、医院、寺庙，对繁荣泰国经济，推动社会公益事业，受到泰国政府及各界人士好评。

大马华人民间推动中国兵法传播

"大马孙子兵法学会现有会员500多人，大多是当地的商人和华人企业家。"马来西亚孙子兵法学会创会会长吕罗拔在接受记者采访时说，20多年来，该会先后举办了600余场《孙子兵法》时事讲座，每次听课的不下200余人，有商界、政界、文化界和律师、会计等人士，每次总把会场挤得座无虚席。

吕罗拔介绍说，马来西亚《孙子兵法》的传播主要是靠华人在民间的推动和响应。自20世纪90年代开始，才开始有正式的组织去传播推动。当时公开主办讲座者有他和副会长徐子健等人。这批马来西亚第一代的孙子研究学者，对《孙子兵法》在大马的推动起了推波助澜的作用。

40年来一直在新加坡经商的吕罗拔，是马来西亚孙子兵法学会的发起人、创始人，也是新加坡和马来西亚的一名商人，出任华人商联总会名誉会长。他研读与传播《孙子兵法》20余年，深受其益。

1991年初，吕罗拔返回马来西亚后发起组织大马孙子兵法学会，并于同年10月11日联合雪兰莪中华大会堂，举办首次孙子兵法讲座，受到当地各阶层人士的热烈欢迎，此举成为学会成立的前奏。同月，吕罗拔等一批热衷孙子兵法的人聚会吉隆坡联邦酒店，召开第一次筹备工作委员会。会上组成马来西亚孙子兵法学会筹委会，选举吕罗拔为主席，学会下设讲学组、出版组、研究组和推广组，郭化若专门写来贺文表示祝贺与勉励。

学会旨在通过有效途径和系统的研究，学习《孙子》兵家韬略，传授知识，以文会友，以友辅仁，把研读《孙子兵法》的风气普及推广，使更多人从《孙子》博大深远的智慧中受益。该会成立不久，举办了第一届

《孙子兵法》导读班，由吕罗拔、徐子健等人主讲，千余人踊跃参加，盛况空前。

1991年，马来西亚孙子兵法学会会刊《兵法世界》创刊号出版。多年来，学会工作日趋活跃，常年组织讲学班，并刊印供学员研读的袖珍本《孙子兵法》和《孙子兵法散论》。

2005年8月31日马来西亚国庆日，大马首家孙子兵法网站正式推出，通过网上学习推广《孙子兵法》。网站宗旨从原文作细致研究，发展新观点、新启示和成功案例，通过互相交流，融合东西方兵法思维，将《孙子兵法》运用在人生规划，提升个人潜能，经营企业，战略决策，创造财富，促进人类和平方面，深受海内外网友欢迎。

吕罗拔还与中国孙子兵法研究会、孙子故里山东和《孙子兵法》诞生地苏州，保持了长期的联系和广泛的交流。中国举办的国际性的孙子学术会议，他每次必参加，并邀请中国孙子研究专家学者吴如嵩等人来马来西亚交流，巡回讲学两周，从而推动了大马兵法研究的广泛开展。

狮城刮起《孙子》演讲旋风

2019年，狮城刮起一股《孙子兵法》演讲旋风。

6月20日，南洋理工大学校友会所举行的卓越讲堂系列上，南洋商学院教授黄昭虎开讲如何运用《孙子兵法》在个人和事业发展中获得成功。

6月23日，随笔南洋在新加坡华族戏曲博物馆开讲《华为兵法——赢在开战前》。

9月9日，无书俱乐部首次用华语开讲《孙子兵法》为什么在全世界这么厉害？

10月5日，举办孙氏二杰：孙武与孙文讲座，由新加坡南洋孔教会主办，新加坡孙氏公会、新加坡族谱学会、宗乡会馆联合总会联合协办支持。

包括《孙子兵法》在内的凝结着中华民族数千年智慧和生活经验结晶的中华传统文化，仍是新加坡人的智慧库，各类课程、讲座从未间断。

2015年8月，由国际知名管理学期刊（SSCI）及新加坡孙子兵法研究所主办的第五届中国管理研究国际学术会议于新加坡举行。

同年，新加坡总商会举办孙子商法讲座，提点中小型企业商家应用《孙子兵法》部署商业策谋。

2017年，新加坡南洋孔教会举办萃英读书会，邀请新加坡国立大学访问学者解文超导读《孙子兵法》。解文超是中国古代兵书研究专家，著有《先秦兵书研究》《明代兵书研究》等书。

南洋孔教会成立百余年，致力传播中华经典文化，其宣传口号是：讲经读书，传此薪火；成学弘道，在乎其人。每月最后一个周六，萃英读书会与您有约。

南洋孔教会宣称，《孙子兵法》是享誉世界的军事经典，也是先秦兵家的代表作之一。此次是了解和研读《孙子兵法》的很好机会，希望大家不要错过。据了解，听解文超导读《孙子兵法》的读者，反响热烈。

新加坡随笔南洋文化协会开设国学系列课程——孙子兵法与商战谋略系列课，邀请普颖华主讲。课程大纲为：孙子与儒、道、法、阴阳家的比较；孙子兵家思维的评述及实践意义；《孙子兵法》在当代世界商战中的运用；"转败为胜，自保而全胜"的胜战思维；"善胜者不败，善败者不亡"的经营风格；"兵形象水，水无常形"的应变意识；"知己知彼，百战不殆"的稳健的战略管理原则；胜战之道（围师必缺论）；防险、防危机论（庙算论）。

除了商业领域，其他孙子文化讲座在狮城也丰富多彩。

为新加坡军队培训《孙子兵法》的王德远，将《孙子兵法》以最浅白易懂的方式进行传播，荣获新加坡国家艺术理事会颁发的奖项。

新加坡警察局聘请马来西亚知名孙子学者邱庆河担任高级警官的高级讲师，每年定期讲授《孙子兵法》与打击犯罪。邱庆河与曾槟州总警长拿督尹树基合著《孙子兵法防范罪案》，成为大马皇家警察部队在打击罪案策略上的指南。

新加坡华族戏曲博物馆"文化绿周"节目讲座"东方文化之成功经典与您有约——《孙子兵法》古学今用"。

新加坡宏茂桥公共图书馆推出"孙子兵法学习圈"，这个学习圈的目标是打破语言障碍，专为志同道合的朋友设立，一起来挖掘这一艺术遗产《孙子兵法》。教学法简单生动，深入浅出。

该组织者称，《孙子兵法》是孙武所写。它涵盖了从策划、作战、谋攻、部署、势头等方面赢得战争的各个方面。在今天的术语中，可以是企业或个人的取胜之道——从战略规划、勘探、评估、销售、谈判到成交。

组织者还说，《孙子兵法》文本不同，各方对《孙子兵法》都有不同的解释。除此之外，文言文增加了口译的难度。然而可以相信，在这一学习圈中，每个人的贡献可以化腐朽为神奇。

南洋孔教会兵儒哲学交融

许多人认为，自汉武帝"罢黜百家，独尊儒术"以来，儒家思想全面控制了中国古代的社会政治和文化生活，也益于皇权专制的稳固。但一些真正究心于儒学的人却想试图证明，儒家思想其实提倡和而不同、有容乃大。

作为走过100多年历程的新加坡最为活跃的儒家文化团体，南洋孔教会在推崇儒学中，正是体现了儒家思想的和而不同、有容乃大。

新加坡南洋孔教会曾举办国际儒学研讨会、儒学与国际华人社会等有影响的国际性学术会议，常年开设以儒家经典为主兼采众家的哲学讲座，荟萃中国传统文化和哲学思想之精华，集儒家哲学与诸子百家哲学之大成，把儒与兵、道与法、文与武、柔与刚、阴与阳、纵与横交融在一起。

2014年4月，南洋孔教会开讲"周易智慧·实例鉴赏"。此课程着重讲述卦、爻原意与变改所展现的哲理智慧。2019年6月，又开讲"儒家与易学"。

易经与兵法，在军事上有着直接的联系。易经的妙处可以拓展到军事等领域，在战争中求阴阳平衡、虚实结合法则。如比卦主张和谐，内部团结，与孙子"上下同欲""同舟共济"是一致的；遁卦主张"以退为进"，孙子也主张"以退为进"；主张和平也是易经的思想，呼吁不流血冲突是"上上之道"，与孙子"上兵伐谋"的和平思想完全吻合。

2017年6月，南洋孔教会开讲《中庸》导读。"中庸之道"影响了中国人的思想几千年，孙子慎战思想和孔孟中庸之道一脉相承。

孙子对待战争的态度是，既要慎战止战，但不要忘战废战。这实际上就是运用中庸的思想，别人不发起战争的话，我也不会先发起战争，在没有战争或和平的日子里，我也不会忘记战争，我会随时做好准备。

2018年1月至3月，南洋孔教会开讲"儒道哲理·刚柔智慧"。此课程讲述儒家与易学家哲理之要义，两者各自具有的智慧、价值，以及可否相互配合的问题。该会还曾开讲"庄子义解·刚柔智慧"。

儒学、兵学和易学都提倡"以柔克刚"，所谓"阳生阴成""刚柔相济"。中国古代"柔"与"刚"都是武器，"柔"是钩，"刚"是剑，在战场上有时钩比剑的作用和威力要大。

2019年8月，南洋孔教会开讲"《孟子·告子下》导读"。

在先秦诸子中，孟子不以兵家名世，除了"天时不如地利，地利不如人和"那段名言，较少谈论军事，甚至表现出对战争的厌恶。

但孟子也不回避战争，指出战争伟力所在——民众。战争的目的不是开疆拓土，威服诸侯，而是为了使民众"避水火"，否则，就没有任何意义。孟子还提出"生于忧患，而死于安乐"，与孙子的"凡用兵之法，将受命于君，合军聚众"、"令民与上同意"，以及强烈而深厚的忧患意识是一致的。

这期读书会的讲座分享专场，还作了有关《老子》思想的讲座。讲述《道德经》是道家哲学的源头，其作者老子凭借他的思想成为中国古代哲学不可企及的思想巅峰。

"道"是春秋时期的一个"关键词"。《老子》提出"人法地，地法天，天法道，道法自然"的纲领。孙子汲取了老子的道家思想，从而形成《孙子兵法》的基本理念，奠定了中国人自己的战略文化思想。

孙子把老子的"道"引进兵家，提出"道天将地法"，把"道"放在五事之首，成为整部兵法的核心思想"全胜之道"，开创中华"以道言兵，以兵演道"的新境界；还把老子不拘一格的道术思想性哲学诗引进《孙子兵法》，抑扬顿挫，富有韵味，节奏感强，好读好记。古人说"老子、孙子一字一理，如串八宝珠瑰，间错而不断"。

2018年10月，南洋孔教会推出墨子思想专题。墨子主张"兼爱"，其实质是"爱利百姓"。以"兴天下大利，除天下之害"为己任；墨子提出"非攻"，与孙子不主张攻城是相符的。春秋战国时期，战争频繁，死者遍野，广大民众渴望弥兵息战，休养生息。

墨子和他的弟子极力反对攻伐之战，维护人间的和平生活的理念，与《孙子兵法》倡导的不战思想，在和平发展成为时代主旋律的今天，仍然有着积极的意义。

2019年9月，南洋孔教会开设王阳明"心学"的专题讲座。说到中国真正实现了"立言、立功、立德"的圣人，诸葛亮、王阳明、曾国藩肯定是绕不过去的。而其中王阳明又是文治武功俱佳的圣人。

王阳明是心学的集大成者，创立了"阳明心学"。但从战绩来看，他是极少数冲锋在前的文职官员，运筹于帷幄之中，决胜于千里之外。

被誉为明代文臣统兵制胜第一人的王阳明之所以能成就伟大事功，正因其喜好兵学，爱读《孙子兵法》。孙子的兵学思想是王阳明兵学智慧的源头。研究《孙子兵法》并运用于实践的，王阳明是佼佼者。

2019年10月5日，南洋孔教会举办百家姓先贤人物讲座"孙氏二杰：孙武与孙文——兵圣与革命家"。

孙武与他的《孙子兵法》，有着光耀千秋的前世故事与震撼世界的后世传奇，他能够让世人觉得时至今日还能维系我们的民族精神，并对世界产生影响。

孙文（孙中山），无论是作为孙武的后裔还是辛亥革命的领导者，都非常崇尚古代兵家的军事思想，将孙子尊为军事智谋的理论源泉，多次研读《孙子兵法》。

2019年10月6日起，南洋孔教会主办《论语》心得分享，节选《论语》每篇中的部分章节进行讲解和释义，从中体会宝贵的人生智慧。

孔子与孙子，是同时代的人，一个是鲁国人，一个是齐国人；一个是文圣人，一个是武圣人，文武之道，一张一弛，兵儒融合，相得益彰。

《论语》与《孙子兵法》，标志着先秦诸子思潮的开幕，构成中国文化的基质，也构建了中国古代历史上经国治军的最好方略。

新加坡南洋孔教会会长郭文龙说，该会的学术顾问、美国夏威夷大学教授安乐哲曾在南洋孔教会举办的专题讲座上发声："世界新秩序的重建，儒家不能缺席。"

而安乐哲不仅是西方著名的儒学家，也是西方《孙子兵法》哲学思想的主要"推手"。1993年，安乐哲翻译了《孙子兵法》，出版了几十万册，成为畅销书，在美国深受欢迎。1996年，他翻译了《孙膑兵法》，之后又出版了《孙膑兵法概论》。

随笔南洋读书会传播兵家哲学

2006年，几个从中国来到新加坡的新移民，为了传承中华文化，进而架起新老移民间沟通的桥梁，自发地创办了中文文学网站"随笔南洋网"。在短短几年时间内，会员发展到5000多人，访问人次超过2000万，收纳了近10万篇文章，有30多万个交流帖，被谷歌收录的条目多达6.6万余条。

2010年9月，随笔南洋文化协会正式成立，会长李叶明来自上海，这个具有理工科背景的新移民却对文学情有独钟，乐此不疲，在传播中华文化方面更是不遗余力。

随笔南洋文化协会成立后，推出了随笔南洋读书会，以中华文史哲为主题，开设系列讲座，每季课程共十讲，每周一讲，鲜明生动地分享中华文学、历史和哲学中的精彩片段和精髓，其中兵家文化与哲学占了相当分量。

2018年7月，李叶明开讲"远交近攻——大战略的重要性"。

远交近攻是联络距离远的国家，进攻邻近的国家。这是战国时秦国采取的一种外交策略，先把斗争重点放在近旁的三晋，对较远的齐、楚暂置不顾，从而"得寸即王之寸，得尺亦王之尺"，破坏东方诸侯国的"合纵"策略。

战国中后期，诸侯乱战，时而合纵，时而连横。秦国在连年战争中虽占尽上风，但在范雎看来，秦国却是危于累卵。他认为按国力，秦国应有更大的作为。

公元前266年，秦昭襄王任用著名军事谋略家范雎为相，范雎给秦昭襄王带来连横的升级版——远交近攻。正是因为这一大战略的确立，尽管秦国后来多次犯错，甚至杀掉了大将白起，输掉了多次战争，但还是稳稳走上一统天下之路。

2018年8月，李叶明开讲"秦灭六国——残酷的历史必然"。

秦国自秦孝公（商鞅变法）以来，"奋六世之余烈"，终于在秦王政手里扫灭六国，一统天下。可以说，这是历史的必然。

但任何必然之中都有偶然。秦王政13岁登基，手无大权，却在亲政后，接连铲除嫪毐和吕不韦集团，巩固了自己的王位。

随后他开始攻灭六国。尽管其军力、国力无人可挡，但秦军并非一帆风顺，而是在18年的征途中，遭遇多次重大失败。秦王政在政治上也险些犯下大错，甚至可能动摇国本……

秦王政如何走过危局，最终结束自春秋以来长达500年诸侯乱战，一统天下？其中一个重要原因是重用尉缭子，积极推行统一战略。

尉缭子为鬼谷子弟子、著名的军事家，著有兵书《尉缭子》，受到历代兵家推崇，与《孙子》《吴子》《六韬》《司马法》《三略》《李卫公问对》在宋代并称为"武经七书"。他主张"并兼广大，以一其制度"，以兵法谋略辅佐秦国，为秦王嬴政统一六国立下汗马功劳。

2019年4月，李叶明开讲"立国定都——大汉功臣的不同命运"，重点解析汉初三杰——张良、萧何、韩信为何命运大不相同？

张良、萧何、韩信都是名声赫赫的中国兵家人物。刘邦曾问群臣："吾何以得天下？"群臣回答皆不得要领。刘邦遂说："我之所以有今天，得力于三个人——运筹帷幄之中，决胜千里之外，吾不如张良；镇守国家，安抚百姓，不断供给军粮，吾不如萧何；率百万之众，战必胜，攻必取，吾不如韩信。三位皆人杰，吾能用之，此吾所以取天下者也。"

韩信是中国军事思想"谋战"派代表人物，被后人奉为"兵仙""战神"，"国士无双""功高无二，略不世出"是当时人们对其的评价。韩信率汉军度陈仓，战荥阳，破魏平赵，收燕伐齐，连战连胜，在垓下设十面埋伏，一举将项羽全军歼灭，为刘邦平定了天下，为汉朝的建立立下赫赫

解读华人兵法

功劳。但后来遭到刘邦的疑忌，最后被安上谋反的罪名而遭处死。

张良为刘邦的谋臣，秦末汉初时期杰出的政治家、军事家，汉王朝的开国元勋。他仁、智、勇三者皆备，以机智谋划、文韬武略而流传百世。汉朝建立时封留侯，后功成身退，千古流芳。

萧何为西汉初期政治家，主张"无为"，喜好"黄老之术"。他慧眼识才，"萧何月下追韩信"成为千古美谈。但令人极为遗憾的是，他明明知道韩信不会谋反，却与吕后一起设下圈套谋害了韩信，这就是令人感慨万千的"成也萧何，败也萧何"成语的来历。刘邦死后，他辅佐汉惠帝。惠帝二年卒，谥号"文终侯"。

2019年3月，李叶明开讲"楚汉争霸——百战胜不如一战定"。

整个楚汉战争期间，刘邦几乎每逢项羽必败。但是百战百胜的楚霸王为何越打越被动，最后陷入四面楚歌、自刎乌江的下场呢？无人能敌的天下第一战将，究竟输在哪儿？

作为中国军事思想"兵形势"（兵家四势：兵形势、兵权谋、兵阴阳、兵技巧）的代表人物，项羽是一位以个人武力出众而闻名的武将，被评价为"羽之神勇，千古无二"。

毛泽东指出项羽战败的三个错误：鸿门宴不听范增的话，放走刘邦；机械遵守鸿沟协定；建都徐州。

2019年5月，李叶明开讲"汉武大帝——开创历史的轮台罪己"。

汉武帝具有雄才伟略，文治武功，开启汉朝对匈奴战争，横扫寰宇。汉武帝在位期间，汉朝的领土疆域扩大将近一倍，华夏民族威名远扬。

可是到了晚年，汉武帝穷兵黩武，连年征战，伤亡流血，财政告急，赋敛盘剥，疲惫百姓，让人民处于水深火热之中。熟读《孙子兵法》并留下武经七书之《李卫公问对》的唐太宗李世民评价汉武帝："穷兵三十余年，疲弊中国，所就无几。"

在汉武帝晚年，他发布《轮台罪己诏》，这是历史上第一份皇帝检讨书，前无古人，举世震惊。此诏对汉宣帝的影响最大，也让汉宣帝成为一代明君。让汉朝停止战火，并且休养生息，实现了经济的快速发展。关键是体现出一代帝王英明之处，而且一项重大的皇帝决策，让颓废的国家重现了勃勃生机。

2018年11月，随笔南洋读书会在新加坡国家图书馆开讲"江湖已逝——重温金庸小说"。随后，新加坡媒体人张从兴开讲"从《天龙八部》看悲剧精神"；"从《射雕》三部曲看历史观"；"从《神雕侠侣》看爱情"；"从《笑傲江湖》和《鹿鼎记》论政"等系列讲座。

"金庸兵法"已成为金庸武侠小说的代名词，《孙子兵法》十三篇的大部分重要谋略，在金庸笔下的武侠小说里都能反映出来。《射雕英雄传》中速战速决，源自孙子的"故兵闻拙速，未睹巧之久也"。《书剑》陈家洛曾言"以火佐攻者明，以水佐攻者强"；《射雕》郭靖说"卷甲而趋，日夜不处，倍道兼行，百里而争利，则擒三将军。劲者先，疲者后，其法十一而至"；《倚天屠龙记》中武当六侠议敌少林诸僧，是"先胜而后求战"；而《鹿鼎记》中一再提及的"知己知彼，百战百胜"，都是《孙子兵法》中的警句或是从孙子那里演化出的。

2019年6月，笔者受随笔南洋之邀在新加坡华族戏曲博物馆开讲："华为兵法——赢在开战前！"

华尔街有一条经典语录，源自《孙子兵法》的智慧：赢在开战前。而在这场没有硝烟的"中美贸易战"和对华为的"绞杀战"中，赢在开战前的不是美国，而是中国，是华为。

华为推崇的是"道胜"。孙子"道天将地法"把"道"放在首位，可见"道"的重要。华为之所以能赢在开战前，因为赢得了道义。

除了开设讲座，随笔南洋网发表的评论和交流帖，也出现许多富有中国兵家哲理的佳作。

2019年8月，本地知名时评人、专栏作家翁德生用《孙子兵法》的理念分析，彭斯说香港若出现暴力镇压，中美贸易更难达成协议。

翁德生评论说，这是兵不厌诈的激将法，知己知彼，虚张声势，兵不厌诈，以不变应万变，这是中国人的智慧。

美国说中国急着签署贸易协议，难道美国就不急吗？翁德生断言，中国早就看穿美国这群政客的表演，以不变应万变。

翁德生还用《孙子兵法》警句"知彼知己，百战不殆"分析香港暴乱局势。

笔者也在随笔南洋网发表评论"香港博弈：你玩三十六计，我用《孙子兵法》"。笔者认为，香港止暴制乱，既是一场正义与邪恶的较量，也是一场智谋与阴谋的博弈。西方势力和极端激进分子玩的是阴谋诡计、奇谋巧计，玩的是小花招，而《孙子兵法》是大智慧、大格局、大战略。

笔者指出，中国传统文化有精华，也有糟粕，应取其精华，摒弃糟粕。而"道"是中国人的核心价值，中国人最懂这个"道"。

随笔南洋的交流帖上，发表"世界三大哲学体系略说"：以先秦哲学为代表，以社会为出发点，以伦理为核心方法。中国哲学不关心自然问题，一切研究的现象都会被赋予社会性，如：围棋的理论就是谈人生与兵法。

随笔南洋参与的华社未来新方向座谈会提出，"孔家店"屡打不倒，是因为孔子哲学历久弥新；《孙子兵法》千年不败，是因为其中饱含着哲学智慧。

"三国兵法"深深扎根世人心中

——访新加坡华人收藏家骆锦地

英雄与枭雄，智者与奇才，谋士与将帅，兵法与战例……扑面而来的汉古雄风、兵家谋略及雄风和谋略后面蕴藏着博大精深的中华传统文化，新加坡华商骆锦地珍藏的"三国豪情再现"经典油画，令人叹为观止，备受世界名画收藏家的瞩目。

骆锦地生于马来西亚槟城，就读于著名的华语学校钟灵中学，后赴新加坡国立大学深造。大学毕业后，供职于新加坡国家政府部门，之后弃政从商，成为东南亚著名的华侨企业家。

骆锦地告诉记者，他从小受中华文化的熏陶，阅读充满中国兵法谋略和经典战例的《三国演义》，发现该书是一本集兵法与智慧于一体的好书。于是，他物色到一位画家薛金拥，在双方共同的努力下，经过十多年的辛勤耕耘，通过完美的创作，完成了堪称一绝的一系列油画，尽显三国兵家风流。

骆锦地对记者说，三国是中华民族历史上一个英雄辈出、兵法频传的时代，出现了"孔明兵法""曹操兵法"。尤其曹操是汉魏之际著名的政治家、军事家，是今存《孙子兵法》的第一个注本的作者。《孙子兵法》言简义深，一般人不易读懂其中道理。经曹操的整理与注释，方使《孙子》得以流传至今。曹操还著有《兵书接要》《兵书要论》《兵书略要》等书，并校正注释《司马法》等。

骆锦地称，以"曹操兵法"为代表的"三国兵法"，集中展示了中华民族在军事、文学、科学等多领域的卓越智慧。而《三国演义》正是形象生动地演绎了《孙子兵法》，其经典战例脍炙人口，无不折射出中国兵家文化的智慧光芒，对后世产生了极其深远的影响，在包括海外华人在内的人的心中深深扎根，这是全世界任何文学作品都做不到的。

据介绍，骆锦地珍藏的77幅"三国兵法"，包括"煮酒论英雄""三顾茅庐""单刀赴会""火烧赤壁""借东风""空城计""连环计""官渡之战"等，以逼真的画面展现三国历史故事中所描述的神奇兵法，成功地塑造了诸葛亮、曹操、关羽、张飞等栩栩如生的兵家人物群像。

该珍藏油画曾在北京中华世纪坛和新加坡展出，对弘扬和推动中华兵家文化产生了影响，受到中国和新加坡有关方面的高度评价。

新加坡卫生部部长许文远在献词中说，海外华人对当地社会文化与经济发展起了重大影响，此次《三国演义》联展体现了华人战略思维等优良传统价值观，发掘了中国古代的智慧与宝藏，把文化传统发扬光大，并结合当前社会的多元文化，打造一个更美好的世界。

印尼侨领阮渊椿兵法书法艺术展获大奖

"印尼人把孙子的书法警句不仅当艺术品,而且当座右铭,挂在案头,时刻提醒自己牢记孙子的教诲。"印度尼西亚文化侨领、印尼书艺协会名誉主席阮渊椿如数家珍地向记者介绍说。

阮渊椿对记者说,2008年,他策划"三国演义书画联展",在印尼、马来西亚、新加坡三国展出;2009年,又创意"中国四大名著四国书画联展",在中国、美国、印尼和马来西亚展出;2010年中印建交60周年,再举办"孙子兵法与三十六计书法雕刻艺术展",荣获"传播中华文化贡献大奖"。

阮渊椿1948年出生于雅加达,从小就在华校读书,在初、高中时开始接受中华文化的熏陶,读过《论语》《孙子兵法》和中国四大名著,尤其是对《三国演义》非常喜欢。2006年进入印尼文化圈,学习画兵家人物,并产生了要举办兵法书法艺术展的念头,要把博大精深的中华文化通过书法形式介绍给印尼人和新一代印尼华人。

《三国演义》书画在东盟三国巡回联展,《三国》与"三国"巧妙对接,创意极佳,反响也颇佳。时任中国驻印尼大使馆临时代办杨玲珠发来贺词说,三国联展有助于东南亚人民对中国文化的了解,对促进两国在文化领域的交往与合作,推动中印战略伙伴合作关系的全面发展将产生积极影响。

为了筹办"孙子兵法与三十六计书法雕刻艺术展",阮渊椿从中国、日本、中国台湾等国家和地区收集《孙子兵法》资料,从中选出警句,组织印尼五大城市30多名知名华人书法家参与,雕刻家大都也是华人,其中两人来自中国。作品首次以传统手工与机器融合之雕刻艺术创作,精雕细琢，美轮美奂。

被写成书法的孙子警句有："兵者国之大事，死生之地。存亡之道，不可不察也"、"知己知彼，百战百胜"、"五德兼备，可为大将"、"多算取胜"、"随机应变"、"出奇制胜"、"刚中柔外"、"处变不惊"、"兵贵神速"、"用兵如神"等上百句，每句都充满了兵法的哲理。

"孙子兵法与三十六计书法雕刻艺术展"开展后，参观者纷至沓来，达数千人之多，反响十分热烈。之后又在印尼香格里拉大酒店画廊展出一个月，中英文对照，引起广泛关注。不少头脑精明有眼光的、对《孙子兵法》感兴趣的印尼人，对书法兵法非常欣赏，许多作品被买去收藏。

印尼华人书法家的书法风格熔百家于一炉，展示楷、行、篆、隶、草不同书法形式，创造不同的文字艺术，有的龙蛇飞舞，有的俏俊飘逸，有的大气磅礴，有的豪放酣畅。印尼龙文化协会主席陈立辉创印尼最大"龙"字纪录，他用"龙"的象形字书写出"兵"字，极其传神。

阮渊椿表示，华夏文化所蕴含的智慧与谋略，是国与国、人与人之间都用得到的宝贵财富，它应该属于全世界。身为在印尼土生土长的中国人，能够为弘扬中华文化做些事情而感到光荣和自豪。

踏访印尼郑和纪念馆

　　记者来到印尼华人文化公园，园内有座郑和纪念馆，大门前的河边矗立着郑和雕像，是从中国定制的。馆内的郑和图片展览，展示了郑和的历史事迹。该纪念馆由印尼华人企业家江庆德捐资建设，他认为，郑和是了不起的人物，只有接受郑和的精神，世界才会和谐，我们华族才能跟友族一起安居乐业，共同繁荣印尼。

　　印尼郑和纪念馆的李先生得知"孙子兵法全球行"记者来到印尼采访，专门来寻访印尼郑和纪念馆的，敬佩地对记者说，孙子与郑和都是中国的伟人，都是华人的骄傲。孙子崇尚智慧，倡导和平，体现了中华文化的核心价值。而郑和是践行孙子思想的伟大和平使者，是伟大的航海家、外交家，具有超凡的勇气与智慧。

　　2005年，记者"探寻郑和之路"造访过印尼三宝垄。郑和七次下西洋三次都抵达千岛之国印度尼西亚，并到过众多小岛。在印尼至今还保存着许多郑和的遗迹，流传着许多郑和的动人传说。印尼东爪哇郑和基金会主席柳民源告诉记者，泗水的清真寺是世界上第一个以郑和名字命名的清真寺，而采用这种独特设计的原因，是希望多种宗教文化能够相互尊重、和平共处。

　　"当时郑和带来了许多中国瓷器、丝绸、茶叶，而不是血腥、掠夺或者殖民。直到今天，仍然作为友好和平的使者而被世人铭记，这对印尼人的生活产生了很大影响。"这番话是当地华侨华人说的，记者记忆犹新。

　　确实，郑和船舶庞大、种类齐全、武备精良，在600多年前海上首屈一指。但是，郑和始终积极推行孙子的"伐交"思想，充当和平使者。在下西洋过程中，难免发生误会，郑和则是忍辱负重，化干戈为玉帛。例如，第一次下西洋时前往印尼爪哇，误遭其西王军队残杀170人，郑和采取忍辱负重的克制态度，只令其纳金赎罪而已，从而避免了一场大规模的厮杀，和平友好的诚意在东南亚各国深入人心。

满拉加国（今马六甲）变得强大以后，想要强占印尼旧港，与爪哇发生冲突，也是通过郑和的调停，和平解决了两国的争端。苏门答腊国内发生王位之争，该国王后在亲生儿子和继子之间左右为难，还是请郑和去那里"排难解纷"。

郑和首次踏上印尼三宝垄的土地，把爱好和平的民族精神留在这里。当年，这里是一片蛮荒之地，人们为了纪念郑和，将这块地方命名为三宝垄。在郑和离开之后数年，印尼政府开始在这里设立行政机构。

郑和忠实地执行了明朝政府和平友好政策，运用各种外交手段，竭尽全力，广交邻邦，缓和矛盾，慎重进取，成为中国和平友好的使者，受到亚非各国的景仰。亚非局势和平安定，中外交往日益密切。

陪同记者的郭居仁介绍说，印尼上演大型歌舞剧《郑和海军上将》，是印尼建国以来第一次把郑和的史实正面搬上舞台，成功地塑造郑和这个和平使者的伟大形象，揭示了600多年前郑和船队的远航能对现实世界的教益。

从"探寻郑和之路"到"孙子兵法全球行"，记者两次印尼之行感悟到，我们推崇孙子，纪念郑和，是向世界说明，热爱和平是中华民族的高尚品德和伟大传统，中华民族追求民族复兴的理想，是在国内构建和谐社会，对外奉行和平政策，与世界各族人民共享大同。

印尼华人致力传播中华兵家文化

印尼《国际日报》总编辑李卓辉在接受记者采访时说，印尼华人作家、翻译家出版和翻译了大量的中国文化作品，在印尼学术界、文化界、传媒界的华侨华人，长期以来在传播包括兵家文化在内的中华文化方面做出了重要的贡献。

祖籍福建的李卓辉从事华文媒体已有60个年头，长期热心研究华人问题，在该报兼任主笔。他赠送给记者的四本《印华写作精英奋斗风雨人生》一书中，披露了一大批印尼华侨作家、翻译家、华侨历史学者、侨校校长、华文媒体先驱人物和印尼儒商为传播中华文化呕心沥血、鞠躬尽瘁的动人事迹。

李卓辉将他收藏的八个版本印尼版《孙子兵法》赠送给记者，向记者介绍了印尼华侨华人致力传播中华兵家文化的相关情况。

印尼华人早在1859年便将最有代表性的兵家文学著作《三国演义》译成爪哇诗歌。据统计，从1882年至20世纪60年代，印尼华人作家和翻译家共有806人，他们共创作小说和故事1398篇（部）、诗歌183篇、剧本73部，翻译《三国演义》《西游记》等中国文学作品759部。在印尼各地办了20余种马来文报刊并出版大量的马来文版中国作品，还引进租书店和租书摊点。

二战以后，以吴天才、叶新田和杨贵谊等人为主体的华人翻译家群体用马来文翻译了《论语》《孙子兵法》《道德经》，广泛而持久地传播中华文化，活跃了印尼社会的精神文化生活，引导华侨回归华夏文化。

当中华文化在印尼受到30年压制后又重新恢复生机，印尼华人传播中华文化兴起新一轮高潮。印尼中华经典协会创办人吴宗盛用印尼文讲解包括《孙子兵法》在内的中华文化经典，其目的就是要引发年轻一代华裔对中华文化的兴趣，把它融入印尼华人的血液中。吴宗盛用通俗的语言解释《孙子兵法》，以及和谐、诚信、睿智等中国经典文化的优秀哲学。他希望年轻一代的华人多读、多听、多写，学而时习之最为重要，特别是中华文化富有许多哲理，要善于利用，使之成为华侨华人生活的指南。

2008年，印尼中华总商会和中国国际书画交流中心联合举办"中印名家书画作品《孙子兵法》等小楷书法系列展"。2010年，为庆中印建交60周年，印尼思源美术馆馆长阮渊椿策划举办"孙子兵法与三十六计书法雕刻艺术展"，荣获"传播中华文化贡献大奖"。

李卓辉称，印尼华文媒体一个世纪以来，从创办华文媒体的先驱到新报人，坚持不懈地传播《孙子兵法》等中华文化。在印尼拥有包括中文、英文、印尼文子报达十多份报刊的《国际日报》，是印尼最大的华媒集团，记者看到该报目前仍在连载《文韬武略陈毅元帅》等反映中国兵家文化的文章，发表《越南华侨的"东方兵法"》等中国兵法的报道。

记者在印尼华人文化公园看到，园内建有中华文化牌楼、郑和纪念馆、关公和郑和的雕像，展出武城门和施琅的图片，充满了中国兵家文化的氛围。

缅甸议员人手一册华人翻译兵法

"《孙子兵法》是我们老祖宗留下的宝贵文化财富，在翻译上我们华人有自己的优势，缅甸1200位议员都有一本我翻译的缅文版《孙子兵法》，并给予很高的评价。"缅甸华人刘汉忠自豪地对记者说。

刘汉忠缅甸名字叫山莱，出生于缅甸。他在仰光华侨中学毕业后，曾在侨校担任中文教师，后就读于福建厦门大学。1976年后在中国驻缅甸大使馆文化处担任翻译近十个年头，参与过《今日中国》、乔冠华在联合国大会讲话等缅文翻译。

刘汉忠告诉记者，缅甸版《孙子兵法》在1965年就已出版，但是从英文版翻译成缅甸文的，有诸多错漏地方，表述不够准确，也不太适合缅甸人阅读。于是，他想到从中文版翻译成缅甸文，让缅甸人看得明白。为此，他参阅了240本文言版、白话版、翻译版《孙子兵法》，花了三年时间终于如愿以偿。

记者问及他从何时开始关注和研究《孙子兵法》的？刘汉忠回答说，中国改革开放后，他先是从缅甸的报刊上了解《孙子兵法》，后来又看到连环画《孙子兵法》，产生了浓厚兴趣。他研究发现，日本和韩国等发达国家应用中国兵法取得巨大成功，他希望缅甸也借鉴中国的兵家智慧，以利发展。

刘汉忠于2007年翻译出版的《孙子兵法》缅文版，由缅甸著名研究孙子战略思想的学者南达登山作序。南达登山曾撰写孙武生平事迹介绍给缅甸读者，出版过《孙子与商战》一书，后来又将英文版孙子战略思想运用于当今世界经济领域的连载文章译成缅文，发表在《财富》杂志上，结集成册，并以《经济与战略》为书名出版单行本。南达登山说，他自己不懂中文，只能从英文版中翻译，没有中文对照，使他对孙子的战略思想很难准确把握。当他看到直接从中文版译成的《孙子兵法》，在高兴之余，向译者表示祝贺。

刘汉忠的缅甸版《孙子兵法》出版后，赠送给缅甸国民大会1500本，每位议员人手一册，引起缅甸许多高层官员的关注，缅甸联邦文化部部长钦昂敏称《孙子兵法》在缅甸影响深远。

刘汉忠向记者表示，中缅两国是山水相连的友好邻邦，两国文化交流源远流长。20世纪80年代以来，中缅高层文化代表团互访频繁，文化艺术交流门类日益多样化，涉及考古文物保护、民族民间文化研究以及图书出版事业等各个方面。他将与缅甸学者和兵法研究者一起，继续修订，精益求精，推进《孙子兵法》在缅甸的传播和应用。

驻英大使率先向西方传播中国兵法

2012年2月9日，中国驻英国大使刘晓明应洛克的邀请，访问英国国防大学联合指挥与参谋学院并作主旨演讲。刘晓明曾在英国许多大学发表过演讲，包括牛津、剑桥、帝国理工等，而在英国军事院校作演讲还是首次，他也是率先向西方传播《孙子兵法》的中国驻外大使。

英国国防大学联合指挥与参谋学院是英国目前规模最大的军事院校，主要招收英军校级军官及同级地方官员，是英军培养中高级联合作战指挥军官的摇篮，同时为近50个国家培训校级军官，在世界各国军校中享有较高知名度。

刘晓明率先在英国传播《孙子兵法》有着特别的意义。1905年第一个英译本在英国产生，从此《孙子兵法》得以在英语国家广为传播，并加快了这部兵法圣典在世界范围内的传播和应用；英国著名战略家李德·哈特又是用孙子思想对西方现代军事理论进行反思的第一人；英国牛津大学出版的《孙子兵法》成为全球畅销书，连续多年雄踞亚马逊网上销售排行榜之首。

刘晓明开宗明义，既然是在军事院校演讲，不妨从中国古代的一部兵书谈起，这就是著名的《孙子兵法》。《孙子兵法》已有2500多年历史，被译成许多种语言，流传到世界各地，仅英文译本就有17种之多。虽然作为冷兵器时代的一部兵书，《孙子兵法》有些内容已经远离当今时代，但其许多战略、战术思想并未随历史的演变而褪色，而仍熠熠生辉。

"我发现，《孙子兵法》对今天中国外交、国防政策的形成亦有深刻影响。"刘晓明向西方发出中国的声音：《孙子兵法》及中国古代的这些和平、不战思想，是今天中国和平发展道路的滥觞。

刘晓明在演讲中说，《孙子兵法》开篇第一句话，就是："兵者，国之大事，死生之地，存亡之道，不可不察也。"孙子还认为，"故上兵伐谋，其次伐交，其次伐兵，其下攻城"。可见，《孙子兵法》尽管是一部兵书，但其指导思想是"慎战"和"不战"。这与中国古代其他先哲的观点如出一辙，如老子和孟子都认为："兵者，凶器也。"

刘晓明重申，今天的中国，倡导互信、互利、平等、协作的新安全观，致力和平解决国际争端和热点问题。他说，不久前，在接受BBC"新闻之夜"节目采访时，主持人杰里米·帕克斯曼问："美国为了推行民主不惜发动战争。中国想推行什么？"本人当时就回答说："中国致力于构建和谐世界。"

在谈到与中国的和平外交政策相一致的防御性国防战略时，刘晓明说，《孙子兵法》是一部兵书，是战争的艺术，那么战争的最高境界是什么？孙子认为是"百战百胜，非善之善者也；不战而屈人之兵，善之善者也"。孙子也提出："非危不战"，"无恃其不来，恃吾有以待之；无恃其不攻，恃吾有所不可攻也"。

刘晓明坦言，只有具备制胜的力量，才能有效地遏制战争，这是古今中外历史告诉我们的真理。《孙子兵法》从根本上主张不战、慎战，但并不惧战、畏战。同样，我们讲积极防御，并不是软弱可欺，而是后发制人。后发即"人不犯我，我不犯人"，制人则是"人若犯我，我必犯人"。中国积极防御军事战略，以敢战能战来达到不战而屈人之兵，以敢于"亮剑"而全力争取战争胜利，这是孙子兵法的精髓，也是当代中国的军魂。

在谈到如何进一步发展中欧、中英关系时，刘晓明说要借用《孙子兵法》及中国古人的一些智慧。《孙子兵法》里有一句名言："知己知彼，百战不殆。"《孙子兵法》总共只有6074个字，其中"知"字是出现频率最多的一个字，共出现了79次。今天，中欧关系及中英关系是合作伙伴关系，不是竞争对手关系，要发展和深化这种伙伴关系，就要不断加深了解，增强信任，化解疑虑，消除担忧。

刘晓明讲述了《孙子兵法》里还有一个著名的故事，是中国古时候吴国人与越国人不和，当他们同船渡河时，遇到大风，他们相互救援就像人的左右手一样。这个故事成为一句成语——"同舟共济"。

刘晓明表示，认识《孙子兵法》这部古老的兵书，了解中国思想文化的源头，能为理解今天中国的和平发展道路增添一条途径，能为打消对中国的不必要担忧增加一些决心，能为积极开展与中国的交流合作增强一些动力。

英国华社多种形式弘扬中国兵家文化

——访英国中华传统文化研究院院长桂秋林

"《孙子兵法》是中国传统文化的瑰宝，作为弘扬中华文化为宗旨的英国中华传统文化研究院，理应大力弘扬。"英国中华传统文化研究院院长桂秋林在接受记者采访时透露，该院将开设《孙子》讲座，邀请海内外著名孙子研究学者来英国演讲。

据介绍，英国中华传统文化研究院成立于2011年，旨在向西方社会介绍中华传统文化精髓，促进中西方的文化交流。该院成立以来，多次举办各类研讨会，传播孔子、老子、孙子及易经等中国传统文化，为英国及西方教育界、学术界提供了对话和交流的平台，在英伦产生积极的影响。

桂秋林对记者说，中国传统文化在明清之际，通过西方耶稣会士，通过东学西渐，传播到欧洲一些国家。从17世纪开始，中国的一些儒家经典如《论语》《孙子兵法》等，就通过法国传到欧洲其他国家。法国18世纪的启蒙思想家很少有不受中国文化影响的，他们对中国文化的推崇程度，让我们现在都感到震惊。德国著名哲学家都研究过中国哲学，在不同程度上受到过中国儒家学说和兵家哲学的影响。

于是，古老的东方文化开始在西方施展它独特的魅力，西方人士开始欣赏中华文化的真善美，吸收和谐的儒家文化和兵家文化的内涵，了解博大精深的中华文化。

中国传统文化里有太多的优秀精华可以为现代人所用。桂秋林说，比如《孙子兵法》，不仅可以用于现代战争，使善攻者攻于九天之上，善守者守于九地之下，也可以把它用于现代商战。现在，通过一些专家的讲解，包括欧洲在内的全世界企业家开始把它用于商业竞争中；各国的政治家、军事家视它为"济世宝典";现代的哲学家、科学家更把它看作"智慧宝库"。

桂秋林介绍说,英国中华传统文化研究院举办的英国中华传统文化学术研讨会,自开办以来,会聚各路精英,举办了丰富多彩的演讲,为在英国的海外游子提供了中华文化的精神盛宴。蔡虹冰的演讲,主题聚焦中国古典哲学和传统价值观对现代经济管理的影响,涵盖了老子、孙子的哲学思想。

蔡虹冰从三个层面介绍了中国人的管理智慧:通过介绍中国古典哲学思想,分析传统文化及价值观对现代经济管理的影响;通过介绍中国人的思维方式、处事方法,达到高效沟通的目的;通过介绍跨国公司在中国运作的案例,分析跨文化商务沟通的挑战及对策,并分享成功经验,达到古典与现代、中国与外国、理论与实践的融会贯通。

桂秋林说,除了学术研讨会参透孙子哲学思想外,英国中华传统文化研究院还采取多种形式弘扬中国兵家文化。如主办中国武术研讨会,邀请中国嵩山少林寺武僧总教头林存国讲解中国武术的精华,传播少林七十二艺、十八般兵器、硬气功、散手、擒拿、太极及中华各派武术精粹,他带领的学员在现场进行了精彩武术表演。

又如,举办庆祝伦敦京昆研习所成立十周年,英国著名侨领、全英华人中华统一促进会会长单声,他也是英国中华传统文化研究院名誉院长,精彩表演了反映中国兵家文化的《空城计》中诸葛亮的老生唱段。

单桂秋表示,包括兵家文化在内的中华传统文化,是中国数千年沉淀下来的精华,有着自身的独特性和优良传统,是千百年来中国人智慧的结晶。学习中华传统文化可以培养民族自豪感和增强民族凝聚力,为身处海外的华人增加一份自尊和自信。希望做一个中华传统文化的传播者,共建一个和而不同的和谐文化交流舞台。

澳洲华裔丁氏三兄弟热衷《孙子》

2013年11月30日，南半球第一个澳大利亚孙子兵法研究会在苏州拙政园的"姐妹花园"悉尼情人港谊园隆重举行，象征古城苏州有两个"世界宝贝"出口澳洲。中国驻悉尼总领馆总领事李华新、领事王琳、澳大利亚联邦国会议员、前移民部部长携夫人、悉尼大学教授以及各界名流、华侨华人和研究会会员共百余名嘉宾出席盛典。

中国驻悉尼总领馆总领事李华新致辞，对澳大利亚孙子兵法研究会成立给予高度肯定，并期待《孙子兵法》所蕴含的智慧在澳洲华侨华人中发挥更大的作用。澳大利亚孙子兵法研究会最高荣誉职位——赞护人（Patron）Ruddock 在祝辞中说，澳大利亚孙子兵法研究会将为澳中文化交流发挥积极的作用。澳大利亚陆军部部长 David Mirrison 也发来贺信。

澳大利亚孙子兵法研究会由丁兆德、丁兆璋、丁兆庆发起成立。丁氏三兄弟出生于古城苏州的名门望族，母亲的娘家是书香门第。从《孙子兵法》诞生地苏州走出的丁氏三兄弟，长期以来在澳洲弘扬包括兵家文化在内的中国传统文化。三人不仅懂孙子、敬孙子，更希望通过自己的努力让华人社区的孩子和澳洲人也能够知道孙子其人。

出任澳大利亚孙子兵法研究会会长的丁兆璋，是悉尼大学高级专家，与《孙子兵法》诞生地苏州穹窿山有着特殊的感情。母亲十月怀胎时，正值战火纷飞的抗战时期，不得已逃到苏州穹窿山下一个农庄里，在一棵大树下生下丁兆璋。

丁兆璋计划与苏州加强孙子文化研究交流，不定期派出专家学者访问、讲学、交流、培训；并与悉尼大学合作，开设《孙子兵法》课程，举办孙子文化展览，把博大精深的中国兵家文化在澳洲人中传播，在澳洲掀起"孙子热"。

丁兆德是澳大利亚华人中小有名气的孙子研究学者，他在澳洲华人社区开设孙子讲座，举办孙子文化展览，在华文媒体刊登大量有关孙子文章，并与国际孙子兵法研究机构和专家学者保持了联系，为传播孙子文化做了许多工作。

丁兆庆是著名的华人漫画家，张乐平收为关门弟子，使他的漫画创作不断成熟，随后陆续发表了1000多幅作品，张乐平称赞他为"较有作为的年轻艺术家"。1986年初，丁兆庆移居澳洲，在悉尼大学讲学，举办画展，在报社担任编辑，其间频频发表漫画于中英文报上，并从事绘画教育。

"我配合大哥丁兆德和二哥丁兆璋在澳洲传播《孙子兵法》，做了些力所能及的工作。"丁兆庆谦虚地对记者说。其实，从孙子文化展览到开设孙子讲座，许多书法、照片及宣传、推广都是丁兆庆默默无闻做的。他还关注澳洲报纸刊登的有关孙子的文章报道，剪贴下来给大哥丁兆德作参考资料。丁兆庆说，传播孙子文化，我乐此不疲。

丁兆璋表示，澳大利亚是一个多元文化社会，现有华人80多万，已成为这个多元文化大家庭最重要的成员之一。澳大利亚对中国传统文化很有兴趣，将建造"中国传统文化"主题公园，"21世纪中华文化世界论坛"首次走出亚洲在澳大利亚举办。作为从小生长在《孙子兵法》诞生地的苏州人和澳洲华人，向澳洲传播中国传统文化是应尽的使命。

大量华人助推美国《孙子》研究传播

被誉为民国时期"孙子研究第一人"的李浴日，其旅居美国的五个子女继承其遗志，成立李浴日基金会，建立李浴日著作网络版，出版《李浴日全集》，翻译李浴日兵学著作英文版，在美国传播中国兵家文化。

李浴日次子李仁雄正在延续先父的《孙子兵法》研究。他对记者说，传播中国兵家文化既是一种夙愿，也是一种责任。我们要继承先父的遗志，传承中国兵家思想，回馈海内外孙子兵法研究机构及孙子崇拜者和爱好者，使《孙子兵法》在全世界发扬光大。

像李浴日儿女这样热衷传播孙子文化，帮助美国研究《孙子兵法》的美籍华侨和华人，在美国有许多。原中国远征军五十四军副军长叶佩高之子叶祖尧，是美国电脑科技大师，在美国的20年间开了三家软件公司，成为联合国和美、日、新加坡等国的科技顾问。叶祖尧精通《孙子兵法》，他用英文写了一本《商道》，把很多大公司的经营秘诀写进去，介绍《孙子兵法》在商场上的运用之妙，这本书出版后在美国相当受欢迎。

美籍华人朱津宁是国际畅销书作家、著名讲演家，曾与美国前总统卡特和英国前首相梅杰同台演讲。20世纪70年代她从台湾移居美国时，只带了两本书，一本是《厚黑学》，再一本就是《孙子兵法》。这两本书，她研习了很多年，使她成功在美国立足，成为著名的东方策略学者。她是少数能把《孙子兵法》运用到"出奇入化"的孙子研究大师，对孙子在美国和世界的传播及应用是有特殊贡献的。

朱津宁把东方的灵性潜力，转化为生存竞争的武器。她主要是从理性角度分析兵法，形成了作为女性学者的鲜明个性特色。她的著作《新厚黑学之孙子兵法：先赢后战》等，由英文原著被译为17种语言，共有60多国读者。鲍威尔书店老板迈克·鲍威尔称，朱津宁为成年人开始生活和事业撰写了一部权威性的教科书，它应成为美国每一所学院和大学一门必修课的指南。

1922年出生于广州的美籍华人学者薛君度，是著名的历史学家、国际问题专家。他1949年赴美国深造，进入哥伦比亚大学攻读政治系，1953年获硕士学位，嗣后继续在哥伦比亚大学攻读博士学位，1958年获哲学博士学位，曾任斯坦福大学、马里兰大学、哈佛大学、纽约州立大学等大学教授。后任美国黄兴基金会董事长、美国大西洋理事会理事。

1999年薛君度出版《孙子兵法与新世纪的国际安全》一书。《孙子兵法及其现代价值——第四届孙子兵法国际研讨会论文集》，由薛君度和黄朴民、刘庆主编。在旧金山举行的美国政治学会第92届年会，连同世界各国前来参加的学者在内人数共6000余人。薛君度以亚裔政治学者组织负责人的身份，组织并主持讨论"中国威胁论"的圆桌会议，评驳"中国威胁论"。

据美国首位华裔国学大家何炳棣考证，《老子》的辩证思维源自《孙子兵法》，而《孙子兵法》成书早于孔子半个世纪，为最早的私家著述。美国北加州美华艺术家协会会长林中明是一位战略学、国际关系方面的专家，同时是一位电子芯片设计专家、一位在美国有着多项设计专利的高科技设计者。他对中国传统文化造诣很深，主讲过"无所不在的《孙子兵法》""《孙子兵法》文武相济——从科技、文艺到企管、环保的战略和应用""《文心雕龙》里的兵略运用"。

毕业于北京大学中文系、曾任北京首都师范大学古代文学教授的美国《美华商报》社长周续赓，多次参加孙子国际论坛并发表演讲。他酷爱《孙子兵法》等中国传统文化，其专著《准备赢得一切》，充满了孙子的哲理。

美籍华人吴瑜章最爱读的一本书就是《孙子兵法》，曾将孙子谋略游刃有余地运用在沃尔沃卡车运营上。他在写一本《〈孙子兵法〉与市场战争学》的书籍，将孙子思想称为管理者的"充电器"和获取经济利益的"方法库"。他开创了全新的"中西兼容、贯通古今的中国式营销管理哲学"，即吴氏兵家营销管理哲学。

美国福坦莫大学商学院副院长杨壮撰写的《知彼知己，百战不殆》的文章，用《孙子兵法》的精髓，对跨国公司在华成功的经营和中国企业国际化进行全面系统的分析，有独特的见解。他高度评价说："《孙子兵法》是战略理论领域的传世之作，是世界兵法史上的经典之作，是一本企业制胜之道的巨著。"

中国孙子兵法研究会理事、美籍华人许巴莱现任华宇投资执行长、美国徽龙科技创办人、六一国学讲座创办人，他在美国研读《孙子兵法》《周易》、中医理论、素书、阴符经以及桐城派古文法。加入美国籍以后，当选为北美洲移动通信网络标准委员会主席，并成为美国出席联合国国际电联在日内瓦的谈判代表。

美国孙子研究学者披露，洛克菲勒财团成功的一个重要原因是运用其智囊团所提供的《孙子兵法》智慧谋略。而这些研究《孙子兵法》的智囊团重要人物，几乎多系华裔、华人。所以洛克菲勒财团直线猛升的趋势，华人起了很大的作用。

世界兵学社发行李浴日《政略政术》

美国世界兵学社发行李浴日著的《政略政术》，编辑委员会成员由美国麻州李浴日次子李仁雄、美国马州李浴日三子李仁缪和中国雷州李龙担任。全书分一般篇、计知篇、领袖篇、集团篇、用人篇、制敌篇六篇共94章，1万字左右。初稿大概是1933年至1937年李浴日在日本留学时完成的，1955年去世之前做过修正。

台湾交通大学南加州校友长青会会长张孚威在序言中说，李浴日是中国近代著名军事理论家，与蒋百里、杨杰同为中国近代军事巨擘，驰名海内外。《政略政术》一书内容杂采易理的变，儒家的仁，法家的术，道家的虚柔，墨家的尚贤，战国的先，兵家的无常，是中国千年文化之集大成，不可多得的好书。李浴日几十年前有此高瞻远瞩，古为今用，与时迁移，随物变化的眼光及广大胸怀，更是我辈必须学习之处。

李仁雄编者前言中写道，1950年先父将其所收集的中国兵学书籍，放在一个箱子里从大陆带至台湾。他过世之后，先母舍不得丢弃它们，1976年又把它们带至美国，存放在我家里。2013年初，我们兄弟决定出版为纪念先父的《李浴日全集》，主编要我再找些先父的书信手札时，让我想起了那箱收藏。再度检阅它们时，赫然发现了此书的原稿。

李仁雄称，本书的原稿是先父用毛笔字写在稿纸上的，从未公之于世。他在留学日本期间，看到日本军国主义的强大和列强对中国无情的侵略剥削，因而专注在军事、兵学方面的研究，希望以军事上的建设去抵御外侮、巩固国防为优先。回国之后就积极地加入中国抗日战争的行列，以阐扬中国固有兵法，介绍列国最新兵学，造成文武合一风气和提高抗日战士斗志为己任。即使在国共对抗期间，国内外的氛围亦是以军事为主，此稿就被搁置于一旁了。

本书一般篇充满了《孙子兵法》的智慧谋略，从章节标题上就显而易见：第1章 智、仁、勇，第3章 奇正相辅，第4章 权谋诈术，第5章 斗争象水，第6章 仁师义战，第7章 防患消祸，第9章 诚与术，第10章 机动，第11章 知所变通，第14章 组织、作势、造形，第15章 自强与任势，第16章 掌握先机，第17章 败中求成，第19章 谨言慎行，第20章 利害相生，第21章 死生度外，第23章 变是常理。

计知篇则体现了孙子的先知思想：动莫大于不意，谋莫大于不识；知为行之始，行为知之终。知则必先知己知彼，以至知时。知己者，知我之虚实也。知彼者，知敌之虚实也。知时者，知环境时势也。由知而计，依计而行，是行不失于盲动矣；夫计划仍有如此变动，此为吾人不可不先知也；见微知著，见此知彼，见真知伪，见止知动，以至于无所不知；秘密之所以存在者，基于彼一切之秘密也。故破之极难。然亦非无法。其法在于先知；因敌制宜水流无常形，制敌亦无常策。策而至于常，敌必知之。敌知之，是我不能制敌，反而敌制我也。故善制胜者，无留恋，不拘泥，唯因敌之变化而立策以制之，是谓之神。

值得关注的是，在该篇第六章归纳了43计：美人计、苦肉计、迂回计、包围计、孤立计、称病计、托宴计、诈降计、震骇计、迁延计、逃避计、空城计、勇示怯计、智示愚计、富示穷计、强示弱计、近示远计、用示不用计、先亲后离计、先与后取计、先散后集计、先危后安计、亲而离之计、卑而骄之计、佚而劳之计、借此制彼计、虚结金兰计、政略结婚计、因粮于敌计、逐个击破计、以毒攻毒计、声东击西计、远交近攻计、宗教利用计、鬼神假托计、调虎离山计、借尸还魂计、移尸嫁罪计、登高去梯计、破釜沉舟计、狡兔三窟计、坚壁清野计、将计就计计，其中许多计谋都出自《孙子兵法》。

领袖篇彰显了孙子的"为将之道"：思虑、用人、指挥、应付；领袖之危，犹豫不决、自恃而不好谋、举棋不定、亲小人而远贤人、赏罚不公、不正己，任下放恣；领袖之六强六弱，度量宽宏、开诚布公、广揽人才、爱护同志、努力求知、欢迎忠言，勇于改过，此谓之六强也；不舍小过、用人不专、侥幸得失、事后多悔、吝啬金钱、溺于不良嗜好，此六弱也。大凡领袖知古，亦须知今，知政治，亦须知军事。

集团篇提出筹划、赏罚、增进效率、对外斗和；集团之生存力为感化力、强制力和经济力。集团之七害为阴结小组，肆意倾轧；专讲是非，以私动众；窃取机密，私通敌人；谈相算命，妖言惑人；见害巧避，见利先争；寅缘运动，纳贿害公；视上若闲，工作敷衍。一个集团，既须有健全之首脑，亦须有忠纯之手足，此易明之事也。善斗者，善用其主，亦善用其佐。佐者，因主而用之也。主孰有道，将孰有能，兵众孰精，机械孰良，天地孰得，内部孰固，财政孰足，生产孰富也。合此八者而比之，吾知胜负矣。

用人篇倡导孙子的"择人任势"：知人之法，知人难，有知之才，知之法，则不难。夫用人者，用其忠，用其才也。全才难得，苟有一艺一技之长，均可用也。而最关重大者，莫若其忠。适材、适地、适时用人贵乎适材适地。故善用人者，必随时物色新的人才。用人之术、使人之法、分合之术、栽培新血欲图大举，诚以下层力量，乃上层之基础，如树之于根，若水之于源。基础固，是攻守得矣。

制敌篇通篇贯穿孙子的"克敌制胜"：认清敌友者，斗争之大事也。先立于不败之地实可以破虚，虚亦可以破实。制胜之道，不能即取，即须待机。然必先治己。是故以静待躁，以勇待怯，以逸待劳，以正待邪，以治待乱，此制胜之道也。避实击虚，敌之攻我者，避我之强，冲我之弱也。乱而取之，政争之要。衢地合交，方与敌争。非利不足以取之，非用不足以灭之。学会因时与敌、克敌之法、乱敌之法、分化敌人、善用外交、以谋取胜、败里求生。

加拿大华人传播《孙子》有声有色

中国兵书、中国兵马俑、中国功夫、中国兵家壁画、中国兵家书法、中国兵家工艺品……唐人街是海外中华文化的传承枢纽,加拿大唐人街没有忘记中国传统哲学。加拿大华侨华人传播以孙子为代表的中国传统兵家哲学,有板有眼,有声有色。

加拿大华侨华人自豪地说,如果说牌坊、中餐馆等有中国特色的建筑是唐人街的"骨骼"的话,那么,这里的各种中华传统文化活动无异于是唐人街的"血液"。而这"血液"中最重要的无疑是流淌了几千年的中国传统哲学,其中包括博大精深的孙子哲学思想。

记者在加拿大温哥华中华文化中心看到,大厅里有兵马俑,工艺品商店里有中国兵家文化挂毯,大门口张贴着中国武术班开班的大幅海报。据介绍,该文化中心自1983年成立以来,一向积极努力发扬及传播中华文化之精华,经常举办如太极拳、童子军训练等兵家文化活动。在蒙特利尔中华文化宫的橱窗里,陈列着兵马俑,图书馆里华侨正在阅读中国古代兵家书籍。

2012年,由30多个当地艺术家制作的34座彩绘兵马俑"驻"在温哥华唐人街中山公园,有的艺术家根据对中国文化的理解,为兵俑"穿"上了各式服装;有的为兵俑盔甲涂上鲜艳的色彩,绘上长城甚至行军图等。这批彩装兵马俑在大温哥华地区各城市街头陈列半年时间,有的被分派在温哥华市区不同地点"站岗",供加拿大民众和华侨华人欣赏。

在维多利亚唐人街门楼上,刻着孙子同舟共济的"同济门";在蒙特利尔唐人街的墙壁上,绘有孙子"吴宫教战"的巨幅壁画,在美术馆里展出《孙子兵法》的书法;在魁北克省中山同乡会的会所里,也布满了《孙子兵法》、兵马俑等中国兵家文化的书画和工艺品。

位于加拿大曼尼托巴省会温尼伯市的千禧年纪念大图书馆，耗资2000多万加元扩建之后，每天有5000多人次到千禧年纪念大图书馆来参观和阅读。《孙子兵法》《吴子兵法》《六韬》《三略》《尉缭子》《司马法》《卫公兵法》"武经七书"，以及《三国演义》等中国兵家文学书籍和连环画占了一定的数量。

加拿大埃德蒙顿中华文化中心图书馆成立于2009年，现有各类图书、音像制品等超万件，年均接待读者2000多人次，是当地小有名气、规模最大的中文图书馆，当地华人在这里可以领略和推广包括兵家文化在内的中国传统文化，受到华侨华人和喜爱中国文化的外国朋友的欢迎和好评。

2012年，新华书店（加拿大）第三届图书文化展在加拿大温哥华郊区的里士满市举行，参展的上万本图书绝大部分为新近出版的畅销书，包括社会科学类、经济管理类、语言学习类和英文版中国图书等，其中最受欢迎的是《孙子兵法》《易经》《太极》《中国武术》《中国象棋》等中国传统文化书籍。

新华书店（加拿大）总经理李大庆介绍说，书展可以传承文化，这些参展书籍，特别是文化教育类的书籍让华裔孩子有机会接触中国文化、学习中国文化，另外是向加拿大的读者介绍中国文化。

据加拿大《世界日报》报道，第十届"多伦多中区华埠同乐日"举行，活动主题是展示中国古今风华，有中国传统文化特色的太极、功夫等表演。中国功夫示范正宗少林功夫、双刀、软鞭、洪拳。

记者感叹，《孙子兵法》在北美洲的加拿大传播甚广，离不开作为中华文化传播的窗口唐人街，更离不开作为中华文化重要传承者和传播者的广大华侨华人。华侨华人远赴海外拉近了外国人与中华文化的距离，包括兵家文化在内的中华传统文化引起更多海外人士的关注。中华传统文化也必将随着华侨华人的遍及并融入世界各地而不断传承传播，发扬光大。

加拿大中山同乡会弘扬孙子与中山思想

"无论是作为孙子的后裔还是辛亥革命的领导者，孙中山都是孙子思想的继承者、传播者和运用者。"来自孙中山故乡的加拿大魁北克省中山同乡会会长黄善康表示，孙中山非常崇尚中国古代兵家的军事思想，多次研读《孙子兵法》，并运用于辛亥革命的实践。

记者看到，在魁北克省中山同乡会的会所里，布满了孙氏始祖画像、孙中山雕像、韩信和岳飞等中国著名兵家人物画像和雕塑，以及兵马俑等中国兵家文化的书画和工艺品。

黄善康介绍说，我们魁北克省中山同乡会会员多是新侨民，拥有较年轻、具活力、对中国国情和中国传统文化较熟悉等特点，会员中从事文化、科技产业的越来越多。同乡会成立以来，我们主动融入主流社会，致力弘扬中华文化。作为来自孙中山故乡的同乡会，我们更注重弘扬中山思想，其中包括中山思想中的兵家文化思想。

黄善康说，我们中山同乡会参与创办的满地可中华文化宫，坐落在蒙特利尔中山公园，内竖有孙中山雕像，设有图书室、华讯报社和枫华书店，橱窗里陈列着兵马俑。文化宫定期举办中国文化专题演讲和中华文化特色活动，图书室藏有上千册儒家、兵家等中华文化书籍。

弘扬和传播孙子与中山思想，是我们中山同乡会的神圣使命。黄善康说，他到加拿大20多年，外文从零开始，学了七个月英语，一年半法语；工作从打杂开始，洗过碗，送过货，当过厨师，也开过餐馆，目前仍在餐馆打工，对海外华侨华人的艰辛与奋斗深有体会。孙子说的"同舟共济"和孙中山提出的"共同奋斗"，这些思想对我们很有用。

当记者问起海外侨团的侨领大都是有影响的企业大老板，你一个打工的是怎么当选上会长的？黄善康幽默地回答说，我这是学孙子的"以退为进"，我自己放弃当餐馆老板，就能腾出更多时间为同乡会服务。这也是大家信任我，看好我在家乡当过文书，上过党校，有头脑，有能力，最重要的是能团结全会，乐于助人。我们中山同乡会有一个很好的风气，就是发扬孙子与中山思想，谁遇到困难大家都会全力帮助。

记者还见到魁北克省中山同乡会总监事孙靖夷、顾问孙陈相玲，以及同乡会副会长、秘书长、财务部部长等一干核心成员，他们对中山同乡会热衷在蒙特利尔弘扬孙子与中山思想都表示赞成，认为这是中山同乡会的一大特色，对全体会员在加拿大的生存发展是非常有益的，对提升中山同乡会的凝聚力和向心力也大有好处。

魁北克省中山同乡会核心成员认为，孙中山对《孙子兵法》为代表的中国传统兵学文化有着深刻的理解，给予了高度评价。他领导辛亥革命武昌首义、推翻清朝，汲取了中国兵家文化的大智大慧。孙中山的《建国方略》，受到中国传统兵家思想的影响，三民主义与孙子思想也存在一定相通之处。我们中山同乡会应汲取孙子和孙中山的智慧。

加拿大皇家科学院院士、魁北克省中山同乡会总监事孙靖夷收藏了各种版本的《孙子兵法》。他对记者表示，我的家乡广东中山是孙中山的故乡，孙中山也是孙子的后裔，和三国的孙权是同一个支，我也是这个支的。作为孙武后裔和中山同乡会成员，理应弘扬和传播孙子与中山思想，为扩大中华传统文化在加拿大的影响做出应有的贡献。

太极伉俪与金庸兵法轰动加拿大

加拿大武术界人士称，《孙子兵法》所揭示的用兵之道与太极推手技术深层次的一致性所在，即所谓的拳兵同源，唯理一贯。"太极秘诀"可演绎兵法拳理的制胜之道。而金庸用小说来解读《孙子兵法》，用《孙子兵法》来圈点书中蕴藏的兵法谋略，被誉为"金庸兵法"。

2010年，"太极伉俪"陈正雷和他的夫人路丽丽，应加拿大魁北克孔子学院和加拿大醒龙武术院邀请来到蒙特利尔，在当地著名的道森学院举办陈氏太极拳讲学。蒙特利尔及周边城镇的太极爱好者都闻讯而至，年纪从不到十岁的孩童到年逾古稀的老人；有西方人也有亚洲人，更多的是西方人的面孔。他们一睹大师传拳授艺的太极拳风采后，对学习中国传统文化产生了更浓厚的兴趣。

2011年7月，蒙特利尔迎来了首届陈氏太极拳国际邀请赛，由加拿大醒龙武术院、魁北克孔子学院主办。魁北克孔子学院曾多次与当地著名的武术院联合举办传统武术及太极拳比赛和讲学。院长荣盟表示，为了办好孔子学院，增强中国传统文化的吸引力，提高外国学生学习汉语的兴趣，我们认为开设太极课十分有益。

2011年9月，加拿大安大略省西北部的桑德贝市举行国际太极公园落成仪式。加拿大总理哈珀发来贺词，表示练习太极拳将有助于人民的健康和福祉，国际太极公园也将成为该城市多元文化的标志。中国驻加拿大使馆文化参赞林迪夫在仪式上说，太极拳是中国传统文化宝库的一枚璀璨的宝石，蕴含中国传统的哲学理念，既可强身健体，又可使人达到宁静、和谐的境界。

桑德贝市太极拳朋友协会现拥有会员500多人，曾组织1000多人同时在湖畔练习太极拳，场面蔚为壮观。2006年该协会举办了国际太极拳论坛，2008年组团到北京，在鸟巢前表演枫叶太极扇，支持北京奥运。

2012年，在温哥华附近的一个海滩上，举行为期五天的"道教蓬莱阁"太极年度活动，参与者来自加拿大各地，年龄介于50岁至80岁之间。多伦多举行千人太极大操练，并举行千人太极大巡游，让更多加拿大民众感受中国太极的精髓和神韵。

2013年2月，由国际武术散手道联盟、加拿大梁守渝武术太极气功学院举办的首届世界著名武术家春节联欢在温哥华举行，来自美洲、亚洲和欧洲的中国武术家及世界冠军近80位世界级顶尖武术太极高手大展拳脚。

加拿大最大的英文报纸之一GAZETTE等许多西方权威媒体报道了题为"太极拳完美无缺或全国大范围推广"等文章，越来越多的外国人都在认识和学习太极拳，海外太极飓风势头飙升。据加拿大武术团体联合会透露，在亚洲以外的国家中，加拿大的太极武术名列前茅。近三年来，太极武术作为一项体育运动，参与人数增加了400%。

加拿大麦克马斯特孔院举办武侠小说与中国文化讲座，介绍了梁羽生、古龙、金庸等港台武侠小说作家的写作风格、艺术特点及代表作品。尤其着重介绍了最广为人知的金庸，受到加拿大人的欢迎。

据报道，加拿大的中文书店都把金庸的《射雕英雄传》《雪山飞狐》《天龙八部》《神雕侠侣》等作品作为"当家"图书陈列于橱窗里和书架上。加拿大渥太华的中文图书馆里，三分之二都是金庸小说。加拿大许多华裔少年通过金庸学中文，了解中国的兵家文化。

香港兴起孙子书籍出版销售热

记者在香港三联书店看到，《孙子兵法评注》《三略·六韬》《吴子·司马法》《兵家金言》《三国兵法》《蔡志忠漫画孙子说》等兵法书籍，吸引许多读者浏览。《取胜之道——孙子兵法的竞争思维》，在该店2011年6月工商类排行榜中被列入畅销书榜。

三联书店还举办孙子兵法读书会，请来岭南大学持续进修学院讲师邱逸，通过对中国兵学经典《孙子兵法》的讲解，从史学和兵学的角度去探讨中西方的兵学比较等课题。

香港中华书局出版《图解孙子兵法》，从"揭开孙子和《孙子兵法》之谜"、"洞悉兵法奥秘，铸造辉煌人生"两方面来阐释，并以大量古今中外的准确实例，生动地阐释了《孙子兵法》，揭示了其中所包含的深刻哲理，启发读者联系生活实际活学活用。该书图文并茂，极具知识性、趣味性。

香港大学出版社1956年就出版《孙武辨》，香港中华书局、香港中国图书刊行社、香港乾坤出版社、香港信文图书有限公司、香港中和出版有限公司先后出版了《孙子集校》《孙子白话解——十一家注》《孙武》《孙子——揭示制敌的智谋与技术》《孙吴兵法与企业管理》《吴子兵法全译》《孙子兵法的竞争思维》。

《书评：孙子兵法》为"中华传统文化精粹"丛书之一，这套丛书最初由中国对外翻译出版公司于20世纪八九十年代同香港商务印书馆合作陆续推出，丛书的编者和译者都是在各自领域做出贡献的学者、教授，使得该套丛书在读者中获得很好的口碑。

近年来，港版《白话孙子兵法》《临机应变之孙子兵法》等相关书籍在香港各大书店热销。香港书城专为香港及澳门地区读者销售《宋代孙子兵学研究》，该书包括了宋代孙子兵学的时代背景、发展轨迹、文献学考察、理论发展及宋代孙子兵学与军事实践五章内容。该书城还销售《中华古典珍品·孙子兵法》《插图本孙子兵法》。

为纪念香港回归而发行的竹简《孙子兵法》已成为珍贵的收藏品，世界第一套《孙子兵法》纯金纯银纪念币、全文个性化《孙子兵法》金银邮币典藏册、香港版金箔书写的《孙子兵法》，都成为香港的热门收藏品。

香港大学推荐学生看的60本书中就有《孙子兵法》，推荐理由是：它浓缩了中国古代最优秀的战略智慧的精华和兵家韬略之首，不仅是中国的谋略宝库，也是人类智慧之源，最能代表中华文明，影响着世界历史的进程。凡读过这部兵法的人，无不倾心于它所蕴含的深邃而奥秘的思辨内容、博大而精深的军事学说内涵、清新而鲜明的实践风格，以及辞如珠玉的文学性语言。

香港学者称，《孙子兵法》问世虽久，但书中所包容的一些哲学思维，以及在这些哲学文化意识指导下所阐述的战争规律和原则，至今仍然闪烁着熠熠光辉，被称为令人叹为观止的罕世之作。

香港公开大学人文社会科学院署理院长闵福德说，以他个人翻译过的作品为例，其中只有《孙子兵法》较受欢迎。香港岭南大学中文系荣休教授刘绍铭认为，《孙子兵法》卖得好，可能与全球大企业家广泛应用有关。

香港知名明星主演《孙子》影视剧

数百演员，千匹骏马，数十万将士，数不尽战车，旌旗招展，刀光剑影……香港电视剧《孙子兵法之孙武篇》气势磅礴地再现了风云际会大时代，乱世英雄大点将，古今翘楚大智慧。

香港电视剧第一部上卷《孙子兵法之孙武篇》"叱咤风云"，第二部下卷《孙子兵法之孙膑篇》"战国传奇"，以春秋战国群雄割据的动荡时代为背景，在这个战争伴随着变革、动荡、创新的时代，在这个强者生、弱者亡、智者兴、愚者衰的时代，孙武用他的大智大慧，创造出流传百世的兵法与计谋。

香港电视剧《孙子兵法》全20集，众多香港知名明星主演，在北京宝地取景拍摄，2000年在香港发行。"叱咤风云"由郑则士饰演孙武，郭晋安饰演伍子胥，关咏荷饰演南宫明珠。"战国传奇"由莫少聪饰演孙膑，吴毅将饰演庞涓，俊贤饰演田景，黎美娴饰演饶灌娘。

该部电视连续剧规模宏大，真实再现孙武创造出旷世兵法奇书《孙子兵法十三篇》，向世人形象展示世界上最为杰出的兵法。剧中通过战国时期著名的军事谋略家孙武对人性的弱点，以及自古人性之不变乃千古定律的精髓领悟，并加以运用发挥，改变了冷兵器时代的战争模式。

香港1979年古装电影《孙子兵法》，又名《孙膑下山斗庞涓》，主演高雄、岳华、张复健、王利、黄玲、吴金华、刘文斌、张宗贵。电影再现了战国奇人孙膑叱咤风云的王者风范，在马陵战役中与庞涓斗智斗勇的恢宏战争场面。孙膑和庞涓斗智的故事以崭新的面貌出现在银屏上，令香港观众耳目一新。

由香港、日本联合制作斥资港币4000万元拍摄的火爆反恐影片《第六计》，源自《孙子兵法》。香港演员方中信、任达华和日本演员千叶真一在影片中大飙演技，合演一场孙子智谋"反恐战"。香港导演梁德森说，香港警方识破恐怖集团的诡计，正是领悟了《孙子兵法》中"虚实篇"的要义。"虚实篇"是《孙子兵法》的第六篇，因此命名为《第六计》。一部朝着国际化方向去拍的电影，手法上比较西方化，加入《孙子兵法》就融入东方的元素，能兼顾东西方观众的口味。

香港导演吴宇森是目前唯一一位在好莱坞星光大道留下印记的华人导演，拍摄充满兵法谋略的《赤壁》。他说，西方人都知道《孙子兵法》，但具体阵法都没见过，因此片中我展现了"八卦阵法"，这样西方观众就能看到中国兵法的智慧，我觉得中国文化的智慧肯定有让全世界能分享的部分，希望《赤壁》能成为一个好的传播工具。

由中国内地拍摄的36集电视连续剧《孙子兵法与三十六计》，一计一集，计计相扣，在展现中国古代兵法和东方智慧文化的同时，浓墨重彩描绘出一幅2500多年前中国战国时期政治、军事与各阶层不同的人物情感相交融的历史画卷。该连续剧在香港销售势头很旺，香港电讯收费电视台以每集5000美元的价格购买了其在香港有线、无线、卫星电视，包括互动电视在内的全部播放权。

资深香港演员午马披挂长袍，在内地拍摄的人文史诗剧《孙子大传》中饰演吴王叔季札。该片讲述"百代谈兵之祖"孙武跌宕起伏的一生，演绎古今第一兵书《孙子兵法》中"止战"与"和"的至高境界。

香港影视媒体普遍看好《孙子兵法》题材，认为它既是一部为世人瞩目的中国古代兵书，又是一部可供当代企业、商业活动的指南。通过影视，更形象地了解中国古代的兵法、计谋及辉煌的中国古代兵家文化。

香港诗人的《兵圣孙武交响乐》

"沧海桑田两千年，孙子兵法十三篇，谁能识得此韬略，世界潮流必为先。"香港著名诗人孙重贵的诗歌《兵圣孙武交响乐》，发表在香港散文诗学会主办的《香港散文诗》杂志2011年6月号上，并广为流传。

孙重贵是国际华文诗人协会会长、香港音乐文学学会监事长，发表的百余首诗歌已谱成歌曲传唱被选入各种歌曲集，获"冰心奖""文化艺术成就奖"。他的山水诗、生态诗、财经诗别具一格。

他还是香港国际孙子兵法应用协会会长、孙武第79代子孙，对老祖宗的兵家文化情有独钟，曾创作《孙子商法竹枝词》八首，写《兵圣孙武交响乐》的散文诗自然有其独特的感受。

他对孙子写兵书的历史背景颇为熟悉，春秋战国之世，中国社会发生了长久、全面、激烈的震荡和变动，百家之学启动了中国思想开宗的千古未见的一大运会。于是，他的诗开头弥漫着春秋的硝烟："春秋时代，风云际会。大动荡、大分化、大变革、大改组——列强纷争，英雄辈出。我看见一个伟岸的身影，统帅吴军，叱咤风云。运筹于帷幄之中，决胜于千里之外。"

他多次赴孙子故里山东考察，孙武出生在齐国的一个军事世家，祖父、伯祖父军事思想和作战经验，都深刻地影响着和震撼着当时只有十几岁的孙武，一个有血有肉、大智大慧的兵圣形象跃然纸上："西破强楚，南服越人，北威齐晋，显名诸侯，建立了不朽功勋，成为历史天空中一颗灿烂的星辰。这位战神是何许人也？他就是彪炳史册的兵圣——孙武！"

他一次次走进《孙子兵法》诞生地苏州穹窿山，置身于谷中之谷，林中之林，探寻充满智谋和神机色彩的孙武隐居地，在茅蓬坞中沉浸，在兵圣堂前遐思，才写出"春寒料峭，残阳如血。齐国国都驶出一辆马车，匆匆驶向南方，直奔吴国。马车中走出的青年才俊孙武，走进了太湖之滨的穹窿山，避隐深居，静观时局，潜心著述"。

他对孙子的谋略无比推崇："一部震古烁今的兵书宝典《孙子兵法》诞生了，一部智慧全书的《孙子兵法》诞生了。孙武胸中韬略，笔底波澜。兵法十三篇，文能安邦，武能定国。谁能全争于天下，谁能致人而不致于人，谁就能成为战争的赢家。"

他把《孙子兵法》的最高境界领悟得十分透彻："战争与和平，人类的永恒话题。孙武是战神，却止戈为武，以战制战。非战之战。以智谋化解战争，以外交换取和平，这是何等非凡的思维，何等高尚的境界。"

他综观全球，先人遗作，历经千古，广为流传，引以为豪："孙武是智者，也是勇者，更是善者。智者能谋，勇者能战，善者能爱。大智无惑，大勇无惧，大爱无疆。博大精深的《孙子兵法》穿越历史的沧桑，依然闪耀着智慧的光辉，在现代文明世界依然大放光彩。"

他把古代的兵法与现代商战融合起来，深深感悟：《孙子兵法》可以为王者师，为将者师，为学者师，为商者师"；于是，他发出"给我一部《孙子兵法》，我会改变世界"的感叹，道出千千万万孙子推崇者的心声。

邱逸向香港社会大众推广兵法

十年来，在香港，有一个讲座办了百多场，同一讲者，同一题目，但内容千变万化，听众各行各业：由小学生到大学生；由专业人士到退休老人；由孩子到家长。这个叫《兵法与人生》的讲座，由《孙子兵法》研究学者邱逸主讲，他希望借着讲座以推广中国兵家文化在香港的普及与应用。

邱逸现为香港岭南大学持续进修学院学务主任及高级讲师，他认为，面对复杂的社会、多变的人生，如何能驰骋而立于不败，关乎个人的修为和应变能力，《孙子兵法》是帮助人面对困境的有益读物，它虽是一本关于行军打仗的书，但由于它具有高度的概括性原则和规律，所以经过演绎后，可视为处理各种问题的方法学。有见及此，《兵法与人生》的讲座以相同的哲学，演绎不同的故事。

《孙子兵法》之所以能够恒久有效，是书内主要提出一种思想的境界，不涉及实际步骤。邱逸举例说，书中提到"出奇制胜"，但并没有教人出奇制胜的方法，实际如何做法，则要靠自我修行，熟读孙子策略，可大大提高"作战"思想；《孙子兵法》提到"知彼知己"，知道自己实力、对方的底细，无论在哪个年代，都非常重要。知彼知己的次序很重要，通常人总会把自己的弱点美化，以为自己最了解自己，其实系当局者迷，旁观者清。天时地利人和，不止可用于战事，在人生任何时候，都要掌握局势，胜算才会更高。

邱逸的《兵法与人生》讲座，既面对不同听众，讲授的内容也丰富多彩，如对学生主要讲解情绪管理、减压、传意及人际关系；对专业人士则重点放在自我效力、逆境智慧、现代化管理、领导才能、危机处理等；对社会大众则是提升个人信念、个人视野、终身学习和修养智慧等。

　　讲座内容取材自《孙子兵法》十三篇，如从"始计篇"学习自我目标管理；从"作战篇"学习机构管理方针；从"谋攻篇"学习自我效力及危机处理；从"虚实篇"学习人际关系；从"地形篇"学习逆境智能；从"用间篇"学习如何搜集数据等。

　　他举了孙子提出的五大原则——"道、天、地、将、法"为例，示范如何教授年轻人。道者是指思想，年轻人容易迷茫，人生规划上先要搞清自己的思想，想自己是一个怎样的人，就犹如一支军队，思想要一致，事才可好办；天者是指时机，人生目标要分阶段，不同阶段有不同的处理方法；地者是指环境，可引申到居住、学校和工作的环境，如何择校、如何选择读书环境，都要反复考虑的；将者是指人的因素，和谁人合作、谁人有能力，可引申到老师和同；法者指执行和编制，即是生活和学业都要有严谨的管理制度。

　　讲座也面对不少意想不到的问题，如有人问：用兵法可否令我一年读完大学？兵法如何增加吸引力，可在情场上百战百胜？等等。由此可见，讲座的启发性和趣味性。而邱逸也根据自己所学所知，生动形象地回答所有问题。

　　邱逸对记者谈及东西方文化分野，中国文化的深远之处，在于思维角度比较系统性、整体性，西方文化较为看重心理、个人、潜意识。他之所以要推广中国传统兵家文化，就是希望学习新思维。《孙子兵法》讲求应变，因时制宜，强调方向、规划、管理、深思，作最坏打算，设最保守战略，尽力保存自力的力量，并在知识和行动上配合，从中悟出个人管理和培养个人在事业生活上应有的进退之法。

用书画艺术弘扬中华兵家文化

——访全国政协原文史和学习委员会副主任计佑铭

记者见到计佑铭是在香港中华书画艺术中心，该中心由他出资1.5亿港元创办，占地超过3000平方米，是香港最大的私人书画艺术中心。中心展出上千幅艺术价值相当特别的计子高书法作品，以及大量名人书画、篆刻，其中不乏反映中华兵家文化的作品。

计佑铭为香港志成国际集团董事长，他致力弘扬中华文化，为文化事业贡献良多，荣获前香港特首董建华授予铜紫金星章和国家文化部颁授的"共和国的脊梁"主人公——"世纪之星"金杯奖。

计佑铭对记者说，中华民族之所以几千年来发展繁衍，就是因为有博大精深的文化，这是中华民族的精神与灵魂。同时，中华文化亦激励民族进步与繁荣。而以《孙子兵法》为代表的中华兵家文化，是中华文化的一朵奇葩。孙子的智慧不仅被商人广泛应用于商战，而且使文化人从中汲取创作的"养料"。

如今，以《孙子兵法》为题材的影视、动漫风靡全球。计佑铭说，反映兵家文化的书画、篆刻、剪纸、雕刻、泥塑等佳作频出，开发制作以孙子文化系列文化艺术产品，成了不少文化人和民间艺人的追求。

计佑铭告诉记者，他热爱中华文化深受父亲的影响。他的父亲计子高毕业于保定军校，虽然是个军人，但却是一位传统的文化人。书法颇有造诣，尤擅金石篆刻，是民国时期与于右任、梁寒操、贾景德齐名的书法名家。父亲计子高经常教导自己要传承中华文化，不要丢掉老祖宗留下的文化瑰宝。

孙子的战略思想让计佑铭"以小博大，以弱变强"。1978年，他来香港时身上只有十元港币，但他一年中就为老板节省了100多万元，年终时得到1万元的奖金。他用这笔钱与几位朋友创办企业，像滚雪球般壮大了企业，成为"世界电剪大王"。如今，世界各地所销售的电发剪，每四把中就有一把是计佑铭的工厂生产的。

　　陪同记者采访的香港孙子兵法应用协会会长孙重贵介绍说，在金融风暴来临时，香港许多企业陷入困境，而计佑铭却是"常胜将军"，原因是他懂得和应用兵法，善于"因势而变"，"藏于九地"。

　　他信奉孙子的"择人任势"，成立专门管理机构，建立人才资料库，就是计佑铭在全国"两会"上提出的设想。他建议从高校开始就筛选优异人才进入人才资料库，掌握这些未来人才的成长和发展状况。他推崇孙子的竞争思想，认为21世纪国与国的竞争实际上是人才的竞争，中国要在21世纪立于不败之地，关键在于能否保住人才和能否拥有一流人才，这已显得日渐紧迫。

　　"中共六届七中全会提出提升软实力，我们香港文化人要积极推动。文化是最大的财富，最强的软实力。我要用书画艺术来弘扬包括兵家文化在内的中华文化，带动香港民众热爱文化，创建文化，要将中华传统文化和民族意识融化在国人血液之中，推动文化中华文化在香港的大繁荣、大发展。"计佑铭总结说。

澳门从战争堡垒到文化共融大展馆

位于大炮台山的澳门博物馆里，进门首先映入眼帘的是博大精深的中华文化，有新石器文化，有春秋战国时期的孔子像、《论语》、《孙子兵法》竹简、中国古代武士石像，有明代的郑和下西洋宝船。同时展出与中国传统文化交融的西方文化。

讲解员介绍说，大航海时代开始后，一批西方人驾帆船来到广州沿海的珠江口。葡萄牙人不仅带来了火铳与大炮，还带来了三棱镜和圣母像。正是从那时开始，全球一体化的大幕徐徐开启，澳门成为东西方文化和文明相遇、对话的前沿地带，东西方文化在澳门开始相互碰撞、交融和渗透。

记者看到，澳门博物馆里正在举办《孙中山与澳门》《盛世危言》展览。孙中山正是青少年时代在澳门接触西方思想并在海外寻求救国之道，三民主义学说及军事思想在这里初步形成，他还把澳门作为实现其革命理想的重要基地。

澳门文化协会会长郑国强在接受记者采访时说，澳门作为西方在远东的第一商埠，迅速成为中西文化交流的"桥头堡"，包括儒家学说、兵家文化在内的中国传统文化，从澳门走向世界。

1594年，澳门出现第一所西式大学，即圣保禄学院，把包括儒家学说、兵家思想的中国传统哲学传播到西方，同时将西方较为先进的科技、军事，包括天文学、地理学介绍进中国。该学院在中西文化交流中起过重要作用，不仅培养了一大批优秀的汉学家，也造就了中国第一代精通西方文明的专家。西方的制炮技术是传教士从澳门传到中国去的。林则徐通过对"澳门新闻纸"的翻译掌握了敌情并接触了近代世界，放眼了全球。

17世纪中叶，东西方文化间的相互交流达到一个前所未有的高度，以诸子百家为代表的中国文化大量流向西方。当时西方思想家、哲学家、军事家对中国文化极感兴趣，对中国文化进行了深入研究，使欧洲兴起了汉学研究热。

作为兵家必争之地的澳门，东西方兵学文化也在这里交融碰撞。东方兵学产生于大陆的农耕文化，而西方兵学产生于海洋的商业文化。东方兵学重道，而西方兵学重利；东方兵学重智慧，而西方兵学重兵器；东方兵重不战慎战、和平伐交，而西方兵学重武力征服、攻城略地。

自从15世纪地理大发现以后，西方殖民者开始了对亚洲的入侵。葡萄牙人占领满刺加后，就把目标对准了垂涎已久的中国。他们采用各种手段力图敲开明政府因厉行海禁而紧闭的国门，并借机占领了澳门。400多年后，澳门这个战争堡垒变成中西文化共融的大展馆，和平繁荣替代了血雨腥风。

数百年来，随着中国内地居民不断迁入澳门，中国的传统文化也被带入澳门，形成澳门华人的主体文化。澳门这种华洋并存、兼容并收的文化现象，是由于澳门人从未与母体文化割裂，而总是以中国人为自豪。对于这种现象，澳门前特首官何厚铧称之为"不同而和，和而不同"，这正是孙子所倡导的。何厚铧珍藏一部纯金版《孙子兵法》，他也是孙子的推崇者。

郑国强表示，过去人们往往只了解世界文明影响中国，而不了解中国文明影响世界，澳门就是最好的见证。博彩业并不能真正代表澳门的文化，东西方文化的融合才让澳门更有独特魅力，包括儒家学说、兵家文化在内的中国许多经典文化是从澳门传到西方、走向世界的。澳门回归后，在发展经济的同时，澳门人对中国传统文化的继承和认同也不断加强。

台湾兵法研究学会推动两岸孙子文化传播

"《孙子兵法》作为炎黄子孙的智慧结晶，是海峡两岸民众的共同财富"，"《孙子兵法》引领两岸人民走向共利双赢"。中新社记者在采访台湾中华孙子兵法研究学会中获悉，近年来该学会多次参加两岸孙子国际论坛和文化交流活动，发表了一系列学术论文，引起两岸学界的关注。

2007年1月10日成立的中华孙子兵法研究学会，是第一个在台湾"内政部"申请立案的孙子兵法民间研究组织，现有会员260多人。学会章程明定"本会主以研究、弘扬《孙子兵法》'全胜'思想为宗旨，并倡导中国传统易经对宇宙本体的认识，及至军事思想的演进，进而创造两岸和平双赢之愿境"。章程还宣称"赞助两岸国际研究交流活动，将孙子兵法原则传扬于世界"。

该学会会长傅慰孤在学会成立之初表示，中华文化瑰宝《孙子兵法》早已超越军事领域，引起国际性重视。学会成立有三项目标：急起直追国际孙子研究风潮；创新应用兵法使之更具现代意义；弘扬孙子"全胜之道"，维护海峡两岸和世界和平。

为推动台湾全民孙子文化的传播和应用，该学会深耕基层，在台湾北、中、南地区分别成立三个分会，吸收地区会员，每月定期召开研讨会。学会还成立了财团法人孙子文化艺术交流基金会，开通孙子兵法网站，定期出版《华孙学刊》，致力在台湾岛内普及孙子文化，指导商战决策，达到研究普及化、人员年轻化。

该学会选择台湾两所顶尖公立大学和私立大学，开班授课，开展《孙子兵法》入台湾校园活动，提升青年学子对兵法的兴趣与认知。连续两年与孙子故里山东滨州联合举办海峡两岸大学生孙子兵法友谊辩论赛，2012

年将移师台湾，成为一个由两岸轮流互办的常态性孙子文化活动。目前，台湾多所大专院校都规划了有关《孙子兵法》选修课程。

如今，学会经过深层次研究中华兵学文化，举办专家学者小型群英论坛，广泛开展史料考证、兵法释意、著书立说等，在台湾岛内已形成氛围，学会的"全胜论坛"成为海内外关注的品牌论坛。学会与元智大学合作，联合举办多次年度大型学术论坛，邀请者包括孙震、郝柏村、唐飞等人，议题围绕"以中华文化为依归，孙子全胜思想为主轴，探讨两岸前途发展之未来"。

唐飞作的题为《舍霸权思想·扬王道文化》的发言，对中西两大兵学思想进行比较。他提出"西方兵学对后世的影响远远不如孙子，是因为克劳塞维茨的《战争论》求胜需使用武力遂行攻城略地，是霸权思想；而孙子倡导的全胜思想强调'不战而屈人之兵'、'双赢共利'，是王道思想"。

论述题目还有《孙子兵法对台海两岸和平互信之启示》《从孙子的"势"解析两岸经贸顺势发展》《两岸握势、杜危·同舟共济》等，内容涵盖情势发展、经贸交流、和平互信等多个方面。

近年来，该学会还推动台湾宗教界与河南省鹤壁云梦山，在八卦庙落成典礼上举办两岸《鬼谷子》与兵法学术文化交流活动；接待中国大陆孙子兵法学者赴台参访团，举行小型论坛，拜会中国国民党荣誉主席连战、海基会董事长江丙坤等人，推动了两岸孙子文化的传播。

台湾《孙子兵法》书籍层出不穷

台北是一个为爱书的人设计的城市，在重庆南路书店一条街，包括《孙子兵法》在内的中华文化书籍放在各书店醒目的位置。而在台北最大的诚品书店，令记者感到意外的是，《孙子兵法》竟然在历史文化书区里找不到，而放在哲学书区里，满满的一大柜子，有100多种版本。看来台湾民众是把《孙子兵法》当哲学来读的。在士林夜市里，居然也有孙子图文解读和连环画出售。

台湾重视孙子书籍出版，起步较早。20世纪50年代初，多家出版社就着手重印《孙子兵法》书籍。如1953年世界书局重印的郑麐英汉对照本《孙子兵法》；兵学书店1954年再版齐廉所著《增订孙子注解》，以及世界兵学社于1956年先后再版李浴日著《孙子兵法总检讨》和《孙子兵法新研究》等，使得台湾的孙子研究保持了连续性并带动一批新作的问世，仅20世纪50年代台湾地区就有20余部孙子书籍出版。

1975年，在文物出版社公开出版《银雀山汉墓竹简》后，台湾学者随即纷纷投入对竹简兵书的研究。《孙膑兵法注释》由台湾黎明文化事业公司率先出版，这也是汉简出土后出版的最早的为数不多的研究专著之一。1982年后，台湾里仁书局和正华书局先后重印郭化若译注的《十一家注孙子》。台湾世界书局又于1987年复刊杨炳安的《孙子集校》，开启了台湾引进大陆图书之先河。

随着《孙子兵法》的普及和经济发展的需要，台湾应用研究异彩纷呈，一批研究专著陆续面世。如《商战孙子兵法》，是两岸较早将孙子谋略用于商业经营的专著。此后相继出版了《孙子兵法处世哲学新译》《孙子兵法的赚钱哲学》《孙吴兵法与企业管理》《孙子兵法与人生》《孙子兵法股票入门》《谈判孙子兵法》《孙子保险兵法》《全方位新女子兵法》《孙子兵法快读》《与孙子兵法同步思考》等。特别是2010年台湾学者在中国大陆出版的《孙子兵法与竞争优势》，引起兵学研究界的关注和兴趣。

在兵学理论和学科建设方面，台湾学者也走在前面。代表作为钮先钟的《孙子三论》，以西方战略诠译《孙子兵法》，提供了新的研究方向。还有《孙子今注今译》《孙子体系的研究》《孙子兵法思想体系精解》《孙子思想研究》《孙子战争论》等专著，在孙子思想的探讨上成绩斐然。李启明所著《孙子兵法与现代战略》《孙子兵法与波斯湾战争》《从孙子兵法看两岸双赢战略》，将孙子的军事思想与现实紧密结合，充分体现了孙子理论的指导价值，成为人类认识和解决矛盾的经典哲学。

1990年，中国大陆著名学者注译的《孙子校释》问世，也引起台湾学术界的关注。台湾著名慈善机构立青文教基金会盛赞该书"全面性、系统化且相当深入的研究总结，大大提升了此一方面的研究水平"，并于1992年斥资再版重印，广为赠阅，使台湾民众及时了解中国大陆《孙子兵法》最新研究成果。

此后，台湾引进中国大陆研究成果进入常态化，每年都有中国大陆相关图书在台湾出版。据不完全统计，至今再版重印中国大陆《孙子兵法》图书50余部。中国大陆的出版社也自1991年出版了台湾知名漫画家蔡志忠的《孙子说——兵学的先知》、严定暹的《格局决定结局——活用孙子兵法》等研究著作不下20部。

据王长河《台湾研究孙子兵法廿年》一文披露，1990年至2009年，台湾出版相关《孙子兵法》专业书籍计285册，其中21册为日文版、英文版等译作。类别涉及研究考订、学术思想、哲学原理、兵法战略、谋企业管理、领导谈判，以及通俗作品、卡通漫画、儿童绘本等方面，并有录影资料、多媒体等图书。

台湾退役将领用孙子精髓编撰《两岸之路》

"唯研究战争最透彻的人最反对战争"，台湾海军陆战队梁君新退役20多年来潜心研究《孙子兵法》，用孙子精髓思考两岸关系，编撰《两岸之路》一书，阐述台海关系的形成与演进，进而论述了两岸终将走向和平统一的历史必然性。

梁君新从黄埔军校24期步科毕业，曾在美国陆军特种作战学校等多个军校进修过。不过，娴熟的作战技术并没有让他喜欢上战争，饱受列强蹂躏和骨肉相残的历史让他对中华民族的和平发展与伟大复兴充满期待。退役后，梁君新时常参与台北"和统会"、全球华侨华人促进中国和平统一大会等"反独促统"活动，还出任台中江西同乡会理事长。

他编撰的《两岸之路》用纪实的手法告诉人们，不管在什么时期，什么场合，只要是对整个中华民族利益有危害，尤其是在外敌入侵时期，国共两党就可以实现谈判，就可以同仇敌忾，一致对外。这种以民族大义为重、以国家利益为先的精神始终是国共两党的最大公约数，相信也应该成为今后两岸之路行进中的一个共同方向。

该书再版序言中称，未经历战争者，不知战争之可恶。尤以现代日益发达之尖端武器，其摧毁力之大，杀伤力之强，使整个战区之建筑物及生物化为灰烬，人类当然更无法生存，且其浩劫会延续久远。因而明智之士均厌弃战争，殚精竭虑促成和平谈判，以解决任何争端，期望人民能安居乐业、幸福生存、快乐生活。所以21世纪是以谈判代替战争的世纪。

2007年10月，在美国华盛顿举办的全球促进中国和平统一高峰论坛期间，该书成为篇幅最大的文献收载于文库中。美国华盛顿和统会会长吴惠秋评价说，梁将军对今后的两岸之路提出的和平融合之设想和建议中肯实际，发自肺腑。坚信未来的两岸之路一定是一条光明、双赢、和平、统一之路，因为这是时代的潮流，浩浩荡荡，不可阻挡。

梁君新的《两岸之路》汲取了《孙子兵法》的精华，他对这部智慧之书的世代价值如数家珍：它是政治家的治国方略、军事家的兵学圣典、哲学家的人生宝鉴、外交家的谈判手册、文学家的艺术珍品、企业家的致富秘籍。其宏观价值早已超越了军事范畴，深深影响了人们的思维逻辑与行为决策。

他从孙子的"慎战思想"中找到"和平融合"的方略，认为就近代百年来的中国，可以说都是用《孙子兵法》在指导"下棋"；今天寻求两岸和平仍然要借鉴孙子的智慧。

梁君新回顾说，1958年"台海风云"之后，两岸关系有了半个多世纪的宁静。两岸在和平发展的历程上，"兄弟登山"，各自努力，台湾创造了举世公认的"经济奇迹"，而大陆改革开放几十年也同样经济腾飞。"和平融合"给两岸带来繁荣与发展，也为世界带来和平与发展。

梁君新表示，自马英九团队"执政"以来，两岸气氛非常融洽，一切都值得期待。两岸应该全方位地加强交流，共同努力发扬孙子的"王道精神"，将两岸"和平融合"在一起。

台湾学者编撰《中国兵学名著大全》

台湾云台兵研社社长林金顺在接受记者采访时透露，中国兵学名著是中华文化的瑰宝，是灿烂的文化遗产。目前他正在编撰《中国兵学名著大全》，从西周一直到清朝，是一个浩大的工程，旨在弘扬中国兵家文化。

林金顺介绍说，中国兵家文化源远流长，兵书浩瀚，《孙子兵法》是其中的代表，集中国兵学之大成。他要把中国上下五千年的兵家经典汇集起来，成为最完备的中国兵学资料库，可在网上分类检索，这为全面研究《孙子兵法》提供了依据。该大全分基本兵法类、综合兵法类、战法类、兵谋类、治军练兵类、战争文选类等，共计十个大类109节120万字，出版后让海峡两岸共享。

基本兵法类包括西周时期的《太公六韬》《太公兵法逸文》，春秋时期的《孙子兵法十家注并残简本》《孙子兵法武经注》《司马兵法》，战国时期吴起的《吴子兵法》《尉缭子兵法》《孙膑兵法》，秦《黄石公三略》、《李卫公兵法》十节。

综合兵法类有唐《太白阴经》《长短经》，北宋《虎钤经》《守城录》，明《武编》《草庐经略》《兵机要诀》，清《黄建岗兵法》等12节。战法类有北宋《武经总要》，明《百战奇法》《揭暄兵经》，清《魏禧兵法》等五节。

兵谋类有《黄帝阴符经》、西周《阴谋》，春秋《范子计然》，战国《鬼谷子》《纵横》，西晋《司马彪战略》，明《经世奇谋》，清《魏禧兵法》《兵京或问》《三十六计》等16节。

治军练兵类有秦《素书》，三国《心书》《便宜十六策》《诸葛忠武侯文集》，北宋《教战守策》，南宋《美芹十论》，明朱元璋的《太祖宝训》、

《戚继光治兵语录》及清曾国藩的《曾胡治兵语录》等12节。

战争文选类有秦《谏逐客书》，西汉《答苏武书》《过秦论》，东汉《为袁绍檄豫州文》，诸葛亮《隆中对》《出师表》，隋《为李密檄洛州文》，唐骆宾王的《为徐敬业讨武曌檄》，南宋《岳武穆遗文》，北宋《赤壁赋》，清《议汰兵疏》等25节。

此外，战史评述类有《左传》《国语》《战国策》《史记》《魏禧兵法》等八节。战略思想类有《管子》《老子》《尚书》《易经》《孟子》《范蠡》《商君书》《谷梁传》《公羊传》《墨子》《荀子》《吕氏春秋》《韩非子》《淮南子》《曹操令文》《道德经论兵要义》等29节。

林金顺研究《孙子兵法》30多年，是台湾中华孙子兵法研究学会理事。他编撰的《孙子胜道初探》已经出版，后续将持续撰拟《孙子胜道初解》以及《孙子十二胜道实用》，这三部书是《中国兵学名著大全》全部工程的第二阶段启始，还将继续就《太公六韬》《黄石公三略》《素书》等一系列有实用价值的兵学重加注释，期待能对中华兵家文化传承做出最大的贡献。

台湾商务印书馆弘扬中华兵家文化

记者来到台湾商务印书馆总编辑方鹏程的办公室，书柜里整整齐齐地排列着仿古版《文渊阁四库全书》，这是该馆与台北故宫博物院合作出版的。

此套全书兵家类有《六略》六卷、《孙子》一卷、《吴子》一卷、《尉缭子》五卷、《黄石公三略》三卷、《黄石公素书》一卷、《李卫公问对》三卷、《太白阴经》八卷、《武经总要前集》20卷、《虎钤经》20卷、《守城录》四卷、《武编前集》六卷、《阵纪》四卷、《江南经略》八卷、《练兵宾纪》九卷、《纪效新书》18卷。

方鹏程告诉记者，台湾商务印书馆继承上海商务印书馆的传统精神，以"弘扬文化，匡辅教育"为己任。台湾商务馆还出版新版《古籍今注今释》，汇集中华文化精髓，重现国学经典。这套古籍丛书中华兵家文化占了一定的篇章，有《孙子》《太公六略》《黄石公三略》《司马法》《尉缭子》《吴子》《李卫公问对》等系列中国兵书今注今释。

新版《古籍今注今释》系列出版后，台湾各界评价很高，一时洛阳纸贵，后又重现刊印。该印书馆在重印古籍今注今释序中写道，古籍蕴藏着古代中国人智慧精华，显示中华文化根基深厚，亦给予今日中国人以荣誉与自信。台湾商务印书馆董事长王学哲称，21世纪必将是中华文化复兴的新时代，让我们共同努力。

马英九作了题为"永恒的经典，智慧的源泉"的序，他指出，中国传统经典是民族智慧与经典的结晶，期待古典文化的智慧，就像在历史长河中的一盏明灯，继续照亮中华民族的未来。

记者拿到2011年台湾商务印书馆的图书目录，发现其中中华兵家文化书籍众多，有《孙子兵法一百则》《中国古代兵书》《中国古代著名战役》《兵书四种：孙子、尉缭子、吴子、司马法逐字索引》《诸葛亮武侯的素养与战略》《先秦战争哲学》《孙子十三篇语文课本》《孙子：谈判说服的策略》，还有与兵法相关的《周易今注今释》《易经白话例解》《鬼谷子：说服谈判的艺术》《中国古代兵制》《中国古代士兵生活与征战》《中国古代兵器》《中国近代军事思想》等。此外，哲学、文学、史学、心理学、经济学、美学（漫画）类也融合了兵学。

方鹏程向记者介绍说，仿古版《文渊阁四库全书》、新版《古籍今注今释》，把中国古代兵家文化作为重要系列之一，旨在留住中华文化的根基。长期以来，两岸孙子书籍出版交流一直很热门，在两岸开放前就通过各种渠道交流，两岸开放后就更频繁了，始终没有停止过。中国大陆许多孙子的书籍在台湾市面上都销量不错，台湾出版的孙子书籍有不少成了中国大陆的畅销书。

台湾《孙子兵法》研究传播已形成氛围

台湾第一个孙子研究学会、第一个举办海峡两岸大学生《孙子兵法》辩论大赛、第一个《孙子兵法》论文获得博士学位、第一个撰写《中国兵书全集》、华人世界第一位将兵法用于生活的女性学者、海峡两岸兵学交流第一人、大陆台商《孙子兵法》授课第一人……中华孙子兵法研究学会研究员王长河在接受记者采访时说,《孙子兵法》研究传播在台湾已形成氛围。

王长河撰写的《台湾研究孙子兵法廿年》一文披露,台湾孙子研究自20世纪50年代兴起,淡江大学率先成立战略研究所和孙子兵法研究所,后又成立台湾第一个民间组织中华孙子兵法研究学会,台湾中华战略研究会下设孙子兵法组,中华企业研究院学术教育基金会、中华国学商学院等孙子研究学术团体相继成立,会集了一批研究专家学者,形成了浓厚的研究风气,研究领域也从军事延伸至经济、文化、社会生活等诸多方面。

王长河介绍说,台湾研究孙子分为六个阶段:1949年以前重点阐释《孙子兵法》,并将原文翻译为白话文;20世纪50年代以探讨兵学思想体系为主;60年代至70年代研究重心为《孙子兵法》与《吴子兵法》之比较、注解例证之研究;70年代至80年代,适逢中国大陆银雀山汉墓竹简《孙子兵法》及《孙膑兵法》同时出土,遂进入竹简残文作白话的释义及传世本的比较;80年代至90年代重点从近代著名战史验证《孙子兵法》;进入21世纪后,台湾地区学者孙子研究领域趋向多元化。

台湾中华孙子兵法研究学会为在台湾岛内普及孙子文化,采取了一系列举措。王长河列举说,如成立了财团法人孙子文化艺术交流基金会,开通孙子兵法网站,定期出版《华孙学刊》,设立哈孙俱乐部,每双周举办一次兵法读书会，定期举办"全胜论坛"，该论坛已成为海内外关注的孙子品牌论坛。台北23家企业成立学院，营造优质职场环境的《孙子兵法》。

王长河说，为推进《孙子兵法》进入台湾校园活动，台湾孙子研究学术团体和专家学者致力提升青年学子对兵法的兴趣与认知。1998年，台湾新竹交通大学开授"兵法与竞争优势"课程，已持续了十多年。政治大学和元智大学这两所台湾顶尖公立大学和私立大学也开设《孙子兵法》选修课程，台湾文化大学让学生从网络游戏"星海争霸"中学习《孙子兵法》。台湾复旦中学在进行《孙子兵法》选修试点，《孙子兵法》进入台湾小学课本，图文并茂，适合小学生阅读。

台湾电台、电视台和报纸有的开设《孙子兵法》栏目，有的通过制作节目或利用新闻和专题，不间断地传播孙子文化。台湾《天下远见杂志》常年开辟"孙子兵法手记"专栏，发表专家学者相关文章。据王长河统计，1990年至2009年，台湾出版相关《孙子兵法》专业书籍计285册，再版重印中国大陆《孙子兵法》图书50余册。

两岸孙子文化交流日益频繁

近年来，中国大陆赴台湾进行孙子文化合作交流日益频繁。台湾孙子兵法研究团体负责人向记者透露，中国大陆孙子兵法学术团体和专家学者多次赴台湾交流，拉近了两岸学者的距离，深化了各自的研究领域，使两岸交流的层次不断深入，形式日趋多样，内容也更加丰富。

从1990年起，台湾孙子兵法学术团体先后赴中国大陆参加了七届孙子兵法国际研讨会，以及"海峡两岸名师论道《孙子兵法》"和其他各项孙子文化学术交流活动，并邀请中国大陆孙子兵法学术团体赴台湾交流。

2005年3月，由山东省人文促进会组团赴台湾，台湾中华战略学会热情接待了山东学者，并在台北召开两岸战略文化座谈会。同年11月，应台湾中华孙子兵法研究学会邀请，山东孙子研究会交流团赴台湾参加"全胜论坛"，这是两岸学者在台湾的"破冰之旅"。

2009年8月，中国孙子兵法研究会傅立群、吴九龙一行六人，应台湾中华孙子兵法研究学会邀请，赴台湾进行《孙子兵法》学术交流，就维护两岸统一、加强两岸军事互信等进行了探讨。

同年11月，由台湾太平洋文化基金会举办的"两岸一甲子"研讨会在台北举行，曾任中国孙子兵法研究会会长李际均随团前往，首度就两岸外交、军事交换意见。李际均在会上指出，在当前的形势下，两岸存在以"非战争手段"解决争端的可能性。他建议在南海开发问题上，两岸不妨先协防，共同维护中华民族的固有疆域。他的发言受到台方与会人员的关注，此次研讨为两岸军事交流迈出第一步。

同年12月，山东省滨州市经济文化交流团赴台湾交流考察，与台湾中华孙子兵法研究学会签订了开展两岸孙子文化交流与研讨的《合作意向书》，在孙子文化资源开发建设方面互相提供智力支持和服务，积极推动孙子文化的产业化以及《孙子兵法》在各个领域的应用。赴台期间，还拜会中国国民党荣誉主席连战、海基会董事长江丙坤。

进入2010年，两岸兵学文化交流更为活跃，海峡两岸孙子兵法全胜论坛在台北举行，中国孙子兵法研究会和山东孙子研究会派员出席了论坛。中国人民大学国学院常务副院长、中国大陆极有影响的《孙子兵法》研究专家黄朴民作了题为"《孙子兵法》哲理精髓及其当代启示"的发言。

据悉，2012年，第三届海峡两岸大学生孙子兵法友谊辩论赛将在台北举行，前两届在孙子故里山东滨州举办。此项活动将成为一个由两岸轮流互办的常态性孙子文化活动。

此间学者称，一部流传千古的《孙子兵法》以其"合于利而动，不合于利而止"的共赢理念，为海峡两岸的兵学文化搭建了广阔的研究平台，架起了合作的桥梁。海峡两岸频繁的人员交往，不仅密切了双方的关系，增进相互了解和共识，而且推动了两岸孙子文化的合作与交流，为中华文明在世界的传播做出了贡献。

两岸孙子学术交流获丰硕成果

台湾孙子兵法学术团体的专家学者在接受记者采访时表示，20世纪70年代，随着银雀山汉墓《孙子兵法》和《孙膑兵法》等兵书竹简的出土，解开了"二孙"之争的千古之谜，成为震惊世界的考古重大发现，海峡两岸的《孙子兵法》研究也进入一个新的时期，两岸的学术交流也由此展开。

台湾中华战略研究会孙子研究组组长李启明介绍说，从1990年起，台湾地区的孙子学术团体连续赴中国大陆参加了七届孙子兵法国际研讨会。第一次赴中国大陆临行前，蒋纬国接见了部分赴中国大陆参会的台湾代表，对会议予以特别关注。台湾学者提交了《孙子研究》论文，并选入会议论文集，这也是台湾地区学者首度在中国大陆发表学术研究成果。

在以后中国大陆举办的六届研讨会上，台湾参加的人数一届胜过一届，代表越来越广泛。在七届孙子兵法国际研讨会上，台湾学者共发表了36篇论文，从《孙子兵法》的战略理论、管理思想到中华战略文化、战争与国家、战争与和平等方面，阐述了对中华民族传统文化的认同意识。

台湾中华孙子兵法研究学会会长傅慰孤说，2000年在苏州举行的第五届《孙子兵法》国际研讨会上，《孙子兵法》与两岸关系第一次成了热门话题。台湾学者发表了《对"论统一的好处"之分析》《从〈九地篇〉看当前中国统一问题》《两岸关系"四求"》等论文。在深圳召开的第六届孙子兵法国际研讨会上，对此话题进行了深化。台湾铭传大学公共事务学系教授、著名两岸问题专家杨开煌的《两岸"和平"之争议及其解决之道》，提出用孙子精髓化解两岸危机的设想。

随着第一次海峡两岸孙子兵法当代应用价值学术研讨会议在山东举

行，孙子的应用引起两岸学者的关注。2006年在杭州市召开的第七届孙子兵法国际研讨会上，台湾学者发表了《论孙子"应形无穷"用兵思想》《论新儒商经营的道、天、地、将、法》《从〈孙子兵法〉论国际竞合》。2009年，海峡两岸名师论道《孙子兵法》在北京举行，中国大陆和台湾学者黄朴民、严定暹在世界政商领袖国学博士课程高级研修班上，分别演讲了《精解兵圣孙武的兵法韬略和管理智慧》《格局决定结局：活用〈孙子兵法〉》。

2009年，第八届孙子兵法国际研讨会在北京召开，主题是"孙子兵法与和谐世界"。台湾所有孙子学术团体都有代表参加，提交13篇论文。如《从孙子"慎战思想"阐述两岸之路"和平融合"》《〈孙子兵法〉的特质及其和平战略新解》《孙子战略思想与两岸和平发展》《谈两岸未来推动台海军事互信的思考模式》《两岸军事互信与和平发展》《有关两岸军事安全》等，为台湾学者参加历届孙子兵法国际研讨会之最，展示了台湾孙子研究的广泛基础。

其间孙子研究学者称，历届孙子兵法国际研讨会的成功举办和台湾学者的广泛参与，不仅成为兵学文化研究交流的平台，更成为海峡两岸军事界交流的非正式重要渠道。

华媒老总在日本推介《孙子兵法》

2018年5月12日，《日本新华侨报》总编辑、《人民日报》（海外版）日本月刊总编辑蒋丰，十分推崇《孙子兵法》，在日本各大学和各政经团体讲演时，也都会和前来听讲的日本大学生、精英人群探讨《孙子兵法》。

蒋丰认为，孙子的哲学之所以能保持不灭的价值，在于其超越了时代和地域的差异，写出了吸引人们的带有普遍意义的思考，是全球实用主义的一个巅峰。

2011年10月，蒋丰应邀在日本的"皇族大学"——日本学习院大学进行《辛亥革命100周年特别纪念演讲》时指出，孙中山非常崇尚古代兵家的军事思想，将孙子尊为军事智谋的理论源泉，多次研读《孙子兵法》。孙中山对《孙子兵法》为代表的传统兵学文化有着深刻的理解，给予了高度评价。

2012年7月，蒋丰应邀在北海道川路市日中友协成立大会上作了题为《面向日中关系的未来》的演讲。他在演讲中强调，《孙子兵法·谋攻篇》中说，"故上兵伐谋，其次伐交，其次伐兵，其下攻城"。孙子把取得战争胜利的手段分为四等，第一等是谋略手段，第二等是外交手段，第三等是与敌人的军队交战，第四等才是攻打城池。伐谋和伐交是处理国家关系应该首选的手段，而通过战争、运用军队则是不得已才使用的手段。孙子秉持慎战观，极力主张以战争以外的手段，也就是外交手段来谋求胜利，他清楚地认识到战争对于国家造成的负担和伤害。中日两国也都应该通过谋略和外交手段来处理国家关系，解决领土争端。

2012年11月，蒋丰应邀在中国驻日本全权大使程永华、原中国驻札幌总领事馆总领事许金平、原中国驻长崎总领馆总领事腾安军的母校，有

"中国驻日外交官的摇篮"之称的日本创价大学进行题为《现代媒体论》的演讲中指出,《孙子兵法》同样可以运用于媒体战略。孙子在"谋攻篇"中说:"必以全争天下,故兵不顿而可全,此谋攻之法也",强调的就是所占市场份额要最大化。而"百战百胜,非善之善者也,不战而屈人之兵,善之善者也",强调的是竞争成本要最小化。要让媒体保持持续性发展,就得在保障成本低廉的基础上,扩大其规模效应和影响力。

2013年4月,蒋丰应邀在日本最大的经济团体——经济团体联合会上就《第12届全人大报告》进行分析报道时也特别指出,要想赢,就得多读会用《孙子兵法》。日本传记作家板垣英宪在《孙正义数字化时代的英雄》一书中就明确说过,"孙正义能取得如此辉煌的业绩,除了要归功于他天才的能力、不懈的努力和父亲亲友的协助外,也不能忽视孙正义20来岁就熟读《孙子兵法》"。孙正义的经营理念、思想精髓,如"道天地将法"、"智信仁勇严"、"风林火山(海)",都出自《孙子兵法》。

2013年10月,蒋丰应邀在日本经济新闻社作题为《紧张的日中关系和中国贸易的今后》的演讲时也说过,《孙子兵法》有助于我们在大竞争时代很好地生存下去。日本著名经济评论家大前研一就表示,《孙子兵法》是最高的经济教科书,"从来没见过哪本书能像《孙子兵法》一样,为我们提供如此丰富的经营管理思想。这本谈论战略的书籍是用其极为精练的语言写成的,里面有着取之不尽的战略思想,每次读它,我都会涌出无限的想象力"。

2014年1月,蒋丰应邀在日本工业俱乐部作题为《在紧迫的中日关系下日企该何去何从》的演讲中也表示,如果在座的企业领导人也能认真背诵,灵活运用中国的《孙子兵法》,企业也可以在激荡的时代变化下兴旺发达。因为被你们誉为"日本经营之神"松下幸之助把《孙子兵法》当作神灵,顶礼膜拜。他说,《孙子兵法》不仅是一部出色的兵书,同时还是一部卓越的处事教典。日本积水化学株式会社也十分推崇孙子,"积水"二字即取自《孙子兵法》"军形篇""胜者之战民也,若决积水于千仞之溪者，形也"。意为企业打胜仗就要发动员工作战，这就犹如万丈山涧中决开的积蓄之水，势不可挡。由此，《孙子兵法》成为该企业发展壮大的智慧之源，力量之源。

2014年10月，蒋丰应邀在日本神奈川大学作题为《中日两国近代开国的比较》的演讲中提到，日本的开国论者、被梁启超称为"新日本之创造者"的吉田松荫在谈到自己的政治主张时，就经常引用《孙子兵法》，并且自己也写过一本《孙子详注》。继承了吉田松荫思想的高徒、日本第一任首相伊藤博文作诗云："道德文章叙彝伦，精忠大节感神明，如今廊庙栋梁器，多是松门受教人。"哪怕是发展至今的日本，其领导者也在遵循着吉田松荫的思想。安倍晋三就视吉田松荫为偶像，曾在日本终战纪念日前夕专程回到老家山口县，去松阴神社参拜。

蒋丰与安倍晋三的同乡、日本政治家、国际关系问题学者高邑勉，也曾就《孙子兵法》与日本的对华外交进行过深入的交流。曾经在北京大学留学过并获得硕士学位的高邑勉跟蒋丰说，《孙子兵法》中的"知彼知己，百战不殆"，就是他的座右铭。他还强调，这个"战"不是指"打仗"，而是说为了日中两国的共同利益，相互理解很重要。在交流中，他透露，"日中之间的确存在着很多现实问题，如领土问题、能源问题等，但是如果双方感情用事，对两国都没有益处"。

蒋丰在采访日本防卫大学校的国际关系学科教授、东亚安全保障专家村井友秀时，他谈起《孙子兵法》也是如数家珍。"明治维新前后，《孙子兵法》不仅影响到仁人志士的战争思想，更影响了其政治主张。此后，随着日本国力的增长和欧美文化的传入，许多人认为日本文化比中国文化优越，中国文化已无学习必要，《孙子兵法》也遭到轻视。但他们不知道，日本文化的核心就是中国文化。日本之所以在二战中失败，就是因为当时的日本不懂得战争是政治的一部分，而错误地认为战争可以代替政治，既不知己又不知彼。如今，《孙子兵法》对当代日本政治仍有较大影响，自民党就非常喜欢学习《孙子兵法》，但他们大多通过《孙子兵法》的注解书籍学习，对其理解并不透彻，没有把握其精髓。"

村井友秀还透露，防卫大学校虽没专门开设《孙子兵法》科目，但在战略论、军事史课程中必讲《孙子兵法》。村井友秀还拿出一份日本学者关于《孙子兵法》的论文目录，共有83篇，涉及学术刊物30多家，论兵法与商战的居多。

2014年8月，蒋丰采访了日本太平洋战争研究会副代表森山康平，他分析说："商法与兵法从本质上说皆属于功利性的人性观和社会观，是建立在以对立斗争为原理的思想基础之上的处世法则，而《孙子兵法》在这一点上可谓表现得最为彻底。因此，若能很好地理解《孙子兵法》的思想，不仅能帮助人很好地把握商业法则的精髓，而且对于一个国家的政治、经济、外交等也会起到较大的用处。"

蒋丰也对森山康平说，日本人在研究《孙子兵法》上有误解。孙子的"不战而屈人之兵"，一是己方代价最小，不费一兵一卒；二是敌方损失最小；三是人民遭受灾难最小，因为任何战争，最大的受害者总是人民；四是世界获益最大，通过非暴力手段解决争端，不仅双方不受损失，更重要的是双方不结冤仇，人民得以稳定安宁，社会得以进步，世界得以和平。这些，都充分反映了孙子珍视生命，主张和平共处的思想。

越南华文报纸传播东方兵家文化

记者在上海飞往胡志明市的越南国家航空公司的航班上，看到《西贡解放日报》。这是越南唯一一份华文报纸，主要读者是越南100万华人及投资于越南的会说中文的外商，每日4万份，被华人称为"传承中华民族文化、维系华人意识载体"。

到了胡志明市后，记者放下行李就来到西贡解放日报社，采访该报副主编兼新闻部主任陈国华。《西贡解放日报》坐落在华人最集中的第五郡，报社大楼有五个楼面，编辑部、广告部、发行部、会议室、接待室一应俱全。

陈国华是出生在胡志明市的第二代华人，是《西贡解放日报》的创办人之一，至今在报社已有40个年头。他告诉记者，报社的编辑、记者都是华人，精通汉语，对中国的儒家文化、道家文化和兵家文化很信奉。胡志明市素有"东方明珠""小上海""小香港"之称。因此，我们把传播以中华文化为主的东方文化作为办报的方针。

陈国华介绍说，胡志明市旧称西贡，曾是法国殖民统治时期南圻首府，后为越南伪政权"首都"。1975年越南战争结束、两越统一，西贡纳入北越的军队保护之下，被称为西贡解放，《西贡解放日报》因此得名。顾名思义，我们报纸创办40年来始终凸显"解放"题材，传播东方兵家文化，并成为我们报纸的显著特色。

《西贡解放日报》以突出的版面，不间断地刊登胡志明运用孙子和毛泽东军事思想所撰写的《孙子用兵法》、胡志明有关全民动员、全民武装、全民杀敌、以小胜大、以寡敌众、以弱制强等军事思想；胡志明坚持正规战与游击战相结合等人民战争思想；刊登越南南方民族解放军和游击队机动作战，进行了一系列奇袭战、伏击战、攻坚战、围点打援和反扫荡战的经典战例；最近还连载《西贡别动队战绩话当年》，每篇文章都充满兵法的谋略，深受读者欢迎。

胡志明市居住了50万华人，占越南华人总数的一半，而华人对包括兵家文化在内的东方兵家文化情有独钟。陈国华说，我们报纸不惜版面和篇幅，采写了一系列华人应用《孙子兵法》，在越南的商战中取得成功的典型人物和经典案例，激励越南华人弘扬孙子文化，汲取兵家智慧，在海外施展聪明才华，为中华民族增光添彩。

陈国华表示，近几年来，《西贡解放日报》坚持开展华文教育宣传，推广华文中心，普及华文教育，推动越文学校增设华文附加班，倡导革新华文教材，引导华人学习汉语，学《论语》《孙子兵法》《三国演义》等中国古典文化书籍，还宣传华语艺术俱乐部、美术俱乐部、摄影俱乐部、龙狮俱乐部等华文教育载体，促进东方文化的普及与应用。

泰国华文媒体老总访谈记

"我们《中华日报》顾名思义，就是要传播中华文化，弘扬中华文明。"泰国《中华日报》副社长、曼谷华文日报侨团记者联谊会会长周子飞在接受记者采访时如是说。

周子飞出生于泰国，在中国读的书，在泰国从业华文媒体已有50个年头，先后在《新中原报》《亚洲日报》《京华日报》编文艺版面。他介绍说，泰国有六家华文媒体，长期以来，以传播包括兵家文化在内的中华文化为己任，这关系到海外华文媒体的生存与发展，因为华文媒体与中华文化的传承是息息相关的。可以说，没有中华文化的传承，海外华文媒体就没有影响力和生命力。特别是华文报纸，不能不依靠中华文化的传承，尤其是影响华人生存与发展的传统文化和中华智慧。

周子飞介绍说，《孙子兵法》在泰国传播很早，泰国人和华人都非常熟悉，至今电视台都在播，我们华文媒体也不间断地报道。我们做到副刊偏重中华文化的宣传，新闻中经常报道，华人侨团版更是热闹，每天两到三个版面，六家华文报纸每天达到20个版面左右，其中不乏反映中国儒家文化和兵家文化的内容，很吸引华人读者的眼球。

《星暹日报》总编辑马耀辉表示，没有中华文化就不成华文报纸。1997年发生金融风暴时，泰国的英文、泰文报纸大都办不下去关门了，唯独我们有六家华文报纸没有一家停办。泰文报总编为此感到不可思议，问我这是什么原因？我告诉他们，因为我们有泰国华人和华商庞大的读者群，他们需要我们的华文报纸的存在，他们一天也离不开中华文化。在泰国，不看华文报纸，华人在华人社会中就会被淘汰、被湮没。

马耀辉认为，泰国八成以上华人经商成功，离不开中华传统文化的熏陶，尤其是《孙子兵法》的智慧，在泰国华人中所起的作用很大。他认为，在泰国《孙子兵法》的应用余地还很大，泰国华人企业很需要，我们华文媒体传播的力度要加大。

数十年来，泰国华文媒体一直很重视《论语》《孙子兵法》等中华传统文化的传播。马耀辉列举说，该报着重宣传《孙子兵法》的战略思想和现代意义，宣传泰国华商经商智慧和理念，宣传泰国华人企业家应用中国兵法取得成功的典型案例，李光隆、谢国民等泰国重量级侨领先后多次把《孙子兵法》用于商战的传奇经历，还有围棋兵法创立者蔡绪峰、泰国文化侨领廖梅林60年潜心研究《孙子兵法》等。

《京华中原联合日报》副社长林兴也认为，半个多世纪以来，泰国华文报纸之所以能生存下来，并越办越好，其中很重要的一个原因，是丰富多彩的中华文化的支撑，成为泰国华人必看的报纸，也是泰国华人学汉语、了解中华文化的重要载体。泰国华人是看着华文报纸成长、成熟的。

林兴欣慰地说，泰国华人在中华兵家文化中找到智慧，受到影响，这使我们办华文报纸看到中华文化的力量，看到《孙子兵法》智慧的无穷魅力，也看到我们华文报纸传播中华文化的责任。

《联合早报》传播孙子思想

新加坡孙子学者评价说，作为新加坡唯一的华文报纸，《联合早报》在传播中国兵家文化方面很"到位"。

《联合早报》前身是1923年创刊的《南洋商报》和1929年创刊的《星洲日报》；1983年两报合并，合并后共同出版《南洋·星洲联合早报》，简称《联合早报》。平日发行量约为20万份，除新加坡发行之外，在中国大陆是唯一获准在中国大城市发行的海外华文报纸。该报以"第三只眼"看大中华，客观新闻和深度评析是众多亚太区读者的最爱。

2001年1月11日，为配合新加坡象棋大赛，传播孙子哲理与象棋哲学，《联合早报》在财经版的第一、第三和第五版的右角下端，醒目地刊登了孙子的名言："攻其所不守"、"守其所不攻"、"善守者，敌不知其所攻"。

新加坡孔子学院院长许福吉对笔者说，《联合早报》兵家文化的新闻常见诸报端，如《中华文化影响世界新加坡孔子学院将办两大论坛》，其中一大论坛就是《论语》与《孙子兵法》的现代启示，《联合早报》总编辑林任君也出席此次论坛。该报财经版还报道了孔子学院举办的"交大狮城论坛"——《孙子兵法商业战略》、新加坡东南亚研究院高级研究员黄基明先后把包括《孙子兵法》和《吴子兵法》等四部著作翻译成瑞典文及英文等兵家新闻。

2008年11月20日，《联合早报》发表题为"领导全球化的三面蓝旗"的文章称，为什么中国人引以为傲的《孙子兵法》《司马穰苴兵法》《吴子兵法》《孙膑兵法》会无一例外地出现在春秋战国时期？因为春秋战国是中华五千年文明史上，绝无仅有的争得全面、争得彻底的大争之世。

2009年9月7日，《联合早报》报道了南洋女中量身定制课程。南洋女中介绍说，所有中一、中二学生都会上文化常识课，内容包括基本的中国历史、节日、传统等。到了中三，她们将按自己的华文程度学习，程度高及对中华文化兴趣浓厚的学生会学习东方哲学如儒家、道家思想、《孙子兵法》及中西方文化比较等，程度较低的学生则会学习较浅白的如"三十六计"等故事。

2012年3月29日，《联合早报》刊文说，不完美的"美国特殊模式"正在自我调整改善，正逢中国崛起而设法达到中美和谐相处。《孙子兵法》说："智者之虑，必杂于利害。杂于利，而务可信也；杂于害，而患可解也"，这也是中国式的"巧强力"内功。怎样在中美关系中"杂于利"而建立互信，"杂于害"而避免患难，将是考验。

2012年10月24日，《联合早报》发表社论：天下虽安忘战必危。社论指出中国古代兵书《司马法》有句名言："国虽大，好战必亡；天下虽安，忘战必危。"我们现在虽然生活在一个相对太平的年代，但是绝对不能忘战，反而应该积极备战，只有把自身的军力建设得足够强大，让任何潜在的敌人都不敢轻举妄动，才能做到《孙子兵法》所说的"不战而屈人之兵"，如此方能享有真正的太平。

2013年1月22日，《联合早报》发表题为《中日是否一战？》的文章称，中国对战争一向持极其慎重的态度。几千年前的《孙子兵法》就讲道："兵者，国之大事，死生之地，存亡之道，不可不察。"而且对战争的后果也有着清醒的认识："主不可以怒而兴师，将不可以愠而攻战。怒可以复喜，愠可以复说，亡国不可以复存，死者不可以复生。故明主慎之，良将警之。此安国全军之道也。"

2014年10月1日，《联合早报》发表题为《中国不进则退》的文章称，中国能在短短时间内，从"文化大革命"所造成的遍体鳞伤、满目疮痍中重新站立起来，并迈出追赶时代的勇敢步伐，着实应验了《孙子兵法》里的一句箴言："上下同欲者胜。"即中国的发展进步是中央、地方、领导者、官方、民间、知识界、商界、军队、海外侨胞和国际合作等共同作用与综合推动的结果。

2016年11月12日，《联合早报》发表社论："防务外交止戈为武。"社论指出，在世界各国相互依存达到史无前例高度的今天，所有务实的领导人都应能达致相同的结论，军事手段不能解决问题，遵循对话协商，基于国际法和平解决争端，建立有利于发展的和平环境与互惠互利的关系，才是促进国家利益和引领世界前进的康庄大道。

2017年2月9日，《联合早报》发表《国民服役精神历久弥新》的社论指出："上兵伐谋，其次伐交，其次伐兵，其下攻城。攻城之法，为不得已"，强调国家生存谋略和外交手腕为优先，诉诸武力是下下之策；建立武力的最高目的是确保和平，防止战争。

2018年7月1日，《联合早报》发表社论称，今天国家的相对安全与稳定，凸显国防质量的重要性。建军多年，我国军力应庆幸未受到真正的战争考验，正如《孙子兵法》所说的，用兵之法在于："勿恃敌之不来，恃吾有以待之；勿恃敌之不攻，恃吾有所不可攻也。"没有面对实战的考验，也就等于我们具备阻吓别人对我们图谋不轨的能力。阻战能力让我们享受和平，在和平时期，我们又如何评估我们的备战能力，这也是国防上的一项值得思考的问题。

2019年9月21日，《联合早报》发表《卑而骄之乱而取之》的署名文章称，这古时代的用兵智慧，从观测敌势而运筹对策，恰恰也适合用来描述今天中美双方在贸易战中所表现出的不同作风与谋略。

近年来，《联合早报》先后发表了《中国的"示弱"与"示强"》《中国外交透出〈孙子兵法〉智慧》《〈孙子兵法〉英译本在美国洛阳纸贵》《美国军人看〈孙子兵法〉影响深远的军事圣经》，联合早报网也适时发表《孙子兵法与和谐世界》等反映中国兵家文化的新闻评论。

香港媒体全方位传播《孙子》

香港媒体曾发出报道称，时任山东省省长韩寓群一行所带礼品大多选用了闻名于世的《孙子兵法》。送上此书的寓意当然不言自明：商场如战场，何况香港又是国际金融贸易中心，商界之争在所难免，韩寓群自然希望港商能够利用这部奇书知己知彼，在国际商界常立不败之地。

香港媒体热衷传播包括兵家文化在内的中华文化，说起孙子来常常赋予新的思维，古典智慧折射出现代哲理的光芒。用《亚洲周刊》总编辑邱立本的话说，香港媒体竞争激烈，在传播孙子文化方面，也各有招数，善用孙子的战略思想传播孙子的文化精髓。

2009年10月2日，香港《文汇报》发表题为《国庆大阅兵振奋民族精神备受全球瞩目》的评论时说，《孙子兵法》"兵者，死生之地，存亡之道，不可不察也"。尽管和平与发展已经成为当今时代主流，但全球局部冲突和摩擦此起彼伏，传统与非传统安全威胁相互交错，世界仍很不安宁。此次国庆大阅兵，对"台独"等势力，对我国东海、南海等领海的觊觎者，都将产生有效的威慑。

2011年5月25日，香港《文汇报》发表题为《中国军方谋大势得大势》的文章：孙子说"善战者，求之于势"。中国军方没有忘记老祖宗的教诲，在建立中美新型军事关系中，着重谋划大势，而事实上也不断得势。该报还发表《违反孙子兵法焉不挫折》《孙子兵法与美伊战争》等评论，认为现代战争发展了《孙子兵法》，美国取得军事胜利而政治被动，读兵书精要在领悟。

香港《大公报》发表评论文章称，中国要坚定走向"二洋战略"，面对海洋领土争端中国应扩建海军。"不战而屈人之兵"是《孙子兵法》的最高智慧，如果中国有航母舰队，他国挑衅的可能性就会减少。该报对于中国政府通过调整三项经常项目外汇管理政策，为过高外汇储备"泄洪"的做法，认为可媲美《孙子兵法》，称得上是大师级的开局让棋法。

香港《明报》刊文说，多年来，中国都是《孙子兵法》的忠实信徒，尤其在外交方面，"韬光养晦"就是"强而避之"的典范。香港《晶报》刊登《孙子兵法通商界》的文章。香港凤凰卫视著名军事评论员时常引用孙子警句，举一反三。

近年来，香港报纸、电视、杂志和网络媒体全方位、多角度传播《孙子兵法》——

在文化领域方面刊登了《孙子思想拥有历久不衰的魅力》《三联书店推文化通识工作坊，读〈孙子〉善谋略》《刘德华借〈孙子兵法〉开动脑筋》《华仔爱〈孙子兵法〉》《成龙筹拍〈孙子兵法〉》《李铎：笔走龙蛇书兵法》《〈孙子兵法〉全文行草巨幅长卷问世》《首部书法剪艺作品〈孙子兵法〉》《孙子兵法用汉字布阵》；

在体育领域方面刊登了《斯帅〈孙子兵法〉傍身》《〈孙子兵法〉武装巴西队》《斯哥拉利靠读〈孙子兵法〉》《"假小子"王濛爱〈孙子兵法〉》《中国男乒队学〈孙子兵法〉》；

在商战领域方面刊登了《方润华论〈孙子兵法〉与商业决策》《〈孙子兵法〉用人不疑的人力资源战略》《〈孙子兵法〉用于现代管理》《由〈孙子兵法〉悟营商之道》《应运而生："中国式"MBA授〈孙子兵法〉》；

在军事及其他领域方面刊登了《〈孙子兵法〉受外国军官推崇》《〈孙子兵法〉列军官教材》《〈孙子兵法〉在美畅销》《台海成〈孙子兵法〉研讨热点》《3000记者倾巢出，〈孙子兵法〉围委员》《黄大仙医院凭孙子兵法抗沙士》《医院版〈孙子兵法〉》。

澳门媒体传播孙子打"组合拳"

"孙子兵法创韩国出版纪录"、"孙子兵法带领两岸走向共利双赢"、"两岸读懂孙子就能走到一起"……2011年，《澳门日报》《澳门华侨报》等澳门媒体，连续转载中新社记者"孙子兵法全球行"的稿件。澳门媒体传播孙子文化的显著特色是善打"组合拳"，各家媒体协同，新闻、图片、评论配套，产生了整体传播效应。

近年来，《澳门日报》刊登了《著名孙子兵法研究专家陶汉章来到解放军驻澳门部队》等报道，发表了《韩美军演明在朝鲜暗指中国》《须防美以引爆新中东战争》等一系列社论，大量引用《孙子兵法》。如《反恐专家教你攻心术》一文说，"攻心"来源于《孙子兵法》，"攻心为上，攻城次之"。事实上，攻心并不是通过某些旁门左道来控制他人的心智，而是一种与人真诚交往和合作，从而达至双赢的技巧。

澳门《新华澳报》2009年11月发表文章说，近期台湾的涉中国大陆各领域很热闹。与过去相反，今回中国方面"主动出击"。曾任中央军委办公厅主任及军事科学院副院长、现任中国孙子兵法研究学会会长李际均前往台湾出席两岸一甲子研讨会，将就两岸政治、经济、文化、外交、军事各项事务进行深入研讨。由此，有媒体分析，这个研讨会将会谈及台湾参与国际活动问题、两岸建立军事互信机制等敏感议题，所做成的结论将会提供给两岸官方参考。

《新华澳报》还登载《美国人读懂了孙子兵法吗？》等评论文章。该报社长兼总编辑林昶对《孙子兵法》等中华文化颇有研究，他出版的《中葡关系与澳门前途》《澳台关系纵横谈》《澳门回归前后的问题与对策》《亦硬亦软对台策》等书籍，充满了孙子的战略思想和哲理。

林昶发表的一系列"两岸观察"评论，多运用孙子的哲学。如《对台工作宜广开言路海纳百川求同存异》《北京是此轮"长扁之争"的最大赢家》《大门紧闭开小门，两岸谈判开新道》《批独文攻与和平攻势双管齐下》《两岸新时代共同建立新的中国折射新思维》《北京主动灵活出招扭转台海政治局势》等。

他在《台湾包机曲航符合毛泽东兵法》这篇评论指出，中国大陆方面面对目前的间接包机直航模式，虽不满意但积极协助配合，符合"先打分散和孤立之敌，后打集中和强大之敌"、"将欲取之，必先予之"、"让开大路，占领两厢；积聚力量，伺机反攻；积少成多，量变转质变"的"毛泽东兵法"，为两岸直航铺垫了道路。

《澳门商报》社长田亮对记者介绍说，该报以传播中华文化为己任，不间断地报道中国兵家文化，刊登了福州孙氏祠堂与孙氏先祖孙武、篆雕大师郭劲帆以中国的篆、金、行、草、甲骨文等文字形式弘扬中华传统优秀文化，其代表作为《孙子兵法》。该报主办一年一度的中国诸葛亮策划奖，弘扬"诸葛亮兵法"。

《澳门早报》社长兼总编辑刘达求在接受记者采访时说，澳门人对《孙子兵法》这个中华文化的瑰宝并不陌生，在日常生活中也经常应用，这与澳门媒体长期宣传中华兵家文化分不开的。该报经常刊登传播孙子文化的文章和报道，他身边带着新近出版的报纸，就刊登了"《孙子兵法》11米长轴书法澳门率先展出"的新闻和图片。

《欧洲时报》社长张晓贝谈传播《孙子》

　　"我们的报纸以介绍中国文化，促进中法文化交流，服务华人华侨为宗旨，理应助推孙子文化在欧洲的传播。"在巴黎极具欧式风格的米黄色楼里，记者见到《欧洲时报》社长张晓贝，他谈及华文媒体传播包括孙子文化在内的中华文化，有着清晰的思路和独到的见解。

　　《欧洲时报》创刊于1983年，发行覆盖欧洲，是欧洲最具影响力的华文日报。几十年来，该报努力弘扬中华文化和民族优秀传统，沟通东西方文化的交流，促进旅法、旅欧华侨华人的团结与共同繁荣，已发展成为一个包括中文日报、周报、多媒体网站、视频节目、法文书籍出版社、旅行社、华文教育与文化传播中心的综合性传媒文化集团，尤其在传播中华文化方面特色鲜明。

　　张晓贝说，文武之道，一张一弛。孔子是中国第一张文化名片，在全球影响最大；孙子应该成为中国第二张文化名片，《孙子兵法》在全球应用最广。孙子不仅是军事家，而且是哲学家，孙子的思想对西方有着借鉴意义，对世界有着普遍的启迪意义。在欧洲，不管是华商还是欧洲商人都在应用；不仅应用在商战上而且应用在人际交往和日常生活中。作为以传播中国文化为主要特色的《欧洲时报》，传播包括儒家文化、兵家思想在内的中华文化，是我们的责任。

　　多年来，《欧洲时报》推出了《法国巴黎商学院开设孙子兵法课》《法国时装界卡芬女士运用孙子兵法取得成功》《法国华人商业律师朱晓阳运用孙子兵法立于不败之地》《陈氏兄弟闯法国手足之情凝聚神奇力量》，法国爱丽娜时装公司董事长、法国潮州会馆名誉顾问林子崇《创业成功诚信为先》等一系列法国商界、华人华侨应用《孙子兵法》获得成功的典型报道，在欧洲产生了积极的影响。

《欧洲时报》常年不断地报道中国举办的各届孙子国际研讨会，孙子和《孙子兵法》诞生地山东、苏州的各项孙子文化活动，刊登《孙子兵法》全球征文大赛的消息。《欧洲时报》周刊开辟了"史海纵横""军事天地"栏目，汇编经典案例，介绍兵法名家，普及兵法知识，传播兵家文化。

在2004年中法文化年上，一个重要活动就是举行"康熙文物展"。《欧洲时报》发表评论说，因为从300年前的康乾盛世起，中法的文化交流就频繁地展开了。1750年，法国传教士钱德明来到中国，受到乾隆皇帝的优遇。1772年，钱德明翻译的《中国兵法》在巴黎出版。文化是国家软力量的重要组成部分，一个国家综合国力的提高，离不开文化的提高。

近年来，《欧洲时报》类似的社论文章频出，充满了中国兵家文化的智慧和哲理。如《盛赞中国文化年开启中国文化之门》的社论说，中国哲学的"变通"观念，可谓从古至今，一脉相承。又如《中美"对弈"一则斗力，一则通幽》社论指出，美国"动辄必战，与敌相抗，不用其智而专斗力"，与中国"临局之际，见形阻能善应变，或战或否，意在通幽"相形见绌。"斗力"绝不是最好的选择，下棋最高境界是中和，我们就期盼着中美能够下出最高境界的棋。

2011年3月，由法国《欧洲时报》、英国《欧洲侨报》、德国《欧华导报》等18家全球最具影响力的主流华文媒体共同评选出"中华五千年10大名著"，《孙子兵法》名列其中，在海内外华人读者中引起强烈反响。

张晓贝表示，《孙子兵法》在欧洲的传播法国最早，法国汉学家对此研究很深，西方的经济学家也很感兴趣，欧洲的众多国家如英国、德国、意大利等对此都很热衷，欧洲的华侨华人对孙子非常崇拜，孙子的智慧受到全世界的认可。因此，孙子文化在欧洲及世界的传播有很大的发展余地。我们要考虑海外对孙子文化的需要，有意识地加大传播力度，提升传播层次，扩大传播影响，把孙子的思想融入欧洲，引入生活，努力打好孙子这张中国文化牌。

葡萄牙华文媒体念好兵家"借字经"

——访《葡华报》社长詹亮

"《孙子兵法》有'借粮于敌',《三国演义》有'草船借箭',中国成语有'借风使船'、'借篷使风'、'借水行舟'、'借坡下驴'等。我们从博大精深的中国兵家文化中学会了'巧借外力'、'借力使力'、'借鸡生蛋'、'借船出海'。"《葡华报》社长詹亮满口"借字经"。

教师出身的詹亮,对包括兵家文化在内的中国传统文化造诣很深。他说,《孙子兵法》是一本兵法哲学书,之所以2500年经久不衰,是因为它借给人类的思想,让人取之不尽,用之不竭。在人类的发展史上,可以说是靠外界力量来战胜自然界的,靠自身力量很难生存发展。

《孙子兵法》对战争物资之取用有一项最智慧的策略:"因粮于敌",即智慧的将领对于战争中的军需必是于敌国战地就地取材。詹亮坦言,今日企业与企业间之"策略联盟"皆着眼于"资源分享",是孙子"因粮于敌"智略正向运用的现代版。

詹亮介绍说,十多年前,葡萄牙华人处在文化沙漠时期,当时的侨领和华侨越来越体验到对中华文化匮乏的严重性,我们就借助当地侨务资源,"借鸡生蛋",有钱出钱,有力出力,把华文媒体支撑起来,创办第一份华文报纸《葡华通讯》,从雏形16开白纸开始,对外发行,成为全葡萄牙华人争相传阅的本地刊物。

这份刊物的出现,让那些多年没有看到中文的侨胞,闻着墨香四溢的中文报纸热泪盈眶。华文媒体的到来,给葡萄牙华社注入一汪清泉,华文种子在葡萄牙开始发芽、生长。2000年,《葡华通讯》改名为《葡华报》,发展为一张20个版面的半月刊报纸。2002年,报纸扩改为32个版面的周报，聘请了专职编辑人员。2006年，报纸从32版扩大到64版。

我们报纸在葡萄牙侨界有着深厚的人脉关系，报纸已经覆盖到葡萄牙每个角落的华人企业，但这还远远不够。于是我们"巧借外力"，最近外国人来我们报纸做的广告比较多，都是卖他们的企业和不动产的广告，他们知道我们华商对葡萄牙的经济影响力。

2008年，我们借助西班牙的资源，向那里的华人媒体市场挺进，角逐葡西一体化的华人新闻市场，有了葡萄牙《葡华报》和西班牙《联合时报》两张报纸。经过四年多努力，目前《联合时报》发行量已达1万份，在西班牙侨界具有相当的影响力。接着，我们"借力使力"，连接发展与媒体相关的其他产业，并向荷兰、比利时华人媒体市场进军。

最近，我们还"借船出海"，与GBtimes、IRISFM91.4合作，开播广播电台，在葡萄牙本土就可以听到来自中国的声音，从中午11时到下午5时，都可以收到北广做的葡语节目，主要讲中国的政治、文化、旅游，受众群体全部是葡萄牙人，提升了中国在海外的话语权。在葡萄牙还可以通过"魅力中国"机顶盒，看到国内数十个电视台的新闻节目，诸如，来自浙江、北京、福建、广东等地电视台的节目，受到葡萄牙听众的欢迎。

詹亮认为，世界上任何一件东西都是可以借的，而且是可以通过任何方法和方式来借的。比如借天时、地利、人和，借书、借脑、借智慧，借时间、借方法、借力量，等等。还要学会"借势"，善于借势在某种意义上说也是善于整合资源的一种表现形式，要争取做到彼势即我势。

"好风凭借力，送我上青云。"詹亮表示，《葡华报》坚持以质量为第一办报要务，逆势向上，从葡萄牙走入西班牙争取更大的市场，到目前为止，已初步实现了稳定的态势。我们将进一步借助当地的人脉关系，开辟出一条坚实的发展道路，相信这条路会走得越来越宽广。

澳洲华文媒体传播《孙子》扮演重要角色

澳大利亚共有华侨华人约 80 万，其中一半定居悉尼。这里的华人先后创办了数十份华文报纸，网站、杂志、电视台、电台齐头并进，遍地"开花"。《星岛日报》《澳洲新报》《澳洲日报》《新快报》等主要华文媒体积极弘扬和传播包括兵家文化在内的中华传统文化，致力架起中澳文化沟通的桥梁。

《澳洲侨报》社长金凯平认为，只有一个国际化、全球性的华文媒体才能很好地完成中国强国之路赋予的伟大使命。21 世纪必将是中华文化以更迅速、更普及、更有效的方式进行传播的世纪。对于中华文化在海外的传播，华文媒体当仁不让要起到主要作用。华文媒体是海外世界接触中华文化的主要渠道，在文化交往中扮演重要角色。

澳大利亚 2CR 澳洲中文广播电台国语节目主播任传功表示，中华文化在海外的传播，究其更深层次的主要内涵之一，便是对中华文化"以和为贵""合和"理念的传播弘扬与诠释。"和谐社会""和谐世界"便是这一理念于今时今日的发展与升华，是当今中华民族和平发展思想的重要内涵。任传功所说的这个重要内涵，在《孙子兵法》中得到充分的彰显。

《星岛日报》刊文指出，《孙子兵法》是中国春秋末期伟大军事家孙武的著作，既是一部军事巨著，又是一部哲学经典，乃中华之瑰宝。两千多年来《孙子兵法》被广泛地应用于军事、政治、经济、外交等各个领域，在市场经济高度发达的今天，《孙子兵法》更多应用于商战之中，被誉为"商战圣典"。

《星岛日报》还刊登《查尔斯学过〈孙子兵法〉》，并与《新快报》等多家华文媒体在主要版面共同刊登《悉尼诗词协会举办孙子兵法讲座》等报道，推动孙子文化在澳洲的传播。

《澳洲日报》在一篇题为《一流CEO成长秘笈〈孙子兵法〉上榜》披露，在澳大利亚首席执行官和行政人员推荐阅读的书籍名单中，有许多首席执行官声称给予他们以影响的书籍《孙子兵法》。一位首席执行官说，《孙子兵法》是一部已有2500年历史的书了，它非常著名，常常被商业院校拿来当教材。该著作中的领导哲学和如何在竞争环境中实现自己的目的让很多企业管理人员很受启发，很多人都认为它是迄今最好的商贸书籍。

《澳洲日报》在头版头条刊登特稿《孙子兵法诞生地苏州力解千古之谜》，格外引人注目。该文详细介绍了《孙子兵法》诞生地的考证，海内外孙子研究学者对孙子及《孙子兵法》的高度评价。该报还刊登《孙子兵法超越国界，走红捷克和斯洛伐克》《孙子兵法热遍全球》等一系列反映中国兵家文化的稿件，在澳洲华人圈产生广泛的影响。

澳洲《新快报》刊登《〈孙子兵法〉誉扬天下》的文章，系统介绍孙子的生平、《孙子兵法》成书年代、地点及历史背景，孙子思想在全世界传播应用及其影响。该报还在头版头条刊登《〈孙子兵法〉其人其事流传千古》等文章。

澳洲华文传媒人士称，海外华文媒体是中华文化在海外得以延伸的重要平台。在当今世界全球化日益向前迈进的今天，海外华文媒体成为积极传播中华文化当之无愧的先锋，成为世界先进文明文化相互融合发展、取长补短的催化剂。

美华文媒体传播孙子文化有广度和深度

美国《侨报》《世界日报》《芝加哥华语论坛报》《华夏时报》《新华人报》《美华商报》等华文媒体，不间断地报道中国孙子兵法研究会、山东和苏州孙子及《孙子兵法》诞生地举办的各类孙子研讨会和孙子文化活动，报道银雀山《孙子兵法》和《孙膑兵法》出土竹简，并发表大量社论、评论和文章，孙子文化的传播既有广度又有深度。

2005年，美国《侨报》发表题为《中国没有理由放弃"韬光养晦"》的文章称，近来，中国对外一改过去模糊、柔弱的做法，在重大问题上强硬出击，明快应对。对美国，强力顶住迫人民币升值的压力，在纺织品等贸易战中，也针锋相对，据理力争。对此，有人欢呼，也有人疑惑。有论者说，中国将终结"韬光养晦"，进入一个大声说"不"的时代。

文章说，《孙子兵法》中除了说"兵者，诡道也"，要"以奇胜"外，更提倡"以正合"。霸道以力服人，王道以德服人。霸道追求国家权力最大化，对外扩张。王道追求天下大同，对外协和。追求王道的中国，历时几千年，依然屹立于东方。因此，道是内敛的，而不是外张的。是宽容的，而不是排他的，这也是"韬光养晦"的应有之义。

文章指出，随着国力的增长，中国将更偏重"有所作为"，但绝不应放弃"韬光养晦"。同时，也要向世界表明，"韬光养晦"不是一种"诡道"，不是一个"阴谋"，不是权宜之计，而视为一种"正道"，一种立身之本，不仅应行之于中国崛起之前，而且还会行之于崛起之后。

2008年6月，美国《侨报》发表题为《汶川大地震让中国软实力真正爆发》的社论。社论指出，今天的中国大陆，经历了大地震，恰恰从中收获了殊为可贵的上下一心的民气。正如《孙子兵法》所言："道者，令民于上同意，可与之死，可与之生，而不危也。"正是这种民气，给执政者注入力量，放开心胸；使国家获得安定，"而不危也"。有了这种民气，中国才展现出来了不可轻视的"软实力"，中国才是真正具备了成为一个大国的要素。

2008年8月，美国《侨报》刊发题为《硅谷知名企业家杨俊龙：从政治学博士到商界奇才》的报道。报道说，攻读政治学的杨俊龙成为经商奇才，并非偶然。他对哲学的思考，对文化艺术的热爱，对生活艺术的判断把握，使他不单单只是一名创业家，也同时成为一位结合科技、文化特长的专才。他以《孙子兵法与创业》为题的演讲，在硅谷各个社团引发热烈反响。

同年12月，美国《侨报》报道，继中华医学、中国功夫、《孙子兵法》受到美国民众关注以来，华夏文化再次在大洋彼岸掀起"龙旋风"。

2009年，美国《侨报》发表署名评论文章说，美国国务卿希拉里访华前夕，称中美应"同舟共济"，受到海内外华人的欢迎和赞赏。也有一种观点认为，中美应"同床异梦"。两国究竟是"同舟共济"还是"同床异梦"？如果两者兼足，何者为主？这是一个关系到中美如何相处的问题，应该弄清楚。

文章认为，《孙子兵法》中后面还有一句，叫作"携手共进"。世界各国都在一个"当代方舟"上，不仅要共同努力渡过眼前的经济危机，更要携起手来共同前进，创建美好的未来。

持续一个时期，美国华文媒体重点报道了毛泽东与《孙子兵法》、胡锦涛赠布什《孙子兵法》、温家宝会见美国国务卿希拉里引用《孙子兵法》、中国国家元首访拉美向拉美国家派《孙子兵法》讲学组、梁光烈访西点军校赠《孙子兵法》。

美国华文媒体还相继报道了《普颖华：读兵法的女人看世界》《中国留学生揭秘华尔街用孙子兵法在美国炒股》《一位对冲基金经理和孙子兵法的故事》《操盘手孙子兵法学习笔记——华尔街狙击手强而避之多算胜》

《美国新防长携孙子兵法上任》《孙子兵法让丑闻缠身菲尔普斯重回泳池》《孙子兵法成拯救地球的救命稻草》《曼德拉平日里酷爱读书，尤其喜爱孙子兵法》等报道。

美国《美华商报》社长周续赓多次参加孙子诞生地山东举办的孙子国际论坛，并发表学术论文，在报纸上刊登孙子相关报道。美国华文媒体网站连续转载中新网"孙子兵法全球行"系列报道，如《从兵家文化角度解读澳洲唐人街》《加唐人街似华人大家庭同舟而济》《欧洲华人华侨视其为"世界宝贝"》，在华人世界产生积极的影响。

第二章　华人兵法应用

孙正义独创的"孙孙兵法"

"如果没有《孙子兵法》就没有我孙正义",有"日本的比尔·盖茨"之称的网络巨子孙正义,《福布斯》杂志称他为"日本最热门企业家",而更多的人称他是将《孙子兵法》生动地运用到经营中的具有代表性的日本企业家。

据日本知名华文媒体人孔健介绍,他与孙正义认识20多年,孙正义是第三代韩裔日本人,孙家祖先原来从中国迁移到韩国,到孙正义祖父一代,又从韩国的大邱迁徙至日本九州。孙的家族说:"我孙氏和韩国固有的孙氏不一样。我祖籍和汉民族的孙氏属于同一根源。"

而孙正义说,他就是孙子的后裔,他的血管里流着孙子的血液。孔健告诉记者,孙正义在日本经营确实靠的是《孙子兵法》,日本对孙子很崇拜,这对他开拓日本市场很有利。他带了一台翻译机打进日本市场,然后做软件银行,即智囊银行,应用了《孙子兵法》的智慧。他是日本第一个搞网络电话的,投资2亿日元打造通信网络,从"情报帝国"走向"传媒帝国"。

曾是孙正义下属、现任SBL大学院大学事务局长的石川对记者说,孙正义是创新的天才,他的生意点子特别多,从1995年开始,他涉足互联网和电信投资,先后帮助雅虎、UT斯达康、新浪、网易、阿里巴巴、分众传媒、盛大网络等获得巨大成功,还创办了网络情报大学院和软银金融大学院。

孙正义酷爱《孙子兵法》,在病卧中也要坚持捧读,琢磨为什么兵法十三篇第一篇是计篇,因为万事从计划开始。孙子前面六篇全部讲了战前准备,孙正义认为,战前准备到位,打仗的结果就不言而喻。他还把孙子语录作为厂训放在大门口：一边是"胜兵先胜而后求战"，另一边是"败兵先战而后求胜"。他将孙子的精髓应用到软件银行的一次次投资并购中，做到了真正的"不战而胜"。

孙正义对《孙子兵法》的这种创新性应用很明显地表现在企业经营管理中，他独创了一套"孙孙兵法"，一则孙正义是日本网络巨子，二则他是孙子的子孙。其兵法核心就是25个字："一流攻守群，道天地将法，智信仁勇严，顶情略七斗，风林山火海。"

"一流攻守群"，所描述的是身为一个企业领导者所应具备的素质与能力，即应以成为"天下第一"为目标，洞察时势潮流，考虑攻守均衡。他参透了攻防的奥妙，有意识地收敛锋芒，加强联盟与合作，这就衍生他非常重要的一个经营思想"群"。

"道、天、地、将、法"被誉为战略规划五要素，在孙正义看来，企业首先要万众一心，为"道"而战；"天地将"：天时、地利、人和缺一不可；"法"，用现代的观点来解析就是"体制"保障。

"智、信、仁、勇、严"是孙正义评判优秀企业管理者是否具备素质的五大标准："智"为工于应对，敢于决策；"信"为富有志向，并施信于人；"仁"为仁者无敌；"勇"为勇者不惧；"严"为严于律己。

"顶、情、略、七、斗"也是孙正义独创的经营兵法："顶"即高瞻远瞩，掌控全局；"情"即彻底掌握重要情报；"略"即确定长远战略目标；"七"即具有七成把握就出手；"斗"即立即采取行动的智慧。这五个字，把孙子的诡道、用间、作战、谋攻等兵法融会贯通了。

"风、林、火、山、海"，是孙正义驰骋商场的座右铭，当软件银行遇到竞争压力，他就想到保存在日本盐山市云峰寺的"风林火山"旗，采取突破性的战术。孙正义把成功上市看成"海"的战略，一字之加，正是《孙子兵法》的高超之处。

名古屋华侨华人善用《孙子兵法》

"《孙子兵法》是中华文化的瑰宝，也是我们华侨华人经商的制胜法宝。"中部日本华人企业家协会名誉主席高建平谈到中华文化尤其是兵圣文化，脸上洋溢着中国人的骄傲和自豪。

出生于江苏无锡的高建平，夫人是苏州人，苏州和无锡两地相邻，都是吴文化的发祥地。他对记者说，苏州穹窿山是《孙子兵法》的诞生地，我与苏州有缘；《孙子兵法》最早传入日本，而名古屋是日本战国时代传播应用最早的地区之一，我如今在这里生活和工作，也与《孙子兵法》有缘。

高建平话锋一转接着说，真正得益于《孙子兵法》的是这里的华侨华人，他们用孙子的大智大慧融入日本的经济文化之中，不仅把中华文化发扬光大，而且用中国的兵法赢得商机，提升了海外华侨华人在日本的地位。

名古屋华侨华人善用《孙子兵法》，这是老一代华侨华人传承下来的。高建平介绍说，名古屋老侨领丁秀山把《孙子兵法》的"造势"应用到华侨事业和中华的烹饪文化中，从免费开设华侨子弟学校到开展华侨各项活动，扩大华侨在当地的影响力。后来，他在朝日文化中心教烹饪，在名古屋电视台出演"料理天国"烹饪节目，每周一次教半年；半年后这档节目刚完，又担任中部日本电视台烹饪节目，每周一次，连播三个月；接着还到日本放送在全日本播送的"今日的料理"担任烹饪节目，一下子名声大振，成为日本家喻户晓的中华烹饪明星。

此后，丁秀山"势不可挡"，名古屋三家电视台来约播，东海电视台也来约他参加全日本播送的"电视夜晚秀"，这档节目是由两位日本名演员主持的，聊天南地北的娱乐性节目，收视率很高。在传播中华烹饪文化的同时，丁秀山饭店的生意也越来越好，"势"头也越来越猛，这要归功于孙子教诲的"故善战者，求之于势"。

高建平说，名古屋新一代的华侨华人在应用《孙子兵法》上也后来居上，并注重实战，成效显著。孙子云："兵无常势。"根据形势变化采取灵活对策，是新华侨华人的显著特点。出生于内蒙古的鲍尔吉德从旅日留学生白手起家，创建大地旅行社，进军传媒业，与他成功应用《孙子兵法》中的"变中求胜"分不开的。

2010年9月撞船事件发生后，多个日本品牌旅行社纷纷缩小中国旅游市场的规模，裁减雇员。鲍尔吉德认为这是个极好机会，在中部日本华侨华人旅行业协会的协助下，中国到日本游客数量一路飙升，他获得成功。2011年3月11日，日本发生大地震，旅游降到冰点，大地旅行社又抓住机会，仅灾难一周内将上千名同胞转移回国，他又获得成功，打破了单月最高销售纪录，机票销售额超过1亿日元。

回国高潮过后，鲍尔吉德开始转型，与华文媒体合作做旅游传播，他相信冰点过后春天即将来临，现在游客最关心的是媒体对日本的介绍，很有卖点。鲍尔吉德还与爱克斯创新公司联手，创办《俱乐部名古屋》杂志，将成为日本最大的华文免费杂志，在日本的每一位华侨华人都能提取阅读。

株式会社兴亚通商社长郑兴来自黑龙江，在日本已有20个年头。他一直经营中国建材，作为日本人别墅的铺装材料。2011年3月11日日本大地震发生后，在恢复、重建家园的过程中，日本急需大量的胶合板。郑兴从3月20日开始，从黑龙江到辽宁再到山东，成功地为日本客户提供了约1000立方米的胶合板，受到中日双方的高度评价。

名古屋中国饭店"庄稼院"社长邓国，来自哈尔滨。他原来在大阪经营中国物产，近几年日本兴起一股崇尚"正宗中国料理"的风潮，关西华人在市中心大板桥附近一下子开设了50家至60家中国饭店。邓国认为名古屋也应该会有这样的机会，他将大阪的生意交托给了亲戚，和妻子一起在名古屋市中心新荣开设了正宗中国东北料理店"庄稼院"，一个月以后又在附近开设了正宗朝鲜饭店"长白山"。"庄稼院"店内墙壁上别出心裁地贴满各种华文报纸，凸显中华文化氛围，深受华侨华人欢迎，每天宾客满座。

高建平表示，像以上这样的新华侨善用《孙子兵法》进行商战的，在名古屋还有许多，他们有的善抓机遇，有的避实击虚，还有的出其不意。新华侨说得好，《孙子兵法》是中国人自己的宝贝，包括日本在内的全世界都在应用，我们华夏炎黄子孙自己不用好对不起老祖宗。

《孙子兵法》成日本华侨生财之道

据统计，日本华侨华人数量已有80余万人，是日本第一大外来族群。随着人数的增加和整体素质的提升，他们生存发展的手段也不断拓展。除传统的餐饮业外，越来越多的人进入信息、生物医药、贸易、节能环保等领域，逐渐成为日本经济中一支不可忽视的力量。

日本较有影响的华文报纸——《日本新华侨报》总编蒋丰告诉记者，中华传统文化对海外华侨华人影响深远，是海外华商文化的基础。它不仅增强了华商的凝聚力，而且成为他们闯荡的精神力量。不少日本华侨华人企业家酷爱中华民族文化，文化修养较深，尤其把《孙子兵法》作为商战法宝和生财之道。

《孙子兵法》注重信息情报的收集。华侨华人喜欢组织、参加各种会，如同乡会、互助会、商会等，因为这些会不仅能为自己积攒人脉，也是商业信息的重要来源。而能否先人一步掌握商情，是决定生意场上胜败的关键。20世纪60年代初，日本华商李合珠看准日本经济高速发展后人们的旅行休闲需求，毅然进军旅馆业，一跃成为日本华侨华人首富，被称为"日本华侨之英"。

《孙子兵法》强调"信"，而华侨华人深知信用是企业的生命。横滨华侨银行副理事长李肇臻告诉记者，二战以后，日本歧视华侨华人，在日华商很难在日本银行贷到款。为解决这一问题，1947年，数百名旅日华侨华人共同出资创办信用组合国家兴业合作社，即后来的横滨华银，在日华侨华人从此有了自己的金融机构。横滨华银非常守信，只要贷款人符合条件，从不拒绝其融资申请。至今，该银行从没发生过一笔呆账、坏账，被日本人称为"简直是另一个世界才可能有的事情"。

如今，横滨华银所在的横滨中华街已成为日本首屈一指、世界闻名的唐人街。这里集中了620多家华侨华人企业，年游客量2000多万人。

与老华侨相比，新华侨应用《孙子兵法》可谓青出于蓝而胜于蓝。日本中华总商会常务理事、中王科技股份有限公司董事长王远耀利用其"定计、定信、定将、定法、定位"的"五定兵法"，短短11年就成为两家上市公司大股东。截至2010年底，日本共有华侨华人上市企业已达七家。

蒋丰表示，在日华侨华人深受《孙子兵法》等中华传统文化熏陶，又熟悉日本社会，华侨华人经济在日本经济中占有一席之地将不会太远。

日本华商王远耀的"五定兵法"

"《孙子兵法》对华侨华人在海外打拼起的作用很大,我们有意识无意识地都会用到它。"这是日本中华总商会常务理事、中王科技股份有限公司董事长王远耀见到记者后说的第一句话。在近两小时的采访中,他介绍了自己的创业经历和经营理念,其中贯穿了《孙子兵法》的核心思想。记者将其归纳为"五定兵法":

战略上"定计"

王远耀1968年生于福建福清,1987年自费到日本留学,1996年毕业后进入IBM日本公司工作。在IBM工作过程中,他敏锐地观察到,1995年发生的阪神大地震使日本关西地区许多企业数据丢失,而当时电脑正迅速普及,为企业数据管理提供了巨大的市场空间。2000年底,他毅然放弃稳定的白领工作,创办了属于自己的中王科技股份有限公司,主要从事企业数据管理业务。

"兵者,诡道也。"王远耀知道,小公司要生存发展,从弱变强,要靠智慧。2002年,中国联想集团旗下的神州数码决定进军日本,希望寻找合作伙伴,他得知信息后主动洽商,不仅取得其产品在日代理权,还获得其注资支持,公司形象和实力大幅提升。为解决公司高速发展的资金"瓶颈",王远耀开始考虑公司上市,当时正值金融危机横扫全球,日本股市股价暴跌,上市无异于自杀。王远耀立即调整战略,以购买股票方式变相成为上市公司大股东,一时传为企业界佳话。2010年,王远耀再次收购日本创业板一家上市公司,成为两家上市公司大股东。

经营上"定信"

"信誉就是财富。"王远耀信奉《孙子兵法》,特别珍惜、看重企业

"信誉"，将其视为企业的命脉。公司创立初期，规模小，实力弱，客户少。他利用自己在IBM工作时结下的人脉，逐家拜访潜在客户，并通过为他们提供优质产品和服务，渐渐赢得信任，客户稳步增加。

与联想集团旗下神州数码的成功合作，大大提高了王远耀公司的知名度和信誉度，不少大企业也成为他的固定客户，公司进入飞跃发展阶段。为稳固与客户的关系，加深他们的信任，王远耀很少在家吃饭。经过十余年的发展，中王科技股份有限公司已有1000多家稳定客户，年营业额70多亿日元。

人才上"定将"

王远耀善用《孙子兵法》的"道天将地法"，制定公司的人才战略。与很多华侨华人企业不同，王远耀大量使用日本员工。目前，日本员工约占公司员工的90%。奇怪的是，这些日本员工都很愿意在其公司工作。谈及其中的奥秘，王远耀说，他尊重每一名员工，注重发挥他们的长处，尽量为他们创造一个轻松愉快的工作环境。日本企业加班世界闻名，王远耀则不同。他鼓励员工高效工作，准时上下班。这些使他赢得员工的尊重和信任。王远耀告诉记者，他公司的日本员工都以在华侨华人企业工作而自豪。

留学生出身的王远耀深知，在日中国留学生中有大量人才，他们精通中日语言文化，熟悉两国商业习惯和规则，是沟通中日两个巨大市场的桥梁。今后，他打算招聘更多优秀的留学生。王远耀还看中了另一个人才宝库——日本退休技术人才。这些人刚退休，有丰富的技术和管理经验，精力尚旺盛，也愿意继续为社会做贡献。目前，他已聘数人为顾问，帮公司出谋划策，解决各种难题。

管理上"定法"

孙子说："将军之事，静于幽，正于法。"王远耀注重学习日本"经营之神"松下幸之助善用《孙子兵法》治理企业的经验，将"诚实努力"作为公司社训，要求全体员工每天早上念诵。他参考松下等著名公司规章，制定了适合自己公司的制度，以制度管人，以制度保障质量。

在制定公司内部章程的同时，王远耀坚持诚实信用，守法经营，尊重日本商业习惯，使公司赢得客户的信赖。虽然公司发展势头良好，但王远耀时刻不忘创业艰难，经常提醒员工要节约、朴素。他的办公室陈设简单，所在办公楼也不显眼。他告诉记者，他现在开的仍是日本国产车，而非昂贵的进口车。记者注意到一个细节，采访结束后，王远耀送记者到地铁站，走出办公室时，他还不忘随手关灯。

市场上"定位"

王远耀很注重《孙子兵法》中的"地形"，创业之初就把公司设在东京日本桥附近。日本桥位于东京市中心，是东京商业的发祥地，附近大公司林立。王远耀把公司设在这里，就是要表示把公司做大做强的决心。短短十余年，他参股或控股的公司已有15家，业务涉及电脑软件、家电销售、太阳能电池、旅游等多个领域。

王远耀告诉记者，他已制定未来十年公司发展规划，即到2020年，使公司年销售额达到1000亿日元。为此，他将收缩产业链，将公司重点放在软件业、太阳能电池等节能环保产业和旅游业上。此外，他走遍了全日本70多个县市熟悉"地形"，同时将充分利用自己熟悉日本和中国两个市场的优势，加大对中国的投资力度。"我将从包括《孙子兵法》在内的中国传统文化中汲取营养，力争早日达成目标。"王远耀信心十足地说。

陈嘉庚是杰出的孙子实践者

记者来到设立在新加坡怡和轩俱乐部内的著名爱国侨领陈嘉庚基金会先贤馆，1000平方米楼面展出陈嘉庚等对新加坡华社有重要影响力的人物资料与历史文物，其中有毛泽东与陈嘉庚在一起的图片。毛泽东曾高度评价陈嘉庚为"华侨旗帜，民族光辉"。

新加坡孙子兵法国际沙龙筹委会主席吕罗拔说，陈嘉庚是杰出的孙子兵法实践者，他"勇"闯橡胶业，"信"赢天下。《孙子兵法》云"先知迂直之计者胜"。20世纪初，陈嘉庚在新加坡开始了他的创业生涯，最早经营的是罐头厂。他从一个英国职员那里听到英国一家股份公司在新加坡高价收买橡胶园的消息，便以企业家的敏锐眼光，立刻转而投资橡胶园。他应用孙子的竞争思想，冒险扩充获得巨大的成功。

随后，敢于竞争的陈嘉庚组织橡胶托拉斯，在世界许多地方开设推销商店。到1925年底，陈氏公司成为南洋最大的联合企业公司，该公司生产的"钟"字牌橡胶制品畅销全球，获利800万元，资产总值增至1500万元，成了南洋1000万华侨公认的领袖。

陈嘉庚首先是企业家，然后才是教育家。新加坡南洋理工大学黄昭虎说，陈嘉庚把"信"字放在首位，他强调企业应该以振兴中国经济为己任，"战士以干戈卫国，商人以国货救国。店员不推销国货，犹如战士遇敌不奋勇"，这是陈嘉庚为国为民坚守不二的"诚信"。

在陈嘉庚的父亲晚年经营实业失败时，债台高筑、处境艰难。陈嘉庚接手这个烂摊子，为早日还清父债而努力。这一消息传出，许多人都表示怀疑，因为法律早就规定，父子债不相及，况且还是20余万的巨债。陈嘉庚认为，信以处世，诚以待人是中华民族的固有美德，经营实业要以信义为本，做到守信如潮。虽然父债按法律可以不还，但讲信义却不容拖欠，绝不能失信于人。陈嘉庚清还与自己无关的父债，震动了整个新加坡。

在《陈嘉庚公司分行章程》中有这样一句话："与同业竞争，要用优美之精神，与诚恳之态度。"被当时新加坡人传为佳话。在陈嘉庚的心目中，讲"诚信"胜过百万资产。这种以"信"经商的儒家思想现已成为新加坡的商业精神，这与陈嘉庚当年在新加坡提倡的"诚信"精神不无关系。

新加坡孔子学院院长、怡和轩俱乐部文化组长许福吉认为，近代以陈嘉庚为代表的华侨精神领袖对中国的兵家文化的传播起到推动作用，陈嘉庚等新加坡实业家，都是儒家与兵家的融合，在白手起家、成就大业前用的是兵法智慧，驰骋商场克敌制胜；成就大业后又用儒家的论理，做慈善事业回报社会。

据先贤馆史料展示，陈嘉庚先是在家乡集美办有男子小学、女子小学、男子师范学校、男子中学、水产航海学校、商业学校等，后来又独资创办了厦门大学。他一生累计为文化教育事业捐款人民币5.4亿元，临终又把银行存款300多万元捐献给国家，未给子孙留一分钱。

李文正、李棕父子的谋略

华联集团执行主席李棕两度成为新加坡《时代财智》封面人物。

2014年1月，李棕率领华联参与星狮收购战，那是他首次出现在《时代财智》封面上。在那场大规模的竞购战中，李棕表现出非凡勇气和智慧谋略。

2019年新年伊始，他再次以《李棕，双城外的谋略》出现在《时代财智》封面上。

说到李棕，不能不提及他的父亲李文正，那是一位传奇人物。笔者曾在"孙子兵法全球行"到访印尼时写过这位东南亚赫赫有名的大华商。

印尼《国际日报》总编辑李卓辉对笔者说，印尼华人经商获得成功，一个重要原因是他们善用《孙子兵法》，很懂奇正术，做人讲正，做事讲奇，无正不胜，无奇也不胜，只有奇正相生，才能无往不胜，在竞争中永远立于不败之地。李文正就是其中的突出代表。

提起李文正，印尼与东南亚的华人几乎是人人皆知，被人们誉为"印尼钱王"。而在40多年前，他创业打天下时手中仅有2000美元，如今拥有十几亿美元，实现了金融帝国的梦想，成为"没有银行的银行家"。

李文正成功的关键在于抓住机遇，果敢决断。他应用《孙子兵法》"谋攻篇"，当基麦克默朗银行濒临倒闭时，筹集20万美元拯救了这家银行，并坐上第一把交椅。

李文正奉信孙子的为将五德"智、信、仁、勇、严"。他说，"银行业不是一种买卖货币的事业，而是买卖信用。由某人某处获得信用之后，再授予其他人"。他说到做到，从不拖延，哪怕是借债也要给客户如期兑现，从而渐渐建立起基麦克默朗银行的信誉，影响也越来越大。

数年内，他让这家银行终于扭亏为盈，并获得巨额利润，发展成为印尼最大的民营银行，资金增长超过20倍至376亿印尼盾。

李文正坦言，如果当时他没有谋攻的胆略和勇气，或许抓不住这个千载难逢的机会，为他的银行事业奠定基础。

有其父必有其子。李文正有战略头脑，善于谋攻；李棕有战略眼光，善于谋略。

1960年出生于印尼的李棕，是李文正的幼子。他在新加坡受中小学教育，之后远赴美国深造，学成后移居香港经商15年，2000年全家从香港回到新加坡。

李棕像他父亲一样，有勇有谋，有胆有识，敢于竞争，善抓机遇，朝着新加坡政府的远景蓝图，逐一实现金融帝国梦想。

2004年，李棕在新加坡买下第一栋大厦，让家族的力宝集团真正落户，开始在本地大展拳脚。

2006年，新加坡金融局发布了新法令，触动了李棕的商业神经。

法令要求新加坡本土的大小银行于当年起，全线削减"非银行类"的资产与业务。李棕以敏锐的眼光开始关注这些银行究竟持有哪些"非主营业务类"资产。

目标终于出现了，李棕锁定了大华银行旗下的华联企业。2001年6月，大华银行以总价值约100亿新币的收购价，将当时排名新加坡第四位的华联银行收归囊中，除主营业务外，一并接受劳务其包括华联企业的附加资产。

李棕发现，当时主要以酒店管理为核心业务的华联企业，恰恰归属于"非银行类"业务。根据2006年新加坡金融局发布的新法令，大华银行不得不剥离华联企业的资产。

这个发现让李棕眼睛一亮：机会来了！他传承了父亲的智慧与胆略，抢抓先机，谋攻大华。

于是，李棕瞄准既定目标，开始发动攻势。他在第一时间联络大华银

解读华人兵法

行商谈收购细节。最终，以10亿新币的价格，成功收购大华银行持有的55%华联企业股份。

随后，李棕继续加强攻势，又以每股10.2新币的价格展开全面收购行动，于2010年买下合作伙伴所持有的华联企业全部股份，将控股权由64.67%提升至88.5%，四年间全部交易总值约为30亿新币。

紧接着，李棕的攻势更加猛烈，轰轰烈烈的"资产增值"攻势拉开序幕。在十多年里，李棕的家族集团一口气买下了文华酒店、滨海文华以及许多的餐饮饭店。

如今，文华酒店年营业收入超过1.2亿新币，在李棕接手后的六年里翻了五倍。华联海湾大厦的增值改造项目建成50万平方英尺、18层高的甲级写字楼，与地标性保留建筑物华联圆楼和华联廊桥一起成为连通"新加坡华尔街"的必经之路。"第壹莱佛士坊"项目开启了莱佛士坊的新纪元。

李棕在攻势中运用《孙子兵法》"胜于易胜"的谋略，成功收购了美国高盛基金旗下的新加坡发展银行总部大楼；运用"李氏闪电战"快速收购樟宜机场皇冠假日酒店百分之百的股权。

中国提出了"一带一路"倡议后，李棕以"理性化"的战略思维，认为新的机遇来了，又运筹丝路上新的攻势，开辟新的疆土，进军新的领域。

李棕和中国招商局在深圳开创了首个外资医疗合作项目。通过这项合作，把中国的医疗设备优势输出到印尼，也推动了东南亚和中国在医疗领域的医疗合作。可以说，由李棕领带领华联力宝医疗开创和中国招商局的医疗合作，是"一带一路"的最佳践行。

谈及自己的成功，李棕说父亲李志文是他从小到大最好的商业启蒙老师。

如果说李棕继承父亲的谋攻精神在狮城收购大华银行旗下的华联企业是"青出于蓝"的话，那么，他运用孙子的智慧和谋略在新加坡及"一带一路"上攻城略地、开疆辟土则"胜于蓝"。

海底捞："捞"出新加坡新首富

海底捞能"捞"出一个大大的金元宝，开火锅能开出一个新加坡的新首富，这不是神话，也是神话，是华人运用中华传统文化的智慧创造的神话。

创业于1994年的海底捞，是一家以经营川味火锅为主、融各地火锅特色为一体的大型跨省直营餐饮品牌火锅店，全称是四川海底捞餐饮股份有限公司，创始人名叫张勇。

经过20年艰苦创业，海底捞逐步从一个不知名的小火锅店起步，拥有5万多名员工，在中国、新加坡、韩国、日本、美国、英国等国家开出466家直营门店。2018年5月17日海底捞国际控股在港交所递交上市申请，正式登陆香港资本市场。截至2019年10月海底捞市值2000亿港元。

2012年12月13日，海底捞新加坡店开业，这是第一家海外分店。七年后的2019年8月29日，财经杂志《福布斯亚洲》发布最新的新加坡50大富豪榜：如今已是新加坡公民的张勇以138亿美元身家（净资产）登上榜首。过去十年，每一年皆荣登首富之位的黄志祥和黄志达兄弟以121亿美元身家，2019年屈居第二。

拥有全球900栋楼，一天租金上亿，蝉联了十年新加坡首富的远东机构黄志祥、黄志达兄弟，只能把首富宝座拱手相让，打败他们的是四川人张勇。说到底，张勇只是一个开火锅店的，而黄氏兄弟却是响彻东南亚的地产大王，这个结果让所有人出乎意料。

张勇的财富确实来得太快，即使从1994年第一家海底捞火锅店算起，张勇从四川简阳县级市一个普通火锅店老板，到新加坡一国的首富，也只花了25年的时间；而黄氏兄弟家族的基业却已经历了四代人的打拼，如果从他们下南洋做酱油生意的爷爷算起，已经过去了整整100年。

百年树木造就的参天大树，竟比不上25年的小小火锅店，让新加坡前首富心里好堵。首富易主的背后，是如今造富模式由传统型向创新型的蜕变。究竟是什么成就了张勇？

新加坡国立大学商学院学者洪瑞云把海底捞作为应用《孙子兵法》成功的案例。她说，大受欢迎的海底捞火锅案例很经典。虽然能够提供可口的菜肴的确很重要，但仅凭这一点，还不足以使其从众多餐厅中脱颖而出，吸引来大量食客。

洪瑞云分析说，孙子强调了训练对于成功的重要性。如果士兵不知道如何听从指挥，他们就无法采取相应的行动。特别是在高度依赖人工的服务领域，训练有素的服务人员，对于提高机构效率和效益至关重要。人工的参与意味着各种变数，因此在培训上进行投资格外必要。

相反，通过对客户的充分理解，海底捞将服务的细节做到极致：食客在桌上放着的手机，都会被仔细盖上一层塑料薄膜，以免染上食物和油渍，甚至在卫生间里都会有专人服务，包括开水龙头、挤洗手液、递擦手纸等。

海底捞遍布新加坡这个小岛，无论是在乌节路、克拉码头等热门旅游区，还是在勿洛等居民集中区，食客经常要排队。于是，餐厅就为等待的顾客提供免费美甲、美鞋、护手；免费饮料、零食和水果。这些细节看似微不足道，却充分彰显了顾客至上的经营理念。

而张勇自己创造的取胜之道是"态度取胜"。

海底捞的成功，在于它能够"知彼知己"，充分了解和理解顾客。张勇发现了一个取胜秘籍：食物味道的不足，可以靠优质的服务来弥补。之后不论客人有什么需求，例如带小孩、提包包、擦鞋，这些他都会尽力去满足。

在海底捞获得大成功后，张勇给了想创业的人一些建议，他认为："有十个人去做同一件事情的时候，总有九个人中途会分心去做别的事情，如果你认认真真把这一件事情做好，最后留下来的就是你。"

《孙子兵法》说："主孰有道？将孰有能？天地孰得？法令孰行？兵众孰强？"这个主要说的是你的员工，心态到不到位。心态决定态度。如果你的员工心态、态度好，就能帮助快速摆脱低谷期，走向成功。

为了证实海底捞"态度取胜"的神话，笔者也饶有兴趣地去"捞"了一把，果然实至名归，实至名随。服务员又送水果，又赠咖啡，光热毛巾就递了三四次，着实让顾客感到心头热乎乎，有宾至如归的感觉。而服务员个个精神饱满，面带微笑，他们视店如家，都是主人，让人真正感受到什么叫"上下同欲者胜"。

海底捞"态度取胜"的经营理念和经营模式独树一帜，全部门店的翻台率都能够达到五次以上，堪称餐饮行业的绝对领军者。

张勇的"态度取胜"的心法，符合《孙子兵法》的理念。

孙修顺缔结"赢联盟"

"我们为梦想的实现而激动：那就是，建立起一个连接非洲几内亚和中国的海运物流通，实现了铝土矿资源与冶炼工厂的连接，并通过这个连接，实现资源国家和用户国家的经济发展，人民福祉的提升。"

说这番话的是被誉为"国际船运大舵手"的韦立国际集团总裁孙修顺。

孙修顺所领导的韦立国际集团的发展版图，起航于中国，远洋于狮城，经马六甲海峡，从亚洲驶向遥远的非洲。

2008年金融海啸导致世界经济滑坡，直接影响了全球的货运量。孙修顺审时度势，立即和印尼发货人组建共同联盟，把铝土矿从印尼运到中国，在中国港口海关保税存货，为经济复苏做好积极准备。这一策略，让公司顺利躲避了经济风暴。

2010年，韦立国际集团在新加坡正式成立。集团逐步发展成为拥有载重近600万吨的33条大型远洋船舶、六条大型海上作业浮吊、33艘驳船、40多条大马力拖带拖轮以及附属船厂，形成一家综合性的航运集团，致力为中国有色金属企业开拓市场、资源进口、贸易运输、提供整体物流解决方案。

集团成立以来，与中国货主、印度尼西亚、马来西亚、印度、澳大利亚等矿山企业、中国港口等建立长期战略合作关系，成功打造一条可靠、经济的铝土矿海运物流链。

《孙子兵法》对战争物资之取用有一项最智慧的策略："因粮于敌"，即智慧的将领对于战争中的军需必是于敌国战地就地取材。今日国家与国家、企业与企业间之"策略联盟"皆着眼于"资源分享"，是孙子"因粮于敌"智略正向运用的现代版。

　　孙修顺依托新加坡在航运和地理位置的优势，针对中国市场对铝土矿的大量需求，创新性地缔结三国四方模式的非洲几内亚矿业"赢联盟"。这个"赢联盟"由多国航运、矿业、港口贸易企业共同组成的企业联合体，在西非国家几内亚知名度很高，并在非洲西海岸发挥着重要作用。

　　"赢联盟"四方在孙修顺作为总指挥的领导下，依靠航运富有经验的物流团队和海运物流体系的专业效用，实现了几内亚铝土矿资源的迅速出口，为几内亚的铝土矿资源打开了供应渠道，带动了几内亚矿业和国家经济的发展，获得几内亚人民的欢迎和认可，开创了新的资源出口模式，也为中国企业搭建了稳定的铝矿供应链。

　　据中国驻几内亚使馆经商处透露，中国"赢联盟"2014年开始在几内亚博凯大区投资建设矿区基础设施建设，2015年7月20日第一船铝土矿顺利装船起运，自此开创了几内亚铝土矿出口到中国的先河。

　　该项目出矿一年多以来，进展顺利，已出口1000多万吨铝土矿到中国。2016年9月，中国"赢联盟"二期扩建工程顺利完成，建成了2号码头，10月4日举行了隆重的竣工典礼，几内亚总统孔戴携政府高官亲自出席了竣工典礼。

　　孔戴在讲话中高度评价了中国"赢联盟"铝土矿项目对于几内亚经济发展所做出的巨大贡献。中国"赢联盟"铝土矿项目为几内亚直接和间接创造就业岗位3000多个，缴纳了大量税费，其矿区基础设施（港口、公路、发电等）为当地经济发展打下了良好基础，还很好地履行了企业社会责任，为当地社区和老百姓造福、做慈善，例如，修路、在当地出资建学校、卫生所、打井，还出资赞助一批当地穆斯林赴麦加朝觐。

　　2016年3月在新加坡香格里拉大酒店举行的船运大会上，孙修顺在演讲中表示，"这不仅仅是韦立国际集团和'赢联盟'的梦，也是几内亚人民的梦。我们的合作模式，也被视为中国'一带一路'倡议的先行者"。

　　2018年11月21日晚，已成为几内亚驻新加坡荣誉领事的孙修顺被授予了代表几内亚最高荣誉的总统骑士勋章，以表彰他为几内亚经济发展和增进几内亚—新加坡的外交经贸往来所做出的卓越贡献。孙修顺是首位获得该勋章的外籍人士，也是首位获得该勋章的新加坡公民。

2019年"一带一路"陆海联运（青岛）高峰论坛上，韦立集团牵头组成了三国四方的"赢联盟"引起与会者和媒体的广泛关注。

韦立集团在几内亚博凯地区开拓了全新的铝土矿供应基地，同时带动了中国制造、中国装备一同出海，为21世纪海上丝绸之路沿线企业国际合作打造了新样板。

"起初，很多人听说我们要到几内亚开发铝土矿，都认为我们是异想天开。"孙修顺说。但"1%的概率"变成100%的现实，韦立国际和"赢联盟"成功做到了。

事实上，"赢联盟"自2014年起在几内亚博凯地区开发铝土矿，2015年9月正式投产出矿，2017年出产铝土矿约2800万吨，2018年出产铝土矿约4200万吨。

孙修顺介绍说，从2015年开始到现在，通过几内亚博凯港至山东烟台港长达11400海里的航线，"赢联盟"从几内亚运回了1.2亿吨铝土矿，使几内亚成为世界第一大铝土矿出口国。

600多年前，郑和七下西洋历时近30年，开辟了非洲航线，远航到肯尼亚；如今，在"一带一路"上，与"海"共舞近30年的全球知名矿业和航运企业家孙修顺，开发了几内亚至中国的航线，创造了21世纪海上丝绸之路新的奇迹。

"砂一般的小船"开进狮城

"这砂一般的小船,不能到达彼岸,转眼就要消失……"

这首流行于20世纪80年代的台湾歌曲《砂之船》,经过歌手苏芮的吟唱,在海峡两岸流传,拨动着那个时代年轻人的心弦,其中就包括20出头、热衷艺术的徐荣灿。

2019年12月11日,笔者在瑞吉酒店举行的第五届时代财智大奖颁奖晚宴上见到徐荣灿,他荣获亚洲卓越企业家奖,带着夫人和女儿来领奖。他在获奖感言里说了一句兵家常用的话:"与高手过招是一件很开心的事。"

1989年,在意大利游学并从事服装设计创意的徐荣灿回到故乡重庆,用6500元开办了一家富有艺术品位的咖啡馆,并将其命名为"砂之船",从此开启了艺术商业梦想的航船。

之后,徐荣灿又驾驭"砂之船",开出了十多家超级奥特莱斯,被誉为"亚洲奥莱教父"、奥莱业超级巨轮的"船长"。

如今,"砂一般的小船",从山城重庆扬帆起航,又开进狮城新加坡。

2018年3月,砂之船房地产投资信托基金在新交所成功上市,是第一家在亚洲上市的奥特莱斯房地产投资信托基金。

2018年11月,砂之船集团创始人、董事局主席徐荣灿登新加坡金融杂志封面。

2018年12月,徐荣灿走进新加坡国立大学,演讲的题目是:我与"砂之船"在这里"续航"——

我和"引领未来CEO课程"班的同学以及国立大学教授、投资大师一起,在这里进行了为期三天的学习与交流。熟悉的花园城市,全新的思维碰撞，都让我对新加坡国际化战略的理解更加深刻。

新加坡的国际化堪称亚洲的典范，尤其是新加坡之父李光耀的那种时刻保持忧患意识、重视人才这些清晰、准确的战略定位，更为新加坡后续的崛起以及持续的国际竞争力明确了方向，奠定了基础。

来自新加坡企业与学术界的专家带来了精彩的演讲，"新加坡的创新监管与金融科技""淡马锡投资中国策略与方向""樟宜机场作为世界级的战略空港""家族财富保障与传承"等主题演讲深入浅出、精彩纷呈，为我们提供了更为开阔的眼界和思维方向。

在和著名金融学家、量子基金创始人、奥地利股市之父、投资大师吉姆·罗杰斯的对话中，我看到的是一位骑着摩托车历时三年穿越沙漠的，浪漫、谨慎的冒险家。而我非常认可这种激情冒险精神和死亡忧患意识，我想这也正是我所带领的"砂之船"的企业精神。

商海泛舟，不进则退。我深知要引领"砂之船"成为奥莱业的超级巨轮，自己必须拥有更加独到、先发制人的商业眼光……

忧患意识、人才战略、战略空港、战略定位、先发制人、企业精神，徐荣灿的演讲三句话不离中国传统兵家文化的哲理。

有评论说，"砂之船"超级奥莱在新加坡上市，为世界提供原创性中国智慧。

谈到为什么会选择在新加坡上市，徐荣灿有着自己独特的战略眼光：我深感与香港相比，新加坡拥有更加强大和成熟的房地产投资信托市场。新加坡证券交易所上市平台的投资者更熟悉房地产投资信托和商业信托产品，具有全球视野，因此更能赏识投资房地产、投资信托等产品的益处。这将有助于支持需求并增强"砂之船"房托的流动性。

2019年11月，新加坡《海峡时报》独家对话徐荣灿，为狮城读者揭秘这个亚洲奥莱领航人物的生活和商业智慧。

徐荣灿选择在新加坡上市，从个人角度，新加坡的规范、整洁也深得徐荣灿的喜爱，他经常在新加坡度过周末。事实上，他把孩子也带到新加坡。

《孙子兵法》成为当代战略理论研究的热点，这在当今东西方思想文化还很难融合的世界里，堪称是一个独特的文化现象。孙子关于战略定位中处理好战略目标与战略行为、战略环境和战略趋势间关系的原则技巧论述，对现代企业很有启示。

徐荣灿说，新加坡的国际化战略让我深受启发，在我看来，企业的发展同样如此。清晰明确的战略是首要和关键，也是我们作为企业掌舵人必须重点思考与关注的核心。

《孙子兵法》蕴含的精英战略思维。而徐荣灿的超级奥莱四大超级思维是：情感思维、美学思维、场景思维和资本思维。

在"长线思维战略驱动力"的指导下，"砂之船"未来的战略目标被确定为："全球奥莱第一品牌。"这个战略目标将在"REIT平台""〔1+N〕×数据""双轨制合伙人"这三大战略利器的核聚能效应下，展开波澜壮阔的"超级整合"。徐荣灿描述说。

徐荣灿诠释，所谓"1+N"，1是奥莱，N是围绕健康、娱乐、文化等符合中阶群体消费趋势、社交需求的内容建设的新型线下社交生态圈布局，包括超级儿童馆、超级运动馆、超级乐园、超级农庄、超级家居等。

谈及"砂之船"未来的发展战略，徐荣灿充满憧憬——

身为企业家，只有保持激情与创新，才能为企业源源不断地注入能量，推动企业不断前进与发展。

"砂之船"正是秉持"激情、创造、美"的基因，开创了以艺术商业DNA为核心，以独特商业模式引领的创新型超级奥特莱斯。我们正在用激情与创新，将美带入生活，引领中产阶层极具内涵的品位生活方式。

"砂之船"的未来发展要找到的强大续航力，当企业发展到一定阶段和规模后，产业资本和金融资本势必相互融合渗透，以达到资源有效的配置。

此次在新加坡上市，必将成为"砂之船"发展史上的重要里程碑。借此机会，"砂之船"将在新加坡和周边地区积极寻找商业机会，和当地的潜在合作者广泛接触，并积极在东盟地区拓展业务和寻求战略合作伙伴。

　　未来，"砂之船"还将在"一带一路"大格局之下实现空间整合。在北、上、广、深、各省区中心城市及香港地区、东南亚，与各类开发商、政府平台、商业运营商广泛开展租赁合作、股权投资、项目并购、运营托管等。五至十年内，"砂之船"旗下奥莱项目规模计划达到50个，管理面积计划达到500万平方米以上。

　　《每日经济》发文称，"砂之船"超级奥莱的梦想，是在全球范围构建一个美妙的时尚商业文明共同体。那是世界时尚商业与中国丝路文化的缤纷交融，是对2000多年前丝绸之路的伟大致敬。

孙礼锋在狮城愈战愈勇

2017年春节期间，笔者在新加坡一座自己设计建造的漂亮花园洋房见到孙礼锋。他身材高大魁梧，精神饱满，全身充满勇者的气度。

他是孙武后裔，新加坡山环控股私营有限公司董事长、新加坡惠安公会会长。他从一个第一批新加坡外籍建筑劳工，到一年营业额超过2亿元的A1级大型建筑的杰出企业家，充分体现了《孙子兵法》中提到的为将五德"智、信、仁、勇、严"，尤其是一个"勇"字。

孙礼锋出生在福建惠安县张坂镇玉塘村，他11岁那年，学校停课，只念到小学三年级就辍学。由于家境贫寒，身为家中长子的他为了维持生计，当了一名建筑学徒，从此开始与建筑业结下了不解之缘。

为了让家人过上更好的生活，1981年，具有敢闯敢干精神的闽南人特性的孙礼锋，决定到新加坡谋生。26岁的他，一个人离乡背井，从家乡辗转来到新加坡，当起了建筑外劳工人。

当时，孙礼锋日薪只有13新元，月薪加起来才400新元左右。虽然前途一片渺茫，但孙礼锋知道，自己必须勇敢果断，开弓没有回头箭。因为远在祖国的家人还要依靠他。怯生于勇，弱生于强。人生的起跑线，只有靠坚韧不拔，锲而不舍，勇敢冲刺，才能到达胜利的终点。

白天，他超负荷工作；晚上，他坚持上夜校学英语"冲电"。由于擅长做钢筋工，表现出色，他很快被提升为工头，并直接参与工地钢筋项目管理。在新加坡当了近十年的建筑工人后，孙礼锋决定放手一搏。

1991年，孙礼锋毅然从个人储蓄保险中兑现4000新元，用这笔钱开办了属于自己的公司，取名"山环"，寓意"山峰青松展雄风，环宇五洲广厦成"。

商场如战场，企业如战将。对这个来之不易的企业，孙礼锋具有敢打必胜的信念和勇气。他带领着山环建筑在激烈的市场竞争中磕磕绊绊，勇闯难关。

1998年，亚洲金融风暴来袭。此时，孙礼锋二手承包的淡滨尼的一个停车场工程却出了事。承包商在这次风暴中欠下庞大资金而轰然倒闭，牵累到山环公司。孙礼锋内心感到非常的无助，心中不免萌生放弃的念头。但骨子里具有坚强性格的他，没有在挫折中消沉，没有气馁，而是重整旗鼓，激流勇进。

兵法云："两军相遇，狭路相逢，勇者胜"，那是在搏命的。做企业就要这个胆魄和勇气。因为企业会遇到问题，遇到问题、遇到困难的时候敢不敢担当，敢不敢面对？这是对为将者严峻的考验。

奋勇争先，勇者无敌。孙礼锋终于在1999年突出重围。

几年来，孙礼锋骁勇善战，愈战愈勇，公司日渐壮大，蒸蒸日上。1999年，山环控股凭借优质工程而获颁土木与建筑工程ISO9001证书，山环建筑在新加坡建设局（BCA）的A1级别、银行记录、工地安全等方面都保持着良好的记录。山环控股公司规模不断扩大，聘用员工超过700名，2013年公司营业额超2亿新元。

孙礼锋说，无论跌倒多少次，都不是最重要的，最重要的是跌倒的最后一次，你有没有胆量爬起来，只有你爬起来了，继续勇往直前，才有成功机会。

2003年，孙礼锋迎来了他人生的又一个转折点。当年初，山环控股获颁成为可承包新币3000万新元工程的总承包商。恰逢圣淘沙轻轨站有个投资3000多万新元的项目工程招标，山环控股凭借其专业品质从众多竞争对手中脱颖而出，并成功中标。为了保质保量如期交付工程，孙礼锋夜以继日地奋战在施工工地。在大家齐心协力下，山环控股最终交出一份满意的答卷。

2007年，山环控股先后取得承包总金额8500万新元工程的资质以及山环控股便中标女皇镇道森路（DAWSONROAD）8000多万新元组屋工程。对孙礼锋来说，这是"背水一战"。为此，他驻守在工地长达八个月，亲自监督工程进展。

2010年，山环控股又在同一地段毗邻继续兴建杜生阁的五座43楼高、附带高空花园连接桥，共758家单位公共住屋。2012年标到榜鹅东的四个项目，建设4000个组屋单位。

几年来，山环控股共承建并完成了1964间屋局组屋，完成新建与翻新227座电梯，新建一所小学，发展并推出两个永久地契公寓项目，设计建造推出30多套永久地契有地住宅，还建筑设计一座书籍储藏盒状的碧山社区图书馆，在业界独树一帜。

山环控股取得骄人的业绩：山环大厦以及"杜生阁"双双荣获新加坡建设局绿色建筑标志最高奖项白金奖；由它承建的多个项目，同时获得新加坡建设局绿色建筑标志超金奖；2012年，山环控股荣获新加坡建设局颁发环保与优雅建筑商卓越奖；2013年建成环境亚洲企业奖——杰出成就奖以及顶级企业家奖。这些荣誉让山环控股成为新加坡建筑行业一颗名副其实的璀璨明珠。

2013年，一年一度的新加坡"50家杰出企业奖"正式出炉——山环控股私营有限公司荣获该奖项，孙礼锋受到新加坡总理李显龙的接见，并从新加坡副总理兼国家安全统筹部部长及内政部部长张志贤手中接过奖杯。

屡败屡战的"陈文平精神"

笔者第一次见到陈文平是在他新加坡莱佛士的高档写字楼里，从落地长窗远眺，是波澜起伏的大海，近处是酷似一艘轮船的滨海湾金沙酒店。

身为新加坡施诚地产集团总裁、群益物业董事总经理的陈文平，叱咤房地产行业数十载，就像一艘永不停航的轮船，在这座小岛上迎风破浪，勇往直前。

他屡败屡战，从不言败。在他的人生哲学中，胜败乃兵家常事，不折不挠，不离不弃，这就是新加坡人称赞有加的"陈文平精神"。

相传曾国藩率领湘军同太平军打仗，总是打一仗败一仗，差一点连自己的老命也搭上。他在上疏书里说"臣屡战屡败，请求处罚"。有个幕僚建议把"屡战屡败"改为"屡败屡战"，结果得到皇帝的赞赏。

"屡战屡败"表示常败将军，而"屡败屡战"显示其虽然屡次遭受挫折失败，仍奋勇无畏的精神。陈文平选择了后者，虽败犹荣，反败为胜，哪里跌倒从哪里爬起来。

陈文平是位土生土长的香港人，他有坚韧不拔的意志，一如现在他每日清晨坚持的18公里慢跑，1万步的微信步数，不管刮风下雨，天气炎热，都坚持前行，从未间断。

20世纪90年代，手持初中文凭的陈文平，闯荡中、新两国商海，挫败和磨难时刻伴随着他。

第一次挫败，是因为初生牛犊不怕虎。他面临公司的人事问题，毅然放弃高薪选择辞职。但辞职容易找工作难，仅凭初中文凭让他四处碰壁，寄出的工作简历杳无音信。直到遇见以前的客户，听说他的困境，拿出10万元港币（约2万新元）的资本，协助他开创船务代理业务，从此陈文平开创起自己做生意的征程。

第二次挫败，是遭遇1997年金融危机。陈文平来到新加坡之后，船务生意做得风生水起，第三年起已经轻轻松松买下了自己人生中在新加坡的第一套房产。在随后的五年中，更是实现一年买一套房子的人生快速发展期。

好景不长。1997年金融危机的爆发，船务行业受到重创，陈文平再次受到挫败，而且败得很惨。

拿得起是能力，放得下是智慧。陈文平审时度势后壮士断臂，放弃曾经打拼15年之久的船务事业，投身自己还并不熟悉的房地产行业，扬起风帆，重新起航。

"做房产中介和做船务其实很像，好比我的船搁浅了，从海上跑到了地上。"面对接近崩溃破产的事业和深爱的妻子又不幸患白血病的双重困境，陈文平仍旧带着从前那股不服输的韧劲，不轻言放弃，更不轻易抛弃。

面对坎坷曲折，陈文平凭着坚定信念，支撑他一路向前，坚持初心，从未回首。他以自身有成功买进五套房产的经验，从小小中介做到金牌销售，直到最后成立自己的房产公司。至2019年，陈文平入行已整整21年。

第三次挫败，是2008年金融危机。当时各行各业百废待兴，新加坡的房地产也难逃厄运。以前一个月可以5000新元出租的房产，在当时3000新元都租不出去，新加坡的房地产行业进入一个"瓶颈"阶段。

这次受挫，陈文平没有选择放弃或转行，而是坚守阵地。商场如战场，没有防守的能力，很难把生意巩固并做得长远。

陈文平的睿智体现在时刻根据外部商业市场的行情，来顺势调整自己生意的方向和轨道。他未雨绸缪，在经济危机来临之前，就已经着手开始为自己的房产事业寻找其他的出路了。

第四次受到挫败，是不知潮水的深浅。中国改革开放后，投资海外房地产市场的日趋增多。陈文平正是看中这一点，他的机会就是为中国的投资人进入新加坡房产的领域牵线搭桥。

2007年，陈文平只身一人来到上海探路。在飞机上，他看到杂志上的一个投资移民公司的广告，引发了生意的灵感。

下了飞机，陈文平就开始搜索各类投资移民公司，希望和他们成立合作关系，共享客户资源，共同盈利。

然而，陈文平没经历过中国改革开放，新加坡与中国房地产中介差异很大。初始阶段，他经历了许多的挫败，带着诚意飞去上海见合作商，结果却被放"鸽子"；约见探讨合作模式，结果却吃了闭门羹，这样的情况就像是家常便饭，经常会遇到。

而同一时期的同行，都早早放弃了对中国这片广阔的市场的开发。但是陈文平仍然没有放弃，凭着一股子拼劲，抱着志在必得的信心，终于赢得第一家合作公司的信任。他以争做每位客户在新加坡第一个朋友的心态，真诚待人，舍得付出。

功夫不负有心人。2009年，陈文平终于做成中国客人的第一笔生意。随后，生意接踵而来，出现了许多慕名上门来寻求合作机会的公司。

失败是成功的母亲，坚持是成功的父亲。

2001年，陈文平加盟施诚地产集团。施诚地产是新加坡享有盛誉的房屋中介公司，拥有近千名产业经纪人，陈文平获得施诚地产的特许经营权。

2007年，陈文平成立群益物业有限公司，这是独立于施诚地产的独资企业。群益物业拥有15个产业经纪人，专注服务中国高资本净值客户，帮助他们在新加坡进行中高端房地产投资。

2012年，陈文平联合创立了文威投资有限公司，公司的主要业务是在新加坡、中国香港、马来西亚以及泰国进行产业投资。文威自成立以来，已在新加坡购买价值2亿元的商业地产。

2013年1月1日，新年伊始，万象更新。随着文威投资收购施诚地产80%的股权，陈文平也自此担任施诚地产的首席执行官。

曾国藩毕竟是军事家，屡败屡战，最终反败为胜。曾国藩的军事思想影响了好几代人，他创建的湘军威震天下，故有"天下无湘不成军"之说。

陈文平尽管不是军事家，而是企业家，但在屡败屡战终成大业上，与曾国藩是有共同点的。军事家与企业家都需要"冷""忍""韧""仁"。即要冷静，勿冲动；要忍耐，勿急躁；要坚韧，勿怯弱；要仁爱，勿冷酷。只有这样，才能修身齐家治国平天下。

2017年10月，新加坡《联合早报》发表题为《修身齐家治国平天下》的文章，其中有一句特别打动人心的话："一切理想要实现皆以修身为本，改变世界从改变自己开始，不是去改变别人，而是去感动别人。"

写这文章的是陈文平，他已出任新加坡香港商会会长、九龙会会长，成为一位在异国成功创办多家公司的企业家，在地产投资领域耕耘20多载的业界先锋，也是一位响当当的本地新移民社群领袖，狮城大名鼎鼎的慈善家。

他谈文化传承，以"流行曲不过一代"的说法，强调给后代弘扬优秀文化的重要意义。"东西方古代流传的智慧有共通点"，要善于发现，善于总结，才上能博古通今，下能通达人情。应当说"明事理、知感恩"。

笔者第二次见到陈文平在新加坡大巴窑施诚地产的会议室，他作为一名听众，与公司高层一起认真听笔者讲"房产兵法"。

笔者谈道，学《孙子兵法》的精髓要向弘扬孙子精神转变，转化为民族精神、时代精神和企业精神。读懂孙子的精髓已经很难，要把它转换为孙子精神更是难上加难。荣幸的是，我在新加坡认识了这样一位富有孙子精神的优秀企业家，他就是陈文平。他在新加坡叫响了"陈文平精神"，他在新时代弘扬"陈文平精神"，这种精神就是民族之魂、企业之魂，是一种自强不息的精神，不屈不挠的精神，振奋大无畏的精神，还有慈善仁爱精神。一个企业家有这样的精神，一定能带领企业无往而不胜。

话音刚落，会场上爆出热烈的掌声。这掌声不是给笔者的，而是给屡败屡战、从不言败的陈文平的。

新加坡企业家的营商智慧

笔者在新加坡纽顿的一片宽敞而幽静的培训基地见到王姓兄妹，他们是土生土长的新加坡华人。兄妹俩开了一家公司，都喜欢读中英文对照的《孙子兵法》，并应用于公司的经营，用得得心应手。

这个培训基地产权是新加坡政府的，兄妹俩大胆地承租下来，看好的是"天时地利人和"。新加坡经济和社会发展需要培训各类人才，加上这个培训基地有政府的品牌，还有着教室、会议室、餐厅等配套设施和漂亮的大草坪，这是"天时"；培训基地位于纽顿，纽顿在新加坡最繁华的乌节路口，属于新加坡的核心中央区，培训基地边上是一所知名的小学，附近有南北线和滨海市区线上的地铁站，交通十分便利，这是"地利"；兄妹俩在新加坡有着良好的人脉，芭蕾舞、绘画、音乐等培训机构纷纷入驻，这是"人和"。

像王氏兄妹喜欢《孙子兵法》并成功应用于商业经营和管理的企业家，笔者还遇到好几位。

新加坡一家知名房产公司的冠军经纪人蓝俊华，是应用《孙子兵法》"知彼知己"的高手。别的经纪人花许多时间在带客户看房上，他花很多时间在搜集房产信息上；别的经纪人掌握不了的信息，他通过多种途径甚至查找十多年前的房产广告都能掌握；别的经纪人对屋主和楼盘的情况说不清楚，他每次都事先必去"侦察"，不仅对屋主和楼盘情况了如指掌，而且对隔壁邻居的情况也略知一二；别的经纪人常常事倍功半，带客户看多少个楼盘大多不成功，他常常事半功倍，"一枪命中"的案例对他来说也不算奇迹。他做到"百战不殆"，被誉为房产经纪人中的"牛人"。

还有一位也姓蓝，是新加坡三达膜公司董事长蓝伟光，他听过笔者

《孙子兵法》讲课，坐在第一排，非常专注。当时笔者提问有关孙子的误区，答对有奖，蓝伟光答得非常准确，获赠笔者出版的《华侨华人与孙子兵法》一书。

蓝伟光是中国生物膜技术的教父，2004年被《亚洲周刊》评选为"亚洲杰出华人青年企业家"，2006年名列福布斯富豪榜和胡润富豪榜，2019年11月，三达膜在上交所科创板成功上市，公司市值价超过90亿元。

蓝伟光以水为梦，与水同行，研究水的循环与利用，关注饮用水安全与健康，把高科技应用到民生净水领域，造福万家。他站在世界水处理之巅，却以科普水知识、唤醒水意识、呼唤水政策为己任。他在新加坡首创用膜净化污废水、制造新生水的技术，由此被水资源奇缺的新加坡誉为"水资源的膜法师"。

这样一位世界水领域的首席科学家，还抽出时间认真聆听孙子的教诲，汲取孙子的智慧。《孙子兵法》流淌着水的智慧，洋溢着水的哲学。在蓝伟光的"水字典"里，已印刻上"水因地而制流，兵因敌而制胜"，"兵形似水"，"水无常形"。

新加坡科技创业投资私人有限公司首席执行官、新加坡著名的金融家许如孟，是13亿美元资产的管理者。在他的身上，既有西方人的思维模式，又有东方人的智慧谋略。他受过正统的英国教育，同时受到中华传统文化的熏陶，对于中国历史甚至是《孙子兵法》有着认真的研究。

他毕业于新加坡主要政府领导人受教育的莱佛士学院，在政府部门有长达八年的工作经历。他曾加入新加坡政府直接投资公司（GIC），这是新加坡政府拥有的高达100亿美元资产的投资公司，他被派驻旧金山的办公室，在四年的投资过程中，完成了向著名公司的注资。从1990年开始，开始负责GIC在欧洲的投资事务，着手组建伦敦办公室并完成了GIC在欧洲的第一批私募股权投资。1994年，他重回新加坡并负责华登国际等公司的投资项目。

1999年，新加坡政府应对互联网狂潮的到来，组建了一只新的基金，专门投资新经济，这一基金一半交由国家科学技术局管理，另一半由GIC管理，许如孟负责GIC所管理这一半基金。

2001年，互联网泡沫破裂，新加坡政府决定将分而治之的这只基金集中管理，成立一只10亿美元的基金，许如孟顺理成章地成为该基金的CEO。

如今，TIF已经成为新加坡创业投资的一面旗帜，其功能不仅是将新加坡的创业资本投向全球各地，它另外也肩负着吸引全球创业资本入驻新加坡的使命。迄今为止，TIF已经投资了全球各地80多只基金，其中40%投向美国私募基金公司，40%投向亚洲，20%投向欧洲。

最令许如孟为之骄傲的业绩是，他将国际上几家顶级的母基金带入新加坡可以说是TIF对这个金融国家最大的贡献，这些知名基金有来自美国的，也有来自欧洲的，他们均在新加坡建立了办公室并作为进入亚洲的桥梁。

许如孟能取得如此傲人的业绩，与他研究与应用《孙子兵法》不无关系。他在美国四年做金融投资，应该知道华尔街金融大鳄把《孙子兵法》倒背如流，应该了解操盘高手把孙子谋略在对冲基金上应用得炉火纯青，应该领教过股神巴菲特投资兵法"十六字方针"："主动撤退，避开强敌，寻找战机，以退为进。"

除了房地产业、科技产业、金融业外，新加坡各行各业几乎都有研究应用《孙子兵法》取得营商成功的案例。

笔者在新加坡《联合早报》出版的《星洲头条传略》一书中发现，书中写到的400多位企业家，无论是创业的开拓者还是守业的接班人，无论是南洋巨商还是店铺小老板，都具有中华传统兵家文化的智慧，在营商中应用得游刃有余。

笔者20多年前在上海就知道"鳄鱼之战"，曾打得异常激烈，难分伯仲。新加坡"鳄鱼"创始人陈贤进面对法国"鳄鱼"四次起诉商标侵权的猛烈攻势，经过14年迂回曲折的"持久战"，终于获得中国的注册商标，在被称为举世瞩目的"国际商标战争史"上成为赢家。

溢东机构创办人林炽铭与儿子林德利上阵"父子兵",父子俩把20名员工栽培为"将军",带领千名兵士,以一当十,打万名兵士的仗。林炽铭的名言是"兵带不好怎么能打好战?公司要做大,一定要训练好兵士,只要训练得好,什么合同都能挣取得到"。

还有世界科技主席潘国驹的"破釜沉舟,开垦书田";孔子后裔孔宪基的"急流勇退";翡翠餐饮集团主席叶耀东的老板、员工"上下同欲者胜";巫兰运输控股私人有限公司创办人之一邬顺山的"善于在危机中发掘商机";丰城掌门人张民德的"攻守得宜";化学液体仓储创办人黄裕顺的"壮士断臂,浴火重生";飞达贸易公司董事经理刘志明的"自创轮胎品牌可攻可守";科优国际创办人符绩庆"专业诚信,努力制胜";等等,都充满《孙子兵法》的智慧与谋略。

孙子国际营销专家洪瑞云

说起商业和战争，两者似乎相去甚远——商业是建设性的，战争却是破坏性的。不过，新加坡国立大学商学院学者洪瑞云最新研究发现，在商业环境里，带有服务性质的企业，可以从军事战略中借鉴一二，避免本来是建设性的商业变成破坏性的市场。

洪瑞云是新加坡国立大学商学院市场营销系副教授，在英属哥伦比亚大学获得博士学位。她曾在加州大学伯克利分校、赫尔辛基经济与商业管理学院、中欧国际商学院做访问学者。她是《新纪元持续发展》和《营销原理：亚洲案例》的作者之一。她研究领域为《孙子兵法》与市场营销、跨文化消费者行为、品牌个性和亚洲广告创意，曾为包括格莱科—惠康医药公司、强生医药公司、诺基亚和PSA等多家公司做过顾问。

《孙子兵法》历来被认为是中国传统文化的杰出代表，即使在现代科学技术飞速发展的今天，它仍没有失去其理论和实践价值。孙子提出的战争原则引申为商业原则，可以指导经营决策。

营销战的表现形式有广告战、通路战、促销战、价格战、新品战等，但营销战的最终战场是消费者的意识和行为。洪瑞云认为，卓越服务与军事管理的相通之处，《孙子兵法》完全可以应用到市场营销上——

《孙子兵法·九变篇》曰："无恃其不攻，恃吾有所不可攻也。"这句来自千年前中国军事家孙子的箴言，不仅适用于商业经营，在21世纪的今天，也与现代企业营销策略息息相关。

与一对一的军事交战不同，商业竞争是异常激烈的。在任何时间，企业都要面对多个竞争者的重重夹击。例如，一家电影院不仅要面对来自其他电影院的压力，还要应对来自在线视频网站的竞争，像 Netflix，甚至还有其他体育赛事、娱乐节目的竞争。

这种激烈的竞争，让孙子针对严密战略规划的观点更具启示意义。

《孙子兵法·计篇》曰："夫未战而庙算胜者，得算多也；夫战而庙算不胜者，得算少也。多算胜，少算不胜，而况乎无算乎！吾以此观之，胜负见矣。"与军事作战相似，企业在开发符合客户需求且独具特色的新型服务时，对竞争对手和客户的了解至关重要。

《孙子兵法·谋攻篇》曰："不战而屈人之兵，善之善者也。"孙子的这句箴言对今时今日的商业竞争同样具有启示意义。通过对自身和竞争对手的优劣势以及所处环境的仔细评估，企业就有可能达到不战而胜的境界。

在新加坡，消费者使用手机应用订餐时，像 Deliveroo 这样的一些手机应用会提示用户哪些餐馆正在营业，哪些可以订餐。如果由于某种原因点餐失败，细心的服务提供商在几分钟内就会通知用户，以便另作选择。

人们通常会觉得，提供及时的反馈是一种以顾客为中心的"常识"。但是，有的应用程序却并不会通知用户餐厅已经关闭，甚至导致客户白等数个小时。

那么，在这里是怎么体现的呢？优质的服务能够"屈人之兵"，让客户找不到转投竞争对手的理由。同理心可以帮助服务提供商站在用户的立场思考，从而找到痛点。否则，气恼的用户会转而尝试竞争对手的服务，这就给了竞争对手可乘之机。

由美国营销大师菲利普·科特勒主编的经典之作《市场营销原理亚洲版》第三版，洪瑞云是作者之一。该书针对亚洲情境的改编版，特别是补充了中国企业的精彩案例，适用于高等院校营销专业本科生、研究生、MBA 及教师使用，更可作为市场研究人员和企业经营管理者的参考用书。

菲利浦·科特勒曾在其《营销管理》一书中，探讨了兵法在营销中的应用。他说，如果凯马特、施乐、通用汽车的前CEO读过《孙子兵法》，就可以避免数以亿计的损失。

　　新加坡国立大学营销系副教授洪瑞云与熟读《孙子兵法》的世界营销大师共同编著营销经典书籍，也称得上孙子与营销的国际专家了。

黄昭虎：向《孙子兵法》学管理

"管理成功的最大挑战是如何应对安逸的心态。在日新月异的当今世界，管理成功将更具挑战性，原因是你可能会无预警地被取代或超越。这就要向《孙子兵法》学习。"说这番话的是新加坡赫赫有名的黄昭虎。

黄昭虎是新加坡南洋理工大学教授，现任行销与国际商务系主任。他曾任新加坡国立大学东亚研究所董事、新加坡国立大学商业政策教授，并担任新国大企业管理学院院长和企业管理研究生院院长。

从20世纪90年代初开始，黄昭虎就一心致力《孙子兵法》的研究和传播，出版了多部《孙子兵法》相关的书籍，并且被翻译成多国文字出版发行，其英译本在亚马逊网上书店就很是畅销。他曾为众多国家和经济体的300多家大机构（包括财富500强企业和欧亚大型企业）进行管理培训与咨询工作。

他荣获1995年新加坡国家总统颁发的公共行政银质勋章，1999年获颁公共服务勋章，2006年获颁公共服务星章；他参与写作的案例荣获1999年度加拿大案例比赛科学联合会的最佳案例奖；他在国际性、区域性和国家学术杂志上发表了330多篇论文和大会报告；他也常受邀为许多国际会议的主讲者；他担任过几家国际性杂志编委；他还担任多间大学商学院的校外考官或审核官，自1991年以来，一直担任年度《商业时报》与DHL联办的新加坡杰出企业家评委。

黄昭虎是一位十分执着的研究者和非常受欢迎的演讲者，他的研究课题涉及策略管理和思维、领导力和团队、海外营销和国际品牌打造等；他演讲的课题主要偏重如何应用《孙子兵法》应用于策略管理和商业运作；他的演讲受到世界许多机构的热烈反响。

在快速变迁的世界中，历史文献可作为人们在迷惘路途中的指引。要管理一个像新加坡这样高度发展的国家，黄昭虎暗示了一些可预见的困难。管理一个国家要向《孙子兵法》学思维、学智慧。

黄昭虎认为，新加坡的政治家是真正懂兵法，是学用兵法的高手。新加坡应用《孙子兵法》最明显的特征是一个是"变"，新加坡在不断地"变中求胜"；一个是"快"，新加坡的发展是"兵贵神速"；一个是"严"，新加坡把孙子的"智信严仁勇"为将"五德"运用自如，尤其是"严"，在新加坡是出了名的。新加坡《孙子兵法》在国家管理上运用自如。新加坡还用《孙子兵法》管理街道社区，成为一大特色。

当然，企业也要向《孙子兵法》学管理、学策略。怎样在现代商战和管理学中发挥《孙子兵法》里的智慧？这是过去十多年来黄昭虎潜心研究的领域。

在南洋理工大学讲堂上，黄昭虎常年给来自西方国家的研究生开讲"孙子兵法与商业管理"；在新加坡南洋理工大学管理高峰论坛上，黄昭虎以"可持续性发展的策略思维与行动：建立全球竞争力"为主题，用《孙子兵法》的理念和与会嘉宾进行了深入的探讨与解读；在台积电讲授《孙子兵法》，黄昭虎在开场白中提到"过去几年我到很多美国《财星》杂志五百大企业讲课，包括美国戴尔电脑的麦可·戴尔与芬兰诺基亚的总裁贝卡等，他们都非常重视《孙子兵法》"；在慧眼中国高级领导研修班上，黄昭虎开讲的"中西方领导力与战略比较"中，让学员了解如何在商场上运用儒家哲学思想和《孙子兵法》智慧谋略。

《孙子兵法》对人生和事业发展也有启迪。黄昭虎说，"当我们成功时，人们很习惯开始庆祝。然而在现实中，很少有指标告诉我们下一步应该怎么做"。

他在南洋理工大学纬壹校区校友会所举行的卓越讲堂系列上，分享了如何运用《孙子兵法》中的见解，在个人和事业发展中获得成功。

相较军事战略与面对个人生活中逆境的方法之间的相似之处，黄昭虎特别强调了"主动"的概念。他引用《孙子兵法》中"用兵之法，无恃其不来，恃吾有以待也；无恃其不攻，恃吾有所不可攻也"，意思就是说，一个人不能仰赖敌人失败以获胜，而必须随时做好准备，严阵以待。

黄昭虎还提到在商业环境和健康中的挑战，以及个人生活中不能控制的一些因素，都可视为人们生活中的"敌人"。当面对敌人时，他也引用了《孙子兵法》中的名言"知彼知己，百战不殆"。深刻了解自己和敌人，必然不会失败。

就像是中国哲学中强调的阴阳调和，黄昭虎表示管理成功的秘诀也包括管理失败。"你不可能永远都赢，但是你至少可以将失败降到最低。如果你熟悉战术运用，就能找到自己的立足点使自己处于不败之地，蓄势待发。"

越南华商玩转"东方兵法"

胡志明市旧称西贡，被世人誉为"东方的巴黎"，留下了西方文化的痕迹。但笔者在大街小巷里，看到这里飘动的黑发和一张张东方人的面孔，让人感觉这里分明是一个地地道道的东方国家。

《西贡解放日报》副主编陈国华向笔者介绍说，早在明朝，这里就有陆续移居到此的华侨华人。华人于17世纪在此建立了堤岸城，是有名的华埠。如今，堤岸区是华人聚居之地，华人约有50万人，也是越南最大的唐人街。

陈国华翻开一份份《西贡解放日报》，如数家珍，向笔者展示了一个个华人企业家应用"东方兵法"进行商战的风采。

第五郡是越南的华人之都，成了华人企业的根据地。这里有广东会馆、穗城会馆、潮州会馆、海南会馆、福建会馆等众多华人开的会馆，有华人商会议事厅，还有华商之家。墙上挂的人物故事、书法美术，闪烁着中国儒家和兵家的智慧光芒。

第五郡还设有华人工作中心，主要从事文化和商务活动，中心设有中国书画、健美体操、太极拳、中文创作等十多个班组，长期参加活动的就有上千人，接受包括兵家文化在内的中华文化的熏陶。

这里全部由华裔开办着全越最有名的批发市场，还有形形色色的华人店铺，经商的大多是华人和华裔。无论在市场内还是在店铺里，凡是有华人的地方，都善于应用《孙子兵法》。

越南侨领、著名华人企业家朱应昌靠中国人的智慧，靠包括儒家文化和兵家文化在内的中华文化，开创越南艺昌古艺家具，他的红木博物馆里，各式兵家人物雕像栩栩如生，折射出深厚的中国兵家文化的意蕴。

由华人企业家邓柏荣、区扬海创立的佳利表行贸易公司，应用孙子"信"的理念，以"诚信经营，货真价实"取胜，销售额年增长30%。

祖籍潮州的许清德投资越旺企业食品公司，善出奇招，另辟蹊径，产品不含任何防腐剂，不添加色素和调味素，无须冷藏也能保持味道清甜，入口润滑，在越南市场上生意越做"越旺"。

平仙公司是越南家喻户晓的驰名鞋类企业，善于运筹帷幄，不打无准备之仗，以价廉物美的竞争力赢得市场。

目前，在越南的华商主要来自中国大陆和港台地区，在胡志明市就聚集了6万台商，主要的投资方向是农业、手工业、日用品生产和餐饮业；香港商人则重点投资酒店和写字楼；顺桥广场和胡志明市很多高楼都是中国人造的，几乎每层楼都有华人企业入驻。华商投资多了，生意大了，华人地位在越南也不断提高。

陈国华表示，不管是老一代华侨还是新一代华侨，不管是中国大陆还是港台商人，都在堤岸"同舟共济"，创造出越南独具特色的"东方兵法"。

越南侨领朱应昌红木之中藏兵法

"有太阳的地方就有华人，有华人的地方就会传播中华文化，我们华侨华人要为中华民族的灿烂文化增光添辉。"越南侨领、著名华人企业家朱应昌一见面就自豪地对记者说。

担任胡志明市华人中心辅助会副理事长、胡志明市越中友好协会副会长的朱应昌，祖籍广东东莞，原本是柬埔寨华侨，1986年越南改革开放，他以独到的眼光、顺势成立了越南艺昌古艺家具有限公司并任董事长，从此打开华人在越南从事古艺家具的品牌。近年来，红木生意越来越红火，产品不仅深得越南人的喜爱，成为越南政府用来馈赠外宾的顶级艺品，而且远销中国大陆、中国香港、中国台湾、日本及东盟等国家和地区。

朱应昌还担任胡志明市书法会名誉会长、华文教育辅助会最高顾问。在他的红木博物馆里，名家书法、要人题字布满墙壁，一些国家政要和知名人士经常莅临艺昌古艺家具有限公司。

在朱应昌的引领下，记者饶有兴趣地参观了红木博物馆。但见房门有圆形的、八卦形的，充满兵法的元素。红木艺术品有《三国演义》中的诸葛亮、关公、关平、三顾茅庐等各式兵家人物像；有古代的各种兵器；还有"雄才大略""百战展宏图"等军旅书法作品；尤其是他放在大堂显著位置的"居安思危"、亲笔书写雕刻在工艺瓶上的"守正不阿"，无不折射出深厚的中国兵家文化的意蕴。

当记者问及其成功秘诀时，朱应昌回答说，除了靠越南当地对华侨华人的政策和购买力迅速提高的越南国民外，很重要的一条靠自己的勤劳，靠中国人的智慧，靠包括儒家文化和兵家文化在内的中华文化的长期熏陶。

朱应昌告诉记者，他从小读孔孟之道和《孙子兵法》，在他的书橱里，收藏了老子、孔子、孟子、孙子等中国古典书籍，还有《毛泽东兵法》。朱应昌把毛泽东的十六字游击战的战略方针和毛泽东诗词背得滚瓜烂熟，孙子"知己知彼，百战不殆""同舟而济"等经典语录脱口而出。

"毛泽东很懂兵法，是大战略家。"朱应昌说，我搞红木艺术，学《毛泽东兵法》。越南有千年万年的老树，在森林里怎么识别红木的年份？是什么纹路的红木？什么是最好的木材？怎么砍千年大木？就要懂兵法，为此我提出"红木十万个为什么？"做红木也要知己知彼，只有知道红木，才能做好红木。

朱应昌指着墙上用贝螺编织成的一幅"唐人射鸿图"，意味深长地对记者说，画面是一个唐人张弓，正对着天上的八只飞雁，到底射哪一只好？你必须立刻做出决定。这幅画让我明白"伤其十指，不如断其一指"的道理，更加理解毛泽东"集中优势兵力打歼灭战"的战略思想。于是我当机立断，就射仿古红木家具这只"飞雁"。

身为华人，朱应昌对中华文化有着深厚的感情。他动情地对记者说，中华民族5000年的悠久历史文化，是我们取之不尽、用之不竭的宝贵财富。我们华侨华人是世界上最智慧、最聪明的，因为我们懂道、懂礼、懂兵法，我们身上流淌着中华传统文化的血脉。我们要堂堂正正地把中华民族的根留在心里并使之得到传承，发扬我们祖先历史文化的精华，并融合外国的精华在海外创造自己的一片天地。

泰国侨领廖梅林《商场经纬》12篇

　　泰国梅林基金会主席、泰国文化侨领廖梅林60年潜心研究《孙子兵法》13篇，写就《商场经纬》12篇，由台湾商务印书馆董事长王云五作序，《泰国风》杂志作了连载。此书是廖梅林40年商场驰骋的经验总结，具有商战实用价值，深受泰国华侨华人尤其是华商的欢迎。

　　立身第一。孙子主张"修道保法"，从而"胜于易胜"。廖梅林把立身作为开篇，他提出，为商之道，首重立身。立身者，凡所举动，可作楷模，犹若形影，犹若雷声。立身贵乎长久不渝，然后佳境可保。缺雄心，不可立大业；缺信心，不可成大业；缺恒心，不可保大业。不知开源者，不可以登高；不知节流者，不可以安久。得人者必昌，获智者必胜。

　　技术第二。孙子将技能分为"风、林、火、山"四系。廖梅林认为，大匠为艺，思巧技精，故能巧夺天工。商务之事，转接交替，川流繁复，故其技术，必快必精。为商技术，口笔算手，统须精练，四者具备，乃为成才。能用人才，斯为大才，事业越大，人才越多。

　　经验第三。孙子说，"兵者，国之大事，死生之地，存亡之道，不可不察也"。在廖梅林看来，商场如战场，为商经验，乃成败之关键，不可不察也！经验当居七，学识仅居三。学识不足，而经验丰厚者，可以成业；学识有余，而经验缺乏者，难有作为。经验者，知时序之适应，明货物之季令。经验巧化者，顺时适事，避争就利，时适则进，时乖则守，货转如轮，财流若海。

　　建业第四。孙子注重"道天将地法"，廖梅林重视建业之三大要素：人才、资金、地理，三者全美，业必昌隆，全而未美，业可稳定，缺而未全，颠簸难稳。人才上乘，枝叶繁茂；资金绰余，稳者不羁；循环就利，适者生存。他提醒建业之初者必自问：立身正乎、技术练乎、经验得乎、人才聚乎，四者得矣，业乃可成。

经营第五。孙子倡导"稳胜思维"，廖梅林的经营之道是：顺境为要，最忌急躁；量资而为，颜以养信；购入必精，兑出必警；先求其稳，再求其定；既稳且定，乃可前进；待机而动，稳操胜券。

进守第六。孙子提出"攻守兼备"战略，廖梅林推崇进守有道，攻防有序。进者扩展，由少变多，由弱变强；守者顺变，以守为攻，等待机遇。进守有三忌：时局不定不可进，币值不稳不可进，环境不安不可进。不可进者，必先察利害，若害多利少，不若苦守。得之则进，不得则守。进守有据，正立不偏。择优而为，见机行事。

竞争第七。廖梅林把《孙子兵法》的谋略应用于商业竞争：冷战热战，短守长攻，参谋筹划，出奇制胜，非有谋划，安能稳进。避其锋芒，取其疏忽，催其重点，争其优势，销其锐气，易其比重。利之以时，争之于智，先为不可胜，以待人之可胜。

开扩第八。廖梅林的开扩篇充满了孙子的智慧：为商之为开扩也，可由一部而充十部，可由一地而扩十地。其始谋也，必先知己、明镜。知己者，知自己之资力、能力、冲力；明镜者，明该地、该货、该人。审我资力，亮观环境，多作假设，审而较之，步步为营，颠簸不乱。

人事第九。廖梅林把孙子的用人之道应用得炉火纯青：得其人，尽其才，致其用，此业务之所以兴也！用人之道，首须甘苦与共，工作等分，赏罚分明。职员有疾苦，即宜助之，其有隐衷，即令言之，反躬自省，扶正祛邪，能如此者，必得其心。

养锐第十。养精蓄锐，乃兵家常胜之道，也为商家所用。廖梅林总结：夫为事业者，必三气并用，即和气、威气和锐气。养和气以行事，养威气以治事，养锐气以成事。锐气者快速精到，蓄势待发，摧坚拉朽，穿甲移山，静如山岳，动似万马，蓄于内心之浩气也！

处事第十一。《孙子兵法》讲究处事技巧，廖梅林对此也有独到见解：

商场事务，繁复杂沓，当将各务，分纲别类，繁则简矣，多者少矣。事无巨细，当理出轻重缓急，千头万绪，必先镇定，切忌惶惑，定其神而发其智。

养生第十二。兵家与商家都须休养生息，韬光养晦，以利再战。廖梅林的养生之道：夫为商者，长远之奋斗也，聚精会神，故其养生，必有调节。

"泰国围棋之父"的围棋管理法

围棋与兵法的关系十分密切，自古至今以兵论棋或以棋论兵者不乏其人。"经营中运用棋艺，棋艺中又渗透着管理理念，CEO和围棋在他身上已分不出你我彼此，你中有我，我中有你"，这就是被誉为"泰国围棋之父"、世界华人围棋联合会会长蔡绪锋围棋与兵法的真实写照。

蔡绪锋任泰国正大集团副董事长、执行董事会主席和首席行政官，上海正大企业发展有限公司董事长，是泰国现代企业管理的领军人物，在泰国工商界享有很高的知名度。由他负责运营的易初莲花国际商业连锁项目，自1997年6月在上海浦东开设第一家店，在中国大陆开办的大卖场已有80余家。

蔡绪锋坦言，他之所以能够取得这些成就，关键在于把学习中国的《孙子兵法》等中华传统文化，应用到商业经营上。他用孙子"和"的思想来管理团队，大家快乐工作，创新力、竞争力明显增强；他用《孙子兵法》中的一些理念和谋略来开拓市场，事业迅猛发展。为此，他专门把自己的有关思考撰写下来，出版了《东方CEO》一书。

孙子说的"昔之善战者，先为不可胜，以待敌之可胜；不可胜在己，可胜在敌"，蔡绪锋能脱口而出。他从围棋中感悟到，围棋是同时有好几个战役的一盘棋，需要考虑如何将资源分配给各个战役，双方从零开始竞争，谁创造得多、谁更优秀。商界竞争也是这样，以围棋意境来进行企业管理，首先要完善自己，使自己成为不可战胜的，而不是想方设法、不择手段地打垮对手。

企业自然是要追逐利润的，但理想目标并非是利润最大化。蔡绪锋认为，如果把企业经营目标定为达到利润最大化，往往会让团队损耗、员工疲惫，对企业今后发展不利。利润合理化、力量最大化才是企业的最佳经营目标。

以兵解棋，以棋喻兵。蔡绪锋用他对围棋棋道的理解，来诠释如何把中华文化用于商业经营。他谈及全球金融危机时说，这场发端于美国的经济危机，充分暴露了西方经济界在思想理念和经营方式上的一些弊端。如果我们立足东方，特别是发挥中华文化中诸多思想精华的作用，对摆脱困境、赢得发展将很有帮助。当年，亚洲金融危机发生时，他将这一理念付诸实施，效果显著。

蔡绪锋讲，应对危机，不妨借鉴棋道。起源于中国的围棋，看似规则简单，但变化多端，奥妙无穷，可增强一个人的计算能力、记忆力、创意能力、判断能力、控制能力等，能帮助我们更好地分析事物。围棋注重对全局的把握，下一盘棋，往往是在多个地方展开战役，每一手的价值，在于加强自己的力量，而不是去打败对方。

用围棋管理企业20多年的蔡绪锋，有一套自创的"围棋管理法"。他认为围棋是一种哲学，追求的是一种团队力量，同管理企业一样，能赚多少钱并不是最重要的，拥有一个好的团队，而不是一个"病团"，才是关键。多年前，他的团队使泰国的11个便利店在一年时间内扭亏为盈。

蔡绪锋深有体会地说，我运用围棋的理念管理企业近20年，8万人并没有显得乱糟糟，在工作中有时候一句围棋中的"术语"，要比其他烦琐的解释更有效。比如，围棋中的"急场重要过大场"，指的就是做事情要讲究轻重缓急。学过围棋的人会有大局感，讲究策略。

蔡绪锋表示，中国的经典名著充满了许多智慧，《孙子兵法》等都能给管理企业带来许多启示。他以棋为媒，在全世界传播和推广中华文化，通过围棋，让西方人学中国的思想。他在德国一家大学演讲，讲的题目主题为"围棋管理法"，如何用围棋来管理企业。

大马讲师倡导向孙子实践者学习

"远学《孙子兵法》，近学孙子实践者；或读孙子原著，学成功经验，这样才能真正理解、学好用好兵法。"这是大马企业资深顾问、《孙子兵法》策略讲师陈富焙的"孙子经"。

陈富焙自20世纪80年代开始研读《孙子兵法》，曾在国际美商15年中应用孙子思想掌管各部门，累积盈利高达上亿令吉；在日本企业11年任营销管理，设计一套简易传授的兵法系统。他曾为马来西亚企业、学院等机构主讲孙子及管理课程数百场，他讲的"活用《孙子兵法》""寻找孙子宝藏""兵法决胜人生""向孙子实践者学习""华人企业家要能攻善守"等，充满了孙子的哲学思想和实战的成功经验。

陈富焙以孙子名句作为座右铭，经过海内外多位孙子大师指点潜心研究，成为大马小有名气的《孙子兵法》策略顾问。进入21世纪，他把资讯科技引用到推广孙子学上，建设大马首家孙子兵法网站，已发了2000篇文章与网民交流，目标是发5000篇，使很多有志者普及《孙子兵法》。网站也将在适当时候开设孙子课程，推广《孙子应用法》。

初学者如何读《孙子兵法》？陈富焙传授说，首先可先读白话文简译本，对孙子有了初步认识；接着，再读原文，最好也参加兵法讲座，向名师学习。要读，要想，也要运用，在自己的生活及事业中融会贯通。

陈富焙说，孙子受到其春秋战国时代背景的影响，《孙子兵法》是孙子专为当时帝王所写，因此并不是人人都可以读懂。初学者要有一定的经验积累，要具备较高的思维素质。知识面越宽，知识越深厚，才能够真正理解和掌握孙子所要表达的思想及其精髓。

陈富焙在多年的孙子研究中发现，古今中外的孙子学者在熟读《孙子兵法》后，把自己提升到三军统帅水平，达到百战不殆，甚至不战而胜的层次。孙子的策略使许多兵法实践者受益匪浅，达到奇正之变，不可胜穷也。

陈富焙倡导要善于向孙子实践者学习，每个朝代都有人运用孙子的智慧，成名天下。如中国三国时代，是运用《孙子兵法》盛行的时代，曹操及孔明是当时著名的孙子实践家，创造了"三国谋略""孔明兵法""曹操兵法"。曹操更是第一个为《孙子兵法》注本的作者，他博览群书，谙熟兵法，成就很显著。

陈富焙相信，从大马走出的华人巨商郭鹤年等人都应用《孙子兵法》来管理企业，取得巨大成功。李子政从美国NLP大学考取NLP训练师及咨询师资格，成为马来西亚首位认证的个人潜能开发大师。在和他多次分享中，发现孙子的多项原理，竟然也出现在西方NLP的内容中。

陈富焙认为，21世纪的孙子学习，要认真研究孙子实践者应用孙子成功的案例，近代成功者包括毛泽东和一大批军事家、企业家。大马企业要特别注重研究日本、韩国、新加坡和华人企业应用《孙子兵法》的成功经验。成功的孙子实践者都是把孙子熟读后灵活应用于实践，形成战略性思考，制定出发展战略，而不仅仅局限于小的战术。

印尼华商用兵法谋略成就大业

印尼《国际日报》总编辑李卓辉对记者说，九成印尼华人经商获得成功，一个重要原因是他们善用《孙子兵法》，很懂奇正术，做人讲正，做事讲奇，无正不胜，无奇也不胜，只有奇正相生，才能无往不胜，在竞争中永远立于不败之地。

记者在雅加达采访，看到印尼知名地产实业家汤锡林投资建造的高楼大厦有好几处，他过世后由下一代在经营管理。同是广东梅州籍的印尼华商吴国豪告诉记者，在印尼上层社会人士当中，提起安顿·哈里曼来，几乎无人不晓，他就是汤锡林的印尼籍名字，名气响当当。

用《孙子兵法》的谋略以成就大业，是汤锡林的经商秘诀。他为自己得益于中华文化而自豪：从小接受中华文化的熏陶，扎稳中华民族的根基。他说，我爱读兵书，常以三国的典故以谋事。汤锡林用中国人的智慧从事经营房地产业，成为侨居国信誉卓著的实业家和慈善家，为印尼的经济繁荣做出了积极的贡献。

提起李文正，印尼与东南亚的华人是人人皆知，被人们誉为"印尼钱王"。而在30多年前，他创业打天下时手中仅有2000美元，如今拥有十几亿美元。他成功的关键在于抓住机遇，果敢决断。他应用孙子的"谋攻篇"，当基麦克默朗银行濒临倒闭时，筹集20万美元拯救了这家银行，并坐上第一把交椅。

李文正信奉孙子的智、信，他说，银行业不是一种买卖货币的事业，而是买卖信用。由某人某处获得信用之后，再授予其他人。他说到做到，从不拖延，哪怕是借债也要给客户如期兑现，从而渐渐建立起基麦克默朗银行的信誉，影响也越来越大。经过三年的奋斗，这家银行终于扭亏为盈，并获得巨额利润，走上蒸蒸日上的大道。

哥伦比亚集团是印度尼西亚发展最早、规模最大的4C家电自营连锁零售公司，拥有700多家4C电器零售连锁店，遍布全印尼400多个大、中、小城市，集团拥有20家子公司。该集团把《孙子兵法》的思想方法应用到员工管理上，遵循孙子的"道天将地法"，而最核心的价值是一个"道"字，确立"上下同欲"的"道"的追求。

现任总裁刘正昌遵循孙子"视卒如婴儿"的教诲，善待3万多名员工和800多万顾客，定期发"奖学金"给员工和全印尼顾客，对2000多名经验丰富的维修员工给予优厚条件；以分期付款的经营方式让现代化产品早日走进寻常百姓之家；本着促进印尼各民族融合的美好愿望，大量吸收、培训印尼友族员工，比例高达98%，为印尼华人企业中友族员工比例最高企业。由此，得到印尼政府和国家银行的嘉奖和支持，使集团不断发展壮大，成为当之无愧的家电连锁之王。

知名侨领、印尼国际日报董事长熊德龙从包括兵家文化在内的中国文化中学会了"巧借外力""借力使力""借船出海"，善于借助海内外的力量，在印尼拥有包括中文、英文、印尼文子报达十多份报刊的《国际日报》，发行到全印尼92个城市，发行量飙升至占有全印尼华文报市场率的70%，一跃成为印尼最大的华媒集团。

目前，印尼《国际日报》在中国已与21个省市合作，在该报出定期或不定期的专刊。该报还计划在南美洲、港澳地区和澳大利亚同步发行日报，进一步扩大报业集团的影响力，并计划于2012年上市。

能整篇背诵《孙子》的菲律宾侨领陈永栽

做烟草成了"烟草大王"，做啤酒成了"啤酒大王"，做金融成了"银行大王"，做航空成了"航空大王"……四岁就背井离乡、20岁开始白手起家不断拼搏，成为晋江籍菲华侨领的陈永栽，做什么成什么。

陈永栽1934年出生于晋江青阳下行，四岁跟随父母到菲律宾谋生，11岁进工厂当童工，后考入菲律宾远东大学化学系，以半工半读的方式完成大学课程。经过数十年的艰苦奋斗，成为菲律宾最有影响力的华人企业家，业务遍及十几个国家的十几个行业，曾为菲律宾首富。2014年福布斯菲律宾富豪榜，其家族仍然排名第二。

"中华文化是五千多年的文明结晶，是世界文化宝库珍贵的财富。她源自中国，却属于全世界。"陈永栽说。

陈永栽能在风云变幻的商战中屡屡获胜，无疑与他深受中华文化影响、用中华文化智慧"武装"自己息息相关。他对国学经典如数家珍，1948年，被送进菲律宾那牙市华英中学高小班读书。随后，《三国演义》中的人物如刘备、诸葛亮、曹操等人，很快成了他心目中的英雄，并激励他成长。

陈永栽35岁开始热衷学《孙子兵法》，十三篇6000余字能整篇地背诵。1971年至1985年，陈永栽的事业越做越大，但读书从未停止。其间，他专门恭请陈唯深为他讲读了《中国历代战争史》等数十部巨著，一学就是十四五年。

他的求学方式十分奇特：在课间休息的数分钟，站在母校菲律宾中正学院老师陈唯深授课的教室门口，等待老师陈唯深为他解答《孙子兵法》疑难字句。"站岗"次数一多，老师陈唯深被感化，破例为他课余单独教授。待他全部通晓，并且感受到孙子这位世界军事学鼻祖的战略气势时，已耗时半年，授课共50次。

陈永栽有两个图书馆：一家是公共的，以其父亲的名字命名，对所有人开放；另一家则是私人的书斋。

陈永栽研读的十大兵书《孙子》《吴子》《六韬》《三略》等，他说只要读通其中的一两部就足够受用一辈子了。

确实，孙子的智慧谋略让陈永栽终身受用。他深谋远虑，敢于承担风险，善于在别人不注意的地方抓住商机。他常说："胜败乃兵家常事。机会与风险同在，危机中蕴含无数商机。"

1987年，香港股市暴跌，不少香港工商界人士或观望或将资金转移到欧美。恰逢裕景花园地皮拍卖，陈永栽毫不犹豫斥资5亿港元投标中的。1994年，裕景花园价值已高达百亿港元，令商界同人叹服。之后，他又相继在香港投资饭店、写字楼、商场、高级住宅、九龙城等项目，"雪球"越滚越大。

1995年，陈永栽收购连年亏损的菲律宾国有航空公司。此后陈永栽大刀阔斧地进行管理改革，注资40亿美元，陆续更新了40架飞机，并开辟了多条国际新航线，菲航终于从2000年开始扭亏为盈。

蒙古华侨用孙子团队精神拥抱成功

——访旅蒙古国华侨协会会长白双占

记者在蒙古飞往北京的飞机上巧遇蒙古国中华总商会名誉会长、旅蒙古国华侨协会会长白双占，他1958年出生在中国内蒙古，1959年就随父母到蒙古国寻找伯父，他的伯父1945年跟随苏军和蒙军到蒙古，参加过抗日。他就读于蒙古华侨学校，从小受中国文化的熏陶，读过《孙子兵法》《三国演义》等书籍。

白双占介绍说，旅蒙华侨史大致分为四个阶段，由四代华侨组成。第一代华侨是民国初年蒙古独立前从山西、河北等地来蒙古做皮毛生意并留下来的；第二代华侨是1945年蒙苏联军从中国撤军时，顺带一批东北年轻人来蒙古做建筑工、开饭馆、做小买卖；第三代华侨为1956年来蒙古"淘金"的一批中国人；第四代华侨为20世纪90年代的新移民；如今蒙古华侨已进入第六代了。

"蒙古华侨好比是一个团队，孙子说要上下同欲，团队能否抱团，关乎团队的存亡，这是孙子的道，我们蒙古新老华侨就是靠孙子的团队精神拥抱成功。"白双占说，旅蒙古国华侨协会成立于1952年，是旅蒙华侨唯一的侨团组织。目前旅蒙华侨共2300余人，仅占蒙古国总人口约1%。我们蒙古华侨圈子很小，不是沾亲就是带故，有利于抱成一团。

白双占接着说，为了提高旅蒙华侨的文化水平和整体素质，华侨协会于1964年创办了旅蒙华侨子弟学校，教授汉语，传播中国文化，许多华侨子弟在侨校读过《论语》和《孙子兵法》，学到中国人的智慧。几十年来，侨校共培养出数千名优秀毕业生，为提高华侨的文化素质发挥了重要的作用。

团队间逐渐形成的"道"，预示着团队的未来。白双占认为，孙子所说的"主孰有道？将孰有能？天地孰得？法令孰行？兵众孰强？士卒孰练？赏罚孰明？吾以此知胜负矣"，这对华侨团队同样适用。我们蒙古华侨人数虽少，但很优秀，是有谋略、有意志、有勇气的，在各种恶劣的环境下，成就了不屈不挠的性格。侨胞之间非常团结，传承了中国人的美德，和居住国人民一起，同守蓝天、白云。

白双占对记者说，当蒙古华侨进入第六代时，华侨的文化素质和生活质量大大提升。原来华侨大多聚居在蒙古首都市中心区名为"一百户"的地方，现在大都搬到博格达小区，分散到不同的楼房中，要发挥"抱团精神"，我们华侨协会的担子更重了。

对此，我们每月印发免费报刊，发送到乌兰巴托30多个华人单位、中国餐馆、华人旅社，与广大蒙古华侨华人定期交流，为他们服务，排忧解难。你事我事，事事关心，彼此守望，互相照应。

白双占告诉记者，目前，中国大陆和港澳台地区在蒙古国注册的2000多家企业，成为中国在蒙古投资贸易的主体。蒙古国市场就像一朵"带刺的玫瑰"，新侨经济在蒙古发展既面临良好机遇，也面对严峻挑战。于是，我们把加强与蒙古投资的华资企业广泛联系，加强新老华侨的团队建设作为侨协的重要使命。

白双占表示，如今走在乌兰巴托的大街上，每天都能见到新来的中国人。在乌兰巴托市内有100多家中餐馆，生意非常火爆。乌兰巴托新建的大量楼房，许多是新侨建筑企业承建的。近年来，新华侨创办了建筑建材公司数百家，其中新华侨投资的砖厂就有100多家。蒙古的新老华侨，正在用孙子的智慧在蒙古高原拥抱新的成功。

华人靠中国人智慧立足缅甸

——访缅甸华商商会会长赖松生

记者在仰光闹市中心的一栋四层楼的楼房里见到缅甸华商商会会长赖松生，他祖籍福建龙岩，兼任籍福同乡会副会长、龙岩同乡会理事长。他的会客室橱柜内，摆放着《孙子兵法》《出师表》等竹简，还有战国时期的马车仿制品等，充满了浓浓的中华文化的气息。

"我们华人在缅甸立足十分艰难，我们来的时候一无所有，主要靠的是老祖宗留下的博大精深的中华文化，靠的是中国人的聪明、智慧和勤劳致富，孔子、老子、孙子的思想对我们很有用。"赖松生对记者侃侃而谈，这栋总面积3000多平方米的四层楼房，是缅甸政府于2010年4月1日归还给我们华商商会的，也是凭我们华人的智慧重新失而复得的，因为我们华人在缅甸有智慧、有作为，所以赢得了地位。

赖松生说，华商除了经商赚钱，在缅甸别无出路，而经商的智慧宝库是《孙子兵法》，它给了我们缅甸华人生存与发展的智慧和胆略，经商没有中国人智慧不行。赖松生向记者赠送了《缅甸华商商会世纪华诞纪念册》，厚厚的两大本，承载着缅甸华商百年奋斗的厚重历史，字里行间透出中国人的智慧——

缅甸华商商会自1909年成立起，就注重传播中华文化，建立缅甸侨中，传授《论语》《孙子兵法》等，培养了一大批精英人才；成立仰光青年体育文艺团体巨轮社，创办华文媒体《新仰光报》，弘扬儒家文化和兵家文化。

战后的缅甸工商业，绝大部分都是华商建立的，华商为缅甸市场物资的交流、供应、生产付出了聪明才智；20世纪五六十年代，华商商会兴办工厂，开缅甸民族工业之先河；到了20世纪90年代，缅甸实行市场开放政策后，华商的智慧得到更大发挥，在各个经济领域施展雄才大略，有把缅甸土特产打进国际市场的林成隆，有拓展缅甸木材市场的杨立贤，还有发展缅甸橡胶园的雷明都等人，如今华人经营者占橡胶业的九成左右。开拓缅甸宝石市场的佼佼者杨钏玉遵循孙子的教诲，发明了"谋而不争，做而不抢，防而不害，备而不战"的玉石"十六字方针"。

作为新一代华商商会会长，赖松生有着新的理念和思路。他认为，华人企业要参与激烈的国际竞争，更需要包括兵家文化在内的中国人的大智慧，传承和创新文化是摆在他面前新的课题。赖松生的父亲是缅甸老一辈知名爱国华人，赖松生是长子，他父亲从小就告诫儿子，不能忘记自己是中国人，不能丢掉中国人的传统文化。赖松生是带着父辈的嘱托挑起缅甸华商商会会长的重担的，他正带领华商继续用中国人智慧在缅甸创造新的辉煌。

赖松生对记者说，过去没有钱，华商商会要搞中华文化活动，四处筹款；现在我们有钱了，接待中国侨联的中华文化大型演出，我们拿出1000多万，原来只演一场，我们要求增加一场，费用由我们华商商会承担，让更多的缅甸人和华人接受中华文化的传播。

如今，缅甸华商商会创办了孔子课堂，建立了东方语言与商业中心，开设了汉语部共23个班级，建立了福星语言与电脑学苑，开通了缅华网，支持缅甸当代首家华文报纸《金凤凰报》……中华文化的传播生生不息。

赖松生向记者透露，目前正在筹办缅甸华商工商管理学校，与中国知名高等学府合办，把《孙子兵法》及在世界上应用成功的案例作为教材，培养好下一代缅甸华商，让中华文化薪火相传，让中国智慧发扬光大，造福我们海外的子孙后代。

欧洲华商视《孙子》为"世界宝贝"

记者在欧洲采访期间，接触了许多华商，他们在海外从零开始，白手起家，一点一滴发展起来，非常艰辛。谈及在海外的创业和成功，他们自豪地说，我们华人的血脉中流淌着中华传统文化，孙子不仅是中国的宝贝，也是为世界的宝贝，更是海外华侨华人的宝贵财富。

中国传统文化思想对欧洲华商事业的成功有重要的作用，深深扎根于一代又一代华侨华人的精神中，展示着独特的魅力。在欧洲从传统的餐饮服务、商贸制造业，到迅速崛起的高科技、新经济产业，处处活跃着华商华人的身影，并成为欧洲的财富引擎。

被称为"中餐馆之父"的西班牙和平统一促进会会长陈迪光，他的餐馆被称为"西班牙中餐的黄埔军校"。在陈迪光的带动下，西班牙的中餐业发展十分迅速。20世纪80年代至90年代中期，被当地华侨称为中餐业的黄金时代，尽管此时华人大量涌入，中餐馆如雨后春笋，但西班牙人吃中餐仍经常需要排队等候。

英国著名侨领、全英华人中华统一促进会会长单声，20世纪60年代初几乎跑遍了整个西班牙南部，看准时机，果断投资。不久，当地旅游观光业蓬勃发展，地价也一路攀升。如今，有着阳光海岸之称的小镇罗他已成为西班牙著名的旅游目的地。单声买下的地皮在30年中涨了1000倍至5000倍，这使他成为当地传奇的华裔地产商。

单声说，中国人应该是全世界最有智慧的人，因为中华传统文化已流淌在中国人的血脉中。如今，孙子的"妙算"已成为中国人智慧的代名词。中国经济发展得这么快，一枝独秀，这是全球华人的骄傲。他坚信，中国不会垮，因为中国人是全世界最有智慧的人之一，能长袖善舞，能

"借东风"，算是中国人的传统文化，是智慧的象征。

近30年来，法国巴黎豪记食品工业公司的发展就是遵循孙子的教海。豪记不但建了4 000多平方米的厂房，批发生意额与日俱增，还在巴黎第10区、第13区、第18区和大巴黎的77省龙城市这些华人聚居的地区，开了四间快餐联店，小春卷一天销售10万只，生意越做越大。

该公司董事长许葵表示，他在法国最为自豪的是中华传统文化的魅力，不仅在华人圈里而且在法国社会，都知道《孙子兵法》，都在广泛传播，在商场上都在应用。

西班牙华侨华人协会常务副主席兼秘书长、西班牙欧诚集团董事长陈胜利对孙子的"胜"特别有研究，并有一套自己独特的"胜利观"。在他眼里，《孙子兵法》是一部"胜之兵法"，它教海外华商如何"知胜""道胜""先胜""奇胜""全胜"。

在西班牙奋斗22年的陈胜利，从打零工、做西式糕点、开酒吧到办大型企业，选择战机，占领市场，步步为营，稳扎稳打。他的秘诀是孙子的"算胜"，"夫未战而庙算胜者，得算多也"。他主打的产品是卫浴、建材、太阳能、照明、消防器材五大类，供大型超市，具有得天独厚的优势。陈胜利在西班牙一步步走向"胜利"，离不开孙子的"胜之兵法"。

对此，来自中国台湾地区的公立马德里语言学校中文系主任、马德里大学翻译学院兼任教授黎万棠评价说，欧洲危机造成许多人失业，而教汉语的不会失业，研究中国传统文化的也不会失业，懂《孙子兵法》的更不会失业。

意大利知名侨领郑明远告诉记者，《孙子兵法》是其生活中最喜欢读的一本书，它提出"变中取胜"，根据不同情况采取不同的战略战术。在转型中巧用《孙子兵法》，并购洗涤厂两年多，不仅企业的营业网点扩充了三倍，营业额也比并购时翻了一番。这一切都得益于正确把握形势和市场，得益于中华文化精髓的支撑。

2012年10月，在具有800多年历史的牛津大学讲台上，首次出现中国民营企业家的身影，高德康的演讲充满了孙子的"东方智慧"。在伦敦奥运会开幕前一天，波司登在英国伦敦顶级购物街牛津街的旁边开出海外首家店铺，波司登欧洲总部当天同时宣告成立。

有评论说：这一天，聪明的中国人"掐准"了奥运秒表，成功"抢滩"英国最繁华的商圈，把伦敦办成了自己的主场。英国《金融时报》称，雄心勃勃的中国零售商如今正盼望让自己的品牌成为英国家喻户晓的名字。

法国陈氏兄弟聚力"如左右手"

《孙子兵法·九地》中说:"夫吴人与越人相恶也。当其同舟而济,遇风,其相救也如左右手。"巴黎首位华裔副区长陈文雄在接受记者采访时说,陈氏兄弟闯法国成就最大华商企业,体现了真正的"一母同胞,手足之情"。

陈氏兄弟祖籍广东普宁,父辈起离开故乡来到海外,先后在泰国和老挝谋生,经营木材场等实业。20世纪70年代中期,印度支那半岛烽火四起,为了躲避战乱,陈氏家族举家流亡。于是,有的到巴黎,有的去泰国,还有的去澳洲。

这是一次极其艰苦的流亡,陈氏家族在这次跨国迁徙中,秉承中华民族团结、牺牲及同舟而济的精神,谱写了"携手共进"的"交响曲"。

到法国后,陈克光和大哥陈克威白手起家,一起创立的法国陈氏兄弟公司在巴黎正式开业。新开张之际,只是在巴黎第12区一条不起眼的街上,租了间30平方米的办公室做批发业务,开始了由小至大、由弱至强的创业历程。

1981年,法国有史以来第一家专营亚洲食品的现代化超级市场——陈氏百货商场开张了。之后,旗下的八家超市接连开业。1987年的总营业额突破2.7亿法郎,荣登法国著名企业"龙虎榜"。

20世纪90年代初,陈氏兄弟公司和法国达能合作投资啤酒厂,这是达能进军中国市场的奠基石。

2001年,陈氏兄弟公司进军传媒业,创立陈氏传媒,引进介绍中国电视的长城平台,涉足宽频电视领域,并与法国传媒及建筑业巨子马丁·布伊格合作,成功将欧洲体育新闻频道打进中国市场,从而引领陈氏集团走向多元化。

2002年，陈氏兄弟公司在大巴黎地区投资数亿法郎兴建的公司总部新大厦落成，面积近3万平方米，融行政、批发、仓储、门市和餐饮等为一体。当地媒体预言，陈氏公司总部将拉动周围商业的发展，形成一个新的"中国城"。

随着陈氏兄弟在法国的成功，在泰国和香港的另外两位兄弟陈克齐、陈克群也捷报频传，他们开拓了泰国、欧洲、澳洲及中南美洲、非洲、印度洋及太平洋群岛等40多个国家的市场。

自此，陈氏企业联合起来，遥相呼应，紧密合作，建立了庞大的企业王国——陈氏兄弟集团。其业务跨五洲连四海，成为世界上著名的华人企业之一。

陈氏家族成员团结互助的"手足之情"，造就了陈氏家族辉煌的事业，也赢得华侨在海外的声誉和地位。如今，陈氏兄弟公司已成为欧洲最大的中国产品代理商，康师傅、青岛啤酒等知名品牌在欧洲的销售都是由陈氏兄弟公司代理。目前陈氏兄弟公司已经发展成为年营业额近10亿法郎的法国大型企业。

谈到成功的秘诀时，陈克光说，陈氏兄弟公司的成功，主要得益于博大精深的中国传统文化。我们的父亲14岁就到南洋去了，艰苦创业，我们家庭有11个兄弟姐妹，大的早早就要帮着维持家境，帮助弟妹读书，一家人互相依存，互相帮助。孙子所说的"同舟而济"，让我们兄弟凝聚了一种伟大而神奇的力量。

法国华商运用兵法立于不败之地

——访法国潮州会馆监事长许葵

《欧洲时报》社长张晓贝对记者说的法国华商运用兵法立于不败之地，在法国巴黎豪记食品工业公司董事长、法国潮州会馆监事长许葵身上得到了印证。许葵是带着《孙子兵法》来接受采访的，让记者感到有些意外。他三句话不离兵法，孙子的警句脱口而出，又令记者感到惊奇。

许葵曾就读于中国暨南大学数学系，他当过兵，实践过兵法；当过老师，研读过兵法；当过老板，运用过兵法。用他的话说，他的身上结合了数学的"计算"，当兵的"谋算"，企业的"妙算"，在法国37年的创业和经营管理中，预算、核算、划算、盘算、推算、验算等，运用得得心应手，《孙子兵法》成了他立于不败之地的经商武器。

当提到战场和商场竞争，一般想到的都是"胜方"和"败方"，然而孙子却提出全新的理念，他指出"不可胜在己，可胜在敌"。也就是说，胜负的结果除了胜和败以外，还有"不败"的状态。孙子认为，"故善战者，立于不败之地，而不失敌之败也"。《孙子兵法》强调的"立于不败之地"是一种非常高明的说法，这显示了中国人独到的智慧。

立于不败之地，就要"不打无准备之仗"。1982年，许葵开创豪记食品工业公司。问及为什么要选择做食品公司这行业，他说食品是人类每天三餐离不开的必需品，行话说"不熟不做"。他到法国时在这个行业做了四年，对食品行业驾轻就熟，对食品文化造诣颇深，对食品需求了如指掌。他坚信做亚洲食品前途更加广阔，特别是在巴黎，不仅亚洲人不断涌入，而且随着经济文化的全球化，巴黎乃至整个欧洲人对东方食品越来越喜爱。

立于不败之地，就要"修道保法"。许葵告诉记者，他在法国最大的困难就是东西方文化的差异。华商在海外立足很艰辛，要想在巴黎这样的世界大城市取得成功更不容易。他白手起家，生意做得这么大，一个重要因素是主动融入法国社会，落地生根，熟悉当地情况，精通法国法律条文，严格按章办事。产品出厂前都经过严格的品质检查，而检验员却是高薪聘请的专业法国人，保证符合欧盟的食品卫生标准，让人无可挑剔。

立于不败之地，就要"不战而屈人之兵"。法国食品卫生管制之严，标准之高，是人人皆知的。亚洲食品能放在亚洲超市出售，已很不错。但要在法国大型超级市场上架销售，不仅要交一笔数目很大的担保金，而且要求极其苛刻。所以在法国的大超市，很少见到当地出产的中国物品上架。但豪记的亚洲食品，却不用担保金也能顺利地上了法国大超市的货架。许葵说其奥妙就是用中华文化打动法国人，让法国人信服、折服，从而不战而胜。

立于不败之地，就要"上下同欲，同舟共济"。许葵介绍说，法国政府有法律规定：凡是公司或工厂有50名工人以上的，一定要设立工会。有些公司或工厂为了避免麻烦，把员工压缩在50人以下。但我公司不怕，我从来没有拖欠员工的工资，每月都准时发放，而且一切都依法律办事。成立工会有事可以及时联系、沟通，减少工人与公司的矛盾，对促进生产也有好处，所以我就成立了工会。

许葵说，公司是一条船，老板与工人都在这条船上，不管是白人还是黑人，亚洲人还是欧洲人，都要一视同仁，同舟共济。合则两利，斗则两败。公司发展了，员工的工资与福利才有改善。广大员工也知道这点，所以工作很卖力，有些员工已跟随豪记快30年了，从青年做到老年，早已把公司当自己的家了，赶他也不走。

许葵表示，他在法国最为自豪的是中华传统文化的魅力，不仅在华人圈里而且在法国社会，都知道《孙子兵法》，都在广泛传播，在商场上都在应用。为什么全世界这么喜欢和热衷孙子？因为中华智慧是最优秀的精品、极品，我们所有碰到的问题孙子都说到了，老祖宗传下来的宝贝非常管用，具有不可估量的优势。

意大利华商转型巧用《孙子兵法》

新千年以来，意大利华人已骤增到40万之巨，大大小小华人企业数万家。纵观华人企业的从业范围，可以用一句话来概括：窄得不能再窄。意大利有80%以上的华人企业从事纺织品、箱包相关产品的生产和经营，从事其他行业的华人凤毛麟角。特别是经济危机以来，喜欢扎堆的华人经营状况每况愈下。意大利华人经济普遍面临着规避经营风险、在危机中寻找机会进行转型的问题。

那么华人新的经济增长点在哪里？华人企业该如何确定自己的行业定位？如何去寻找新的商机呢？记者采访了侨居意大利佛罗伦萨、浙江温州籍人士、意大利知名侨领、著名华人企业家郑明远。他提出意大利华商在转型中，要巧用《孙子兵法》。

郑明远多年来以经营箱包批发业务为主，是佛罗伦萨华人箱包批发企业的佼佼者。郑明远介绍说，经营箱包曾经为我的企业带来了丰厚的利润，但是随着经济危机的到来，大部分华人经营箱包的企业举步维艰，市场在逐年萎缩，使我不得不重新选择行业。

为自己去选择一个全新、陌生的行业绝非易事。郑明远说，《孙子兵法》中的庙算，就相当于今天的企业战略规划。知彼知己，方能百战不殆。通过近一年的市场调研，我选择了并购一家大型洗涤厂。我主要有三个方面的考虑：其一，洗涤厂是人们生活的必需；其二，出于城市环保考量，政府将不再批准设立新的大型洗涤厂；其三，洗涤厂竞争对手少，危机是并购企业的最佳时机。

郑明远表示，中国传统的儒、释、道、理、法、兵等的传统文化和思想，在多年的经营过程中使我受益匪浅。儒家思想可以修身治企、法家思想可以创新管理、孙子谋略可以指导商道。

《孙子兵法·谋攻篇》说："故用兵之法，十则围之，五则攻之，倍则分之，敌则能战之，少则能逃之，不若则能避之。"形象地阐述了企业竞争对手间的力量对比，所采取的不同策略与方法。根据意大利的经济环境，在我并购洗涤厂后，佛罗伦萨地区的其他洗涤厂采取的是退和守的措施，而此时形势对我大举进军市场和扩大市场占有率极为有利。

郑明远说，《孙子兵法》是我生活中最喜欢读的一本书，特别是孙子针对不同环境条件下的诸多分析，就好比企业市场环境与竞争对手分析和自身优劣势分析一样。竞争对手不断缩减经营规模，削减员工以应对经济危机，这为我提供了千载难逢的商机。并购洗涤厂两年多，不仅企业的营业网点扩充了三倍，营业额也比并购时翻了一番。这一切都得益于正确把握形势和市场，得益于中华文化精髓的支撑。

郑明远最后表示，意大利大部分华人企业都将在危机中面临着转型的问题，我真诚地希望大家能够坚持《孙子兵法·九变篇》的原则，根据不同情况采取不同的战略战术。华人企业要因势利导，不断适应市场的变化。应该说危机中商机更多，华人企业应把握时机、动观形势，选择更加适合自身发展的行业，不断提升企业的综合竞争能力。

西班牙侨领陈胜利的"胜利观"

"在我眼里,《孙子兵法》是一部'胜之兵法',它教我们'知胜''道胜''先胜''奇胜''全胜'",西班牙华侨华人协会常务副主席兼秘书长、西班牙欧诚集团董事长陈胜利对孙子的"胜"特别有研究,并有一套自己独特的"胜利观"。

陈胜利对记者说,他从小就读过《孙子兵法》,在西班牙电视上能看到孙子影视剧,孙子的动画片也越来越受到西班牙人的喜爱。在欧洲,《孙子兵法》被誉为"战争艺术",而在马德里足球教练眼中,是"足球战争艺术",在西班牙商界人眼中,是"商战艺术"。

《孙子兵法》短短6000余字,通篇充满了"胜"。陈胜利列举说,孙子主张"知胜",就是"知彼知己";主张"道胜",就是用"五事七计"的正道取胜;主张"先胜",就是"先为不可胜"地取胜;主张"奇胜",就是"出其不意"地取胜;主张"全胜",就是"不战而屈人之兵"地取胜。

陈胜利告诉记者,西班牙移民论坛和西班牙法定警察日,他代表华人社团参加。我们协会是唯一的西班牙移民论坛执行代表,长期以来一直为中国移民争取合法权益而奔波。旅西华人遭警侮辱殴打事件,我们出面主持正义。近年来,西班牙政府及地方政府多次邀请华人代表参加此类活动,充分表明旅西华人的地位在日益提高,华人移民也越来越受西班牙政府及当地百姓的认同。这就是我们"道胜"的体现。

西班牙华侨华人协会是旅西侨团历史最长、实力最强的全国性侨社组织,是西班牙华侨社会的中流砥柱,被中国国务院侨务办公室誉为全球标兵侨团之一。而陈胜利任董事长的欧诚集团,是西班牙专业化大型企业,集团总公司设在马德里,在中国设立了四家分公司。

陈胜利介绍说，在西班牙移民总人数大幅下降的情况下，中国移民人数却出现了逆势增长。旅西华人经济在危机中逆势发展，大量新店不断开业。现在，旅西华人所从事的产业已经不仅限于餐饮业，而是呈现出多样化的发展趋势，像仓储批发、百货零售等行业。正如孙子所说，"胜于易胜者也"。取得胜利要建立在自己实力强大、不可战胜的基础上，使自己处于不可战胜的地位，然后等待取胜的时机。

在西班牙奋斗22年的陈胜利，从打零工、做西式糕点、开酒吧到办大型企业，选择战机，占领市场，步步为营，稳扎稳打。他的秘诀是孙子的"算胜"，"夫未战而庙算胜者，得算多也"。他主打的产品是卫浴、建材、太阳能、照明、消防器材五大类，供大型超市，具有得天独厚的优势。陈胜利在西班牙一步步走向"胜利"，离不开孙子的"胜之兵法"。

"不胜在己，可胜在敌。"陈胜利对记者说，欧诚集团大部分员工都是外国人，中国员工只占了不到十分之一。有人说他"一个中国人领导了一批洋人"，陈胜利回答说，在危机到来了，我们照常用400多名西班牙员工，照常八小时上班，照常发工资、纳税，这充分显示了我们华人企业的实力，体现了孙子的"全胜"思想。

陈胜利表示，学习和实践孙子的制胜观，就要用中国人的智慧，立于不败之地。在欧洲严重金融危机面前，许多外国商店都关门大吉了，而我们西班牙华侨华人企业，面对危机，修道保法，保存自己，再图发展，哪怕微利也不关门。《孙子兵法》这本战争艺术书将在西班牙华侨华人中大放光彩。

中国人站在孙子肩膀上看世界闯天下

——访加泰罗尼亚华侨华人社团联合总会主席林峰

"华侨华人最大的特点是智慧，在当地的认可度很高，这些智慧是老祖宗传下来的，《孙子兵法》流传了2500多年，流传到西班牙，不仅华人喜爱，西班牙人也认同。"加泰罗尼亚华侨华人社团联合总会主席林峰自豪地表示，中国人站在孙子肩膀上看世界，更具有战略眼光，面对欧洲危机，更具有抗风险的能力。

林峰介绍说，加泰罗尼亚华侨华人发展历史非常短，目前还是第一代。但在中国改革开放后是华侨华人发展最快的，每三个华侨华人中有一个老板。加泰罗尼亚华侨华人社团联合总会是侨界贤达许建飞倡导组建的，以地域性、跨行业性、文化性、联谊性为特征的联合社团，开侨界社团组织先河，有纺织、服装、建筑、餐饮等23个行业协会，5.5万人，在侨居地展示华侨整体力量，对外代表整体华侨华人主流，争取整体利益。

欧洲金融危机给西班牙华侨华人带来"危"，更带来"机"。林峰对记者说，没有头脑、没有智慧、没有战略眼光的人，平时或许还可以，一旦气候不好、环境变化，抵抗能力就弱了，就完蛋了。反之，不管有多大风浪，都能站得稳，挺得住。这就需要底蕴，需要中华文化的力量。

在西班牙生活了21年的林峰乐观地说，加泰罗尼亚华侨华人是有头脑、有智慧、有战略眼光的，有应对危机的能力。不少华侨华人尽管目前正在"冬眠"，但是在等待时机；还有不少华侨华人主动出击，寻求新的商机。华侨华人企业在加泰罗尼亚有1万多家，光经营日用品的企业就达4000多家，控制了当地的市场。危机来了，不少行业的企业数量没有下降，反而增加。

林峰告诉记者，危急关头，我们充分发挥华侨华人社团的作用，组织协调，寻求对策，抱团取暖，共渡难关。欧洲危机使房地产大幅度降价，旅游仍然很热。于是，加泰罗尼亚华侨华人开始关注旅游业、房产业、装修业。华侨华人的房产中介有了空间，吸引中国人前来投资购房，建材和装修也开始复苏。

让林峰颇为得意的是，巴塞罗那原来最繁华的地段，华侨华人根本进不去。随着大批外国人撤退了，关门大吉，华侨华人便有了发展机会，在市中心开店的多了，盈利点上升了。如今西班牙到处都是中国人开的店。外国人说，现在开店放鞭炮的，肯定是中国人。华侨华人在欧洲危机中，显示了聪明、智慧和勇气，令西班牙人刮目相看。

林峰认为，《孙子兵法》提出了生死、进退、强弱、奇正、虚实、攻守、治乱等哲学思想，其危机管理思想对海外华侨华人处理危机具有借鉴和启示作用。危机不可避免地来临时，要心态平和，意志坚强，在危机中把握机遇，在变化中化解危机，有效地转危为安，化危为机。

高德康用兵法在英伦刮起波司登旋风

"进攻是最好的防守""进攻的方向至关重要""借船出海""巧借地形""借脑借力""借鸡生蛋"……波司登掌门人高德康蕴含着浓厚的"中国智慧"，他用中国兵法谋略在英伦刮起波司登旋风。

下棋必找高手，弄斧必到班门

全球众多世界500强企业把《孙子兵法》应用得出神入化，而中国企业更应该应用得炉火纯青，波司登就是一个经典案例。在国际化进程中，波司登掌门人高德康用中国兵家的谋略与智慧，在英伦创造了"中国品牌，欧洲制造"的奇迹。

波司登在英国的商标，是一只展翅翱翔的雄鹰。波司登掌门人高德康已敏锐地看到，随着中国国门的开放，全球竞争一体化必将加剧，越来越多的国际品牌将进入中国。与其等到"狼来了"以后再仓促应战，不如主动进攻，抢先迎接国际挑战。

精通兵法的高德康坦言，"下棋必找高手，弄斧必到班门"。他明白，与弱者为伍自己永远是弱者，只有与强者同行，才能像雄鹰那样直冲云天，翱翔全球。

做世界品牌一直是波司登掌门人高德康的梦想，也是该公司的发展战略。波司登伦敦旗舰店的建成，开始了波司登与国际时尚潮流、英国设计师的深度融合。一个更具国际化的波司登，正从2012年伦敦奥运会启程，开始了新的历程。

波司登英国公司负责人朱伟告诉记者，波司登伦敦系列产品也不同于波司登在中国销售的款式，除了羽绒服、休闲外套是波司登中国工厂生产的，大多数产品是在欧洲工厂按照欧洲人的版型生产的。

波司登在英国的营销更处处针对欧洲人的"口味"。朱伟介绍说，如宣传片突出人和自然的和谐，在目标客户最喜爱的媒体上做广告等，并通过DM直投、地铁派发、电邮广告、Twitter、Facebook等多种形式开展定向营销。波司登旗舰店25名员工大都是外国人，有的会讲15国语言。

朱伟表示，波司登进入英国主流市场至少有几大优势：一是有专业的英国团队；二是波司登从不忌讳自己是一个中国品牌，无论从店面的陈设和细节设计还有衣服的商标上，都可以看出"中国血统"。"中国品牌并不是劣势，我们从高端服装做起，虽然品牌形象的建立需要花很长时间，但是我们对自己的品质和服务都有信心。"朱伟说。

波司登品牌赢得许多欧洲人的支持，认为波司登伦敦系列超出了他们的期望，此举改变人们特别是西方人对中国品牌的观念。

波司登伦敦旗舰店"巧借地形"

记者在波司登伦敦旗舰店与欧洲总部所处的南莫尔顿街看到，在1.25英里的街道上云集超过300家的世界大型商场。其中，老牌百货店Selfridges集合了众多的顶级名牌。街上人流熙熙攘攘，商店橱窗模特时装新颖别致，令人眼花缭乱。

据波司登英国公司负责人朱伟介绍，牛津街是英国首要的购物街，也是伦敦最贵的街区，每年吸引了来自全球的3000万游客到此观光购物。与波司登伦敦旗舰店相邻的地铁站年客流2400万人，地理优势明显。牛津街享有遍及全球的声誉，它不仅吸引了英国其他地方的游客，也吸引了大量的海外游客。

牛津街还为伦敦的中心提供了一条重要的交通干线，每小时有50辆公共汽车运行，四个地铁站与五条线路相连，从而确保了公共运输网的核心地理位置。而波司登伦敦旗舰店距离邦德街地铁口仅为20米。

朱伟告诉记者，之所以选择伦敦，是因为伦敦是时尚之都，这里客流量大，波司登无论是展示自己的形象，还是用于零售，都十分适合。

牛津街就像北京的王府井大街和上海的南京路，每天的客流量都很大。朱伟比较说，这对波司登品牌的塑造和销售都是非常有利的。英国伦敦是全球的时尚中心之一，在男装方面，全世界公认做得最好的是英国。

而牛津街是英国时尚的坐标，品牌的窗口。所以，这也是为什么选择英国伦敦作为波司登海外发展的首站，选择牛津商圈作为伦敦旗舰店与欧洲总部的理由。朱伟说。

朱伟对记者说，要在牛津街盖中国服装旗舰店真难，牛津街上早就没有地了。我们好不容易在南莫尔顿街找到一个酒吧，该酒吧的位置处于三角地带，与牛津街连为一体。

于是，我们就充分利用这个特别的地形，顺着地形，巧妙地按三角形、复合青铜结构设计。如今，改造后的酒吧变成七层楼的巨型商厦，令英国人眼睛为之一亮，也让来此购物的中国人看到熟悉的中国品牌而为之骄傲。

英国媒体评论说，无论波司登的策略如何，有两件事情是可以肯定的：一是高德康在伦敦拥有了一座七层楼的波司登建筑；二是波司登在伦敦销售性价比很高的产品。

"波司登旗舰店与欧洲总部就这样融入了伦敦最繁华的商业地段，这是《孙子兵法》地形篇的智慧用到了英国伦敦商业地块上的经典杰作"，朱伟诙谐地说。

把进攻当作最好防守

波司登是国际化进程中的领跑者，当一些服装企业还在感叹"为什么中国服装产品只有挂着国外商标才能走出国门"的时候，波司登已经把自己的品牌推向欧美发达国家了。

始创于1976年的波司登是中国最大的羽绒服品牌商，已连续17年蝉联中国国内市场冠军，拥有服装业唯一的"中国世界名牌产品"。该公司在全球68个国家和地区注册了"波司登"商标，并立足海外融资、融智，扩大国际影响和销路，产品成功进入日本、美国、加拿大、俄罗斯、瑞士、英国等市场。

孙子说：攻而必得者，攻其所不守也。意思是进攻之所以能成功，是因为进攻的方向、时间等出其不意。这让记者想起，公元前506年，吴王阖闾和伍子胥、孙武乘坐战船，溯淮而上，与楚国交战。楚军以汉水为界，加紧设防。

不料，孙武突然改变了沿淮河进军的路线，放弃战船，改从陆路进攻，直插楚国纵深。伍子胥问孙武，吴军习于水性，善于水战，为何改从陆路进军呢？孙武告诉他说，用兵作战，应当走别人料想不到的路，逆水行舟，速度迟缓，楚军必然乘机加强防备，那就很难破敌了。孙武最终以3万军队攻击楚国20万大军，获得全胜。

生活和打拼在《孙子兵法》诞生地苏州的高德康，孙子的智慧与谋略在他身上潜移默化，孙子"不走水路走陆路"的思路，启发他"走别人料想不到的路"。

在波司登的战略规划中，四季化、多品牌化、国际化三足鼎立。作为行业领军品牌，波司登敢于走上国际竞争舞台，用高端的品牌形象、高质量的产品、大面积的零售终端，探索符合中国品牌的海外扩张之路，为中国品牌走向世界积累更多的经验。

波司登在英国首次实现了"中国品牌、本土设计、全球采购、当地化营销"的新模式。如果这套方案最终可行，那波司登完全可以因此提升品牌的世界档次。而对于波司登公司来说，未来五年是希望可以实现30%到40%的营收都来自非羽绒服板块，所以波司登在英国出其不意地"进攻"，是最好的"防守"。

这也是中国品牌在全球金融危机阴云笼罩下发起强势"进攻"的一个典型案例。在2009年到2011年，波司登已经在英国小城市试水过两家店，结论是：欧洲大的城市更容易接受它的品牌。波司登在英国的目标市场定位为有一定经济基础的精英人士，他们不会因为经济低迷而影响消费。

据波司登英国店长介绍，英国店衣服的款式由英国设计师设计，灵感来源于英伦范儿和中国元素的结合。波司登在中国大陆将近1.1万家商铺里的任何一件衣服，都不会出现在伦敦的店里，中国的消费者要是渴望得到一个伦敦标签的话，估计要不远万里来伦敦了。这不仅令英国人意想不到，就连中国人也始料未及。

"出其所不趋，趋其所不意"，"走别人料想不到的路"，孙子的智慧谋略成就了高德康开启波司登国际化进程的精彩之作。

伦敦奥运会"借鸡生蛋"

懂兵法的人不仅会抓住机会，而且会"借鸡生蛋"。在伦敦奥运会开幕前一天，波司登在英国伦敦顶级购物街牛津街的旁边开出海外首家店铺，波司登欧洲总部当天同时宣告成立。

当天，波司登在牛津街着实"牛"了一把。伦敦奥运会使全球的目光都聚焦到英国，而波司登伦敦旗舰店中西合璧的装潢和独具风格的服装，吸引了世界各地游客的目光。全球瞩目的2012年伦敦奥运会上，中国品牌能借势崛起，引发英国及世界媒体的关注。

以伦敦2012年奥运会为契机——中国品牌逆势崛起，国际化的波司登把信心传递给了全球消费者，也给世界品牌运营商上了经典的一课。

英国《金融时报》称，雄心勃勃的中国零售商如今正盼望让自己的品牌成为英国家喻户晓的名字。伦敦旗舰店是该品牌计划在欧洲开的数家店中的第一家。波司登希望，五年后海外门店能够贡献大约5%的集团总收入。

有海外媒体认为，高德康成为第一个向西方扩张的中国时尚品牌掌门。如果波司登能够设法进行一些巧妙的营销，调整其网站形象，并且效仿优衣库，将亚洲品牌经营成为西方认可的知名品牌，才能最终大步迈入欧洲大陆。

这是一个精心挑选的时机，当天下午4时，从伦敦北部出发的奥运火炬传递队伍经过了波司登旗舰店门前。"借助奥运，能够让来自世界各地的游客发现波司登这个新品牌。"波司登英国公司负责人朱伟说。

这个机会也是给了做了充分准备的波司登。为此，该公司付出了巨额财力和巨大精力。深谙《孙子兵法》的波司登人，知道如何选择机遇、借助机遇。

从2010年底筹备选址到2011年5月签下购房合同，再到2012年奥运会开幕前一天开门迎客，用朱伟的话说，"这就是一个兵贵神速的中国速度"。

"借脑"打造世界高端品牌

《孙子兵法》提出了一个重要思想——"因粮于敌"，这一策略在现代企业经营中仍然可以发挥重要作用。这就是企业经营中的借力问题，可借用外部的技术优势，借用外部的经营管理人才，借用外部原材料，借用外部的科研人员，等等，而"借脑"是最要紧的。波司登在英国正是应用了孙子这一大智慧。

波司登英国旗舰店的商标与中国的不同，销售的产品有别于波司登的其他系列，是全新的欧洲系列。波司登掌门人高德康计划启用一个可以被全球认可的全新的品牌名字和不同于中国国内的全新经营模式。

对此，波司登在英国采用了"中国品牌、本土设计、全球采购、当地化营销"的新模式。通过组建以英国人为主体的专业、可靠、敬业、高效团队，提供包括羽绒服在内的，从西装、衬衫到T恤、毛衫到鞋袜服饰在内的四季化全系列产品，实现了从设计、生产、市场推广、销售各环节都围绕欧洲市场、紧扣欧洲客户的需求和口味。

而且，波司登英国的定位高于中国市场，欲打造世界高端品牌。高德康是这样诠释他的定位的："只有全身心地融入英国社会，体验英国生活，汲取英国文化，为消费者提供高品质的产品和服务，波司登才能在英国获得品牌认同和价值共鸣，并最终落地生根开创大未来。"

波司登英国公司负责人朱伟介绍说，波司登在英国开的是一个高档男装店，包括男士所有的衣服、四季服装，还可以自己设计定做，我们瞄准了HugoBoss等品牌的客户。我们是在英国设计，为欧洲制造中国品牌。

为了让自己的产品适应市场，波司登已与英国顶级的男装设计师尼克霍兰和阿什甘戈特拉合作。朱伟对记者说，我们借用了英国人的"头脑"，他们在英国有超过50年的从业经验。

该品牌的零售总监贾森登马克说，波司登英国品牌吸收了中国的历史和灵感，但同时亦能让人感受到英国气息。如果我们想要取得成功的话，我们必须打造一批适合欧洲市场的产品，即针对欧洲时尚消费者的专门产品，即时尚化、高档化。

波司登正是借了英国设计师的"头脑"，从高档男装入手，设计出了中国元素和英国传统有机结合的精品男装，在款式上既有中国风格的羽绒服，又有英国传统的燕尾服、毛呢大衣等。目前波司登男装每套成衣售价在500英镑到1000英镑，首次实现中国品牌在英国设计、欧洲生产。

华尔街华人用孙子谋略炒股真"牛"

　　1987年商战电影中的经典作《华尔街》以全球金融中心的美国华尔街为背景，由迈克尔·道格拉斯扮演的华尔街大亨戈登·盖柯，曾引用了《孙子兵法》，影片大部分操纵股市的谋略也出自《孙子兵法》。《华尔街》续集《华尔街：金钱永不眠》对股票投资的描写中，金融大鳄对《孙子兵法》倒背如流。

　　华尔街是美国金融的"心脏"，跳动着世界金融的"脉搏"。华尔街市面上有不少把《孙子兵法》与商业、金融、股票之类结合起来的书，如《富可敌国》《交易者的101堂心理课》《一个对冲基金经理的投资秘密》《华尔街幽灵》《营救华尔街》《华尔街智慧》《挑战华尔街》《道德经》《孙子兵法》等。华尔街有一条经典语录，源自《孙子兵法》里的智慧：赢在开战前。

　　《华尔街日报》曾刊登《看〈孙子兵法〉如何指导股市投资》文章：不同类型的投资者，应该如何应对不同阶段不同环境的股市呢？中国最经典的兵法书籍《孙子兵法》或能答疑解惑。《孙子》十三篇第一篇"始计"是通论，提出"五事七计"，五事即"道、天、地、将、法"，而"七计"从双方政治清明、将帅高明、天时地利、法纪严明、武器优良、士卒训练有素、赏罚公正来分析敌我双方的情况。

　　文章指出，所谓天和地，即天时地利。在股市中，可以理解为了解市场环境，即政策面、基本面、资金面和市场风格等。善于应变的投资者，在把握市场机会方面应顺势转变。要了解自己是哪类投资者，以及这个市场是如何运行的，切忌对市场和自己过于理想化。

　　股市如战场，虚虚实实，变化无常。孙子的许多思想，如"兵者，诡道也"、"知彼知己，百战不殆"、"兵无常形，水无常势"、"兵贵胜，不贵久"等。"股市风险大，投资需谨慎！"这句股市经典广告语，也体现了孙子的慎战思想。

在华尔街多年的对冲基金操盘经验的刘君，对《孙子兵法》的热爱一直都没有丝毫减退。"华尔街有不少对冲基金经理是犹太人，他们对中国的《孙子兵法》尤其感兴趣。"在刘君看来，《孙子兵法》里的"奇正理论"和虚实观让他受益匪浅。孙子军事谋略思想的最高境界是"以正合，以奇胜"。用到投资上，就是既要遵守基本的价值投资规律，又要善于突破常人的思维局限，出奇制胜。

刘君认为，全世界优秀的金融人才都跑到华尔街，华尔街的优秀人才又跑到投资银行，而投资银行的精英又去做对冲基金。在对冲基金里面，"正"就是股票，也就是"价值存储器"；"奇"就是各种金融衍生品，真正给对冲基金带来巨额收益的，就是这些金融衍生品。

中国留学生吴卫东获哥伦比亚大学博士学位，在一个知名的对冲基金做股票执行交易的基金经理，在华尔街摸爬滚打了十多年。他认为，《孙子兵法》里面有不少策略可以运用到证券交易上。如《孙子兵法》里有一招，叫"出其所必趋，趋其所不意"，给证券市场来了个出其不意。

他应用孙子谋略做的这个单子果然做成了，此时，他已经买到了差不多20万股。收盘前，ABC的价格大幅反弹，最后收在90.37美元，而这20万股的平均买价在89.7美元。

吴卫东曾揭秘，在华尔街专业投资者当中，《孙子兵法》广受推崇，基金经理经常从中提炼出精妙的交易策略。美国经典电影《华尔街》中，大庄家戈登·盖克也经常用《孙子兵法》中的语录指教他的合伙人。华尔街很多量化基金的设计，就是基于《孙子兵法》中的一个策略逻辑"立足最坏，争取最好，底线思维"。

记者在华尔街买到一本绘本惊悚小说《孙子兵法》。这是由两位美国人从中国古代兵书中找到了灵感，合力将《孙子兵法》改编的现代版绘本惊悚小说，由哈泼柯林斯公司出版。此书作者凯利·罗曼保留了古书的结构，将故事放到2032年前后，重新演绎。此时中国已是全球首屈一指的经济强国，掌控着华尔街的命脉。

美籍中国智慧女人懂兵法会妙算

在纽约曼哈顿街头，记者看到高楼大厦上有中国女人融入美国社会的招贴画，十分醒目，让路人不时抬头仰望。这幅画使人想起周励撰写的《曼哈顿的中国女人》，曾给人带来巨大的震撼。如今，又有着无数优秀的中国智慧女人，在美国创造了非凡的业绩。记者在美国采访期间，听到有关她们的许多故事。

朱津宁是国际畅销书作家、著名讲演家，曾与美国前总统卡特和英国前首相梅杰同台演讲。她又是著名策略家，曾担任美国策略研习协会主席、亚洲市场开发顾问公司总裁。她为可口可乐、通用汽车、微软、波音等世界500强企业提供咨询和员工培训，被认为是东方谋略和策略方面的专家。

20世纪70年代，朱津宁从台湾移居美国时，只带了两本书，一本是《厚黑学》，另一本就是《孙子兵法》，这两本书她研习了很多年，使她成功在美国立足，成为著名的东方策略学者。她把东方的灵性潜力，转化为生存竞争的武器。她主要是从理性角度分析兵法，形成了作为女性学者的鲜明个性特色。

她的著作包括《新厚黑学》《新厚黑学2：不劳而获》《新厚黑学之孙子兵法：先赢后战》等，由英文原著被译为17种语言，共有60多国读者。世界最大书店鲍威尔书店老板迈克·鲍威尔称，朱津宁为成年人开始生活和事业撰写了一部权威性的教科书，它应成为美国每一所学院和大学一门必修课的指南。

从苏州大学中文系毕业的才女、美国软件设计公司杰魔的创办人傅苹，2012年接受美国公民与移民服务局授予的"杰出美国人"荣誉称号，她也是继前美国劳工部部长赵小兰之后第八位获此荣誉的美籍华人。

1983年，傅苹只身飞往旧金山，口袋里只有80美元，她要去新墨西哥大学学习英语。但是当她来到机场柜台前的时候，机票价格已经涨了。她回忆说："我还差五美元，买不到机票。有个美国男人站在我后面，给了我五美元。我学到了一个教训：永远不要低估预算。"

《孙子兵法》的开篇"始计"就是讲的计算、妙算。在美国超级计算应用中心，她在接触计算机这种人工语言后，从此开始进入电脑软件行业并取得成功。1997年，傅苹创办杰魔公司；2010年担任白宫创新与创业顾问委员会的顾问；2013年1月，傅苹把公司出售给了3DSystems，并出任新公司的首席战略官。

同样精于妙算的还有天资聪慧的华裔女企业家曾毅敏，她是拥有数千名华裔精英会员的硅谷华源科技协会历史上唯一一位女性主席，堪称硅谷华裔女性企业家中的翘楚。

2005年2月8日，中国农历大年三十。曾毅敏以网络公司首席执行官的身份与全球网络设备龙头老大思科公司签署了一份收购合同，使得公司市值从两年半前最初投资时的650万美元一下跃升到6500万美元，翻了十倍，这在经常创造神话的硅谷第一次创造了华裔女企业家的神话。

硅谷当时还处在九一一事件和互联网泡沫破裂后的阴影中，硅谷每天都有公司倒闭。而曾毅敏偏偏选择在这么一个非常时机自立门户，她精于计算，善于抓住机遇，展现了华裔女性过人的智慧和胆略。

在美国被传为美谈的，陈李婉若成为美国历史上第一位华裔女市长，先后出任福特、卡特、里根、布什、克林顿五任总统的政府高级顾问，曾被克林顿褒奖为"具有东方文化教养的美国政坛魅力女神"；董继玲担任美国商务部少数族裔商业发展局副局长，成为继前美国劳工部部长赵小兰后又一位在美国政坛崭露头角的华裔女性。

西方孙子研究学者称，《孙子兵法》不只是写给男人的，女性研读和应用孙子有与男性不同之处，具有女性独特的审美眼光和思维方式，更

188

为周密精细，更善于妙算，也更能融入现实生活和事业之中。孙子提倡"以柔克刚"，中国古代"柔"与"刚"都是武器，"柔"是钩，"刚"是剑，在战场上有时钩比剑的作用和威力要大，在商场上也一样。正如美中国际基金会负责人周佳莉所说，美国女性企业家很关注孙子在商战中的运用。

硅谷精英喜欢鬼谷子懂科技善谋略

硅谷地处美国加州北部旧金山湾以南，是当今电子工业和计算机业的"王国"。依托具有雄厚科研力量的美国一流大学斯坦福、伯克利和加州理工等世界知名大学，落户这里的计算机公司已经发展到大约1500家，拥有思科、英特尔、惠普、朗讯、苹果等知名大公司。在短短的十几年之内，硅谷出了无数的科技富翁。

硅谷这个词最早是由DonHoefler在1971年创造的，开始被用于《每周商业》报纸电子新闻的一系列文章的题目。之所以名字当中有一个"硅"字，是因为当地的企业多数是与由高纯度的硅制造的半导体及电脑相关的，而"谷"则是从圣塔克拉拉谷中得到的。

而美国汉学家很容易把美国"硅谷"与中国的"鬼谷子"联系起来，不仅是在汉语的发音上有些相似，无非多了个"子"，这是中国古代的尊称。更有趣的是，硅谷的许多科技富翁喜欢中国的鬼谷子。鬼谷子是中国历史上极富神秘色彩的传奇人物，他的弟子苏秦与张仪两个叱咤战国时代的杰出纵横家，孙膑和庞涓为著名的兵法家，他们皆出自鬼谷一门。

鬼谷子既有政治家的六韬三略，又擅长外交家的纵横之术，更兼有阴阳家的祖宗衣钵，预言家的江湖神算，所以世人称鬼谷子是一位奇才、全才。其著作《鬼谷子》又叫作《捭阖策》《本经阴符七术》，言练气养神之法。

硅谷的科技富翁不仅懂科技，也懂韬略。硅晶体管八位优秀的年轻人集体跳槽成立仙童半导体公司，诺伊斯发明了集成电路技术，将多个晶体管安放于一片单晶硅片上，使得仙童公司平步青云。之后，斯波克离开仙童公司，自创国民半导体公司成为CEO；行销经理桑德斯的出走，又使世界上出现了超微科技；诺伊斯和摩尔离开仙童成立了英特尔公司。可见，硅谷的怪才多，"鬼点子"也多。

苹果公司创始人乔布斯，不仅是影响硅谷风险创业传奇、引领全球资讯科技和电子产品潮流、改变世界的天才，而且足智多谋，善抓机遇，处变不惊，化敌为友，缔结举世瞩目的"世纪之盟"，达成战略性全面交叉授权协议，成为驾驭全球高科技战场的战略家和指挥员。

硅谷不仅有兵法家，也有纵横家。Facebook三人组——首席执行官扎克伯格、首席运营官桑德伯格和首席财务官伊博斯曼，就是硅谷杰出的纵横家。当初在哈佛宿舍里面的一个计划竟然在短短的五年里成就了一个用户过10亿，市值过600亿美元的社交巨头。

硅谷的华人精英更懂鬼谷子和孙子的智慧谋略。作为硅谷第一位华裔创业家李信麟，早在1972年在硅谷未成型之时已在那里创立了"魔鬼系统"。在硅谷，几乎每家公司研发部门的华人目前都超过了10%。有的公司更多，员工中有近70%。有一项调查说，五分之一的硅谷工程师具有华人血统。预计今后硅谷的总裁中，将有17%以上是华人。

从政治学博士到商界奇才的硅谷知名企业家杨俊龙的成功，源自他对哲学的思考，对中国传统文化的热爱和对生活艺术的判断把握，使他不单单只是个创业家，也同时成为一位结合科技文化特长的专才。杨俊龙说，他的四大战略取自《孙子兵法》。硅谷的华人科技者不单本身体现着优秀的中西文化的结合体，也身体力行地传播着中华文化，而不同文化需要通过互相学习交流而发扬光大，这也是他多年来的文化感悟。

有学者评价，硅谷是一个拼搏的战场，创新、求变是硅谷的灵魂，不怕失败是硅谷的兵家文化氛围，应用中国人的智慧谋略是华人的专长。那里的华人科学家勤劳，智能，富于开拓精神，因此必将创造出新的硅谷奇迹。

中国智谋让新华侨在加拿大"腾飞"

1979年出生，在加拿大打工五年，5000美元起家，27岁开出第一家店，33岁开了八家店，平均不到一年就在多伦多周边的中小城市开一家寿司店……哈尔滨一中毕业、脸上稚气未脱的滕飞对记者说，是中国的传统文化和智慧谋略给我们新一代华侨华人插上"腾飞"的翅膀。

2006年圣诞节，168寿司董事长滕飞在多伦多开了第一家寿司任点任食店。新店开张不到两个月便开始排队等位了，当记者询问其中诀窍时，滕飞回答说，他的胜算，首先是开设了第一家任点任食的寿司店，这种经营方式非常受当地外国人的喜欢；其次是地形很重要，选在最黄金的地段；最后是行动要快，168的谐音就是"一路发"，一往无前，所向披靡。所以他成功了。

滕飞告诉记者，他读过《孙子兵法》，但没有刻意去生搬硬套，而是在实践中触类旁通，灵活应用。其实，包括孙子智慧谋略在内的中国传统文化，不仅老一代华侨华人刻骨铭心，应用自如，我们新一代华侨华人也潜移默化，融会贯通，有时不知不觉就用上了，非常神奇。中国人尤其是我们年轻人，在海外打拼更需要孙子的智慧谋略。

"多算则胜，少算则败。"在开每一家店前，滕飞都没有贸然行动，而是好好地计划、谋算。他先是做了很多市场调查，理顺了所有进货渠道，制定出一整套的内部管理体系，并注重向其他店或同行取经。滕飞说，跟不同类型的人打交道，既扩充交际圈和生活圈，又学会观察社会、了解市场，更重要的是还能从中获得很多信息。

"知彼知己，百战不殆。"经过市场调查，滕飞胜算在握：这种任点任食的方式很受年轻人甚至中年人的欢迎，可以考虑走中端价位。2009年3

月，第二家店密西沙加开始营业，做得很顺利。2009年年底第三家店也亮相，虽然一度时间效益不是最好，但滕飞预测，这一地区属于人口增长最快的区域，有潜在的消费市场。果然不出所料，随着时间的推移，该店的销售业绩明显升高。

"选择地势，占尽地利。"孙子说，考察地形险恶，计算道路远近，必定能够胜利。滕飞和他的合伙人在选店的地理位置上十分慎重，既要选人气旺的黄金地段，又不想选得太远，因为两家店也呼应不上，人员上货物上呼应不上；既要选在洋人圈与洋人竞争，又要能发挥中国人的优势。滕飞的第五家分店位于旺市的黄金地段，而第六家分店则在渥太华的黄金地段，每个店的地理位置都很佳，有的靠近高速公路，都有黄金效应。

"兵贵神速，机不可失。"2010年以及2011年，滕飞开始迅速向东发展，在渥太华连开两家新店。馆内设计风格新潮，各可容纳220位客人，并设有独立的可容纳80位客人的厅房。连锁店的快速拓展，需要大批经营人才快速跟进。于是，滕飞提出"从士兵到将军"，从八个店的员工中选择股东共同经营管理，与员工实行共赢。

滕飞说，我们168的合伙人还年轻，年轻就是资本，智慧就是资本，勇气就是资本。他的这番话，蕴含了孙子的"智信严仁勇"。滕飞的经营理念六个字：恒德、思学、勤行，也体现了孙子的哲理：恒德即孙子倡导的"为将五德"，思学即孙子创立的智慧谋略，勤行即孙子提出的"合利而动"。

墨西哥华人称孙子智慧是无价之宝

来自广东的墨西哥新华人刘小姐在墨西哥国立自治大学图书馆阅读《孙子兵法》，她在接受记者采访时表示，中国人在海外生存发展，有一样东西千万不能丢，那就是老祖宗传下来的优秀文化。如今在海外影响最大、最受崇拜的中国优秀文化代表人物莫过于两个人，一个是孔子，另一个是孙子。孔子学院以传播中华文化而誉满全球，《孙子兵法》以智慧应用而扬名海外。

持有刘小姐相同观点的墨西哥华侨华人不在少数。记者在墨西哥采访期间，听到最多的一句话是"中国人有智慧"。中国传统智慧包藏宇宙之玄机，蕴含天地之精妙，是大智大慧。《孙子兵法》就是一部博大精深的智慧之书，是奥妙无穷的智慧之法，是一次不能读完的好书，甚至是值得一生都可以读的好书。

"孙子智慧是无价之宝，一个人拥有孙子智慧，并懂得运用孙子智慧，就能在海外从容面对一切。"在墨西哥开中医馆的王先生如是说。王先生兄弟姐妹三人20多年前来到墨西哥，如今三家都在墨西哥城定居，姐姐和妹妹开了商务旅游公司，近年来墨西哥商务考察的越来越多，生意也越来越火红；墨西哥人相信中国传统医术，他开的中医诊所也门庭若市。

王先生对记者说，在墨西哥生活了20年，我最大的感受是智慧的重要，这是华侨华人生存的法宝，发展的武器。说到底，华侨华人在海外立足成功，不仅要靠勤劳，更要靠智慧，墨西哥人最信服的也是中国人的智慧。古代的兵法思想可以说是一种哲学，渗透到社会的方方面面。我经常从古代的战火纷飞中思考人生的哲学，思考人生的智慧，非常有益。

目前中医针灸治疗已在墨西哥正式获得官方许可，墨西哥掀起了"中医热"。王先生介绍说，据不完全统计，墨西哥已经有七所高等院校开设了中医专业，中医从业人员超过了数万人，其中95%以上为本地医生，针灸师有5000多人，大大小小的中医诊所和针灸讲习班遍地"开花"，墨西哥人赞叹"中医不可思议"。而中医之所以神奇，源自中国传统文化，也应用了《孙子兵法》的智慧：用药如用兵！

在墨西哥华人圈里久负盛名的阚凤芹，既是一名女律师，又是中华文化活跃的传播者，在她身上散发着东方女人的聪慧与儒雅气质。她用中国女人独特的智慧，在墨西哥法庭上据理力争，维护华人利益。她编撰墨西哥第一份中文报纸《中国人商会会刊》，在促进贸易的同时弘扬中国传统文化，传播中国人的智慧，促进华人之间的凝聚力。

在墨西哥城沃尔玛超市边上有一家名为"2008"的小精品店，这是一位来自《孙子兵法》诞生地苏州的姑娘小杨开的。小杨是一个智慧女孩，她之所以把店起名为"2008"，是因为2008年北京举办举世瞩目的奥运会。她说在海外经商不仅要赚辛苦钱，最重要的是用脑子赚钱。她打理的这个约15平方米的小店里物品丰富，唐装、披肩、首饰、风油精，等等，凡是她认为能赚钱的小商品她都会尝试进些货。

墨西哥老一代的华人更具中国人的智慧谋略，墨西哥华人首富李华文就是突出代表。百年来，李氏家族成员已经达到150人，经过两代人的奋斗，李氏家族在墨西哥拥有120家超市、两个著名棒球队、一个年出栏量达6.5万头牛的养殖场、一个占地15公顷的温室种植园和4500公顷耕地等产业。在墨西哥，李氏家族的超市规模仅次于沃尔玛和墨西哥国营超市。

许多华人反映，在墨西哥赚钱不算很难，因为墨西哥人对充满东方特色的中餐和中国小商品还是比较喜欢的，墨西哥人性格开朗，比较容易打交道。在墨西哥华人圈里比较被认可的一句话是，只要肯吃苦、用脑，在墨西哥是不愁没钱赚的。

南美华商喜欢中国园林与兵书

在巴西一家红色外表的中国饭店，门前园林风格，小桥流水；另一家华人餐厅镶着红边的中国兵家文化竹简挂在堂前，格外引人注目。

陪同记者采访的当地华人孙子研究学者说，中国园林和中国兵书是不可复制的，是世界级别的宝贝，如今已"出口"到全世界。南美华侨华人引以为豪，在许多中国人开的饭店展示，称这是最具代表性的中国文化。

巴西中国饭店的女老板祖籍是江苏人，她对记者说，中国饭店就要有中国文化。她的饭店仿造中国园林的风格，是受苏州古典园林的影响。来巴西前她经常去苏州，最喜欢苏州园林。苏州古典园林一向被称为"文人园林"，意境深远，艺术高雅。坐在园林的茶楼里听一曲吴侬软语的苏州评弹，那种感觉实在太美了。

这位喜欢园林的女老板接着说，苏州古典园林作为中国园林的代表被列入《世界遗产名录》，据说已"出口"五大洲承建40多个园林项目。目前南美苏州园林还没有"落户"，所以她在饭店门前精心营造了园林和小桥流水，向南美人展现文人写意山水的苏州园林文化，吸引了众多巴西人。

"与苏州园林在中国文化全球影响力日渐扩大一样，《孙子兵法》在全球的影响力与日俱增。"巴西另一家华人餐厅老板祖籍是福建人，对军事文化颇有研究。他说在南美知道中国人名字的，除了孔子，就是孙武、郑和。尤其是《孙子兵法》，在巴西受到推崇，许多球星和球迷几乎人手一册，爱不释手。

于是，他决定在饭店里要挂中国兵家文化竹简，弘扬中国的兵家文化。放在什么位置呢？放在包房看到的人少，放在大厅又显得竹简太小。

干脆，不如把它放在账台的上方，让每一位来买单的人都能看到。"《孙子兵法》开篇说'妙算'，它也时时提醒我做生意要学会'精打细算'。"这位老板风趣地说。

阿根廷首都布宜诺斯艾利斯市中心有一家华人餐厅，老板姓杨，是上海人，来阿根廷已有20多个年头。他的饭店里不仅有厅堂、楼阁、山池、花木等园林的元素，还有中国兵家文化的书画。他告诉记者，他从小生长在上海，祖籍在苏州，对苏州很熟知。苏州古典园林闻名于世，让每一个华人为之骄傲。

当记者说起苏州还是《孙子兵法》诞生地时，杨老板说这还是头一次听到，他只知道孙子是山东人，至于他的兵法在哪里写出来的确实不清楚。但他知道阿根廷及南美许多人知道中国的孙子，是一个了不起的军事家，他写的世界第一兵书全世界都在看，都在研究，并应用到军事以外的许多领域，特别神奇。

当地华人孙子研究学者在一旁插话道，这么说苏州园林"出口"全世界，孙子在苏州写出来的《孙子兵法》也"出口"全世界，苏州不愧为中国历史文化名城啊！

香港巨商由孙子谋略悟营商之道

香港国际孙子兵法应用协会会长孙重贵在接受记者采访时说，香港巨商由孙子谋略悟营商之道。李嘉诚非常会用《孙子兵法》"善战者，致人而不致于人"，在房地产跌到最低时，在险境中大量购置，成为首富。包玉刚收购九龙仓，就是应用孙子"知彼知己"的思想，才敢于"蛇吞象"。金利来的创始人曾宪梓谙熟兵家的"以迂为直"，才能从乞丐到领带大王。

香港协成行集团主席、方树福堂基金会主席方润华，是香港商界的元老之一，其拥有近百亿家产，他自20世纪60年代已活跃于香港地产界，创办老牌地产商号"协成行"。他能够在竞争激烈的香港地产界屹立不倒，其中一个重要原因是他长期研究并遵循《孙子兵法》。

香港大新公司主席陆孝佩积累了40年商战的经验，认为要想事业成功，必须熟读《孙子兵法》，1980年他在强手如林的商业竞争中击败了所有对手，夺得承建造价昂贵的汇丰银行大厦工程，就是运用了《孙子兵法》。

香港李锦记上百年来一直尊崇的使命，就是将中华优秀饮食文化传播到全世界，实现有华人的地方就有李锦记产品的理想。李锦记第三代传人李文达的经商之道是孙子的"信"，他认为只有自己首先诚信才有互信，只有站在对方立场考虑问题，才能在生意往来中真正实现双赢。

老一辈香港巨商精通兵法，新一代香港商人也喜欢孙子。到了李锦记第四代传人李惠森时，虽然他从小接受西方教育，但对中国传统文化名著很推崇，《孙子兵法》成为李锦记家族企业的哲学参照，将孙子的某些思想引入家族管理也是成为一种必然的选择。李惠森给每位中层以上干部送了《孙子兵法》，以此构成策略思考平台。如今，"富不过三代"的魔咒已经在李锦记的身上被打破了。

怡高集团香港有限公司行政总裁施维雄说，当今社会，高科技资讯技术日益发达，全球经济一体化日趋明显，商机稍纵即逝，市场竞争更加白热化。如何在这种市场竞争条件下找到一个立足点、打出一片天地呢？历代被奉为"兵学圣典"的《孙子兵法》或许能为我们在商场这个特殊的战场上搏杀提供一些制胜良方。

施维雄认为，《孙子兵法》提出五事"智信仁勇严"，关键还是一个"信"字。该公司创立之后收获的第一桶金，也就是因为一个"信"字。我们相信客户并且讲心有余悸，我们就成功了。有信才有智，才能充分发挥团队中每一个人的才智；有信才有仁，我们从不克扣员工待遇；有信才有勇，才能凭着对自己员工的信任，勇敢地承担决策责任；有信才有严，才能奖罚分明，上下同欲。

凤凰卫视控股有限公司董事局主席、行政总裁刘长乐解甲从商，将"兵法""军魂"注入企业，带领凤凰腾飞。《孙子兵法》有言"必以全争于天下"。据此，刘长乐提出全媒体核心是争取用户。他说，在凤凰全媒体进程中，凤凰品牌优势将得到进一步彰显，极具个性、特色的凤凰内容，包括电视节目、周刊、广播等差异化内容，将附着在完美的媒体组合，包括卫星电视、户外大屏、广播、个人移动终端设备中推向细分的客户群，并产生良性互动。

刘长乐遵循孙子"夫未战而庙算胜者"，为了一开始就能先声夺人，凤凰为此做了认真准备，反复推敲、打磨方案，进行了世界范围的考察。先后去了美国、英国、日本，还有中国香港、台湾地区的相关媒体，对东西方新闻频道的方方面面进行了仔细的考察与探求。传统媒体与新媒体之间必然兵法的融合，将使媒体界限打破，迎来一个信息自由共享、交流互动的全媒体时代。事实证明，凤凰"胜在于算"。

《孙子》成为李嘉诚智慧韬略泉源

　　李嘉诚在当今华人社会中是最有成就的华人企业家之一，名列《福布斯》十大富豪榜之内。他在商场上的布局，有和《孙子兵法》如出一辙的地方，从而使他在商场上得心应手，无往而不利。

　　孙子学者评价说，打造财富天下是需要大气魄和大智慧的，《孙子兵法》成为李嘉诚智慧泉源，韬略基础。他每一次过招皆有过人智慧，总能借机而起、趁势追击，不错失良机。他懂得借力使力，化危机为转机、化被动为主动。慎谋足虑从稳健中拓展，在谨微中进取，眼光犀利先机占尽，终能纵横商场富甲天下。

　　李嘉诚出生于一个书香家庭。在他五岁的时候，父亲为他举办隆重的"进孔门"入学仪式。这庄严的仪式让五岁的他明白了读书的重要性。李嘉诚自幼聪颖，爱思考。他阅读的速度特别快，范围特别广。他家里藏书阁里藏书颇多，历史、文化、兵法、唐诗、宋词、元曲，无所不及。他放学一回家就钻进小阁楼，钻进书的世界里，忘了吃饭，忘了玩耍，忘了睡觉。

　　熟读《孙子兵法》的李嘉诚有勇有谋，胆识过人，而且十分注重市场的分析与预测。他经过周密的市场调查，预测了塑胶花的发展前景，创办了长江塑胶厂，大量生产塑胶花，并且远销欧美，一度掀起了一股"塑胶花热"。

　　李嘉诚的突出业绩在于房地产业。他客观预测局势变化，以不变应万变，果敢地低价购入大批房地产，更加壮大了李氏集团的实力。与此同时，李嘉诚利用其非凡的胆识，独具的慧眼与科学的市场预见，积极向香港的旅游业、餐饮业进攻，并且在1977年的香港地铁公司中环路站的竞标会上一举中标，使李嘉诚名声大振。其房地产业如日中天，蒸蒸日上。

李嘉诚读书的特点是：能把所学知识灵活应用到他的商业管理中，并用得鬼斧神工。例如在收购仪和洋行的九龙仓时，他抓住对方财政危机，不动声色，暗中收购对方的债权，让对手防不胜防，这是《孙子兵法》上的"出其不意"。

当得知船王包玉刚也在收购九龙仓时，他分析敌友形势，果断使用《孙子兵法》上"敌已明，友未定，引友杀敌"之计，使自己净赚5900万元。李嘉诚的资本运营之路，如今已经遍布世界各地。这是因为他不仅深受中国历史文化的灌输，还能接受外国先进投资理念的影响。

"其疾如风，其徐如林，侵掠如火，不动如山。"这是一位老对手对李嘉诚的评价。虽然用《孙子兵法》中的"四如真言"来形容李嘉诚可能言过其实，但却形象地描述出这位耄耋老人的经营谋略。

2014年《福布斯》香港富豪榜公布：李嘉诚再次以320亿元的身价蝉联首富。他用非凡的智慧创造了庞大的商业帝国。他将中国文化的立身入世之道运用到企业管理方面，在商业经营中又融汇着西方文化的精明和理智。

方润华50年香港营商话兵法

香港协成行集团主席、方树福堂基金会主席方润华，是香港商界的元老之一，拥有近百亿家产。他自20世纪60年代已活跃于香港地产界，创办的老牌地产商号"协成行"，在香港无人不知，与霍英东、郑裕彤、李嘉诚等地产界大佬平起平坐。方润华能够在竞争激烈的香港地产界屹立不倒，其中一个重要原因是遵循和应用了《孙子兵法》。

孙子古谋略与新经济

《孙子兵法》实际上是一部战国谋略攻伐之书，历经2500余年之沧桑，世异时移，而它的哲学思想至今仍绽射出璀璨的光芒。"香港协成行集团主席、香港方树福堂基金会主席方润华在接受记者采访时，仍思路敏捷，精神满腹。

方润华是广东东莞人，香港"地产大亨"，被《福布斯》选为亚洲慈善英雄，曾获中国政府颁发"中华慈善奖"，是香港著名爱国企业家、慈善家、社会活动家。他经商50多年，而研究孙子有六十余载，出任《孙子兵法》诞生地的苏州孙吴子研究会名誉会长。

方润华赠送给记者由他编印的《如何将中国兵法运用于工商业》的红本子，汇集了中国兵法之精华，上面题写了"永留天地间"。

难能可贵的是，耄耋之年的方润华思维既有古典哲学，又有现代理念。他在《略论孙子兵法与商业竞争》一书中写道："在今日资讯时代，新经济大行其道，以为旷古未有之奇变。处此变局，恰如赛跑。润华于孙子之书，经年穷索，验之实际，深感此书之妙，实在是今日新经济谋略之无尽宝藏也。"

今日新经济之商战，胜败安危全系乎信息，得信息者得天下，失信息者失天下。方润华对记者说，孙子所云居利之地者，实即寻找一信息高地也，以信息战理论解释，就是要取得敌我的"信息不对称"。所以我之优势，必在居易利之地。所谓利者，通也，信息畅通，无所不知；所谓易者，简也，环节简明，减少运作成本。

方润华运用孙子的地形观诠释说，今日投资当选择一人地两宜、风土熟悉之地，而所投资领域必须构筑起信息高地，遂能与对手形成竞争态势。企业拓展海外市场，在信息等诸多方面不能和本土竞争对手相比，这种不对称态势于我不利，则须慎思区处之策，寻找发展高机。如果有就抓住机遇，大干快上；如果毫无机会就全身而退，不作无谓之消耗战，做到审时度势，进退得宜，永居不败之地也。

在谈到现代企业如何启用人才时，方润华说，孙子总结战争取胜之道有五，其一即"能而君不御者胜"。出师行军，大将最重，一军之胜败，一国之安危，系其一身。企业之高阶经理人，需有统御各级主管之能力，各级主管又需有统御员工之能力，否则威权不立，事事无成也，"将之至任，不可不察也"。

今日商场企业，方死方生，盛衰无常，正所谓你方唱罢我方登场。方润华总结出一般投资者常见弊病29条，其中为害最大者，当数"羊群心理"，盲目投资，有勇无谋，贪多求大，不自量力，知进不知退，知买不知卖，此领域一跃而起，彼领域一败涂地。如此种种，实未能领悟孙子九变之战略。

方润华告诫，在孙子时代就重视"庙算"，筹划于庙堂之上，决胜于千里之外。今日生逢资讯爆炸、网络纵横之新经济时代，万事无完美，有利必有害。决策者若能定、静、安、慎、虑，正确判断，通盘考虑，洞悉市场，趋利避害，方能立于不败之地。

方润华认为，在21世纪经济全球化的今天，中国企业正面临着前所未有的挑战，需要以更高的智慧和勇气巧妙面对，而《孙子兵法》古谋略将在新经济时代发出新的光芒。

方润华经典"兵法语录"

作为一个商海人士，方润华除了投资房地产，也投资股票，运用《孙子兵法》取得巨大成功。他把30年来总结出来的"股票兵法"公之于众，告诫千千万万的小股民：

不可贪平、贪细股票及弱势股；冷门股投机，避之则吉；狂升勿追，提防一时迷惑；万一买错，输20%就要切割，忍痛抛售；票是用纸印出来的，只是一种筹码，不宜当"古董"长久持有；适时上车，适时下车；散户投资者要做"五保户"，即保守、保本、保持镇静、保持身心康泰和保障家人生活安定……

像这样的经典"兵法语录"，在方润华精金百炼的生活和事业中"点石成金"，在他平时的言谈中常有"金玉良言"，在他的《言论集》和《永留天地间》的小册子里也成"金科玉律"——

孙子富有睿智和卓见，只要看准和掌握危机中的"机"，高瞻远瞩，先见而不惑，能谋虑，通权变，就可以化不利因素为有利因素，变被动为主动，转危为安，渡过难关，通向胜利；

"知彼知己"是企业经营的手法，对市场调查、产品质量、客观因素等必须有自知之明。成功出众者，先知也。先知者才能获胜。得信息者得天下，失信息者失天下。以敌为师，向敌方学习，是商战的一着好棋；

孙子经五事校七计的原理，运用于工商业，必须注意企业管理阶层的决策是否英明，注意提高企业的资金、人力、物力、技术、地理环境的有利条件等；

物竞天择，智勇生存。一般商人的通病是有勇者无多谋，有谋者多无勇，智勇双全者，乃良将也；

如果能制造精良的产品，却没有发挥宣传和交易上的谋略，胸无成竹，就迷迷糊糊地进入交易，就会在市场的争夺战中落败；

孙子用兵之道是"形与势、虚与实、奇与正"。无论从事何种经营，除了使用正攻法之外，还应能巧妙地利用奇法；

在任何行动之前，应该先客观地洞察各种情况，减少主观的看法，多加客观的研判，才是明智之举。进十步，不妨退三步，待观察清楚，然后再前进；

生意之道，必须要"定、静、安、虑、慎"，即是要有部署，无论投机还是投资都要有定性，不可以意气用事，经验尤为重要；

要相信"旺久必衰、衰久必旺"，因为淡市和旺市是不会永恒不变的，达到一定的条件就会向相反的方向变化和发展。淡市中宜守不宜攻，宜静不宜动；

经营工商百业不进则退，缺乏勇气、眼光、智慧、灵机、组织力，很容易退步，但是过分投机、激进和盲目投资，容易挫败。要因时制宜，适时顺势，掌握良机，创造辉煌的业绩。

方润华投资金句有："迟走一步，机会便可能永久消失"、"顺境时要谦逊，逆境时要忍耐"、"市场涨跌如浪潮，涨得越高，跌得越低"、"高处每每不胜寒，价位太高势必危"、"失败未必是成功之母，一次大失败可能从此爬不起来"、"借债经营商业，等于店内有了吸血虫"、"稳扎稳打是上策，轻敌冒进必失败"、"积经验成智慧，积小财成大财，积小胜成大胜"。

企业家成功之道的九大要素

回顾50多年的经营经验，方润华总结了企业成功之道九大要素，充满了兵法、智慧和谋略——

诚信为本，真诚待客。孙子说"主孰有道"，为将五德其中一条是"信"字，讲究诚信和信用。重道义守正道是兵家的思想和品德，也是商家必须遵循的。信誉是企业之最大资本，是成功的基石，文明经商、提高信誉是走向成功之第一步。

学会妙算，瞻前顾后。孙子提出"多算胜，少算不胜"。无论是投资还是做生意，买股票及谈生意之前，均应计算可能亏蚀之百分比，自己能否应付及是否承担得起？借款前要考虑还本付息的能力，不可过度借债。

审时度势，随机应变。务以"保守、保本、保险、保健"为宗旨，活学活用《孙子兵法》，何时攻？何时守？根据时势及当时的环境、能力而定，做到进退有序，攻守自如。

危中有机，逆境求变。孙子告诫"智者之虑，必杂于利害"。企业经营危机无所不在，如掌握得宜，恰是事业发展的契机及推动力，只要勇敢面对，化危为机，逆境就可能是成功的前奏曲。

掌握信息，紧贴市场。孙子名言"知彼知己，百战不殆"。要调查分析各路消息，切忌"羊群心理"，盲目跟风投资、投机，在决定投资前要靠个人的智慧、信心和判断力作出决策。

制度清晰，奖罚分明。孙子强调"善用兵者，修道而保法"。又说"赏其先得者"，"卒善以养之"。确保必胜离不开法度，加强企业管理，调动积极因素，对于员工要功过有别，不可混淆含糊。

与时并进，以德服人。孙子主张"以智克力""以柔克刚""以德服人""天人合一"。公司"舵手"应多读书、多思考、多咨询，不能以偏概全，误听流言，偏听偏信。应广纳贤才，集思广益，建立优秀团队，集体管理，慎重选择及培训接班人。

灵活机动，当机立断。孙子强调"因敌而制胜"。不可与股票或某种货品"谈恋爱"，万一形势不对就要尽快"斩缆"及止蚀。世事无绝对，每隔三五年时势便有变动，投资一个项目，如经过五年观察不见效果，就要中止，改变方向，不可固执己见，一路输下去。

缜密思考，长运不衰。孙子倡导"慎战"。经商是一门精深的学问，千变万化，相信只有谦逊谨慎、虚心学习的人，才能闯出一片天地，最终踏上成功之路。

兵家文化既要传承也要创新

方润华谈起中国古典兵家文化来，充满了全新的思维，令记者耳目一新：在今日资讯发达的21世纪，新经济大行其道，各种新名词、新理念、新现象层出不穷，发生了旷古未有之奇变，构成了全球经济进步的新形象。《孙子》研究和应用应有新的观念、新的视角，更加贴近新的时代，贴近现实社会，根据具体情况灵活应用，使这部古老的兵书焕发新的青春活力。

方润华对记者说，《孙子兵法》是写给帝王看的，并不是写给商人看的，它实际上是一部战国谋略攻伐之书，历经2500余年之沧桑，世异时移，之所以至今仍绽射出璀璨的光芒，是因为后人不断发掘蕴藏着的极其丰富的智慧；之所以受到商家的青睐，是因为商场之中，竞争激烈残酷，成王败寇的逆转，往往在瞬间发生，现代商战的主体企业，组织严密，结构与军队颇多相似，所以军事上的很多规律可以用于商场。

兵家文化是中国传统文化的重要组成部分，今天传承传统文化，需要批判地继承，建设先进文化，需要走出传统，从中提炼精华，去其糟粕，使之发扬光大，更好地为今人所用。方润华总结50多年的营商经验教训，尤其是在全球新经济的大潮面前，深感包括兵家文化在内的中国传统文化，既要传承，也要创新。

方润华钻研各家兵法，并灵活运用于商场。他不同意"失败是成功之母"的说法，认为小的失败还可以接受，但全军覆没的失败可能是一去不回头的，就好像一个小孩子跌倒，还可以爬起来再行，但换上风烛残年的老人家，一个不慎跌倒，便可能从此起不来。

方润华也不主张盲目的"信"，他曾有过一次较大的挫折。在1965年至1967年期间，一个合作项目，大股东轻诺寡信，作为小股东的协成行为对方签了借贷担保，万料不到对方以后竟不认账，逃之夭夭。结果，对方为数300万元的欠款便落到协成行头上，由协成行代为偿还。方润华因"错信"了一个合作伙伴而遭受重大损失。

对"将在外君命有所不受"，方润华有独到的见解。他认为，孙子特别强调应该让大将放手决策，确实是对历史兴亡进行总结分析之后得出的经验之谈。可是，作为21世纪的商业人员，对这一原则的运用却要十分谨慎。这是因为：

首先，孙子时代只能靠人力加上畜力传递信息，效率低、速度慢，在那种技术水平下如果有突发状况，进行往复沟通确实有贻误战机的危险。然而在网络发达的今天，这样的问题已不再存在。经理人或者员工无论在世界的哪个角落，都能用现代通信手段与高层决策者取得联系。因此，没有理由滥用"将在外君命有所不受"的这一原则。

其次，由于经理人的道德水准良莠不齐，有些无良的经理人故意回避与决策层、投资层就重大事件进行必要沟通，为图私利，自作主张。如在20世纪90年代就发生了巴林银行倒完备风潮，其主要原因就是因为其海外某分支机构的负责人瞒着总行大肆炒股，给银行带来巨额债务。在这样的情况下，他居然铤而走险，做假账隐瞒实情，导致银行高层发现其劣时已是半年之后，此时由于资不抵债，这家百年老字号居然一命呜呼。

方润华以创新思维在商界独树一帜，成为香港地产大亨。他的经营方式是将建成的房产七成用于出租，收取租金，只将三成用于销售，并将赚到钱又买进地盘。出售住宅大楼时他通常只出售上层，而留下底层作为不动产用以出租，因底层旺铺升值较快。从方润华身上可以看到，《孙子兵法》的现代应用价值，不仅表现在它对企业家的指导上，同时充分表现在它自身的知识开发和灵活应用上。

如今，协成行集团旗下单在香港拥有多种物业，供租赁用途。其拥有物业包括写字楼、商铺、服务式住宅、别墅洋房、厂房、大厦、仓库、酒店、停车场等，遍布香港岛、九龙和新界。协成行，以一个与时俱进的全新思维屹立在香港。

刘梦熊的"期货孙子兵法"

刘梦熊，全国政协委员、百家战略智主席、香港特区政府策略发展委员会委员，曾任智富能源金融（集团）有限公司主席、国际资源集团有限公司主席、东方明珠石油有限公司董事局副主席。

他1976年加入金融界，先后从事日本期货、美国期金、九九金、外汇、证券、投资银行的经纪业务，历年在多家金融机构出任营业代表、经理、总经理、总裁、董事兼首席顾问等职务。他曾在日本期货、外汇方面的业绩破当时全行纪录。1991年至1993年出任平和集团首席顾问时，连续三年荣获"金融精英"金牌。20世纪80年代及90年代常驻台湾并出任金融机构总裁，便以最高票当选台湾国际商品协会常务理事。

随后多年，刘梦熊主要从事上市公司收购合并工作，他更创出九个月内连续完成三项重大并购的行内纪录，其中游说九仓集团主席吴光正，促成和成国际（中海船舶重工集团有限公司前身）收购九仓旗下上市公司宝福集团34.87%的股权，使合成国际以3.5亿资金控股有6.1亿资产规模的企业。故有"香港借壳大工""香港壳王""借壳教父""期货教父""买壳教父""DEAL王""KINGOFSHELLGAME""金融红娘"等诸多称号。

1989年，刘梦熊在台湾出版《期货决胜一零八篇》一书，两岸高层人士题词、作序，轰动全行，被台湾报章誉为"国内两大名笔""超级营业员"。1993年1月，由广州出版社发行大陆版，被全国各期货交易所及经纪公司采用为基本教材。连续六版，销量以10万计，荣获"全国优秀畅销书""全国城市出版社优秀图书二等奖""粤版优秀畅销书"等多项大奖；1994年又推出香港版，被誉为"期货孙子兵法"。

2000多年前孙子哲学思想，对期货投资者的期货投资交易有着有益的指导意义，《孙子兵法》的精髓要义完全可以涵盖期货投资的操作策略。如根据行情的具体变化采取相应的操作策略，而不是僵化机械地遵循固有模式，才能做到用兵如神。要成为成功的期货交易者，就要创造性地应用《孙子兵法》。

《期货决胜一零八篇》充满了孙子的智慧与谋略。如"现货交收前的机会"，提出不打无把握之仗，是成功的投资者买卖期货的原则之一；"要有灵敏的嗅觉"，提出要快速反应，洞悉先机，入市制胜；"要把握抛空机会"，提出在风声鹤唳、草木皆兵的气氛中争相出脱；"不要主观设想"顶"和"底"，提出期货走势，哪里是"顶"哪里是"底"？取决于"势"，涨潮，随大流上溯，退潮，随大流下游，才能显现出它的存在意义，买卖宜重"势"不重"价"；"反复起落的对策"，好比"正规战"或"游击战"。

刘梦熊确实是"期货孙子兵法"的高手，不仅是谋略投资的高手，也是策略操作的高手。

金融"海啸"来临，这位资本市场大腕高调收购澳大利亚矿业公司OZ手中位于印尼北苏门答腊南塔帕努里政区的摩塔贝金银矿项目。为什么在现在这个时候看上摩塔贝金银矿这个项目？刘梦熊坦言，可以说收购这个项目，是搭上了金融"海啸"的"东风"。他预测，以下一轮经济周期，必将是来势迅猛的通货膨胀，而黄金显然会成为对冲风险的工具。

刘梦熊还提出"蓄之既久其发必速"，体现了孙子的"谋定而后动"，"兵贵速，不贵久"；他提出"这个密集区一旦向上突破或向下突破，就会造成一个烈焰冲天的升势或水银泻地的跌势"，体现了孙子的"激水之疾，至于漂石者，势也"。他提出"密切注视大户动向"，第一是"快"，第二是"奇"，第三是"狠"，体现了孙子的"战势不过奇正，奇正之变，不可胜穷也。奇正相生，如循环之无端，孰能穷之哉"！

台湾企业应用《孙子兵法》达到纯熟境界

台湾最大女性购物网站掌门人林坤正撰文提出，如果你要找企业伙伴，可善用阿里巴巴平台，作为在中国大陆对一般消费者营销的据点，能为台商在中国大陆做生意大大降低营销门槛。

林坤正的"借力使力"战略思想，应用了《孙子兵法》。正如台湾孙子学者严定暹在她的《孙子兵法手记》中写道："今日企业与企业间之'策略联盟'皆着眼于'资源分享'，可说是《孙子兵法》'因粮于敌'智略正向运用的现代版。"

在台湾，许多知名企业应用《孙子兵法》已达到纯熟境界。被誉为台湾"经营之神"的王永庆，创业之初，"借力使力"创建了塑胶厂。1973年，世界性石油危机中断了台塑基础原料的供应时，他果断地"借船出海"，在海外投资建成全球最大的轻油裂解厂，使他成为名震海内外的台湾"塑胶大王"。

有"科技枭雄"之称的台湾富商郭台铭，爱读《孙子兵法》。在企业内部实行的是类似军事化的管理，每一个进入公司的基层员工，上岗前必须接受为期五天的基本训练，包括稍息、立正和整队行进等。郭台铭认为，领导者的亲力亲为，身先士卒，胜过讲100篇演讲稿。他的管理理念，汲取了孙子的"道、天、地、将、法"。

台湾华硕计算机董事长施崇棠，研读《孙子兵法》力行"常山之蛇"策略。他要求从研发到制造到市场的反应速度，需要像"常山蛇"那么灵敏。在流程管理中，各部门之间100%互相信任，首尾呼应，全程联动。为保证这九节"常山蛇"的扭动效率，一场"精实六个标准差"规范铺及华硕全球6万多名员工。

有"台湾黑马王""民间股神"之美誉的投资大师郑焜今，善用《孙子兵法》奇正术指导炒股。他认为股市正是以奇用兵的虚拟经济体，而越虚拟的东西，越容易出奇制胜。顺势操作是正，反市场操作是奇，不断地奇正相生，而且这两者都要有很好的心态来配合。他的"三大兵法"是：培养构想力、战斗力、解读密码能力。

台湾大企业家陈茂榜，首次将《孙子兵法》中的"五事"概括为企业管理的五大原则，即："道"为目标，"天"为机遇，"地"为市场，"将"为人才，"法"为组织。"五事"并重，是他事业成功的"经营经"。

"中国式管理"大师、全球华人"中国式管理"第一人曾仕强，出任台湾智慧大学校长等职，他的代表作之一是《孙子兵法与人力自动化》。他提出，《孙子兵法》是中国人的成功宝典，运用兵法来带人、用人，促使组织成员自动自发，增加生产力、提高竞争力，这是每一个主管必备的修养，就是总裁也绝不例外。

第三章 华人兵法教学

孔子学院不能缺"孙子"

香港《文汇报》撰文指出，中国在海外设立孔子学院，以孔子名之，具有代表性和象征性。世界有学习了解中国的大量需求，孔子学院应传播弘扬中华文明。半部论语可以治天下，五千言老子可窥自然规律，《孙子兵法》不但能用以指挥战争，而且能用来管理公司、推广市场、面对竞争，恐是外国人想从孔子学院探索的。

海外学者惊叹，《孙子兵法》是中国智慧之奇葩，其内容奥妙深邃，其风格清新隽永，其内涵博大精深，其语言字字珠玑，令其历经2500多年仍绵绵不竭、熠熠生辉，实为前无古人后无来者之罕世之作，乃孔子学院之经典也。孔子学院学孔子、孟子、老子、庄子，也读孙子，从中领悟和汲取优良的中国传统文化之精髓。

孔子第78代子孙孔维勤在台北成立台湾孔子学院，在孔维勤的规划中，包括中国传统经典教育等课程。孔维勤表示，传统经典教育主要针对大人，依不同的情境设置不同的课程，讲授《老子》《庄子》《孙子兵法》《三国演义》等课程。

台湾作家白先勇说，孔子学院在全球遍地"开花"，人们不仅因为中国的日益强大而争相学习中国语言，更重要的是要学习中国传统文化与和谐理念，用来解决其各种内外问题。而要学好中国传统文化，《易经》《孙子兵法》等书不可不读。

印尼一位华侨告诉记者，中国传统文化博大精深，占主流的是儒家思想，但其实在中国传统文化里，《孙子兵法》对世界影响最大。孔子学院要建，《孙子兵法》也要读，太极健身也要练。缅甸出租车司机对记者说，他和伙伴每周两次自费去学习中国功夫，希望成立的孔子学院里能设置武术专业，学习《孙子兵法》《三国》《水浒》等中国古典名作。

欧洲学者称，孙子和孔子一样有永恒的智慧，这种智慧属于全世界，没有哪个国家能够垄断。《孙子兵法》因其实用性受欢迎。在欧洲的大书店里，各种版本的《孙子兵法》常年供应，可见西方年轻人更想了解东方人的智慧。孔子学院传播孙子文化吻合孔子"文武兼备"的教学思想。

葡萄牙米尼奥大学孔子学院葡方院长孙琳认为，孔子学院与歌德学院一样，名称并不能代表实质，歌德学院不是为传播歌德开的，孔子学院也不仅仅传播孔子，传播中华文化不能缺"孙子"。

葡萄牙里斯本孔子学院葡方院长费茂实说，孔子学院不仅仅传播孔子，应传播包括诸子百家在内的更多的中华优秀文化，而孙子是"世界兵学鼻祖"，全世界都崇拜他，孔子学院应该有他的地位。

法国布列塔尼孔子学院法方院长白思杰是被协会的理事会招聘的，还要通过面试，他很幸运被选中了。在谈到被选中的主要原因时，白思杰看到《经济学人》杂志里，有一篇名为《中国在海外：孙子和软实力的艺术》的文章，论述中国经济实力之外的"软实力"。读完文章发现，孙子才是韬光养晦，在海外低调传播中国形象的代表人物。因此，他对孔子学院传播《孙子兵法》有着特别的情结。

近年来，俄罗斯叶卡捷琳堡掀起一股"中国古典文学热"，当地书店包括《孙子兵法》在内的中国古典文学书籍销量异常火爆。书店的工作人员介绍说，这与卡捷琳堡孔子学院大有关系。该学院教学秘书安德烈从大学时代就开始对中国文化产生兴趣，喜欢研读俄文版《孙子兵法》。

西班牙巴塞罗那孔子学院中方院长常世儒表示，孔子学院不能单纯教汉语，这既没广度也没深度。要打好中华传统文化牌，走文化高端，推动汉学研究，系统研究传播孔子、老子、孙子、庄子等中国古典精华，把孔子学院办成以汉学家为主体的学术性机构，传播中华文化的平台。

2017年9月22日，在国际出版论坛孔学堂国学分论坛现场，曾担任土耳其一所大学孔子学院外方院长的土耳其汉学家吉来介绍，土耳其2017年新建了一座孔子学院，加上原来的三座，有了四座孔子学院。他翻译的土耳其文《孙子兵法》，在当地十分畅销，也受到孔子学院学员的欢迎，已经再版十次，销量近20万册。

2019年6月，西班牙巴塞罗那孔子学院在蒙锥克山城堡举办《孙子兵法》主题展览"战争的艺术：不战而胜的谋略"。展览时间为6月27日至2020年1月9日，让巴塞罗那民众在这座建于17世纪的军事要塞中感受"来自东方战争艺术的神秘力量"。

海外学者认为，孔子学院全球遍地"开花"，《孙子兵法》在全球广泛应用。孔子与孙子是世界最闪光的中国圣人，是世界认可度最高的中国伟人，也是两张全球最耀眼的中国文化名片。《孙子兵法》应随孔子学院在全球一起传播，"并蒂开花"，这更能全面展示中国文武之道的传统文化。

全球众多孔子学院开讲《孙子兵法》

　　记者在海外采访时发现，全球许多孔子学院都在讲授《孙子兵法》。许多海外企业老板都对《孙子兵法》很感兴趣，他们认为，全球纷纷建立孔子学院，很显然，包括儒家学说、兵家文化在内的中国诸子百家的传统文化，将在21世纪普受欢迎。

　　在亚洲，蒙古国孔子学院先后将中国传统经典《孙子兵法》等译成蒙文并出版，并成为必修课。泰国曼谷孔子学院把孔子、老子、庄子、孙子等中国古代的思想都列入教学课程。泰国孔敬大学孔子学院授课时，有《孙子兵法》《孙膑兵法》及汉英对照光盘。日本、新加坡等孔子学院开设课程传授《孙子兵法》，多次举办孙子文化论坛。在欧洲，西班牙马德里、德国慕尼黑等孔子学院，纷纷开设《孙子兵法》课程或讲座，受到欧洲人的欢迎。

　　在葡萄牙里斯本孔子学院，正厅最醒目的位置，孔子像与《孙子兵法》竹签并列放在一起，让人领略中国古代文武两位圣人的风采。里斯本孔子学院葡方院长费茂实说，这体现了中国儒家学说与兵家思想在孔子学院等量齐观。

　　2017年3月22日，爱尔兰都柏林大学孔子学院举办公共讲座系列之"从孙子兵法到孙子说法：特朗普的推特与政治营销学"，中国盘古智库的高级研究员孙鸿应邀主讲。都柏林大学副校长莫呐亨等近百名听众出席讲座，孔院院长王黎明担任主持，中国驻爱尔兰大使岳晓勇作为特邀嘉宾发表致辞。

　　主办方称，《孙子兵法》是一部集中国古代谋略之大成的兵书，新媒体则凭其快速及时的特点悄然改变了人们的交流习惯。现代的政治营销和商业推广都离不开新媒体的助力。

孙鸿以前不久刚刚过去的美国总统大选作为经典案例，讲述了特朗普的竞选之路和他在推特与美国主流媒体博弈的过程，并以此阐释出《孙子兵法》中古人的智慧是如何与新兴媒体相结合，在政治营销中助人一臂之力的。谈及特朗普与《孙子兵法》的渊源时，孙鸿介绍说，特朗普的著作《谈判的艺术》，书名其实来自他对《孙子兵法》的追捧。

2017年5月19日，意大利罗马大学孔子学院和曼德拉图书馆联合举办的《孙子兵法》译作推荐会在曼德拉图书馆举行。译著作者、罗马孔子学院教师美琳和现场50余名观众共同交流了该书的阅读、学习心得，罗马孔子学院外方执行院长保罗、罗马大学东方学系教授艾丽出席推介会。

美琳表示，《孙子兵法》在意大利一直很受欢迎，近年来也有很多翻译版本。但是她的最新译本是意大利第一本由女性翻译者直接从汉语原文翻译的作品，在忠实原文基础上，希望为读者提供更多的阅读和思考的角度。

现场，美琳和罗马孔院公派教师刘庆辉采用中意双语朗读了该书中的部分内容，赢得现场观众的赞叹。一位正在罗马孔子学院学习汉语的学员江路琨说，这是他第一次参加这样的新书介绍会，他对中意双语的朗诵感到很震撼。一方面他惊异于汉语的铿锵韵律；另一方面通过翻译者的介绍，他对《孙子兵法》也更加感兴趣。

2019年4月20日，日本福山大学孔子学院举办题为"《孙子兵法》中的不战哲学"的文化讲座，由孔子学院教师宋卓时担任主讲人，外方院长平山亮担任讲座主持人，吸引了来自福山及周围各地20余名中国文化爱好者的参加。

宋卓时通过中国历史上的几大战例，以实证复原研究法，为在场听众讲解了《孙子兵法》中蕴含的"不战哲学"和"和平思想"。

宋卓时为大家介绍了春秋时期的主要战争形态，进而分析和推演了长勺之战这一著名战例，将《孙子兵法》中的战术思维和战略思想通过齐鲁之战生动形象地呈现在听众眼前，使在场听众体会到孙子的"战争哲学"。

随后，宋卓时又从长平之战遗迹博物馆说起，对比了战争为人类带来的巨大伤害，以洛阳城为例，结合古代城池结构，讲解了《孙子兵法》中的攻防战略及造车造桥之法，介绍了史上众多军事家的共同观点"好战必亡，久战必衰"。

最后，宋卓时以历史著名战役虎牢关之战为例，讲解了李世民在战争中对《孙子兵法》的灵活运用，剖析了"凡先处战地而待敌者佚，后处战地而趋战者劳"、"围点打援"、"长途奔袭"等多种战略战术。

现场提问环节，在场听众积极提问，宋卓时针对听众的提问耐心解答，现场氛围轻松和谐。

此次讲座为福山地区学习者提供了一个了解中国古代文明的渠道，为听众讲述了一段波澜壮阔的中国古代战争史，并深入分析了中国人对于战争残酷性的反思，以及由此衍生出的"以和为贵""共存互惠"的和平观念，传达了中国人对于世界和平的期盼和希望。

新加坡孔子学院传授《孙子兵法》

新加坡孔子学院刚开张时就定位：孔子是"形象代言人"，代表了中华文化。时任该院院长的许福吉在接受笔者采访时表示，中华文化博大精深，它不只是儒家，比如说墨子、老子、庄子、孙子，甚至有阴阳家，都是中华文化的经典，都应列入孔子学院传播的范畴。

许福吉有华人血统和华语教学背景，他祖籍福建，是在新加坡长大的第四代华人，1980年到台湾上大学学习汉语专业，毕业后回到新加坡，在南洋理工大学拿到文学硕士学位，并且留在母校从事了近20年汉语教学，曾担任李光耀的华语老师。

许福吉介绍说，孔子学院是在全球传播中华文化的最佳平台，而语言只是传播文化的工具。中国文化犹如一棵古老而充满生机的参天大树，根深叶茂，枝条繁多，所谓的儒家文化其实是其中的一个主干，没有节文颇备、枝条互起，就撑不起果实累累的"文化大树"。

2006年11月，新加坡孔子学院举办《中华文化影响世界》两大论坛，其中一大论坛就是《孙子兵法》，许福吉为论坛主席，山东大学的廖群剖析《论语》和《孙子兵法》的内容，让与会者得到人际关系和战争策略的启示。

2010年4月，举办"交大狮城论坛"——《孙子兵法商业战略》，论坛主席仍是许福吉，主讲嘉宾邀请了上海交通大学经济与管理学院副教授、管理案例研究中心主任陈德智。

新加坡孔子学院成立以来，还举办了中日韩《孙子兵法·新和平论坛》；请台湾"全球华人中国式管理第一人"曾仕强讲《易经》和《孙子兵法》；请易中天讲"三国兵法"，反响热烈。

许福吉表示，孔子学院不是纯粹的学汉语机构，如果是那样的话，冠名某某汉语机构就行了，又何必打"孔子牌"？既然孔子代表了中国文化，我们在设置基本的汉语课程中，就把中华文化的经典串联起来，把中华文明融合起来，通过语言去认识中国的文化，学汉语、读经典、授智慧，只要有这个文化需求，我们都努力传授。

许福吉给笔者一份新加坡孔子学院出的《〈论语〉与〈孙子兵法〉的现代启事》，其中有《论语》与《孙子兵法》的共性互补性，孔子伦理与孙子智慧关系等。许福吉认为，孔子和孙子都是同一时代、同为齐国人，儒家文化与兵家文化也是互相渗透、互为影响的。如中国的兵家文化讲究"先礼后兵"，这个"礼"就是儒家的，而"兵"则是兵家的，两者融为一体，相辅相成。

新加坡孔子学院创意的手拿算盘的小孔子形象，也是儒家文化与兵家文化结合的产物，算盘体现了《孙子兵法》中最经典的谋略"妙算"。许福吉坦言，在新加坡以陈嘉庚为代表的实业家，都是儒家与兵家的融合，在白手起家、成就大业前用的是兵法智慧，驰骋商场克敌制胜；成就大业后又用儒家的论理，做慈善事业回报社会。

孔子学院应当好"文化园丁"。许福吉对笔者说，孔子学院作为一个推广汉语、推广中华语言和文化的一个中心，要真正去认识中华文化，还需要像我们这样的一个机构很有步骤地设计，让学生有阶段性地去认识包括诸子百家在内的中国传统文化。

许福吉诠释说，其实语言都是载体，所有的语言学习到最后都是回到一个文化的核心来。比如《孙子兵法》里的很多故事，学生在学了之后，他到最后可能会把它应用到生活上去，就是实践到生活上去，这就是中华文化所发生的一种功能。我们有一个标语是："不断体验中国层出不穷的喜悦，在中国文化里有很多令人感动跟令人喜悦的地方。"这也许是该院被评为"海外最佳孔子学院"的最好注脚吧！

许福吉离开新加坡孔子学院后，中国兵家文化的传播仍在继续。

2018年11月12日，新加坡孔子学院邀请席宏伟主讲名师经典系列"数奇藏日月，机发动乾坤——围棋运动和新加坡围棋"，而围棋与中国兵家文化关系密切。

席宏伟为北京师范大学硕士、中国科学院博士、以色列理工学院博士后，曾于以色列理工学院、南洋理工大学工作，现任教于新加坡理工大学（SIT）。

席宏伟学棋于20世纪80年代中国围棋振兴之际，移居新加坡后，业余时间从事围棋教育和管理，多年主持精品围棋讲座，学员遍布东南亚各国，曾担任新加坡围棋协会副会长，现为新加坡围棋协会理事。

围棋运动居然与新加坡有缘。席宏伟称，现代围棋的历史性转折很多发轫于新加坡。一张新加坡棋桌，既启动了中日韩围棋争霸的现代围棋，也记载着中华围棋重新占领世界围棋高峰的历史。

"围棋是有着2500年历史的东方智慧明珠，它易学难精，是人类智力运动的高峰。在历史上它承载着深厚的文化内涵，在生活中它显示出越来越重要的社会作用：是孩子提升智力的最佳游戏，是青年人磨砺意志的良好途径，也是成年人陶冶情操、交流思想的工具，更是老年人延年益寿的手段。"席宏伟说。

蒙古国孔子学院崇尚"尊老爱孙"

"上下五千年，上有老下有小，诸子百家一个也不能少，蒙古国孔子学院在这方面作了成功的尝试。"中国驻蒙古国资深记者评价说。

"在蒙古国孔子学院，不仅能学到汉语，还能系统学习《论语》《大学》《孙子兵法》这些中国典籍，进了孔子学院，就像进了中国文化的大家庭。"蒙古国立达学孔子学院学生感叹地说。

"从老子、孔子到孙子，孔子学院应该成为中华文化的大家庭，要'尊老爱孙'，既要传播中国儒家学说，也要传播中国兵家文化；既要传播中国传统文化，也要传播中国现代先进文化。"蒙古国孔子学院中方院长于健对记者说，中国传统文化是中华民族几千年文明的结晶，除了儒家文化外，还包含有其他文化形态，如道家、兵家、墨家、法家、阴阳家、纵横家，等等。

于健来自孔子和孙子这两位文武圣人的故乡山东，长得眉清目秀，温文儒雅，一看就很"文化"。他从小受齐鲁文化的熏陶，受孔子和孙子的哲学思想影响很深。在大学时读过海外兵学大家吕罗拔的《孙子兵法》，了解中国兵法作为哲学如何走向世界；他也学过《周易》，教他易经的山东大学博士生导师刘大钧，是中国周易学会会长、易经大师，而易学与兵法有着深厚的渊源。

齐鲁文化源远流长，博大精深，光辉灿烂，浩浩荡荡，影响着中国，也影响着世界。于健说，在齐鲁文化中，文武之道两位圣人是最闪光的两个亮点。文圣孔子，创立了儒学，经典是《论语》；武圣孙子，创立了兵学，经典是《孙子兵法》。《论语》以道德治理天下，《孙子兵法》以智慧平定天下。

于健对记者说，"中国传统文化最具代表性大学"，这个提法很契合山东大学的内涵。山东是中国传统文化的发祥地，尤其是儒家学说和兵家思想的发祥地，齐鲁文化培育出来许多传统文化大师。作为山东大学派到蒙古孔子学院的中方院长，理应在传播齐鲁文化、传播中国传统文化方面做得更出色。

孔子学院的学生当然是因为喜欢汉语、喜欢中国文化才来的。于健介绍说，有的同学同时也有发展上的需要，比如说留学、贸易、文化交流等。对于蒙古国来说，文化交流也是中国经济发展带来的必然要求。我与蒙古大学生交流很多，也给他们上课，讲中外哲学比较。大学生对中国文化和哲学非常好奇，对《孙子兵法》都很喜欢，许多大学生读过，不仅读该院蒙方院长其米德策耶翻译出版的蒙语译文版，也读中文版，对照起来读更能读懂和理解。

孔子学院主要是进行中国综合文化交流的平台，并非只是推广如今文化或孔子思想的机构。而中国文化是完整的思想体系，是各种中国文化教育流派的大集成，孔子、老子、庄子、孙子学说既有联系又有区别，联系的纽带是哲学。作为外国哲学专业博士的于健认为，中国传统文化的核心是哲学思想，而《孙子兵法》包含了朴素的唯物论和朴素的辩证法，充满了哲学思想。

于健表示，为了在蒙古孔子学院弘扬中国传统文化与哲学，该院邀请了山东大学哲学系博士生导师王新春前来主讲，开拓思路，并准备与蒙古大学社会哲学系合作编写中国哲学史，其中包括中国兵家哲学。于健翻译出版了《论语连环画》等一批中国文化普及读物，他打算再翻译出版《孙子兵法》《成吉思汗》连环画或漫画，面向蒙古学生和儿童。

蒙古孔子学院文武兼备百家争艳

"建院五年来，我们力争把孔子学院办成'文武兼备，百家争艳'的中蒙两国文化交流坚实平台、中国文化推广基地，打造成全球领先的孔子学院。"蒙古国孔子学院院长于健在接受记者采访时表示，孔子学院是在全球传播中华文化的最佳平台，诸子百家都是中华文化的经典，都应列入孔子学院传播内容。

于健原是山东大学哲学与社会发展学院党委副书记、外国哲学博士，2009年被国家汉办和山东大学选派至蒙古国立大学孔子学院担任中方院长，荣获蒙古国立大学社会学院荣誉博士称号，荣获由蒙古国教育、文化和科技部颁发的"蒙古国先进教育工作者奖"，这是蒙古国政府授予教师的最高奖，还荣获"乌兰巴托荣誉奖章"，是蒙古国首次获得该奖项的中国人。

于健介绍说，这所蒙古国唯一的孔子学院，集中国文化之大成，推出了重点文化推广项目和系列文化交流活动，影响日益增强，引得一片喝彩声——

推出《中文典籍译丛》，先后将中国传统经典《论语》《大学》《孙子兵法》翻译成蒙文并出版，翻译出版了《论语连环画》等一批中国文化普及读物，现在正在翻译《孟子》《中庸》等中文典籍。出版《今日中国》杂志，聘请了一批蒙古国汉学研究专家担任客座教授。

成立蒙古国汉学家俱乐部，设在孔子学院，依托这个平台推广中国传统文化。俱乐部现在有成员50多人，都是蒙古的知名汉学家，不乏中国文化研究者，有的热衷研究《孙子兵法》《三国演义》《成吉思汗》等兵家文化。

举办孔子学院论坛、汉语和中国文化研究等国际学术研讨会、中蒙政治与经贸关系等专题报告会。其中"中蒙传统宗教与哲学"论坛，中蒙两国的专家教授就"中西文化会通与传统文化复兴""汉宋易学与中国哲学"等多个论题展开讨论，充满了孔子、老子、庄子和孙子的哲学思想。

举办首届蒙汉翻译比赛颁奖典礼，孔子学院蒙方院长其米德策耶翻译的《论语》《孙子兵法》《大学》等著名译著获奖。此外，还举办两届"孔子学院杯"蒙古国大中学生汉语写作征文比赛、"品味汉语文化"大型摄影图片展、"中国文化月"活动、"汉语文化周"活动。

中国驻蒙古大使馆和蒙古孔子学院给蒙古国国立大学外国语言文化学院赠送了2000多册汉语图书和1000张DVD光盘，蒙古孔子学院举办首届大型中国图书展，都有一定数量的中国兵家文化书籍，受到蒙古大中学生的欢迎。

蒙古孔子学院在乌兰巴托还开辟了一个新的校区，正在建设成一个中国文化体验中心。计划开设中国书法、中国音乐、中国象棋、太极拳等20多个包括中国兵家文化元素在内的体验课程。

于健说，在新时代应倡导世界文化的融合、创新，正是由于人类各种文化的相互吸收、整合和重组，才使人类文明不断融生、向前。而蒙古日益增长的汉语热、中国文化热，说明弘扬中国传统文化是世界文化融合的重要组成部分。

要打造成全球领先的孔子学院，就要让中国文化全方位、多层次地"走出去"。蒙古孔子学院作为中国提高汉语文化"走出去"能力的试验田，大力开展中蒙教育文化交流活动，在蒙古社会产生了积极影响。2010年12月，该学院被评为"全球先进孔子学院"，得到中蒙国家领导人的高度评价，证明了"文武兼备，百家争艳"的孔子学院具有无穷的生命力。

让孙子和成吉思汗走进蒙古孔院

　　蒙古国立大学孔子学院中方院长于健提出，要让孙子和成吉思汗共同走进蒙古孔子学院，让中国传统文化经典《孙子兵法》与成吉思汗的"蒙古兵法"在此交融。

　　这位来自孙子故乡山东的哲学博士，对《孙子兵法》和"蒙古兵法"颇有研究。他指出，孙子是中国兵学杰出代表、百世兵家之师、东方兵学鼻祖，至今仍是巍峨的丰碑；而"一代天骄"成吉思汗是草原军事文化最杰出的代表，是军事实践家，其军事思想和实践，是草原民族军事文化的最高峰。

　　于健比较说：孙子领兵打仗，战无不胜，北威齐晋，南服越人，其著有巨作《孙子兵法》十三篇，为后世兵法家所推崇，被誉为"兵学圣典"，置于"武经七书"之首，被译为20多国文字，成为世界上最著名的兵学典范之书。成吉思汗军事才能卓越，熟读《孙子兵法》，战略上重视联远攻近，战法上变幻莫测，史称"深沉有大略，用兵如神"。

　　中国学者刘乐土在其《成吉思汗》一书中说："成吉思汗是后人难以比肩的战争奇才。他逢敌必战、战必胜的神奇，将人类的军事天赋穷尽到了极点。"13世纪，成吉思汗及其子孙征服了亚欧大陆的大部分，这场规模空前的战争，奠定了蒙古兵学在世界军事史上的历史地位。

　　孙子比成吉思汗早出生约1700年，《孙子兵法》诞生在2500多年前的中国，成吉思汗诞生在历史悠久而又富于传奇色彩的蒙古族。有学者考证，成吉思汗的"蒙古兵法"不仅受《孙子兵法》的影响，而且是成吉思汗通过军事实践把中国兵法传到欧洲。

　　于健表示，孙子和成吉思汗是东方两个伟大的战略家和军事家，也是世界伟大的战略家和军事家；孙子和成吉思汗是中蒙两国人民都非常崇拜的，也是全世界都公认的，两者结合，珠联璧合，是中蒙文化的结晶。让孙子和成吉思汗共同走进蒙古孔子学院，对于促进中蒙文化交流，推进中蒙两国教育、文化领域的合作具有深远的意义。

据了解，近年来蒙古国立大学孔子学院已先后举办了孔子学院论坛、中蒙文化论坛、中蒙传统宗教与哲学论坛及汉语和中国文化研究等国际学术研讨会，推出《中文典籍译丛》，先后将中国传统经典《论语》《大学》《孙子兵法》翻译成蒙文并出版，中国文化的研究传播有声有色，中蒙文化交流成果斐然，学院的影响力日益增强，已进入"全球先进孔子学院"行列。

于健透露，蒙古孔子学院将筹备孙子与成吉思汗国际研讨会，邀请中蒙两国孙子和成吉思汗相关专家学者和兵学家、汉学家、教育家、企业家共同研讨，出版系列丛书，开展多种形式的文化活动，把孙子和成吉思汗打造成蒙古孔子学院独特且响亮的品牌。

马德里孔子学院推崇中国孙子

　　记者在坐落于马德里市中心一座称作赏花殿的亚洲之家内的孔子学院见到吉瑞，他是该学院的学生，长得特别帅气。他拿出一本孔子学院图书馆借阅的西班牙版《孙子兵法》对记者说，我最喜爱和崇拜中国的孙子。

　　马德里孔子学院合作方是马德里自治大学和上海复旦大学，以在西班牙促进汉语教学和推广中国文化。

　　曾在中国云南进修过汉语的吉瑞说，孙子的智慧谋略，让全世界如此折服。至少至今还没发现，有哪一个人出的书全世界都在读、都在用，况且又是一本流行了2500多年的古书。

　　吉瑞告诉记者，马德里孔子学院的《孙子兵法》版本很多，他抽空就会借阅，这本书确实给人以智慧，给人以启迪。以前，他听过一次讲座，是西班牙孙子研究学者讲的，非常有趣。前些时候在马德里自治大学也听过类似的讲座，听课的是西班牙商界人士，讲如何将《孙子兵法》的谋略应用于商业竞争中，非常实用，许多经典的案例让我拍案叫绝。

　　马德里孔子学院公派教师郝丽娜向记者介绍说，《孙子兵法》在西班牙影响很大，西班牙版本多次再版，她听到不少西班牙人经常谈论孙子。一些大学讲跨文化管理，都离不开《孙子兵法》。在他们学院，大部分学员学习汉语是出于对中国文化的迷恋，学员相信，在孔子学院能更好地学习汉语和中国文化，许多学员都读过《孙子兵法》。

　　西班牙中国学生学者联谊会主席周芳玲说，马德里孔子学院学员学汉语、学中国文化，也带动了当地的中国文化热。自2010年西班牙中国汉语年举办以来，各孔子学院和文化机构举办了近百项中国文化宣传活动。尤其是孔子学院率先开展学兵法、练武术活动，许多中文学校开设武术课，在马德里练少林、太极武功成风，穿的中国武术服装，刀、棍、剑、拳，一招一式，有板有眼。

吉瑞认为，中国的武术与兵法融为一体，不可分割，练少林、太极不仅可以锻炼身体、修养身心，提高学习兴趣与效率，而且可以体验中国兵法的奇妙。但如果只学中国武术而不学《孙子兵法》，就不够有味了。因此，中国的武术应该与兵家文化一起进入孔子学院。受少林、太极的吸引而进一步喜爱和学习中国文化。

2018年12月18日，由丹尼尔·图拔乌所著的《孙子兵法》新书发布会在西班牙马德里孔子学院举办。主办方称，《孙子兵法》作为历史上被翻译次数最多的中文图书之一，在欧美有着重要的影响力，一直是军、政、商三界研读的经典。作者对《孙子兵法》进行了具体的研究与阐释，包括它产生的历史背景及实际应用。

发布会上，作者丹尼尔·图拔乌对孙子进行了剖析，挖掘了他的人格。译者安娜·阿兰达介绍了著作《孙子兵法》翻译过程，分享了对纵横捭阖进行巧妙诠释的技巧。

丹尼尔·图拔乌、安娜·阿兰达，同马德里孔子学院外方院长孙歌迪围绕书中内容展开了对话。与会嘉宾针对战略运用进行了探讨，并就西方对中国文化、道教和"道"作为哲学概念的固有看法进行了讨论。丹尼尔·图拔乌表示，希望通过这部书，介绍《孙子兵法》及其在日常生活中的应用。

活动吸引了众多马德里当地读者，前来参加活动的人数超过准备的座位数，必须临时加座方能容纳所有参与者。部分幸运读者得到作者丹尼尔·图拔乌的签名和赠书。

欧洲孔子学院用武术传播中华文化

　　法国普瓦提埃大学孔子学院的"武术开放日"活动，慕尼黑孔子学院的少年太极拳，柏林自由大学孔子学院的气功研讨会，西班牙孔子学院开展学兵法练武术活动，华沙武术特色孔子课堂，挪威卑尔根孔子学院的"武林大会"，欧洲众多孔子学院用武术传播中华兵家文化，提升了孔子学院在当地的影响力和吸引力。

　　欧洲众多孔子学院对中华武术的推崇有其深刻的文化内涵：武术虽然素以"技击"为其技术特色，但其终极目的却不在此，所谓"止戈"为"武"，武术之真意乃为"和平"。孔子学院传播武术吻合孔子"文武兼备"的教学思想，可以多维度阐释"和"的理念。

　　慕尼黑孔子学院德方院长高芳芳表示，孔子学院本质上就是传播中国文化，武术作为中国传统文化的结晶彰显独特的魅力。譬如像太极拳这样集武术、哲学于一身的中国国粹，其气韵、节奏、刚柔浑融于无形的姣美。武术在中华传统文化传播上独具一格，吸引德国青少年踊跃报名。

　　法国普瓦提埃大学孔子学院举办的首届"武术开放日"活动，孔子学院的武术老师通过带领学员集体表演、个人表演及现场示范讲解，向法国民众全面地展示了太极拳、功夫等武术项目。近百名观众兴致勃勃地体验了中华武术，当地其他体育健身俱乐部也应邀出席了此次活动。柏林自由大学孔子学院也通过举办开放日柏林少林学校武术、太极拳表演，引众多德国民众观看。

　　与北京体育大学合作的挪威卑尔根孔子学院主打"武术体育牌"，学习武术的学生339人次，还在挪威举办"武林大会"，传播中国兵家文化。中国武协副主席、北京少林武术学校总校长兼总教练傅彪与新西伯利亚国立技术大学孔子学院合作办学达成共识。傅彪愿意派遣优秀的武术教练到孔子学院工作，进行武术表演，开办武术班，把中华武术这一民族瑰宝更多地介绍到俄罗斯。

波兰华沙维斯瓦大学孔子课堂中有一尊半人高的兵马俑，武术特色成为该孔子课堂的品牌。现任波兰国家武术队主教练何溪静、武术队波兰总教练米好、波兰武术协会及波兰武术国家队作为武术特色协作单位，致力以中国武术特色为主的各类中国文化的交流活动。

西班牙孔子学院开设武术课，在马德里练少林、太极武功成风。西班牙瓦伦西亚大学孔子学院举办太极拳培训班，吸引来自瓦伦西亚大学校内外的学员踊跃参加。通过太极拳培训，使学员领略了中国传统文化的魅力。西班牙中西文化交流协会会长杨若星介绍说，如今，巴塞罗那已见不到斗牛了，有上万人打太极，西班牙广场经常举办大型太极表演，展示中国功夫。

巴塞罗那大学客串教授张修睦，武术和太极造诣很深。他认为，中国武术不仅是搏击术，更不是单纯的拳脚运动，它是中华传统文化的精彩体现。它的思想核心是儒家的中和养气之说，同时又融合了道家的守静致柔，释家的禅定参悟，兵家的智慧谋略，从而构成一个博大精深的武学体系，很适合孔子学院推广。

《孙子兵法》走进德国孔子学院

记者走进慕尼黑孔子学院，映入眼帘的是红灯笼、中国结、孔子像、关公刀，中国传统文化的氛围十分浓烈。在院长办公室上方，醒目地挂着《孙子兵法》"为将五德"的竹牌。在教室里，中国老师正在教德国少年打中国太极拳，一招一式，有模有样。

慕尼黑孔子学院德方院长高芳芳，是在德国生活了20多年的华人。她向记者介绍说，该孔子学院由慕尼黑东方基金会和北京外国语大学合办。德国人对包括儒家学说和兵家文化在内的中国传统文化越来越喜爱，对中国功夫非常崇拜，对孙子的智慧谋略从不了解到信奉，受到学术界和企业家的欢迎，东方基金会创立人帕拉特对此也乐此不疲。

高芳芳表示，慕尼黑孔子学院在开设汉语课程和举办中国传统文化活动等方面都取得成绩，近年来举办"少儿中华文化体验课""中国文化周""文化沙龙"，都融入中国兵家文化内容。她向记者透露，德国众多跨国公司总部设在慕尼黑市，很需要了解中国的智慧谋略。该院打算从2013年起，"文化沙龙"开设《孙子兵法》讲座，邀请中国和德国的孙子研究学者演讲。

2013年4月12日，慕尼黑孔子学院举办了讲座"战争能否保证利益？"主讲人是德国汉学学会主席、科隆大学汉学家、翻译家吕福克，他为慕尼黑本地听众带来了一场解读《孙子兵法》讲座，有60余名热心听众前来聆听。

吕福克是最新德文版《孙子兵法》的译作者，他的德文版译作是直接由古汉语翻译而成。他评价说，孙子第一个提出战争后果的问题，这是对人类和平的巨大贡献。对于这个贡献，不仅是欧洲而且是全世界，认可度都非常高。

吕福克首先将古代著作《左传》对"武"的定义介绍给听众,接着又为大家讲述了孔子、老子等古代思想家对于"武"的理解,为进一步解读《孙子兵法》作了铺垫。

吕福克认为,解读《孙子兵法》最要注重理解"全"与"利"。以"兵不顿而利可全"为例,他为听众讲评了五种不同德文版本的译文:"利"在兵法里不应该只解释为战争对抗性质的优势、获胜、占领和获取好处等,这句话应该是站在战略的高度保证全局性的利益。他认为,《孙子兵法》是大方略、大谋略、大智慧。这部古代名著不应该只作为战争指挥者的参考准则,而应该成为战略决策者需要研习的哲学思想著作。

随后,吕福克为听众概括地讲解了《孙子兵法》这部古代著作的历史由来以及孙武(孙子)和孙膑这两位古代著名军事家的身世传说。他表示,孙子思想不仅对军事、商战,而且对现代社会有很大的影响,具有不可估量的现代意义。人们从这部享誉世界的智慧宝典中寻求兵法理论与哲学思想、管理理念的契合点。孙子思想流传2500多年仍然"活着",这是人类思想史上的一大奇迹。

讲座结束后,听众与吕福克进行了友好互动交流与问答,会场气氛非常热烈。本期沙龙获得来宾的一致好评,也开创了《孙子兵法》走进德国孔子学院的先河。

在法兰克福孔子学院,墙上挂着《孙子兵法》《三十六计》竹简,图书室有完整的《孙子兵法》连环画。近年来,该院举办"汉字五千年多语种发布",涉及上下五千年博大精深的中国兵家文化;在"中国戏曲日"演出《空城计》等反映中国兵家文化内容的剧目;在"中华文化体验周",邀请国内武术老师,每年举行两至三次中国功夫训练,在"儿童周",也表演中国少林武功。

法兰克福孔子学院中方院长、复旦大学历史系教授赵兰亮介绍说,2009年,中国连环画选展在该学院开展,共展出500多册连环画,其中中国兵家文化连环画占了相当比例，丰富多彩的展示内容、新颖别致的设计风格、浓郁厚重的文化氛围，为莱茵河畔增添了一道亮丽的中国文化风景。德国观众从文化和艺术的角度解读中国历史，解读中国兵学文化，进而加深对中国传统文化深厚内涵的理解。

复旦大学中华文明国际研究中心将走出国门，走进法兰克福。赵兰亮透露，这个中心的重要使命是与国外大学合作，建立学术交流平台，而孔子学院是最佳平台。该中心将以法兰克福孔子学院为主，进行汉学与中国文化研究，包括儒家、兵家、诸子百家，以文史哲、中国古代经典为重点，开展专题研究、学术交流，举办报告会，出一批学术成果。

赵兰亮表示，现在对孔子学院的定位更加清晰了，是传播中华文化的载体。孔子学院用了孔子的名字，实际上代表了诸子百家，代表了中华文化。孔子学院要向前走一步，就是要把儒家学说、兵家文化等中国传统文化传播的层次进一步提升。

柏林自由大学孔子学院举行气功研讨会、读书会、电影沙龙、汉字展览，在柏林吹热"中国风"。该孔子学院通过举办开放日柏林少林学校武术、太极拳表演，引众多德国民众观看，还成功地举办了多达60余次的专题讲座、展会和研讨会，运用多种形式系统介绍包括中国兵家文化在内的中国传统文化。

加拿大孔子学院读经典练太极

　　学汉语、读经典、授智慧、练太极，加拿大14所孔子学院和15所孔子课堂，在设置基本的汉语课程中，注重将老祖宗留下的中华文化重新整理，把中华文化的经典串联起来，把中华文明融合起来，创造性转化为让世人共享的大智慧，受到加拿大人的欢迎。

　　BCIT温哥华孔子学院温哥华孔子学院，是北美成立的第一家孔子学院。该院推出企业高管CEO班，众多加拿大公司的CEO认真听讲。学院目前有60多名学生，来自当地主流社会的各个领域，有跟中国做生意的企业家，也有当地高中的汉语老师。BCIT温哥华孔子学院将作为沟通中、加两国文化、经贸、商业往来的咨询机构，当然离不开被誉为全球经商宝典的《孙子兵法》。

　　温哥华孔子学院院长谷丰认为，孔子学院已被提升为中国国家发展战略的一部分，希望在中国发展过程中，能减少外国对中国的猜疑。以文化交流，让他们了解中国和平发展的意愿，而不会对其他国家造成威胁。孔子学院并非教孔子的学说，而是通过这平台，教授当地人们需求的内容。

　　BCIT的孔子学院以商贸文化交流为主。谷丰介绍说，温哥华有不少对中国文化和商业合作感兴趣的公司，其中不乏与中国有频繁贸易往来的上市公司。于是孙子学院顺应他们的需求，推出了企业高管CEO班，一期十节课，由十个各领域的专家进行授课。那些惜时如金的加拿大老板竟能稳稳地坐在课堂里，求知若渴。

　　卡尔顿大学孔子学院发展规划所制定的"携手中国"系列课程全面开设，融入卡尔顿大学主体教学之中。2013年2月，首期中国文化类大学学分课程《中国文化与社会》正式开课，课程系统介绍包括儒家学说和兵家文化在内的中国传统主流文化以及当代中国的热门话题，授课以英文为主，汉语为辅，共40学时，并邀请加拿大艺术委员会专家和前加拿大驻华外交官参与学生互动讨论。

作为首次非汉语语言类的中国文化正式学分课程，该课程在卡尔顿大学内受到关注，多名不同院系的教授到课旁听，主管教学负责人Gess表示，孔子学院为卡尔顿大学的中国语言文化系列课程创造了新的品牌。

滑铁卢大学孔子学院院长兼东亚系中文教研室主任李彦认为，作为孔子学院院长，要当好传播中国文化的使者。开办孔子学院旨在让世界理解中国。传统的中国元素不单单是海外华人身上的符号，应该走进孔子学院及社区中文教学的课堂。在中国文化的熏陶下，滑铁卢地区的外国人学汉语，读经典，了解中国传统文化的兴趣高涨。

魁北克孔子学院在大力推广汉语的同时，多次与当地著名的醒龙武术院联合举办传统武术及太极拳比赛和讲学，还特邀"太极伉俪"陈正雷和夫人路丽丽举办陈氏太极拳讲学。院长荣盟认为，魁北克不少学生就是由于受到太极拳的吸引，而进一步喜爱和学习中国文化的。我们要从弘扬中华文化的高度认识太极的功能和作用，太极拳可作为中华文化走向世界的一个切入点。

布鲁克大学孔子学院在校内开辟了汉语角，目前已有127位注册社员。社员每周四在孔子学院聚会，了解探讨中华传统文化。在一年一度的布鲁克大学健康日大会上，孔子学院组织的中国文化工作坊，推出太极拳。

加拿大姑娘玛格丽塔·西纳有个非常好听的中国名字——木兰，这是麦克马斯特大学孔子学院中方院长成敏为她起的。"因为我从五岁开始就学习武术，我的老师告诉我中国古代有个叫木兰的女孩子也会武术，所以我就有了这个中国名字"，这位加拿大2009年全国武术冠军自豪地说。

麦克马斯特大学加方院长盛余韵表示，孔子思想核心的重要一点是"和"，在21世纪的今天，我们知道中国在很多方面已经成为领导者。不过中国和别的一些国家不一样，它从来不试图把自己的价值观强加于人，而是乐于同世界分享其文化精髓。

　　加拿大首都孔子学院加方院长李征也表示，该院具有综合性，不仅开展汉语教学，带动大学加强关于中国问题研究和教学，同时发挥地处首都的优势，对加拿大联邦政府机构和主要企业商会提供咨询与培训，希望能成为一个中国问题研究平台。

阿根廷孔子学院催生"孙子热"

记者在阿根廷采访时获悉，越来越多的阿根廷人对中国的兴趣日益浓厚，学习汉语的热情高涨。随着"汉语热"的不断升温，《孙子兵法》等中国传统文化热在阿根廷孔子学院不断"升温"。

目前，阿根廷已经成立了两所孔子学院，除了拉普拉塔大学外，布宜诺斯艾利斯大学也成立了孔子学院，成为阿根廷人认识中国、了解中国的一扇"窗"。

据介绍，阿根廷国立拉普拉塔大学为该校孔子学院的汉语班招生，在几天时间里接到几百通咨询电话，当地民众学习汉语的兴趣如此浓厚，完全出乎他们的预料。

拉普拉塔大学的教务主任安德雷娅·帕皮尔说，报名和咨询的人里有学生、工人、职员，甚至有不少退休的老人，报名的学生人数还在不断增加。布宜诺斯艾利斯大学语言中心主任贡萨洛·比利亚鲁埃尔称，目前阿根廷人对汉语抱有如此高的热情，主要是长久以来对东方文化，特别是中国古老的兵家文化就有极高的兴趣。

一位报名的阿根廷学生说，他已经阅读了很多关于中国的书籍和报道，尤其是对《孙子兵法》非常喜欢，对中国产生了浓厚的兴趣，他很想知道这个古老的东方古国是如何在短短几十年间崛起成为一个对世界拥有巨大影响的国家，也很想了解以孔子和孙子为代表的中国博大精深的传统文化是如何影响世界的。

墨西哥孔子学院弘扬中国兵法

记者来到墨西哥国立自治大学，这是墨西哥规模最大、历史最悠久的大学，也是拉丁美洲最大的高等学府，仅学生就有31万人，在世界上有着很大影响。其汉语教学更以开展时间最早、学生人数最多、教学质量最佳而声誉卓著。作为中墨友好的见证，自1972年两国建交后不久，中国便根据双方政府文化协议，向该校派遣了汉语教师。

墨西哥国立自治大学图书馆是一幢十层高的大楼，整幢大楼外壁绘有墨西哥最大的壁画，也是世界文化遗产的一个部分，全部用一厘米见方的彩色马赛克拼接而成。图书馆的管理员对记者说，该图书馆汉语书籍很多，中国古代典籍也很丰富，中文系的学生经常来借阅。说着，她在电脑上查到图书馆有各种版本的《孙子兵法》和中国兵家文化的书籍1000多本。

新华人刘小姐是广东人，曾在墨西哥国立自治大学就读，她一边陪同记者参观，一边介绍说，墨西哥国立自治大学对中国文化很热衷，2009年，该大学中墨研究中心举办题为"中国和墨西哥走向对话"国际研讨会；2010年，中国三军仪仗队队员与墨西哥国立自治大学中文系的大学生进行交流，中国军人的素质和风貌也给大学生留下深刻印象；2012年，"汉语桥"世界大学生中文比赛预赛在墨西哥国立自治大学举行。

刘小姐告诉记者，墨西哥国立自治大学中墨研究中心主任恩里克·杜塞尔对中国文化很钟情。恩里克·杜塞尔说，中国传统文化越来越受墨西哥人的喜爱，中国的影响力越来越大，中国作用也越来越重要，墨西哥已把发展对华关系置于最为优先的位置。

墨西哥国立自治大学孔子学院五年间共培养了超过3900名学生，全部是墨西哥人，他们都是中国文化的爱好者，有的是武术教练，甚至一些学生全家人都为中国文化着迷。该学院举办了数百场文化推广活动，开展中国文化培训，包括中国兵家文化的电影展映、文艺表演、诗词书画、中医讲座、武术太极，让墨西哥观众体会到中国文化的博大精深，扩大了中国文化在墨西哥的传播和影响。

墨西哥国立自治大学孔子学院图书馆，《孙子兵法》等中国兵家文化书籍受到墨西哥人的喜爱。中国驻墨西哥大使曾钢说，孔子学院图书馆的启用，为关心中国语言和文化的墨西哥朋友提供了一个很好的平台，大家可以通过阅读这里的书籍，了解中国古老的哲学思想，一脉相承的文化和中国人的思维方式，对于中墨两国人民之间的相互了解起到促进作用。

黎万棠：教汉语懂《孙子》不会失业

西班牙公立马德里语言学校中文系主任、马德里大学翻译学院兼任教授黎万棠评价说，欧洲危机造成许多人失业，而教汉语的不会失业，研究中国传统文化的也不会失业，懂《孙子兵法》的更不会失业。

黎万棠还出任欧洲台湾商会联合总会名誉总会长，西班牙台湾客家会长。他很重视中国文化传承，他和西班牙妻子、马德里大学西班牙及中国语文教授马康淑及两个女儿曾参加首届海外台湾留学生长三角研习营暨台胞青年夏令营。

1980年，18岁的西班牙美女在大学图书馆与黎万棠邂逅，她对这个彬彬有礼的华人小伙和中国博大精深的文化及语言产生了好奇。结识三个月后，就开始跟随黎万棠学习汉语，并结合音译和意译获得一个美丽的中文名字——马康淑。

结为伉俪后，黎万棠为帮助马康淑学习汉语，促成她赴台湾淡江大学任教。回到西班牙后，马康淑先在马德里大学下属的语言学院从事中文教学工作，后任西班牙文学系教授。夫妻二人花了十年心血用西文合著《中国语文文法》，专供西语人士学习中文所用；共同在马德里大学研究和传播包括兵家文化在内的中国传统文化。

黎万棠所在的西班牙公立马德里语言学校中文系成立30多年，五个年级学生总人数约230人。每年招收三个班约90个学生。被录取的西班牙学生多为主动前来学习中文，上课时极为用心，对汉语和中国传统文化很有兴趣，有许多学生还会申请奖学金到中国继续深造。

为了让西班牙学生更多地了解中国文化，黎万棠结合汉语教学，为西班牙学生讲中国的历史文化，传授《论语》《孙子兵法》等中国经典。

身为中国台湾人，他还经常与留学西班牙的台湾学生研读、交流《孙子兵法》。

2015年7月7日，适逢七七事变爆发78周年之际，黎万棠带领60余名留学海外的台湾学生在南京参访中山陵、侵华日军南京大屠杀遇难同胞纪念馆等史迹。他们是来自欧洲、北美、亚洲的台湾留学生，他们中大多数人是第一次来到中国大陆和南京。

黎万棠表示，中国早在2500多年前的春秋战国时期，孙子就提出战争对人类的危害，战争给人类带来灾难，让人类远离战争，降低和减少对人类的威胁。两岸青年要共同弘扬《孙子兵法》，铭记战争教训，共同构造和平未来。

吕罗拔：海外华人演讲兵法第一人

笔者采访马来西亚孙子兵法学会创会人吕罗拔时，他正在作题为"兵法、事业与人生"的演讲。他在演讲中说，《孙子兵法》是中华民族的文化瑰宝，也是全人类的共同精神财富，必须研究、传承、发扬，走向世界。像这样的演讲，他21年来共讲了680多场，创造了海外华人演讲《孙子兵法》的最高纪录。

演讲结束后，吕罗拔向笔者介绍说，我在马来西亚吉隆坡中华大会堂演讲，也在新加坡中华总商会及澳洲讲学，还到中国南开大学、中国人民大学和山东、浙江、四川、福州、深圳、苏州等地20多所大学演讲，场场都是爆满，海外华侨华人对孙子的崇拜盛况空前，令我为之振奋。

"要让更多的马来人和华人学孙子用兵法，要让《孙子兵法》走向世界！"精通英语和汉语的吕罗拔，在大马吉隆坡及各地的"《孙子兵法》与时事"的公开讲学开讲，前十年每个星期举办一场，风雨无阻。

他从孙子战略思想分析当前国际国内形势到企业应用兵法成功的典型案例，从自己40年研读兵法的心得到孙子精髓变成人生的全胜学，还精选了20句孙子名言警句，形象化地讲述孙子的故事，深入浅出，有血有肉，受众百听不厌，好评如潮。

吕罗拔还专门编印了4000册红皮的《孙子兵法》原文读本，发放给听讲人，并在书面上写道："读孙子要读原文，要边读边用，偶尔拿出来朗读几句，其效果更为理想。"

吕罗拔在吉隆坡每星期日下午的演讲会，富有吸引力，历久不衰。他演讲过"《孙子兵法》与现代经济战略""《孙子兵法》在企业管理中的运用""《孙子兵法》的时代精神""《孙子兵法》是必成大功的学说""从

《孙子兵法》谈象棋"《孙子兵法》也有文学价值"《孙子兵法》与未来"让《孙子兵法》走向世界"等。

在演讲"兵法、事业与人生"时，他用孙子"避实攻虚""行于无人之地""并敌一向"等警句，深入挖掘《孙子兵法》中具有的现实意义和人生智慧。

他对《孙子兵法》所蕴含的中国传统思维方式的特点，与中国传统文化的关系，对《孙子兵法》在现实生活、企业管理甚至人生活动中的应用，均发表了自己独到的观点，使听讲者深受启迪。

现场聆听过他生动、极富教益和感染力的演讲的听众，无不留下深刻的印象——

我成立了马来西亚孙子研究学会，希望借此为人类思想找到一些新答案。往后的思想必须涵盖现世及未来意义，假如《孙子兵法》没有这两个方面的丰富内涵，缺少这哲理性的人文意识，那就只好当作文学欣赏了。

《孙子兵法》就如下象棋一样，每走一步都是为了未来，同时能将计就计，"不失敌之败"。自古以来，没有一场战争会相同，孙子的战争智慧及其思维方法之所以永恒，是因为它有永远的普遍性。

《孙子兵法》已远远超越军事领域，广泛应用于商场上。商场有时比战场还要严峻。现实的世界如此，未来的社会也如此，用孙子的话来说便是要"以患为利"。孙子的思想是永恒的。

吕罗拔的理想是"要让更多的马来人和华人学孙子用兵法"。

后来，吕罗拔又在新加坡演讲，同样引起轰动，反应非常热烈，每场300多人，场场爆满，人气越来越旺，有时还需要临时增加座位。吕罗拔坚持21年从来没有间断，在新、马两国掀起一股《孙子兵法》热潮。

吕罗拔告诉笔者，2003年7月31日，接受新加坡国立大学中文系及新加坡中小企业工会的邀请，举办名为"以石击卵——从《孙子兵法》看企业生存之道"的讲座。在狮城中心地带的文华大酒店，讲座不仅座无虚席，还另外加放200多张椅子，才容纳下庞大的听讲群。

他还举办沙龙讲座，在新加坡中华总商会、巴生滨华独中讲堂、建屋局大讲堂定期讲演《孙子兵法》，犹如一场孙子兵法智慧总结讲座会。他逐一讲解《孙子兵法》及应用，让公众掌握这部世界第一奇书的概念。

《孙子兵法》核心思想的名言有"杀敌者，怒也"；"取敌之利者，货也"；"夫战胜攻取，而不修其功者凶，命曰费留"；"屈力殚货，虽有智者，不能善其后矣"；"主孰有道，兵众孰强"；"知可以战与不可以战者，胜"；"非利不动，非得不用，非危不战"；"以上智为间者，必成大功"；"将军之事，静以幽，正以治"……

当时新加坡的三大华文报纸都以显著标题进行了报道："现在世界是一个以思想取胜的时代，讲究思想的发源，我们古代有那么深厚的文化，它一定能够使我们创造更伟大的思想文化。"

陈正华在大马刮起"孙子演讲旋风"

蝉联两届马来西亚孙子兵法策略哲理学会会长的陈正华，是华教资深人士、大马华人作家协会会员、合唱团指导老师，出版《孙子兵法与小本经营及经商谋略》等书籍，倡导将《孙子兵法》活用在中小型企业管理中。

陈正华撰写活用《孙子兵法》的文章，刊载《南洋商报》经济版为时半年，许多论文刊载在《星洲日报》等媒体言论版。20世纪90年代，两次巡回马来西亚演讲"活用《孙子兵法》与经济危机"。他还为马来西亚连锁联盟集团、KVC连锁公司、八打灵国际青商会、《南洋商报》总行、霹雳独中领袖训练营演讲《孙子兵法》。

他并不属于纸上谈兵的"理论者"，而是把《孙子兵法》应用到各个领域的"实践者"。

《南洋商报》报道，马来西亚孙子兵法策略哲理学会每名会员都熟读《孙子兵法》，创会人陈正华更运用兵法协助百余人度过20世纪90年代末的金融危机。

陈正华指出，《孙子兵法》虽然是本兵书，但不主张战争，强调的是"不战而屈人之兵"，西方国家提及的双赢局面就是相同的意思。

由陈正华领衔的马来西亚孙子兵法策略哲理学会，开办了四届《孙子兵法》导读活动，两次《孙子兵法》巡回演讲活动，在大马刮起"孙子演讲旋风"。

会长兼讲师的陈正华宣称，若你不懂兵法没关系，马来西亚孙子兵法策略哲理学会可以帮你出谋划策。商场如战场，在激烈的市场竞争中，商战往往不亚于兵战。兵战打不赢还能当俘虏，商战上被打败只能倾家荡产。

陈正华介绍说，《孙子兵法》蕴含哲学、管理学、行为学、心理学，导读活动是学术研读与实践相结合的活动，一本古代讲述战争的兵法，其智慧与哲理被活用在现代的组织管理、策划谋算、道德经营及处事待人等方面。

他强调，其逆向思考的哲理，可说放诸四海皆准，他重复研读《孙子兵法》20多年，从教课中不断获得新的理解和新的生活例子，他吁请历届毕业同学必须不断重复研读，与时并进。

目前，第五届《孙子兵法》全文导读班开始招生。

除了举办四届孙子兵法导读，陈正华还不定期地举办讲座交流活动。

2016年8月28日，马来西亚孙子兵法策略哲理学会，在怡保古冈州会馆主办活用与认识孙子兵法讲座交流会，邀请了州内九所独中校长、教务主任、训导主任、董事长、总务、财政或代表。

首场交流会是早上10时，由叶新田主讲"孙子兵法历史与中心思想"，叶新田是孙子兵法马来文本翻译作者，撰写出版多本《孙子兵法》与企业管理的书籍。

第二场交流会是下午1时30分，由陈正华主讲"活用《孙子兵法》在企业经营与处事"。

陈正华组织两次在马来西亚九个州开展《孙子兵法》巡回演讲活动：第一次邀请参与山东临沂银雀山汉墓《孙子兵法》《孙膑兵法》竹简出土考古的吴九龙演讲；第二次邀请中国人民大学国学院教授、博士生导师黄朴民巡回演讲《孙子兵法与现代商业竞争管理》。

马来西亚《星州日报》《光明日报》《南洋商报》等媒体纷纷报道，在大马掀起了一股"孙子热"。

陈正华还有一个"绝活"，开讲《孙子兵法》全文80名句加活例子解读"。他在媒体上发出文告称，《孙子兵法》是一部很厉害的奇书，两千多年，历久不衰，时至今日，活在各个领域。

文告发出后，吸引大批听众踊跃前来听讲。

黄昭虎开创《孙子兵法》品牌课

"从古到今，从西到东，从军到商，从学到用"，这研究和传播《孙子兵法》的十六字方针，是新加坡南洋理工大学黄昭虎对自己30多年兵法生涯的绝妙概括。

黄昭虎祖籍海南，1951年出生在新加坡，是第二代华人，当过兵，做过老师，现任新加坡南洋理工大学商学院策略与行销系主任、南洋商学院商级培训课程委员会主席，主讲战略管理及行为学。他曾担任美国斯坦福大学和新加坡国立大学联办的高级主管课程主任、商业政策系教授。他也是厦门大学管理学院、马来西亚东拉曼大学和北京师范大学–香港浸会大学联合国际学院的荣誉教授。

笔者见到黄昭虎是在南洋理工大学的教学楼里，他正在给来自北欧的研究生讲"《孙子兵法》与商业管理"。等到授课结束后，只给笔者共进午餐的半个多小时时间采访，因为午餐后他要继续授课。

黄昭虎告诉笔者，这一周要完成42小时孙子课程，全年像这样的课程排得很满，研究生大多来自西方国家，这已成为南洋理工大学经典品牌课程。

黄昭虎说，除了大学安排的课程，新加坡各界和国外邀请他讲课的全年也很多，经常排不过来。从1984年起他到世界各地讲课，主要为全世界的总裁讲《孙子兵法》，讲孙子的智慧如何运用于策略管理和商业运作，受到世界许多机构的热烈反响。西方人要投资中国，投资亚洲，很想了解东方人的头脑和智慧，我就当起东西方兵法传播的"桥梁"。

黄昭虎在西方人眼里这么"红"，源自他翻译了许多让西方人喜欢看的中国兵书。如1991年7月由爱迪生－威士利出版社出版的《孙子兵法——战争与管理》，该书成为出版社历年最畅销书之一，已经被翻译成印尼文、葡萄牙文、中文和韩文。1996年出版了《亚洲行销面面观》一书，1998年出版了《36计：运用中国古代智慧与现代商场》，2001年出版《陶朱公商训十二则：古代智慧与现代管理》，成为2001年新加坡十大最畅销之书。此三本书都被翻译成中文和印尼文。2005年8月出版的《孙子兵法应用面面观》。2003年9月出版的《孙子兵法：翻译讲解与分析》，他花了七年心血，从中国的文言文翻译成英文，英文中有中文，每一句都加以注释，用东方人的眼光诠释东方兵法，这在同类书中是少见的，备受西方人的关注。

于是，黄昭虎声名远扬，曾为30多个国家和经济体的220家主要机构，包括如中国银行、中国宝钢、芬兰诺基亚、德国西门子、荷兰皇家荷兰电讯公司、香港香格里拉、印尼三林集团、马来西亚毕马威、台湾台机电，以及美国的希尔顿、摩托罗拉、戴尔计算机等进行管理培训与咨询。

1997年12月，黄昭虎应邀给戴尔电脑集团的高层主管讲课。戴尔是世界上成长最快的电脑"巨人"之一，黄昭虎用孙子"未战先胜"的思想说明集团的业务策略，创办人兼总裁麦克戴尔茅塞顿开，开创了不同的电脑销售途径——通过网际网络，不但排除了中介人，还可"量身定做"产品，在网际网络上直接指明他所需要的规格，戴尔在几天内便能把电脑装配好，然后送到办公室来。

黄昭虎表示，他是1978年中国改革开放后研读《孙子兵法》的，发现是大哲学、大智慧。他给自己定位：这辈子只做一件事，而这件能让他长期研究可延伸到商业领域并让全世界应用的事业，非孙子莫属。随着越来越多亚洲经济体对世界开放，孙子也越来越"热"。

我给美国大企业讲"知彼知己，知天知地"，讲中国市场与美国市场的对比，美国大企业居然主攻亚洲、主攻中国。没想到我用中国孙子的智慧为中国的崛起做了贡献。黄昭虎颇为自豪地说。

《孙子》超越蓝海受狮城大学生的欢迎

　　新加坡南洋理工大学教授、著名孙子研究传播学者黄昭虎推出的"超越蓝海"与《孙子兵法》课程，广受狮城大学生的欢迎和好评。

　　黄昭虎推出这个课程的缘由是，"蓝海战略"在新加坡遇到难题：企业囿于资源和风险的问题，很难找到或创造出属于自己的蓝海。而商业对于利益追逐的本质，使得即便有无竞争的蓝海被创造出来，受机会与利益的驱使，也将会不断有企业进入蓝海，这将令"蓝海战略"难以持续，最终变成血腥竞争的"红色战略"，那不符合《孙子兵法》的全胜思想。

　　怎样破解"蓝海战略"的难题？这是黄昭虎近年来重点思考和研究的重要课题。要破解"蓝海战略"的难题，就要有"超越蓝海"的智慧和勇气。

　　"蓝海战略"是"红海战略"的对称，竞争战略之一。是指打破现有产业的边界，在一片全新的无人竞争的市场中进行开拓的战略。

　　"蓝海策略"原名"Blue Ocean Strategy"，是由知名学者金伟灿和勒妮·莫博涅共同撰写的一本经济学畅销书提出。目的是摆脱竞争，通过创造和获得新的需求，实施差异化和低成本，获取更高利润率。因把无人竞争的市场比作没有血腥的蓝海，因此得名。书中主要为过去企业惯用的压低成本、抢占市占率等传统商业手法在现今市场竞争中产生的种种弊端找出根本原因，同时提出"开创没有竞争的新市场""创造出新需求"等"新"商业手段作为解决方案。

　　此书出版后，在全球掀起了一股热浪。但黄昭虎认为，与备受全球商界推崇的《孙子兵法》相比，是小巫见大巫。其实，中国的古代经典名著《孙子兵法》对"蓝海战略"的思想早有著述和体现，甚至其以一个更加全面、平衡的视角，给出超越"蓝海战略"的哲学思想。

作为战略，"蓝海战略"与《孙子兵法》有很多相通之处，都具有全局性、长远性等特点。将孙子的全胜、奇正、攻守、虚实等思想与"蓝海战略"进行比较，由于二者产生背景不同，虽然很大差异，但在企业战略管理中，二者可以相互融合与渗透，创新战略管理理论，服务于经济发展。

黄昭虎在新加坡举办了主题为"跨越蓝海战略和波特五力模型分析：从《孙子兵法》见解的综合性观点"的讲座，为到场近100名UIC师生分享了其潜心研究多年的《孙子兵法》在现代企业竞争中，超越波特五力模型和"蓝海战略"的优胜之处，讲座现场座无虚席。

黄昭虎重点解析了《孙子兵法》的"攻守战略"与"蓝海战略"，有独到之处。

黄昭虎在讲座上开门见山指出，根据《孙子兵法》，商业竞争需要"攻""守"结合。孙子的谋略最具启发性的地方是被其称为"主动性防御"的策略，也就是"进攻是最好的防守"，这是《孙子兵法》超越"蓝海策略"和波特五力模型的地方。

"攻"就要做到"攻而必取者，攻其所不守也"。其中"其所不守"，企业不必局限于开拓全新的市场，还可以包括技术、产品、服务、设计、布局、颜色、包装、产品特点、发行方式、广告宣传方式等被竞争对手忽略的方面。这一点与"蓝海战略"的哲学思想是相通的。

黄昭虎分析，"蓝海战略"最核心的思想就是创建自己的市场，建立没有竞争的空间，这就等于只针对竞争对手忽略的地方，但忽略了主动性防守的必要。事实上，作为市场领导者，要追求"蓝海策略"是不容易的。要在任何一个行业内试图寻找蓝海，很多企业都面临现实的挑战，更可行的选择是追求《孙子兵法》所提倡的"主动性防御"的策略，保持持续创新和随时备战的状态，同时寻找蓝海商机，才能做到"故善战者，立于不败之地，而不失敌之败也"。

他通过麦当劳、肯德基、高露洁和黑人牙膏、吉列剃须刀、英特尔、可口可乐等公司的实际情况分析了"主动性防御"策略应采取的措施。

黄昭虎指出，迈克尔·波特五力模型策略所包含的"成本领先、差异化及集中化"三个基本竞争策略，与"蓝海战略"所体现的观点又是对立的，从这个角度看，波特五力模型的三个基本竞争策略与孙子"主动性防御"策略相似，但相比之下，孙子"主动性防御"策略还渗透着持续改进、革新的理念，所以是明显超越它的。

而"守"就要做到"守而必固者，守其所不攻也"。也就是说，防守要做到让竞争对手丧失勇气攻击，或者无懈可击。在此，还需要强调"守"指的是主动防御，而非被动防守。做到"主动"，则企业将有更多的时间和机会应对来自市场和对手的挑战。这一点正是《孙子兵法》对"蓝海战略"的超越。

经过对各策略之间关系对比和深入浅出的分析，黄昭虎最后总结说，《孙子兵法》给予的启示是：主动，以主动性思维取代被动性思维，才能使企业立于不败之地。而最好的方式就是在主动防御和主动出击这两种截然不同的策略之间，找到阴阳调和的平衡的状态，随时做好应战准备，也要避免过于激进的操作。

黄昭虎独到的见解和幽默的演讲风格让在场学生印象深刻，尤其在互动环节，大家争相提问，气氛十分热烈。

在现场的调查中，当被问及"如果你在市场的地位、利润、质量、形象等已排名第一，你的目标是什么？"很多人的回答都很类似："保持第一"，"守住第一"，"坚持第一"。

黄昭虎指出，这是被动性的思维，当你的思维是被动性的，你采取的措施和行动将是被动性的。这是一般成功者容易犯的错误，这时候就要向《孙子兵法》学习。

"故用兵之法，无恃其不来，恃吾有以待之；无恃其不攻，恃吾有所不可攻也。"最好的方法是与竞争者拉开距离。黄昭虎说。

来自人力资源专业的吕同学很有感慨，他表示一开始对《孙子兵法》了解不多，但是听了之后，发现"蓝海战略"和波特五力模型都有局限性，而《孙子兵法》的精髓远远超过了它们，讲座上所提出的主动防御、主动思考和提前预防等观点，大大地扩展了自己的思维。

法国留学生Romane Licour则表示黄昭虎把《孙子兵法》的精髓应用到商业战略中，对她以后的发展计划起到很好的启发作用。

南洋女中选修《孙子兵法》

2007年10月29日，新加坡南洋女子中学31名师生来苏州大学进行学习交流，她们主动提出要听《孙子兵法》课。苏州孙武子研究会安排教授给她们上了一课，并带她们上《孙子兵法》诞生地穹窿山参观了孙武苑，加深了对孙武其人其事的了解，使女学生深感"获益颇多"。

苏州穹窿山雾巅相连，缥缈似烟，山景幽深，胜迹众多。2500多年前孙武因战乱避奔吴国，在此山结草建庐，写下了兵法十三篇，成为一部举世无双的兵学圣典，印刷数量仅次于《圣经》，被誉为"兵经誉中外，武圣耀古今"。

据传，此山茅蓬坞自古就是"仙人"与高士名贤隐居的圣地，神农氏的雨师赤松子曾在山上炼丹修道，羽化升天；汉代名臣朱买臣在密林深处有其当年的"读书台"；宋代名将韩世忠曾隐居此山宁邦寺学禅，现留有"孤峰皓月"摩崖题刻；明建文帝逃出南京隐居积翠庵，后人称"皇驾庵"；明姚广孝洪武年间退隐海云庵；近代名贤李根源买山葬母并在此建"小隆中"；近代高僧高鹤年游历中国名山大川，最终隐居穹窿山茅蓬寺。

孙武苑在天然次生森林茅蓬坞中，紧挨朱买臣读书台。走进孙武苑，仿佛置身谷中之谷，林中之林，宛如来到武侠小说中的武林高手藏身之处。

南洋女中师生感叹，无怪乎孙武能写出天下第一兵书《孙子兵法》，他的隐居地充满了智谋和神机的色彩。

2012年2月20日，新加坡南洋女中44名双文化奖学金同学进行为期八周的中国浸濡之旅，在苏州除了参观拙政园、苏州博物馆、寒山寺外，还参观了孙武书院，让同学们既见识了"出口"全世界的古典园林，又领略了同样"出口"全世界的《孙子兵法》的独特魅力。

新加坡南洋女子中学创立于辛亥革命时期，由一批来自中国同盟会的领导者创建。他们在孙中山的倡导下，积极兴办女子教育，意在让女性成为对社会有贡献的人。自1917年建校以来，南洋女中一直秉承先贤创校的精神，以培养有文化、有素质的女子为目标，将她们培养成国家的栋梁。

南洋女中于1979年获选为特选学校，学生都修读第一语文水平的华文与英语课程。自1993年成为自主中学，提供一些声誉卓著的特别课程，如《孙子兵法》选修课程、高才教育课程等。该校邀请新加坡南洋理工大学教授、知名孙子研究学者黄昭虎讲《孙子兵法》。

南洋女中校长麦丽英说，该校办校宗旨是，为学生创建双语双文化的学习环境，培养德才兼备的新时代女性。双文化课程给予学生每周五小时有关文学赏析，如选读《三国演义》《孙子兵法》。所有南洋女中的学生都有机会上与华族文化、中国历史有关的课程，不过课程的深度与广度将按学生的华文程度而定。

为了培育懂得反思、反应敏捷、有责任感的学生，南洋女中在2004年推出综合课程，2011年又将学生发展与课程进行全面整合，推出标志着学校课程发展中又一里程碑——培养领袖才能，培养学生慎言、慎行、慎思、慎独。而领袖才能需要孙子的智慧与谋略，培养学生的"四慎"，与孙子的慎战思想相吻合。

华侨中学双语教育与兵家文化

新加坡《联合早报》曾发表"新加坡人到中国打天下懂双语还是吃香？"的报道，有这么一段描述：

毕业于华侨中学的黄卫民新西兰深造回来只身前往上海，出任新加坡上海国际学校副校长。

一踏入上海协和双语高级中学，黄卫民就被那里中西合璧的装饰所吸引。了解到学校重视多元文化的融合，他更认为自己找到一个发挥双语优势的舞台。

他推广的中华文化课中，把《孙子兵法》和儒家学说介绍给国际部的学生。

新加坡南洋理工大学教授黄昭虎提出向《孙子兵法》学习，首先要学好华语，只有学好华语，才能读懂《孙子兵法》的原文，领会孙子文化的精髓。

新加坡推广华语运动至今已36周年。作为新加坡推广华语理事会主席的黄昭虎，既是华语运动的推广者，又是《孙子兵法》进学校的推动者。为推广华语运动，他多年来持之以恒，鼓励更多新加坡人讲华语和欣赏中华传统文化。

黄昭虎认为，华语贵在它蕴藏丰富智慧，精简并形象化，的确可比喻为语言和文化的宝库，等待人们去发掘和掌握。中华文化丰富多彩，学习应用中华文化还是必须从推广华语做起。

新加坡华侨中学弘扬以《孙子兵法》为代表的中华兵家文化，就是以双语教育为抓手，从推广华语做起。

华侨中学是华侨领袖陈嘉庚发起，于1919年在新加坡创办的以中文为教学媒介的学校。作为传统华校，华侨中学一直使用中国课本，用中文教学。

学校的宗旨、使命：扎根传统，继往开来，陶育具仁义诚信、热忱睿智之科研与政企英杰；秉持思源立新、惠民报国之信念驰骋国际舞台。体现了孔子的儒家思想和孙子的兵家智慧，渗透了浓厚的中华文化情结。

如今华侨中学已经是新加坡最顶尖的中学之一，虽然主教语已更改为英语，但依然保持了比较浓厚的中文背景和传统文化。学校历经沧桑，为包括兵家文化在内的中华文化在海外的传播做出了不懈努力。

华侨中学建有教学楼、大礼堂、大讲堂、图书馆、田径场、游泳池、体育楼、体操馆、柔道馆、重量训练室、体能训练室、室内射击场和户外球场等，学校有田径、体操、篮球、足球、排球、网球、乒乓球等20多个不同项目的运动队，其中篮球、排球、体操、武术、田径、柔道是传统强项，俱乐部包括围棋、象棋等，在教学阅读、课外活动和体育竞技中培养尚武精神，灌输中国兵家文化。

2005年，华侨中学开设了双文化课程，旨在为新加坡培育一群真正学贯中西的双文化精英。所有修读双文化课程的学生皆须到设在北京的卫星校园学习半年，直接感受中国政治、社会、经济、文化发展的脉搏。

新加坡华侨中学副校长陈鹏仲表示，我们是一所华校，我们有这个使命、有这个任务要保留中华文化的传统，那些好的、优良的传统文化要让它在新加坡继续弘扬。

新加坡中华总商会开讲"兵道与商道"

《孙子兵法》十三篇以"道"为纲,纲举目张,开创中华"以道言兵,以兵演道"的新境界,决定了那个时代的历史格局,也点亮了引领人类在百业万行中自觉运用道德智慧的"明灯"。

新加坡中华总商会是全球华商研究与实践"兵道与商道"的发起者和推崇者。

成立于1906年的新加坡中华总商会,是新加坡历史悠久的商业团体。目前,总商会拥有近160个商业团体会员和近5000名商号会员,网络涵盖超过4万家来自各行各业的跨国公司、政联机构、大型金融与商业组织和中小型企业。

新加坡中华总商会还是世界华商大会的创办机构。1991年8月发起主办首届世界华商大会,共有来自30个国家和地区的70个城市组团参加,800名华商代表与会。新加坡内阁资政李光耀应邀主持开幕式,并发表主题演讲,大会决定在新加坡设立永久联络机构,每两年轮流在各地举行一次大会。

至此,"兵道与商道"与世界华商大会紧紧联系在一起,新加坡中华总商会与《孙子兵法》也结下了不解之缘。

2014年商业展望华语论坛在新加坡中华总商会嘉庚堂成功举办。论坛上,辉立期货策略师王子龙从专业角度分享黄金前景和投资策略。他引用《孙子兵法》中的"凡战者,以正合,以奇胜"的理念,鼓励业内人士和感兴趣的新投资者"谋时不如乘势",抓住机会赚取利润。

2015年,新加坡中华总商会与《联合早报》举办中小企业"创新思维创新实践"研讨班,《孙子兵法》成为热门话题。

参加研讨班的企业家或许了解过日本松下创始人松下幸之助把孙子当"天下第一神灵"的成功秘诀，或许听说过韩国三星创始人的"相生经营学"，或许研读过孙正义运用兵法精髓的战略并购，但可能并不知道，这些商业奇迹的背后，正是孙子"兵道"衍生出的"商道"，即"经商之道"，不断影响并改变着全球经济领域。

新加坡中华总商会还举办《孙子兵法》与企业战略管理讲座，重点围绕《孙子兵法》为将五德——"智、信、仁、勇、严"，作为企业领导者所应具备的基本特质。

企业家懂得：智者人附，信者人归，仁者爱人，勇者服人，严者明人，当企业领导者拥有这些素养后，才能充分调动企业发展的潜力，才能实现"贤臣择主而事，良禽择木而栖"。

新加坡中华总商会管理学院开讲《孙子兵法》在现代商务中的运用。

该管理学院成立于1984年，之后于1996年由一所政府资助开办的教育培训中心成功提升为目前的管理学院。学院为各阶层人士提供多样化的课程，包括企业领袖、高级经理、专业人士以及本地学生。课程种类主要为三种：商务课程、文化语言课程、技术培训以及根据客户所需而特别制定的培训课程。由于学院是新加坡中华总商会的附属机构之一，我们提供的课程大多以中文为主，以便为各界华商及中小企业服务。

在这门课程中，一个课程设置，两国教授上课：由清华大学及新加坡中华总商会管理学院联手主办，一流讲师演绎。

这门课是中国通"商用华语技能"系列课程之一，适合各行业专业人士、经理和执行人员。学员通过实际案例和分析学到如何在现代商务实战中运用《孙子兵法》重要思想，游刃有余地与中国合作伙伴进行商务谈判和业务合作。学会孙子的智慧，让企业家在商场上胸有成竹。

课程内容：《孙子兵法》战略思维在现代商务中的运用；《孙子兵法》之"知胜之法"在商务谈判、项目规划、业务合作等方面的运用；《孙子兵法》之"先胜而后求战"在创造及把握时机、争取最大利益、预见及应对危机方面的运用;《孙子兵法》之"出奇制胜"在扬长避短、攻其不备方面的运用。

教学方法:课程既注重整体结构又强调实用性,课程内容结合时下商务案例,并通过小组讨论、口头报告、课堂小测等多样化的课堂活动组织教学。小组讨论让学员有机会分享他们的行业经验,口头报告和角色扮演让学员在模拟情境中练习运用所学到的概念,课堂小测能帮助学员及时巩固所学知识,提高学习效率。

学习成果:中国商业合作伙伴的说话、做事风格,受到《孙子兵法》哲学思想的影响。在与他们的往来过程中,如何迅速明白对方的言外之意?如何根据对方的话语准确猜到他们心里的想法?这门课让企业家学会如何使用《孙子兵法》中的经典策略制订商业计划,组织商业活动,做到"知彼知己,百战不殆"。

蒙古华侨学校不忘"老子"不丢"孙子"

"既不能忘掉'老子',也不能丢掉'孙子',我们华侨学校重视在蒙古华侨孩子和蒙古学生中传播中国传统文化,老子的道家、孔子的儒家、孙子的兵家思想,这些中国经典文化都传授,学生们都很感兴趣,优秀学生尤其喜欢。"被誉为蒙古高原"汉语花"的蒙中友谊学校校长江仙梅在接受记者采访时说。

蒙中友谊学校坐落于乌兰巴托市,是旅蒙华侨协会为满足当地侨胞子女的教育需求创办的一所华侨学校,原名旅蒙华侨子弟学校,20世纪90年代初学校开始招收当地蒙古学生。该校现有21个班级,八个周末汉语补习班,在校生近700名,其中90%以上生源为蒙古学生,多年来为中蒙两国之间交流发挥了重要作用,同时培养出一大批汉语成绩优秀的双语人才。

江仙梅祖籍河北,在蒙古长大,毕业于这所华侨学校,并在该校多年负责文教宣传,并担任校长。她自豪地对记者说,蒙中友谊学校长期致力汉语教学和中华文化传播,引导学生读中国经典名著,包括兵家故事,许多学生都读过《三国演义》《三十六计》,不少学生知道老子、孔子和孙子,不仅弘扬了中国文化,而且促进了汉语教学,该校学生在蒙古国举办的汉语奥林匹克比赛、"汉语桥"比赛等活动中多次获奖。

江仙梅介绍说,蒙中友谊学校在多年的办学积累中,形成了独具特色的办学模式,实行上、下午两班制,一至十二年级都以汉蒙双语授课,并有历史、书法、口语、写作等汉语特色课,把儒家学说、兵家文化融入其中,从小对学生们进行中国文化熏陶。如今,该校成为蒙古诸多汉语学校中的佼佼者,深受蒙古国中小学生的青睐,前来报名求学的学生"一桌难求",每年不得不拒收很多学生。为满足蒙古"汉语热"、中国"文化热"

的需求，该校于2011年新建了1400平方米的新校舍。

该校除了结合课堂教学传播中国文化，还经常组织丰富多彩的课外活动，如作文比赛、汉语知识比赛、汉语歌曲比赛、诗歌朗诵比赛、书法比赛、才艺展示等，都渗透中国兵家文化。该校许多小学生喜爱阅读《孙子兵法》漫画、《三国演义》连环画，中学生则有机会经常阅读和朗诵中国经典兵家故事。

参加国务院侨办组织的"寻根之旅"夏令营、"中华文化大赛"优胜者夏令营等活动，是传播中国文化的最佳时机。该校注重游教并举，寓教于游，结合参观中国历史文化名胜、学习中华武术等活动，寻找中国文化之"根"，华侨孩子和蒙古学生加深了对中国文化完整体系的认知度，更加不忘"老子"，不丢"孙子"。

蒙中友谊学校办学成绩得到当地教育界的一致认可，获得很多成就和荣誉。2009年，蒙中友谊学校被中国国务院侨办评为"华文教育示范学校"；而江仙梅在教授汉语、传播中国文化方面取得骄人的成绩，获得诸多奖励和荣誉，每年获得教育界各种奖项，其中有蒙古国总统颁发的最高奖项——北极星勋章和功勋教师奖，成为海外优秀华人的代表。

在谈到未来的设想和目标时，江仙梅说，该校力争办一份华文报刊，开辟中国文化专栏，把学校建成传播中国语言文化、促进中蒙文化交流的"窗口"；做好汉语教材本土化建设和优秀教学读物的引进工作，重点引进《论语》《孙子兵法》等中国典籍；加强与孔子学院等汉语学校的合作，普及蒙古文《孙子兵法》，为汉语文化在蒙古国广泛传播，弘扬中华民族的灿烂文化做出更大的贡献。

香港开设高阶管理博士兵法班

香港理工大学中国商业中心主任王诗华在接受记者采访时透露，香港与内地有共通的语言和文化，为内地政府、企事业提供策略性管理人才服务，《孙子兵法》是最有特色、最实用也最受欢迎的课程，我们打算单独开设《孙子兵法》高级管理班，邀请海内外知名孙子学者授课。

据介绍，成立于1992年的香港理工大学中国商业中心，与香港、内地及海外政府机构和工商界建立策略性伙伴关系，重点研究中国的经济、商业和市场走势，已成为在香港培训最多内地公务员及企事业管理人员的机构，获国家外国专家局指定认可的境外培训基地，截至目前已培训近2万人。

在香港，开设高阶管理兵法班已有先例。香港中文大学邀请海峡两岸和新加坡的华裔学者连续多次召开中国式企业管理研讨会，提出要建立《孙子兵法》的竞争模式，并建议将其与西方企业竞争模式进行比较研究。香港大学硕博士论文注重对《孙子兵法》的核心思想的理解，弘扬中华谋略，沉淀智慧结晶，构建专业思维平台与智力库。香港亚洲商学院也开讲《孙子兵法》与商战谋略。

2011年1月15日，香港商学院开设《孙子兵法》与高阶管理博士班。课程从筹创伊始，得到美国管理技术大学、中国孙子兵法商学院等教育服务机构的全力支持。课程专注于中西文化精髓的融合借鉴，在提供高品质的课程服务下，将《孙子兵法》与西方经营管理融为一体，培养博古通今、具有国际化观念及全方位策略思维的商业领袖和高级经营管理者；搭建高品质、独具财富的交流与沟通的商业平台。

课程参照国际著名院校管理专业的博士体系，课程结构邀请国内外著名专家、学者主讲，学期两年。第一阶段为课程授课学习，共有六门《孙子兵法》高阶管理专业课程和三门管理研究专题课程；第二阶段为博士论文写作与答辩，在入学及授课期间内选题，在完成课程学习后完成写作，成绩合格、通过论文答辩后，可申请获得美国管理技术大学工商管理博士学位；第三阶段为出国学习考察，参加毕业典礼及商务考察活动等。

课程设置："孙子兵法之战略管理模式"，通过五事七计确立战略竞争思想；"孙子兵法之商业组织思维"，通过中西管理思想与职能的对比，深层次揭示古代思想在今日管理应用中的应用；"孙子兵法之市场竞争格局"，对营销论进行重释；"孙子兵法之人力资本战略"，阐述企业经营使命与以人为本的经营观；"孙子兵法之专题研究"，以实战案例将兵法重"势"的精髓再现于市场征战中；"孙子兵法之哲学思维"，启迪当代商业领袖在思辨中领悟华夏祖先的智慧源泉。

原香港理工大学博士生导师、香港国际孙子研究学院院长庐明德认为，香港开设高阶管理博士兵法班、《孙子兵法》与商战谋略班，香港大学首开兵法硕博士论文之先河，香港理工大学中国商业中心欲开设《孙子兵法》高级管理班，不仅对于弘扬博大精深的中国兵家文化，而且对于培养现代化、多元化、智慧型、高层次的战略人才，都具有十分重大的意义。

香港三联书店读书会兵法开讲者

2008年10月14日，香港媒体发出一则消息：中西方的兵学有何异同，孰强孰弱？《孙子兵法》是否有益于后世呢？三联书店于10月18日下午举行的"月读·悦读"。读书会，请来岭南大学持续进修学院讲师邱逸，通过对中国兵学经典《孙子兵法》的讲解，从史学和兵学的角度去探讨这些问题。

邱逸1974年出生，广东潮州人，历史学博士、时事评论员，是香港出类拔萃的年轻一代孙子研究学者。他钻研宋史、军事史及近代史，尤专于孙子研究，曾在大学教授军事史及《孙子兵法》。他的硕士研究《宋代的孙子兵法研究》破格升为博士研究，成为港大中文系首位没有硕士学位的博士生，也是香港为数不多的兵学论文获博士学位的学者。现为岭南大学持续进修学院学务主任及高级讲师。

自1998年起，他任职报社，担任评论版编辑，在报纸上评论财经及国际问题达十年之久，其评论领域多涉及国际与两岸关系，文章见之于《星岛日报》《成报》《经济日报》。

邱逸发表的评论文有《读世界是平的》《解读日本退出四国联盟》《李登辉歪论台海近忧、美国如何能围堵中国呢？》《中国不再韬光养晦了吗？》《各种背景下的最佳策略》《两岸关系格局不变》《两岸与两韩与南方朔先生商榷》《美国在台湾问题上的战略意图》等，引起读者关注。

在三联书店邀约开讲前，邱逸已就兵法和战略举办60多场的讲座，较受欢迎的包括为资优学生演讲的兵法与人生，为中小学生而谈的神奇的兵法世界，以及面向社会大众的西洋棋对围棋——西方的胁迫与中国的突围，脑电图要多长时间。三联书店希望邱逸能从纯军事的角度讲解中国的兵法，并介绍其为香港最严谨、最正统的《孙子兵法》研究者之一。

邱逸在三联书店开讲的"风雨飘摇五百年——西方铁蹄下的《孙子兵法》"，讲述了500年来西方诸国并起，穷兵黩武，血流成河，人类历史进入世界范围内的战国时期。这对2500多年前诞生于中国战国时代的，被后世推崇为百代谈兵之祖的《孙子兵法》是严峻的挑战，中华民族如何运用孙子的智慧解救民族于强敌铁蹄之下呢？邱逸对此作了精彩的诠释。该讲座成为最受欢迎讲座之一，在短短四年共举办十场之多。

西洋棋对围棋——西方的胁迫与中国的突围，讲述中西方战略思考的异同，以围棋棋法为例，说明中国在以美为首的西方势力包围下，如何突破和发展，特别是正在复兴的中国如何扬长避短，守住重要的战略机遇期。

2008年至2010年，邱逸连续三年在各大教学机构开设孙子讲座，还讲了中西兵法与战争观、兵以诈立与仁至义尽、战与和、抗与退的抉择、读孙子善谋略等课程。

中西兵法与战争观介绍世界战争史轮廓与中西方战争观，由石器时代到21世纪人类战争形式的转变，对东西方兵法文化进行比较研究，凸显中国兵家文化的特质和东方智慧；战与和、抗与退的抉择以朝鲜战争为例，讲解《孙子兵法》的要旨；读孙子善谋略则以商场博弈为实例，带出《孙子兵法》的谋略。

邱逸向记者透露，他参加过多次内地举办的《孙子兵法》国际研讨会，目前在岭南大学上孙子课，每周一课，听课的都是成年学生。他的孙子专著《兵书上的战车》将在2012年由香港中华书局出版。

学部委员澳门大学"还原孙子"

笔者见到中国社会科学院学部委员杨义是在澳门大学，他卸任社科院文学研究所所长之职，受邀前往澳门，担任澳门大学社会科学及人文学院中国文学讲座教授、博士生导师，讲《史记》，讲先秦诸子中的老子、庄子、孙子。

杨义"还原孙子"津津乐道，他认为诸子学必须参照文献文本、考古资料与诸子身世，对其作为一个有血有肉的人所创造的智慧进行生命还原，这是诸子发生学的基本命题。

杨义考证，孙武出生在齐国的一个军事世家，祖父、伯祖父军事思想和作战经验都深刻地影响和震撼着当时只有十几岁的孙武。这个政治、军事家族平时的家教，家学承传，堂前商讨，案前凝思，列国杀伐和将门论学的交织，都直接成为孙武军事思想形成的催化剂。家族的记忆，长辈成功的典范，给兵学经典的形成注入丰厚的经验和博大的智慧，已经成了《孙子兵法》字里行间的精神气脉。

杨义举例说，比如孙武以前百余年的齐鲁长勺之战，在《孙子兵法·军争篇》中可以发现某些投影。《左传》记载的伐莒之役，是可以作为《孙子兵法·军争篇》所说的"兵以诈立"，"其疾如风"，"动如雷震"的战例的。"九地篇"所说"去国越境而师者，绝地也"，以"军事篇"所说"倍道兼行，百里而争利，则擒三将军"，就会让人联想到离孙武百年的秦晋崤之战。

还有晋楚争雄，屡开战端而胜负轮替，也是兵家不会轻易放过的话题。"始计篇"所说"攻其不备，出其不意"，这些原则可以在城濮之战晋大胜楚之后，疏于防备，而在邲之战中败于楚；楚在鄢陵之战中，又因将帅醉酒误事，惨败于晋这一系列的战争教训中得到印证。

　　杨义说，尚应探索的是，家庭文化是古代中国文化承传的重要机制。孙武的祖父孙书同辈的大军事家，叫司马穰苴，《司马穰苴列传》见之于《史记》卷64，他以《司马兵法》闻名于世，他的军事思想、军事行为，对孙武影响极深。

　　当时，齐国受到晋国和燕国的威胁，经常打败仗，齐景公任命他当大将军，派一个宠臣来做监军。这个宠臣倚宠卖宠，到处应酬酒席，接受礼品，耽误军机，司马穰苴要杀他，齐景公马上派使者来制止，说不能杀。司马穰苴说了一句"将在外，君命有所不受"，就把他杀掉了。这句话跟孙武杀掉吴王的两个宠姬的话是一模一样的。

　　杨义论证，司马穰苴深刻影响了孙武的治军作风；"文能附众，武能威敌"也被"行军篇"演绎为"令之以文，齐之以武"的治军原则；"士卒次舍、井灶饮食、问疾医药"与"地形篇"中"视卒如婴儿"、"视卒如爱子"如出一辙；"必取于人"的实践性"先知观"，与"谋攻篇"的至理名言"知彼知己，百战不殆"相互映照，使整部《孙子兵法》摒弃了巫风迷思的纠缠，闪耀着深刻的实践理性的光彩。

台湾元智大学将《孙子》列为必修学分

　　记者慕名来到台湾元智大学，采访首个在台湾将《孙子》列为必修学分的"推手"王立文。在他的办公室和会客室里，摆满了各种《孙子兵法》书籍，是他到世界各国讲课时收集的。他的案头放着元智大学出版的一叠《全球在地文化报》，每期头版上都有他撰写的有关孙子文化的文章，记者随手翻阅，《从孙子兵法传播看中华经典全球化趋势》一文，洋洋洒洒占一整版。

　　王立文原是台湾元智大学机械系教授、系主任、副校长，现任该校通识教育学会监事，是台湾通识教育十大"推手"之一。元智大学原名元智工学院，是一所私立大学。近年来，该校陆续推出新世纪领袖人才培育计划，而将研读《孙子兵法》列为必修学分是其中的一个举措，也是王立文"力推"的。

　　问及缘何改行，王立文幽默地对记者说，"机械太死板，而孙子极灵活"。他在上大学时就读《孙子兵法》，一直研读了30年，出版过孙子专著。他认为，它不仅是战争宝典，更是竞争宝典，还是一门教人成功的学科。近年来，台湾盛行过成功学，但都不能与孙子的智慧相提并论。孙子经典对大学生未来的人生和事业非常管用，不能让中华经典在当今的大学生中流失。

　　2008年，王立文告别机械领域，转向人文领域，设计一套经典教育系统，开设的《孙子兵法》课程，每年开两班，每班120人，目前已开办了十多年，深受好评。王立文采取将理科及文科融合教授的方式，他所讲的《孙子兵法》与人生智慧，竟受到不少学生的欢迎，其中还包括在元智大学进行短期交流的中国大陆学生。有些学生回中国大陆后，向学校推荐，邀请王立文赴苏州大学、华中科技大学和东南大学等高校进行讲座。他说，自己是中国大陆学生来台交流的受益者。

王立文说，第一次前往华中科技大学讲授《孙子兵法》时，把他吓了一大跳，原本以为这堂课不可能吸引太多学生聆听，没想到座位全满就算了，走道边也站满了人。有学生告诉他，为了听他演讲排了一个多小时队，让他感动之余，也感受到中国大陆对于中国经典文化的热爱。

王立文按照《孙子兵法》十三篇，逐篇分析这部经典所包含的人生哲理，每一篇都先举出原文，再融合当代学生在学习、求职上的现状，深入浅出地解释、阐述。他还以元智大学曾经提出的"新世纪领袖案"，引导大学生用孙子竞争思想把握人生与事业的主动权。在讲"地形篇"时，他以孙子"故知兵者，动而不迷，举而不穷"，结合一个个孙子实践者成功的实例，使大学生深刻理解《孙子兵法》的精髓。

王立文连续两年当领队，带领元智大学的大学生赴孙子故里山东参加"海峡两岸大学生孙子兵法友谊辩论赛"，两个辩题分别是"获得胜负的关键是实力还是智慧？"和"孙子兵学的精髓是动以争先还是静以制动？"使大学生受益匪浅。目前，他正带领大学生积极"备战"，迎接两岸辩论赛"移师"台湾。

《孙子》与《水浒》合读之精妙

"新《水浒传》在台湾地区的收视率节节攀升，成为近年来大陆电视剧在台播出最高收视率，我们大学的不少学生都是水浒迷。"台湾元智大学通识教学部教授王立文是台湾岛内首个将《孙子》列为必修学分的"推手"，他对记者说，我们开设的《孙子兵法》课程中，把《水浒传》作为经典案例。

王立文告诉记者，中国四大文学名著之一的《水浒传》深受台湾岛内民众的喜爱。台湾《水浒传》四本绘画版连环画畅销，游戏类型《水浒传》高清水墨风格，画面逼真，特效动感，颇具创意，玩家接受度高，在台湾岛内家喻户晓，《欢乐水浒传online》也现身台湾。于是，他萌发了将中国兵法与中国文学名著结合起来教学的想法，自己先潜心研究。

经典与经典是相通的，经典也不是纯供欣赏的。王立文说，《孙子兵法》与《水浒传》这两本都是经典书，分开读有其滋味，合起来读则更有意义。《孙子兵法》言简意赅，没有案例，不易理解及运用，而《水浒传》情节丰富，案例脍炙人口，但读者若只沉迷于细节，则难体会其中暗藏之兵法哲理。如把两书交相阅读，可谓相得益彰。

元智大学在两年前开始将"经典五十"列为全校必修课，经典书目中《孙子兵法》和《水浒传》皆在其中。王立文比较研究后发现，《水浒传》为绝妙的兵法之案例，而兵法为《水浒传》中蕴含之用兵指导原则。

清人李焕章在《水浒人传》中记叙，崇祯末年，一个农民因熟读《水浒传》而以兵法大败盗贼秦渠，被称为"水浒人"。乡人以为他熟读《孙子》《吴子》。正如梁启超所言"小说有不可思议之力支配人道故"。其实，在梁启超精论之前，《三国演义》与《水浒传》已经为兵学小说化、普及化，出现了兵学小说。

王立文认为，《孙子》《吴子》确为兵家必读的经典，但不是一般的深奥，而是博大精深，是大智大慧，不是谁都能读懂和领悟的，尤其是对文化不高的平民百姓或阅历不深的青少年学生来说，白话小说更容易深入人心，而为今后有兴趣研读兵书打下基础。

王立文比较"道、天、地、将、法"，这"五事"位列《孙子兵法》开篇之首，足以见"五事"者的重要。"五事"者，不仅是五个要素，更是一个全面立体的系统。而《水浒传》中，这"五事"演绎得精妙绝伦。"替天行道"把"天"和"道"融为一体，水泊梁山独特的"地理位置"，尤其是一百单八"将"个个身怀绝技，来自各路的英雄好汉排座次居然无人不服，招之即来，挥之即去，显示了梁山"有章有法"。

《水浒传》中很多计谋都是《孙子兵法》的具体综合运用。王立文举例说，如"智多星"吴用等人"智取生辰纲"，运用的就是《孙子兵法》"兵者，诡道也"；又如"三打祝家庄"，运用了孙子的"知彼知己""用间"；再如宋江用"金枪手"徐宁破连环马，运用了孙子的"择人任势"。

王立文表示，单读兵法理论原则有时难以理解，单读《水浒传》亦常被其情节所眩。若是把《水浒传》某些故事当作《孙子兵法》的案例，则兵法易懂，《水浒传》之复杂故事情节的背后之用兵原则亦可呼之欲出。因此将《孙子兵法》与《水浒传》合读，更能领略两本书之精妙处。

台湾讲师乐当大学生"兵法教官"

几十年来，他受邀担任台湾屏东教育大学硕博士班、美和科技大学、高凤数位内容学院、屏东商业技术学院、永达技术学院、正修科技大学、慈惠护专、屏东高工、屏东女校等数十所大学的"兵法教官"，他所著的《孙子兵法与案例导读》一书，目前被台湾多所大学院校采用。他就是台湾中华孙子兵法研究学会研究员、台湾高凤数位内容学院讲师周泯垣。

周泯垣对记者说，身处信息爆炸与竞争激烈的现代大学生，如何汲取中华优秀文化的智慧并传承弘扬，是不可或缺的重要课题。而《孙子兵法》是一本历经时空考验、亘古犹新，经营经典与战略决策书，全世界都视为"智典"，被各行各业广为推广应用，也同样被教育领域尤其是大学看好。

《孙子兵法》最有价值的文化遗产是其哲理智慧，跨越时空影响着人们的观念行为。所蕴含的人文价值，应对知识经济全球化带来的严峻挑战，有利于培养大学生的传统人文精神；所蕴含的哲理智慧，有利于培养大学生的理性思维能力和创新精神；所蕴含的伦理道德观，有助于提升大学生人格、气质、修养、情感等基本素养，从而提高人才的综合素质。因此，现代大学生不能不研读《孙子兵法》。

于是，周泯垣将《孙子兵法》转识成智，将孙子精髓结合案例运用于大学生生活中。他告诫大学生，《孙子兵法》是做事方法中最具宏观思维的策略方法，人生难免遇到挫折，知法何须用兵，真正懂得《孙子兵法》之方法者，是无须用兵的。他希望借由案例导读，帮助大学生"知彼知己""胜兵先胜""避实击虚""创机造势"，进而达到孙子"不战全胜""百战不殆"的最高理想与目标境界。

周泯垣告诉记者,《孙子兵法与案例导读》一书以大学生为撰写目标主体,从大学生面向生活、面对社会及进入职场角度切入。该书除了将《孙子兵法》的理论白话,原文内容浅显翻译外,各篇内容架构予以图表辅助,使深奥难懂之兵学重点化、简单化、图表化,并将各篇关键思想辅以50个生活案例导读,融入学习、生活、沟通、领导、管理、谈判、商业、职场、爱情、创意等方面,以提高大学生学习兴趣与效果。

许多大学生学习《孙子兵法》精髓后,在处理日常生活问题时,思虑会比较整体考虑而周密。周泯垣说,他们懂得不能为了赢得战术,而输了战略;赢了战争,而输了和平;赢了面子,而输了里子;赢了一时,而输了全部;赢了争吵,而输了婚姻;表面上赢了,实质上输了的道理。

周泯垣认为,"海峡两岸大学生孙子兵法友谊辩论赛"非常有意义,其中有一道辩题"获得胜负的关键是实力还是智慧",对大学生很有启迪。有的大学生在自己的博客中写道:《孙子兵法》是古代兵法,也是新时代的兵法,是新时代的大学生"智慧之法"。在竞争激烈的校园里和未来的人生道路上,生存之道,发展之道,成功之道,"不可不察也"。

近年来,周泯垣发表了《从孙子兵法谈学校经营管理策略》《从孙子兵法策略谈学校公共关系运用》《论孙子兵法之策略内涵》等论文。他说,《孙子兵法》对大学生素质教育和竞争能力的培养,显示出的非凡功效,应该把它当作必修书目。若能借由《孙子兵法》的思想方法中寻找出解决问题之道,活学活用,举一反三,就能让现代大学生成为站在巨人肩膀上的智者。

台湾56人兵学论文获博硕士学位

台湾孙子兵法战略研究学会相关人士向记者宣称，1985年，黄萱杉以《兵家之管理思想：策略形成与执行》的论文，获得台湾政治大学博士学位。他也是台湾首位以研究《孙子兵法》等古代兵学获得博士学位的学者。

黄萱杉在其博士论文中写道："兵学自春秋战国时期由贵族流散于民间，群雄争霸而使兵学盛极一时，成为专门之学。传世兵书以宋元丰年间所颁武教学教材，孙子、吴子、司马法、唐太宗李卫公问对、尉缭子、三略、六韬之'武经七书'为兵家思想代表作。"

黄萱杉的论文以《孙子兵法》和"武经七书"为研究对象。从现代管理之观念剖析其战略规划、执行与控制思想，并导出兵家思想之现代管理及建立中国式管理之含义。全文分九章共17万字。论文析论兵学与管理学、兵家与兵书之关系，并确认"武经七书"为兵家思想之核心。论文还分析兵家之策略规划过程与原则、兵家战略执行与控制，以及组织、用人、领导、统御等重点，并从所分析归纳之兵家管理思想提出现代管理之含义。

《孙子兵法》论文获博士学位的黄萱杉，在中国式管理方面如鱼得水。他先后任美国声宝公司副总裁、中华彩色印刷公司总经理、羽田机械关系企业执行长、中兴大学企业管理研究所教授兼所长、中兴大学企业管理学系教授兼主任、台北大学商学院院长、台湾烟酒股份有限公司董事长、台电公司董事长，还出任台湾"经济部"部长、"财政部"财政金融专员。他的主要著作有《兵法与商略》《从高阶管理观点论孙子吴起列传》《孙子思想与企业管理》《中国古兵家之领导思想》《中国兵家之管理思想》《吴子兵法与策略管理》等80多本。

另一位特别引人注目的兵学论文获博士学位的林英津，她在1985年台湾大学中国文学研究所写的博士论文《夏译〈孙子兵法〉研究》，对鲜为人知的西夏文《孙子兵法》进行了深入的研究，使这一珍贵版本得以传承下去。林英津现任台湾"中央研究院"语言学研究所筹备处研究员，宁夏大学西夏学研究中心兼职教授。1987年出版专著《孙子兵法西夏译本所见动词词头的语法功能》，1994年她的博士论文《夏译〈孙子兵法〉研究》，由台湾"中央研究院"历史语言研究所刊印，引起海峡两岸学术界的关注。

台湾商务印书馆总编辑方鹏程在他出版的《孙子：谈判说服的策略》一书中披露，台湾一些博硕士研究生以《孙子》为主题，撰写研究论文，研究范围已经扩大到许多层面，并不是限定在军事运用的范围。截至2004年就有300多篇《孙子兵法》论文，研究范围包括军事、经济、企管、教育、文学、语文等。

台湾孙子兵法研究学会相关人士介绍说，据不完全统计，至今台湾以《孙子兵法》等兵书为题材而获得博士学位的有六人、硕士学位的有50余人。而两岸共培养这方面的人才约120人。

此间学者称，在如此短的时间里有这么多人专注《孙子兵学》的研究，并获得诸多的博士和硕士学位，不能不说是世界学术史上的一个奇迹，也是两岸学术界为传播中华文化做出的新贡献。

台湾岛内开展《孙子兵法》进校园活动

台湾官方和民间机构重视中华传统兵家文化在台湾岛内的传承、弘扬，为推进《孙子兵法》进入台湾校园活动，台湾孙子研究学术团体和专家学者致力提升青少年学子对兵法的兴趣与认知。

1998年，台湾新竹交通大学开授"兵法与竞争优势"课程，已持续了十多年。政治大学和元智大学这两所台湾大学也开设《孙子兵法》选修课程。目前，台湾多所大专院校都规划了有关《孙子兵法》选修课程。

台湾大学教授曾仕强的《孙子兵法与人力自动化》成为品牌课程。台湾东吴大学政治系教授、博士生导师刘必荣的"谈判兵法"课程广受推崇。

台湾高校的军训课程主打"文"课，更注重理论训练，不仅开课时间长，还把《领导统御与孙子兵法》等作为教科书。台湾文化大学的军训期中考试有些与众不同，考试内容竟然是大家熟知的RTS游戏《星际争霸Ⅱ》。考生需要在游戏中以一敌七，只要能撑过十分钟，就能拿到90分。考官希望以这种形式让考生活用知识，学习《孙子兵法》的内涵。

"中国文化基本教材"在台湾家喻户晓。从1956年开始，台湾地区高中课程中一直安排有该教材科目，包括《论语》《孙子兵法》等，由中华书局出版，属于必修科目。台湾地区现有48%所学校、5.3万名高中生在使用该教材。《孙子兵法》还进入台湾小学课本，图文并茂，适合小学生阅读。

2003年，台湾"教育部"推动国民中小学九年一贯课程纲要，《孙子兵法》成为训练独立思考与解决问题的实验教本。2005年，台湾施行全民国防教育，《孙子兵法》自此正式纳入国民中小学阅读教材及资优教育方案选项和高中、职中及大专院校军训课程中。2006年，台湾"教育部"颁订普通高级中学课程暂行纲要，改军训课程为国防通识科课程，2007年更名为全民国防教育课程纲要，将《孙子兵法》列为兵家智慧的选修课程，计一个学分为18小时，探讨孙武生平、《孙子兵法》主要内涵及对后世的影响等。

台湾复旦中学进行了《孙子兵法》选修试点。这所位于桃园县平镇市的高级中学，创立于1958年，是早年上海复旦毕业的校友所创建，目前是桃园最好的私立中学，共有60多个班级，3000多名学生，教职员工100多人。

2012年10月，台湾政治大学举行了"孙子兵法两岸青年辩论赛"暨"从孙子兵法的全胜思想看中华民族的未来发展"论坛，台湾复旦高中和政大附中代表高中组参加了辩论赛。

台湾政治大学校长吴思华与中华孙子兵法研究学会会长傅慰孤均认为，一年一度的辩论赛不仅是学术交流，在海峡两岸互动渐趋紧密频繁下，也有深耕年轻族群，逐步抚平历史裂痕的意义。

台湾退役将领教授"竞争兵法"

"企业在市场中竞争，亦如两军在战场上争胜，均为人与人之间的竞争，而'利'与'胜'一为优势、一为态势。兵法可以指导军队创造有利态势，亦可指导企业创造竞争优势。"李建中在接受记者采访时谈企业"竞争兵法"，不亚于讲军事上运用兵法。

李建中曾任台湾"国防部"作战次长，负责作战指挥及作战规划40余年。退休后，他登上高等学府讲坛，在台湾新竹交通大学开授"兵法与竞争优势"课程，在台湾和中国大陆相继出版《孙子兵法与竞争优势》一书，提出企业运用兵法创造竞争优势，是借由战场累积的经验法则转换运用为商场竞争的原理原则，并借由战场实用理则转换运用成为商场可行的智慧。

李建中对记者说，他十多岁就读《孙子兵法》，13篇都能一字不落地背出来。开始理解并不深刻，后来渐入佳境。孙子的精髓是"和平"而不是"战争"，是如何用"和平"的方式来制止"战争"。万不得已打仗也要"慎战"，不能说打就打。"兵国者之大事，死生之地，存亡之道，不可不察也"，这个"察"，就是要精确判断国力，判断对方，还要到庙（堂）里去"庙算"，甚至卜卦，如何把灾难和损失降到最低。

《孙子兵法》不纯粹是一部兵书，它是讲战略、讲决策、讲智谋的，是一部"庙算学""竞争学"和"智慧学"，完全适合企业的竞争。李建中发现，现在商界应用《孙子兵法》有成功的，如日本企业。但许多企业只知道用孙子的几句警句，就认为读懂孙子了，这是个误区。《孙子兵法》是一个完整的体系，孙子的精髓博大精深，不是会几句警句就能涵盖的。于是，他萌发了到大学讲"竞争兵法"的念头，一讲就是六年。

他从《孙子兵法》的完整体系中，引导学生掌握孙子的理论、逻辑与智慧，掌握其全程的、系统的、有清晰逻辑的思考模式、规划模式与执行模式，并将《孙子兵法》的思维理念完整对应至企业经营，指导企业培养与发挥竞争优势。他授的课，不仅交通大学的学生来听，旁边的清华大学、中国大陆来的交换生都来听，还有不少企业的经理人。每堂课人数也由开始的40多人增加到160多人。听课的人反映，2500多年前的《孙子兵法》在课堂里"活"了，在企业竞争中也"活"了。

李建中告诉记者，作为一名一生戎马的退休老兵，上了一把年纪了，不能在大学的讲坛上一直讲下去，他就培养了台湾新竹交通大学教授虞孝成和一名博士生，把"兵法与竞争优势"课程继续开下去。他在安度晚年的同时，在家里潜心研究《易经》与《孙子兵法》，他认为一部是"文经"，一部是"武经"，文武之经是"绝配"。他的新书《兵法与易经》于2012年元旦后出版。

李建中还向记者透露，他已应邀到西安交通大学作了演讲，还将到北京交通大学、上海交大和西南交大作了演讲。有生之年，要为两岸研究和传播中国兵家文化做些力所能及的事。

中国大陆台商《孙子兵法》授课第一人

——访海基会台商财团法律顾问萧新永

海基会台商财团法律顾问萧新永在接受记者采访时透露，他应海基会、台湾工业总会、台湾外贸协会和中国大陆各台商协会的邀请，从2007年开始到中国大陆给台商讲授人力资源管理及企业管理等专业课程时，用《孙子兵法》的智慧名句、经典思维与商战实例，有系统地启迪与应用于经营管理实施操作上。目前在中国大陆121家台商协会中他已授课45家，涉及九个省30多个地级市，还有一些县级市的台商协会。

萧新永毕业于台湾政治大学企业管理系，担任台湾"陆委会"台商老师、台湾工业总会两岸经贸咨询顾问、台北市进出口商业同业公会中国市场顾问团顾问、台湾银行公会大陆小组代表、大陆台企联（全国台湾同胞投资企业联谊会）智库政策委员、中华孙子兵法研究学会理事，还担任过90家两岸台商顾问辅导。

萧新永对记者说，他在上高中时就读《孙子兵法》，在大学里企管教授在讲授营销管理与战略时重点论述孙子有关竞争思想，深深吸引了他。这些经典论述蕴含着现代竞争策略分析所需要的条件因素，可与SWOT分析等科学管理工具互补互用，为企业在探讨竞争优势时，提供一个崭新的思维方向。于是，他开始深入研究兵法30多年，尤其是系统应用孙子战略思想。在成为中国大陆台商顾问后，他又萌发了给台商讲《孙子兵法》的念头。

萧新永把孙子的理念与中国大陆台商的实际现况结合，用孙子"谋攻篇""地形篇"等论述，给他们讲解如何选择投资方向，开拓中国大陆市场；用孙子"兵势篇"等论述，讲解如何用好人才，管理好企业。他特别擅长运用《孙子兵法》探讨竞争策略分析，提出谁拥有异于竞争者的差异化竞争优势，谁就能夺得主动权，立于不败之地。

中国大陆经济转型升级，萧新永又适时用孙子"九变篇"及"作战篇"原理，讲解如何"变中求胜"。例如引用"不尽知用兵之害者，则不尽知用兵之利也"来提醒台商先要了解自己的劣势，再经由条件的转化，创造自己的优势。

他对两岸台商说，孙武认为将帅的成功因素在于一定程度上要了解双方，知彼知己，熟悉环境，知天知地。其结果有三种："知彼知己，百战不殆"，成功率为51%至100%；不知彼而知己，一胜一负，成功率为1%至50%；不知彼不知己，每战必败，成功率为零。如果"知彼知己"的企业内部因素再加上"知天知地"的外在环境因素则"未战而庙算胜者，得算多也"，保证100%以上的胜利。

台商普遍反映，萧新永熟读孙子，精通兵法，了解中国大陆，了解台商。他把古文字变成活思想，深入浅出，融会贯通，很实用，很"解渴"。为此，萧新永在中国大陆台商中的名气越来越大，邀请他讲课的分布天南地北。他一年到头在中国大陆奔波，乐此不疲。

萧新永认为，《孙子兵法》一再强调竞争谋略，市场竞争也是一场活生生的竞争。在中国讲管理谋略的深刻和实践，莫过于孙子智慧。他把孙子的军事哲学与管理实务结合起来，赋予启发性的内涵，撰写了《孙子兵法的管理智慧》一书，海基会副董事会兼秘书长高孔廉在序中称，该书是"一本古代中国兵法智慧，启迪现代管理观念的佳作"。

该书出版后，两岸台商都很喜欢，市场上也供不应求。1993年以来应台湾出版社及读者的要求再版了十次，并于2010年荣获中国大陆孙子兵法研究会颁发的"首届孙子兵法研究成果奖"。

海峡两岸举办大学生孙子兵法友谊辩论赛

  2010年，首届海峡两岸大学生孙子兵法友谊辩论赛在山东滨州传媒集团电视演播厅举行。滨州学院和台湾元智大学的各四名学生分别代表两岸大学生，就《孙子兵法》核心思想是"竞"还是"和"展开了激烈的辩论。滨州学院大学生的观点是：《孙子兵法》的核心思想是"竞"；元智大学大学生的观点是：《孙子兵法》的核心思想是"和"。双方选手在辩论赛上，结合现实，引经据典，立论鲜明，旁征博引，双方以敏锐的洞察力、流畅的表达力和快速的反应能力，展现出海峡两岸当代大学生良好的文化修养。最终，滨州学院的赵小松和元智大学的洪正东被评为最佳辩手。

  2011年，第二届海峡两岸大学生孙子兵法友谊辩论赛在山东滨州学院举行。来自台湾政治大学、台湾元智大学、苏州科技学院和滨州学院四支代表队，围绕"孙子兵学的精髓是动以争先还是静以制动？""获得胜利的关键是'实力'还是'智慧'？"这两个辩题展开了辩论。辩手慷慨陈词、旁征博引，不仅辩手个人发挥出色，团队配合也极为默契。整个辩论过程，两岸辩手的精彩表现充分展示了中国当代大学生良好的精神风貌和文化修养，促进了两岸学子在语言、思想、文化和情感等方面的交流，进一步拉近了彼此之间的距离。经激烈角逐，来自滨州学院的赵小松和台湾元智大学的陈世曦从众多辩手中脱颖而出，荣获杰出辩手称号。

  2012年，第三届孙子兵法两岸青年辩论赛暨从孙子兵法的全胜思想看中华民族的未来发展论坛在台湾政治大学举行。前两届参赛对象为大学生，这一届首次参赛对象扩展到高中。山东惠民一中、苏州吴中区甪直中学、台湾复旦高中和政大附中代表两岸高中组参加了此次辩论赛。两岸青年辩论赛提高了参赛中学生对《孙子兵法》学习的兴趣，拓宽了他们的视野，促进了他们对两岸文化的了解，增进了两岸中学生间的交流和友谊。

2013年，第四届海峡两岸青年学生孙子兵法友谊辩论赛在山东省滨州市惠民县第一中学新校区举行。此次辩论赛六支辩论赛团队分别是来自海峡两岸的六所大学：台湾政治大学代表队、台湾元智大学代表队、台湾治智代表队、临沂大学代表队、滨州学院代表队、苏州科技学院代表队，辩论赛围绕"制胜的关键是智慧还是武力""《孙子兵法》尚道还是尚利"这两个辩题进行了激烈的辩论。海峡两岸代表队势均力敌，双方紧扣孙子兵法，结合古今中外的案例，特别是当今国际局势和国防力量，结合现代商战等，引经据典，据理力争，将比赛带入一个又一个高潮。

2014年，第五届海峡两岸青年学生孙子兵法友谊辩论赛在山东滨州举行。来自台湾和中国大陆的十支代表队参赛，共40名辩手围绕孙子文化展开了一系列唇枪舌剑。台湾元智大学共来了两支代表队，领队王越介绍，学校共12名学生参加了辩论赛，学生对这场比赛很用心。"他们利用自己的暑假时间练习，经常从早上交流到晚上，持续了一个月时间。"对于学生现场的表现，王越伸出大拇指说："太棒了！"

2015年，第六届海峡两岸青年学生孙子兵法友谊辩论赛在山东滨州学院举行。辩论赛上，大学组的台湾政治大学代表队、台湾元智大学代表队、台湾东吴大学代表队、临沂大学代表队、苏州科技学院代表队和滨州学院代表队围绕"孙子兵法'崇仁'还是'尚利'""古代战争中'治心'重要还是'治力'重要"两个辩题展开了激烈辩论，充分展现了孙子兵学的思想精髓和文化内涵。

海峡两岸孙子兵法辩论赛的举办，扩大了两岸青年学生交流，对于两岸同胞增强相互了解，共同传承和弘扬中华文化，推动两岸关系和平发展具有积极作用。原台湾淡江大学国际战略研究所教授兼所长李子弋评价说，举办海峡两岸大学生孙子兵法友谊辩论赛很有意思，两岸青年学子通过辩论，寻找到共同的语言，还可以增进感情，消除两岸分隔几十年存在的隔阂。

第四章 华人兵法人生

泰国侨领廖梅林60年兵法情

"泰国华人华侨很喜爱《孙子兵法》,我为此学了60年,用了60年,它是一部精警思想、经营战略、人才管理的专书,很有裨益。"泰国梅林基金会主席廖梅林谦和的脸上写满睿智。

这位泰国著名学者、文化侨领对记者说,他从1952年就开始读《宋本十一家注孙子》,以后就一发不可收拾。受《孙子兵法》十三篇的影响,他30多岁就写成《商场经纬》十二篇,由台湾商务印书馆董事长王云五作序,发行3000多册,时隔40余年,《泰国风》杂志作了连载。

1982年,廖梅林开始着手白话注解《孙吴兵法》,花了大量时间对泰文版《孙子兵法》进行校正,先后出版两个版本。之后,又出版《商场进取》,此书与《商场经纬》堪称姊妹篇,是廖梅林40年商场驰骋的经验总结,具有商战实用价值,深受泰国华侨华人尤其是华商的欢迎。

廖梅林仅有初一学历,却能用白话把博大精深的典籍撰写得准确透彻,通俗易懂,这源自他对中华文化的热爱和孜孜不倦地研究。千古流传、灿若星辰的中华文化让廖梅林取之不尽,用之不竭。他以商带工,多元发展,目前在泰国和中国已拥有物业、地产、工厂,设立了基金会,建成一所现代化的亚洲商学院。

位于芭堤娅的三仙宫是廖梅林传播中华文化的杰作,除了有传播儒家学说的"孔子杏坛""二十四孝图彩色壁雕"和"中山园"内的孙中山铜像外,还充满了兵家智慧,文武之道,交相辉映。如金身彩色关公坐像、关公辞曹操手绘竹诗、仿制关公青龙偃月刀和赤兔马等,《三国演义》彩图63幅,讲述了"草船借箭""赤壁之战""失街亭""空城计"等三国故事。每天参观者达3000人次,数年来免费接待来自世界各国的游客300多万人次。

　　廖梅林向记者展示了三件宝贝，一件是他的《孙吴兵法注解》手稿；另一件是他40年经商年鉴，字里行间充满了兵法与商战的谋略；还有一件是他几十年前用过的老式打字机。廖梅林告诉记者，他19岁从广东梅州大埔移居泰国，先在华校执教三年，自修泰文，后到曼谷五金行当店员，早晚打字，还读古文，背诵四书五经。自己规定，不达目标，不吃不睡，如今还学电脑上网。

　　在廖梅林的家庭藏书室，记者看到仅国学基本丛书精装400本就有1000多册，还有中华国粹等书籍林林总总，摆满了一屋，地上则堆满了他撰写的准备赠送人的白话注解《孙吴兵法》。在他的书橱里，"文化侨领""爱护侨教"等铜牌、证书、奖章特别耀眼。

　　廖梅林自豪地对记者说，老祖宗留下的文化遗产非常宝贵，几十年来，我努力把中华国粹在海外大力弘扬，以现代汉语、英文、泰文编写出版了大量中国的经典著作，包括《论语精选》《老子今解》《孟子摘选》《大学纲领》《中庸摘选》《朱子摘选》《程子摘选》《中国儒家文化精华合订本》《孙子兵法》等，六次重版，印数万计，全部免费赠阅，被泰国大学图书馆收藏。

泰国侨领从围棋中领悟兵学智慧

——访世界华人围棋联合会会长蔡绪锋

案头上放了一本围棋书，一本《孙子兵法》，作为一名在泰国长大的华人、世界华人围棋联合会会长蔡绪锋，对中华传统文化情有独钟。他对记者道出围棋与兵法的共同哲理：围棋的最高境界是不求胜，求不败，这也是《孙子兵法》的最高境界"不战而屈人之兵"。

蔡绪锋说，围棋高手讲究的是防卫，而不是进攻，主动进攻往往会被对方抓住漏洞进行击败；《孙子兵法》不提倡战争，认为战争是祸害，会带来许多灾难；提倡和平，给对方机会。经商也是如此，要加强自己，而不要总想着打败自己的对手，这样会消耗自己。

蔡绪锋对记者说，由于中西方文化体系的差异，西方的经营管理方法很难在东方人中实现，只有真正地从深层次理解了东方文化，才能管理好东方企业，才能让它在世界竞争的大舞台上具有更强的生命力。围棋，正是汲取《孙子》等中华传统文化的有效途径。

说到与围棋的结缘，蔡绪锋告诉记者，他人生的第一副围棋，是妈妈做衣服用的"纽扣棋"。而真正与围棋的结缘，起自中国棋院前院长陈祖德的那本自传《超越自我》。其后30多年来，他一直把围棋融入自己的生活和事业中。蔡绪锋为围棋业余五段，七次代表泰国参加世界业余围棋锦标赛，不仅中、日、韩三国分别授予他棋手段位证书，而且吴清源也以个人名义授予他品位证书，这使得从商的蔡绪锋具有一种传奇色彩。

蔡绪锋七岁随父母从广东移居泰国，生活在曼谷华侨社区，他平时耳濡目染的都是中国的人文风俗，父母对他最多的教诲都是中国传统文化。受这种环境影响，他对中华文化更是钟爱有加，潜心研读孔子、老子、孙子等众多先贤的著作。

蔡绪锋认为，围棋是尽显大谋略、蕴含大智慧的对弈。围棋棋经十三篇多引《孙子兵法》，这说明《孙子兵法》历来与围棋有极大的渊源。围棋对弈的形式，同两军作战颇为相似，兵法上的很多思想都可以在围棋上得到体现。

蔡绪锋告诉记者，从围棋中可以看到整个东方文化世界。围棋是唯一一门把不同的整体格局浓缩在一个小小棋盘上的艺术；围棋教人们懂得重视评估对手的能力，评估争取每次胜利所付出的代价；围棋教人们懂得有谋略、有原则地生活。学会围棋后，蔡绪锋深深感到像围棋这么好的东西，他有义务、有责任介绍给泰国人，让大家通过学习围棋来掌握高明的思考方法，汲取中国传统文化的精髓。

于是，蔡绪锋花了十多年的心血，在泰国普及、推广围棋，传播中华传统文化。由于蔡绪锋的推动，在泰国这块围棋"处女地"上培养出120多万围棋人口，仅正大集团就有2000多名围棋迷，有50多所高校参加联赛，其中有六所学校还把围棋列为学分，幼儿园开设了围棋课，蔡绪锋也被尊为"泰国围棋之父"。

2003年10月，由蔡绪锋、陈祖德、沈君山共同发起，成立世界华人围棋联合会，总部设在泰国曼谷，在北京、上海、台北等地区分别设立办事处。还将设立专项围棋基金，开辟专用网站，普及围棋教育、开展网上围棋对弈、远程围棋教学；设立专业围棋学府，培养下一代围棋棋手并积极支持青少年围棋活动，举办各种围棋赛事。

蔡绪锋表示，下围棋本身就是创造，彰显了和平，他希望政府领导人都会下围棋。如今，从泰国总理的儿子到残疾人学校的孩童，再到他的儿女，都接受过蔡绪锋的围棋训练。蔡绪锋与泰国其他一些大企业联合发表声明，只要年轻人有业余一段证书，就可以保证他在这些企业找到工作。

"帛书"孙子学华人专家郑良树

"竹简帛书出土所带来的震撼，恐怕与古史辨学派新说的震撼不分伯仲；因为古史辨学派为古籍真伪带来'石破天惊'的新说，而竹简帛书却为这些新说带来'冷酷无情'的否决。"这是"帛书"兼孙子学专家郑良树的惊人之语。

用缣帛作书写材料写就的文籍，称为"帛书"，郑良树是行家，他从"帛书"考证确定《孙子兵法》其著作年代在公元前496到前453年之间，他最新的发掘资料支持了十三篇是在春秋末期时就以今日所见的形态加以编成的观点。

郑良树，字百年，1940年生，马来西亚人，祖籍广东潮安。1971年获中国台湾大学文学博士学位，为海外华裔获台湾大学文学博士学位之第一人。毕业后回马来西亚大学任教，先后担任马大中文系讲师、副教授及系主任等职达17年之久。1988年8月，转往香港大学中文系任高级讲师、香港中文大学中国语言文学系任教授。

郑良树也是中国孙子兵法学会的高级顾问、大马华人族群与文化研究所所长，经常出席国际性学术会议发表论文。他的著作丰富，研究范围广泛，已出版的著作有20多种。其中，《孙子斠补》由台湾学生书局1974年出版；《竹简帛书论文集·〈孙子〉续补》《竹简帛书论文集·论〈孙子〉的作成时代》《竹简帛书论文集·论银雀山出土〈孙子〉佚文》，由台湾中华书局1982年出版。

郑良树根据地下出土资料所引及《孙子》文字来考察，认为春秋末年及战国早期，社会变动非常剧烈，动辄10万军队，数年的战争，不会没有的，并认为军制、战术等都是长期性的孕育和演变，春秋末年战国早期未必不是它们孕育的开始，何况军事家对这些战术、名词等，都比常人会更有敏锐的"先知"。

以《孙子》战术、军制及名词的时代性来断定其著作年代，成就固然可观，不过，由于春秋末期及战国早期社会变迁的时代分界线客观上不是完全截然不分的，由此而作出的推断，也就显得稍微薄弱了。

据此，郑良树认为："《孙子》十三篇作成的时代应该在春秋末年，战国早期（战国始年以《史记》为准），也就是大约孙武卒后的40余年间。"郑良树还著有《古籍辨伪学》，台湾学生书局1986年出版；《诸子著作年代考》，北京图书馆出版社2001年9月出版，也对《孙子兵法》的著作年代进行了考证。

解读华人兵法

大马华人的兵法·事业·人生

　　30多年来，他出版了《漫谈孙子兵法》《孙子兵法教本》《我与孙子》《孙子兵法散论》《兵法·事业·人生》等专著；在《星洲日报》《南洋商报》及《联合早报》社论版发孙子相关论文100余篇；穿梭于吉隆坡、新加坡和中国之间，举办孙子及有关思想讲演会680多场……这就是用《孙子兵法》经商的马来西亚华人吕罗拔的兵学艺术人生纪录。

　　吕罗拔是马来西亚孙子兵法学会的发起人、创始人，他1939年出生在马来西亚美丽的怡保市，12岁时，老师讲的张良读兵法故事引起他对中国兵书的浓厚兴趣，便买了三本同一版本的《孙子兵法》开始很认真地读。

　　"开始十多年根本没读到什么，直到36岁之后才开始慢慢感觉到能应用。"吕罗拔告诉记者，1975年，他第一次活用《孙子兵法》中"避实击虚""胜于易胜"的战略，以550新元在马来西亚新的巴士转换站中标了唯一一间售卖间的经营权，尽管当时零售业很冷门，但三年后就拥有了第一个100万新元资产，然后乘胜追击，多年后便拥有巴士转换及轻快铁站的地王店等。目前每月收租5万多新元，还有75年的拥有权，单此总资产值超过5000万新元。

　　要说真正对《孙子兵法》理解是直到1990年前后，吕罗拔买到一本《孙子兵法校析》和《孙子兵法校本》，他如获至宝。吕罗拔是学者，更是商人，他把《孙子兵法》中蕴含的军事哲理，现实地运用到经商管理、人际关系中，还用《孙子兵法》指导人生。

　　吕罗拔认识到，《孙子兵法》是一门讲全胜、使人立于不败之地的学问，兵书围绕一个"胜"字，是一部不折不扣的"成功学"，而成功则是包括一切的成功，经济、财富、实力的成功，甚至包括家庭、健康、夫妇、子女、教育、人际关系以及人生一切的成功。

2000年1月，在新加坡许多热闹的大型咖啡厅，都有中国某银行的广告，上面写着："孙子兵法助龙腾飞。"谁是龙呢？吕罗拔说，大概是指那些有学识、有才华、有实力又有理想的华人吧！但更重要的，应该是指整个神州大地，以及全体"龙的传人"。

吕罗拔向记者介绍说，他21年来在马来西亚吉隆坡中华大会堂演讲，也在新加坡中华总商会讲学，还到过中国20多所大学演讲，共讲了680多场《孙子兵法》，受到马来西亚、新加坡、中国三个国家听众的共鸣。

吕罗拔坚信，中国是古代思想文化最发达的地方，在过去传统思想文化的基础上，必然可以领悟出超越现实的智慧，造福全人类，从而更坚定了他实现"兵法、事业和人生"的心愿。

大马华人作家邱庆河创兵书出版最高纪录

"我从小出生在马来西亚，原来不懂汉文，是我的台湾太太教我学《孙子兵法》后，我开始学汉语，并翻译出版《孙子兵法》。"马来西亚著名华人《孙子兵法》作家邱庆河告诉记者，作为华人，不懂汉语就踏不进华人社会，不懂《孙子兵法》就不能算是一个有智慧的华人。

20年来，邱庆河著有多部马来文、英文、中文译本，其中包括台湾版《孙子管理兵法》著作共26本，平均不到一年就出版一本，是目前世界上翻译《孙子兵法》数量及版本最多的华人，可称得上凤毛麟角。

邱庆河认为，马来人生意做不大，不如华人和新加坡人做得成功，很重要的一个原因是，大马人对《孙子兵法》的看法只是表面，并没有学习到里面的精髓所在，表面了解实践不深，许多大马企业家都有阅读《孙子兵法》，也把其中部分应用在商贸中，都只是阅读而没有完全了解或实践运用在生意上。而大马华人和新加坡华商比马来西亚华商更热衷于把《孙子兵法》应用在商战中，将孙子的哲学融入企业管理之中。

因此，邱庆河很重视马来文兵书的翻译出版和发行。为了翻译《孙子兵法》，邱庆河刻苦学习汉语，下了很大的功夫。他认为只有把汉语学好了，才能更准确地翻译，把这部兵学宝库原汁原味地介绍给马来人，让马来人看得懂，理解得深，用得上。他的马来文《以孙子兵法驰骋商场》发行80万册，销售一空，自己保留的也全部送了人，因此只能把英文版的赠送给记者，他承诺再版时一定给记者留一本。

2006年，邱庆河与槟州总警长拿督尹树基副总监合著的《孙子兵法防范罪案》，加入《孙子兵法》战略，演变成大马皇家警察部队在防范罪案的策略，成为大马皇家警察部队在打击罪案策略上的指南，在MPH书店大马各大分行出售。

　　说到与《孙子兵法》的结缘，邱庆河说要归功于他已过世的台湾太太，很怀念她，是她经常给自己讲孙子的故事，讲兵法十三篇的精髓，并选择《孙子兵法》主要篇章和警句翻译成英文给他阅读，孙子的哲理深深吸引了他，引起他对中国兵法浓厚的兴趣，促成他要把中国人的大智慧介绍给马来人和全世界人的决心。

　　邱庆河对记者说了一连串的"宝"：《孙子兵法》不仅是"军事宝书"，而且是"商战宝剑""人生宝典""智慧宝库"，是全人类的"宝贵财富"，应该让全球共享"宝贝孙子"。

　　邱庆河在翻译出版26本孙子著作的同时，也潜心研究《孙子兵法》，不仅是兵书作家，也成了兵法专家。他善于从企业管理和现代生活管理的角度，解读《孙子兵法》。他特别注重《孙子兵法》的运用，尤其是把孙子理论变成一个实际而容易接受的实例，化繁为简，用在分析经商实践和人生经历上，独树一帜。

　　几十年来，邱庆河致力从孙子战略中寻找适合用于今日商业的方法，常年在马来西亚发表演讲，人气颇旺。

懂《孙子》的东亚研究所所长

新加坡国立大学东亚所所长郑永年，是一位与众不同的专家。他的许多文章和评论，尽管没有直接引用《孙子兵法》，但字里行间处处闪烁着孙子的哲学智慧，这是郑永年的特别之处。他不像有些专家学者常常把孙子的语录、警句挂在嘴边，而是把孙子思想深深印入他的骨髓之中，融入他的战略思维之中，信手拈来，就是一篇精彩的兵法妙文。

郑永年是中国问题专家，《国际中国研究杂志》共同主编，罗特里奇出版社"中国政策丛书"主编和世界科技书局"当代中国研究丛书"共同主编。近年来，先后出版专著15部，其中英文著作七部，主编学术著作12部。

2015年9月，在中美关系正处在非常关键的时刻，郑永年撰文指出，中国国家主席习近平即将展开的访美活动"任务艰巨"且"任重道远"。

郑永年早就预测，中美之间意识形态的冷战正在开始，如果双边关系继续不改善，中美有可能像当年的美苏关系一样，从意识形态冷战走到经贸脱钩，甚至是战略对立。

美国学中国的《孙子兵法》是学到家了，不用兵就可以把中国遏制住，苏联也有很多经验。郑永年分析说，如果美国要和中国爆发一场冲突，它还是会以"冷战"的方式，而不是"热战"的方式。美国再强大也不会和中国发生军事冲突，因为两个国家都是核武器大国，谁也不能承受军事冲突。

2016年4月19日，新加坡《联合早报》网站刊发郑永年《南中国海僵局及其未来》的文章称，运用《孙子兵法》，南中国海似已陷入僵局，而且僵局一时难以化解。陷入僵局并不是坏事，因为这比匆忙寻找解决方法要好。不过，各方必须保证不会升级到公开的冲突甚至战争。在这个过程中，中国将起关键作用。有几点是中国必须意识到的：

第一，中国已占据主导地位。从前中国总是回应其他国家的所作所为，而现在则是其他国家对中国的行为作出反应。第二，对中国来说，关键在于耐心，因为理性出自耐心。在中国已占据主导地位的情况下，中国更应当理性。第三，中国要有自信。美国在南中国海行为的成本非常高，而中国自己的成本远低于美国。只要中国自己没有扩张野心，美国支撑不了多久。第四，中国和东盟仍有很多外交空间。大多数东盟国家想和中国友好，不想与中国为敌。第五，即使和其他声索国的关系也有改善的空间。中国从来不会把事情做绝。这些年来，中国和越、菲等国仍维持良好的经贸关系。第六，中国可用更开放的态度对待域外大国，例如可允许美国和东盟国家也使用相关设施，共同维护海上安全。第七，中国也可倡导重回谈判桌，回到"搁置争议、共同开发"的道路。

郑永年认为，对中国来说，如果因南中国海问题而发生重大国际冲突，无论对内部建设还是外交都会产生非常负面的影响；如果能稳定局势，和平解决问题，中国会是和平崛起的典范。作为一个能力越来越大的崛起中的大国，中国在这方面拥有巨大潜能。

郑永年高度评价习近平主席主旨演讲中特别指出的"各种文明本没有冲突，只是要有欣赏所有文明之美的眼睛"。他表示："确实是这样，我很赞同。"

2017年10月，郑永年在《塑造中国崛起的新国际战略》一文中谈道：习近平主席多次强调，中国要避免"修昔底德陷阱"，即守成大国和新崛起大国之间所发生的争霸战争。中国既不想和"守成"的美国发生冲突，也不想和紧随自己的新兴大国印度发生冲突。

因此，无论对美国还是印度，中国尽力保持克制，千方百计地寻求通过非战争的方式来解决冲突。"一个圈"即中国的周边外交。周边外交可说是中国外交的核心，这是由中国特殊的地缘政治位置决定的。中国周边数十个国家，如果搞不好周边外交，中国崛起的难度可想而知。中共十八大以来，中国在早些年提出的"睦邻""安邻"和"富邻"的基础上，进一步提出了"亚洲命运共同体"的概念。

文章称，这些年来，尽管中国和一些邻国就南海问题面临紧张关系，但中国从来没有动用过西方惯用的经济制裁等手段，中国和有关国家经贸关系从未冷却，这也是这些国家之后能够快速改善和中国关系的基础。从前的大国，无论是成功的英国和美国，还是失败的德国和日本，在其快速崛起的过程中，大都发展出如何扩张，甚至如何称霸世界的战略。但今天的中国努力探索的是如何和平崛起，如何为世界和平做贡献。

郑永年表述的"中国尽力保持克制，千方百计地寻求通过非战争的方式来解决冲突""今天的中国努力探索的是如何和平崛起，如何为世界和平做贡献"观点，符合《孙子兵法》"慎战""止战""不战"的思想。

2017年10月24日，郑永年在《联合早报》撰文指出：尽管一些西方人认为，今天的中国已经放弃了邓小平时代的"韬光养晦"的国际战略，但实际上，世界上从来没有像今天的中国那样"韬光养晦"的。今天的中国努力探索的是如何和平崛起，如何为世界的和平做贡献。无论是中国南海问题、和印度的对峙，还是目前的朝鲜核危机，无疑都是对中国的考验。不过，从另外一个角度看，这些也是中国崛起的国际机遇。处理成功了，就崛起一大步。每一次危机，如果都能认真对待，在正确判断的基础上，果断行动，就可以以更快的速度实现国家的真正崛起。

中美贸易摩擦谈判正在进行的时候，美国军舰趁机多次横穿台湾海峡。世界那么大，以美国为首的部分西方发达国家为何要跟中国处处过不去，这是什么原因呢？或许我们可以在郑永年2019年3月出版的《大趋势：中国下一步》一书中得到答案。

郑永年认为，尽管中国和全球资本主义之间在一些方面的冲突在所难免，但这些冲突并不都是负面消极的，要对冲突作具体的分析。冲突可以表现在各个不同的方面，包括经济上的、战略上的、政治上的、军事上的和文化上的，不能把所有这些冲突混为一谈。迄今为止，中国和西方为主导的世界体系之间的冲突主要表现在经济层面。这种冲突和传统意义上的以军事冲突为核心的国际冲突具有不同的性质。前者如果解决得当，可以成为一种双赢游戏，而后者则只能是一种零和游戏。中国和全球资本主义体系之间的经济层面的冲突并不对"和平发展"或"和平崛起"战略构成威胁，以多边主义和经济外交为主体的国际战略仍然是中国崛起最有效的国际战略。当然，这并不是说人们可以忽视经济面的冲突。这是因为对任何一个主权国家来说，经济、政治、战略等各方面的利益很难区分开来，经济面的冲突如果解决不了，就有可能演变成其他方面的冲突。因此，如何直面冲突，有效管理冲突乃是中国的和平发展道路所面临的挑战。

2019年5月15日，亚洲文明对话大会在北京隆重开幕。郑永年在接受专访时表示，炒作"文明冲突论"是愚蠢的。文明之间哪有冲突，只有利益冲突。某些因为具体利益引起的冲突，不能提高到文明冲突（的层面）。只能说有些政治人物、既得利益集团，利用文明的名义来为自己谋取利益的时候，打着文明的旗号才会发生冲突。从世界范围、历史经验来看，无不如此。像第一、第二次世界大战，那么大规模的战争，都是利益冲突，哪是文明冲突？要知道，很多打仗的国家，他们是同一个上帝、同一个文明、同一个文化。

文明之间只有多样、不同，没有冲突。郑永年说，我在新加坡工作，东南亚多少文明，中华文明、基督教文明、佛教文明等都在那里，大家相处得很好。中国就更是这样了，中华文明讲究和而不同。在中国，有文明产生以后，什么时候产生过文明冲突了，哪一个文明产生冲突了？都是把其他的文明消化吸收进来，和平共处。

郑永年称，在中华传统文化中，儒家讲"致中和"，表达的正是一种不扩张不过分的原则；道家说"上善若水，水善利万物而不争"，中国文化圆融而不逼仄、通达而不狭隘，从来不以强姿态盛气凌人，却能安和四方而久远绵长。不只是儒家、道家，以"兵书圣典"著称的《孙子兵法》，也明确传达出中国兵家对于战争的观点，就是"百战百胜，非善之善也；不战而屈人之兵，善之善者也。故上兵伐谋，其次伐交，其次伐兵，其下攻城。攻城之法，为不得已"。在中国文化的大环境下，连孙武这样的军事专家崇尚的也是"和"的理念。

2019年9月12日，郑永年在《中国崛起开启新的世界历史》一文中畅述，在中国的哲学中，发展和管理经济永远是政府最重要的责任之一。政府承担着提供大型基础设施建设、应对危机、提供公共服务等责任，而民间资本提供的则更多的是创新活力。过去数十年中国在构造世界经济历史奇迹的同时，又避免了亚洲金融危机（1997年）和世界金融危机（2008年），和这个经济体制密不可分。

把《孙子兵法》融会贯通，学以致用，运用自如，如鱼得水，才是高手中的高手。郑永年就是这样的高手。

黄基明从研究政治到翻译《孙子》

"不同政治文化之间的碰撞越来越多，我觉得中国的传统文化是最优秀的政治文化，在东西方政治文化的碰撞中得到融合。如《孙子兵法》，不仅全世界军事家，而且政治家、哲学家和思想家都喜欢。"说这话的是新加坡国立大学东南亚研究所高级研究员黄基明，他在研究政治和哲学中渗透了中国兵法，先后把两部《孙子兵法》和四部中国"武经七书"翻译成瑞典文和英文。

记者在瑞典首都斯德哥尔摩和瑞典著名港口城市哥德堡书店发现，瑞典文《孙子兵法》销量常年居高不下，多年来在外国典籍发行量中排名靠前。而这两部瑞典文《孙子兵法》的翻译均出自精通英语、瑞典语、华语、马来语和熟悉福建话、粤语的黄基明之手。

黄基明出生于马来西亚槟城，父亲是峇峇，母亲是华人。他加入瑞典籍，在瑞典学习西方哲学30年。后来他觉得西方哲学有其不足，必须吸收更多的中国文化和思想。于是，这名已掌握瑞典文的研究生开始自修华文，不但学习中国书法、中国画，还研读《孙子兵法》，练起太极拳来，甚至成为瑞典数一数二的太极拳高手。

拳法和兵法，同根同源，本属一家。以往的习武者，文学兵法，武练拳术。在黄基明看来，太极拳的虚实、奇正、攻防、分合，以及刚柔、虚实、进退、开合，不仅是兵法谋略的运用，而且从某种程度上是政治意念的延伸，所以兵法和太极一直得到政治家的青睐。

1989年，黄基明获得瑞典奖学金，有机会到北京浸濡两年，这对他参透兵法特别有用。他先后把《孙子兵法》和《吴子兵法》等四部著作翻译成瑞典文及英文。

2002年，这位马来西亚政治专家回返马来西亚作研究，努力钻研马来西亚政治与发展。马哈迪一生最重视两本书，其中一本就是《孙子兵法》。他说，《孙子兵法》对他很有影响。黄基明打算在马来西亚翻译出版马来文《孙子兵法》和中国"武经七书"。

2004年，黄基明加入新加坡著名智库东南亚研究所，一头"栽"入研究政治及出版工作。该研究院从事东南亚政治、经济和文化研究，黄基明如鱼得水，出版了吴庆瑞的传记。

他解释说，到新加坡来之前，我对吴庆瑞并不熟悉，也就不会对他有任何既定的印象。做了许多研究后，他把焦点放在吴庆瑞的所思所想。除了分析吴庆瑞从政后的公开演说，黄基明也觉得应该了解从政前的吴庆瑞。于是，他细读吴庆瑞母校的校刊，再努力挖掘吴庆瑞的其他出版作品。

吴庆瑞曾担任过李光耀大学时期的经济课导师，后在内阁中先后担任多项要职，包括财政部部长、内政及国防部部长、副总理，为新加坡的独立和繁荣做出了卓越的贡献，享有"新加坡经济发展总建筑师"。

他倡导从《孙子兵法》和《三国演义》中学习战略管理。吴庆瑞早年对李光耀说，不读《孙子兵法》不可当新加坡总理。吴庆瑞喜欢送书的习惯多年不改。李显龙在悼词中回忆道，他身为武装部队第一批奖学金得主，吴庆瑞曾赠送他们每人一本《孙子兵法》。

从马来西亚到瑞典，又从瑞典到新加坡，经历30多年的东西方政治和文化的比较研究，作为政治分析家的黄基明感悟到，无论是欧洲政要还是新加坡和马来西亚政要，乃至世界各国政治家都钟情于中国传统兵家文化，说明以《孙子兵法》为代表的中国兵法，早已引起全球政治家的高度关注，不仅成为军事宝典，而且成为治国方略。

黄基明表示，新加坡东南亚研究所是世界上著名的东南亚研究中心，《孙子兵法》在东南亚乃至全球的政治、军事、经济和文化领域地位显赫，作为该所高级研究员，研究东南亚政治，不能不研究中国的《孙子兵法》。

著名运筹学家孙德锋

2018年8月，捧得国际数学优化界计算最高奖的孙德锋回到阔别已久的老家——东北乡文化发展区孙家口村，看望村里的父老乡亲。

1966年出生于孙家口村的孙德锋，是新加坡国立大学数学系教授，出任新加坡国立大学风险管理研究所副所长，他还担任国际顶级数学期刊编委，是著名的运筹学家。

孙德锋精通运筹学，一定懂得其在军事上的应用。因为运筹学与数学、兵学关系密切，尤其是军事运筹学是应用数学工具和现代计算技术对军事问题进行定量分析，为决策提供数量依据的一种科学方法。

孙德锋也一定知道在中国战国时期，有过一次流传后世的赛马比赛。"田忌赛马"的故事是古代运筹学的一个经典案例，说明在已有的条件下，经过运筹找到最好的方案，就会取得最好的效果。后来田忌把孙膑推荐给齐威王。齐威王向孙膑请教兵法，并请他当军师，也就是运筹大师。

虽然军事运筹学是第二次世界大战期间为适应战争需要而发展起来的一门军事学科，但运筹学思想的应用源远流长。早在孙膑之前的孙武，应该是历史记载中最早的运筹思想的开创者。他提出如何合理地筹划兵力、合理运用人力、物力获取战争胜利的见解，体现了丰富的军事运筹思想。

孙德锋在第23届国际数学规划大会上斩获大奖，该奖项是国际优化计算领域的最高奖项。他主要研究连续优化，在矩阵优化及统计优化理论、算法及其应用方面取得一系列重要的突破性成果。

最优化计算是运筹学的一部分，或者说是运筹学的一个方法论，运筹学大部分情况下追求最优化。而作为当今时代新兴的应用十分广泛的一门运筹学科，源自中国古代的传统兵家思想。孙德锋一定读过他老祖宗的《孙子兵法》。

孙子较早地认识到运筹的重要作用，他在《孙子兵法·始计篇》中指出："多算胜，少算不胜，而况于无算乎！"孙子认为：计算周密，胜利条件多，可能胜敌；计算不周，胜利条件少，不能胜敌，更何况根本不计算。

军事运筹学的主要任务是为决策优化提供相应理论和方法，其目的就是要实现决策的优化。《孙子兵法》提出许多关于军事决策和策略优劣的准则，以及解决军事问题的最佳方案。如孙子提出各种兵力对比条件下的最佳作战方案："十则围之，五则攻之，倍则分之，敌则能战之，少则能逃之，不若则能避之。"

作为中国古代运筹思想的先行者和实践者，孙武在《孙子兵法》中的运筹思想是相当丰富的，它灵活地运用整体性原则研究军事问题，采用定量分析方法谋划战争，运用优化原则进行科学决策。

孙德锋于2011年5月受邀在德国举行的SIAM优化国际会议上作大会报告。他开辟了矩阵优化这一新的学科，建立了非光滑矩阵分析，在矩阵优化的理论、算法及应用方面取得奠基性的系列成果。

他主要研究连续优化，在矩阵优化理论、算法及其应用方面取得一系列重要的突破性成果，特别是半光滑牛顿方法，写了许多大规模复杂优化问题的软件，例如：通用的大规模半正定规划软件SDPNAL/SDPNAL+，相关矩阵校准的程序，以及最新的适用于各种各样的统计回归模型的软件包LassoNAL。他因此获得每三年颁发一次的2018年国际数学规划奖，以表彰他在计算数学规划上的杰出贡献。孙德锋获此殊荣，开辟了矩阵优化这一新的学科，恐怕也是得益于他老祖宗《孙子兵法》的运筹思想。

目前，孙德锋的研究集中于建立大数据优化和应用的下一代方法基础，他的看家本领是大数据优化计算方法。而最优化计算方法是运筹学、计算数学、机器学习和数据科学与大数据技术等专业的一门核心课程。

如今是大数据大行其道的世界，大数据可以带来巨大的成就，在军事、经济及其他领域中，决策将日益基于数据和分析而作出，而并非基于经验和直觉。

孙子运筹的"妙算"靠的是数据和情报。《孙子兵法·用间篇》说："明君贤将，所以动而胜人，成功出于众者，先知也。"所谓知者，乃数据也，数据要"未卜先知"。在大数据时代，"知彼知己""未卜先知"能够更加容易地实现。

随着互联网和信息行业的发展，大数据的科学研究和实践应用等问题，已引起全社会的普遍关注，成为学界新的研究热点。孙德锋围绕大数据带来的机遇和挑战，致力大数据优化算法理论和实践发展，侧重于对新的优化、统计方法以及计算架构等内容充分进行深入研究，展现了大数据优化算法及应用方面的最新研究成果。

85岁华人选手用《孙子兵法》打桥牌

雅加达亚运会上，桥牌首次入围亚运会正式比赛项目，最年长以及最富有的选手都来自桥牌项目。

2018年8月21日，亚运会的桥牌比赛在雅加达会展中心拉开了帷幕。本届亚运会中年龄最大的运动员——代表菲律宾参赛的85岁华人选手杨光第备受关注。

杨光第1933年出生在福建厦门，十几岁的时候就跟随父母移居菲律宾。他从25岁接触桥牌开始，"牌龄"长达60年。

虽说杨光第此前并没有赫赫战功，但杨光第早在1967年就已加入菲律宾桥牌国家队，是当时队友的主心骨。

"当我进入国家队的时候我是最年轻的，一晃就成了最年长的队员。"杨光第说，20世纪六七十年代桥牌在菲律宾十分流行，但发展逐渐萎缩。

杨光第笑称，桥牌谋略中，充满了诸如《孙子兵法》的中国传统哲学思想，常年训练可以开拓思维，延缓衰老症。

当天的比赛分为三轮，从上午10—12时30分为第一轮；休息90分钟后，14—17时展开第二轮比拼。

据报道，头发花白、步履蹒跚的杨光第要连续参加两轮。尽管步子慢，但杨光第坚持不要人搀扶。赛后，杨光第坦言，与自己同期的选手或退休或离世，85岁高龄仍"征战"赛场有些体力不支。

杨光第说，大家在比赛场上是不让你的，没有这种敬老尊贤的态度。他们（年轻选手）跟我以前的时候一样，所以我没有觉得什么，我习惯了，好多跟我同时代的桥手现在都退休了，有的是退休了，有的是走（去世）了。现在我的体力不像以前那样了，真的是累了，真的累了。

杨光第认为，像《孙子兵法》，进可攻退可守，这些智慧谋略都可以用到打桥牌中。

打桥牌最重要的是要开拓思维。《孙子兵法》之所以能历久弥新，走向世界，远远超越军事领域，被包括体育竞技等领域广泛应用，最重要的《孙子兵法》给予思维。

"所以很多事情，很多的牌局，你以为很简单，可是一打下来，又有很多复杂的事情可以发生，是这样子的。""你看我没有痴呆，可能有一半是从桥牌训练出来的。"杨光第自信地说。

桥牌起源于英国，属于竞技项目，是两两对战的四人牌戏。而竞技项目与军事对抗具有极大的相似性，《孙子兵法》可直接运用于竞技活动。

但相比于其他竞技项目，由于桥牌本身不需要做出激烈的竞技动作，所以桥牌运动员的职业生涯普遍很长。

桥牌在2012年成为伦敦奥运会表演项目，2018年雅加达亚运会上，首次进入亚运会项目。本届亚运会桥牌项目共设男子团体、女子双人、混合团体、超级混合团体、男子双人、混合双人六个项目。

虽然杨光第已经85岁高龄，但他老当益壮，旺盛战斗力并不亚于年轻人。

杨光第不时会到上海打桥牌。他说，每次回到中国打桥牌都特别兴奋。

"民间外交官"+"民间情报官"

——访日本侨报社总编辑段跃中

记者来到位于东京池袋的日本侨报社,采访被誉为"中日民间外交使者"的该社总编辑段跃中。在他的书柜里,放满了他在日本出版的书籍。迄今,他出版的书籍已达180余种、700多部,发行量上百万册。

出生于湖南的段跃中,曾在《中国青年报》工作,1991年自费留学来到日本获博士学位,创立了日中交流研究所,推出华人博士文库,创办中国研究书店,创设华人学术奖和中国留学生优秀硕士论文奖等,使日本侨报社成为中国在日本的"民间外交部"和"外宣窗口"。

"外宣也要'知己知彼',要了解日本人的需求。"段跃中告诉记者,他出版的第一本书籍《在日中国人大全》,收录了上万名活跃在日本各个领域的中国人数据,第一次全面展示了在日中国人的风貌。该书在日本主流社会产生了很大的反响,《朝日新闻》《读卖新闻》和NHK等著名媒体纷纷以较大篇幅对此进行了报道。出版的《中国新思考》是日本人写的,能让日本人真正了解中国的文化,效果比中国人写得更好,更容易得到日本人的接受。

段跃中把出版书籍作为"伐交"的重要载体,先后主编了《负笈东瀛写春秋——在日中国人自述》《现代中国人的日本留学》《日本华侨华人社会的变迁》《对中日友好的建议》《我们永远是朋友》等一批高质量的日文书籍,以增进中日相互理解。2007年底出版的《35号投手温家宝》,一经发行立即引发日本政界和社会读者的普遍关注,福田康夫、麻生太郎等政要都是该书的首批读者。

段跃中把"民间外交"真正做到日本民间社会,在东京率先创办"星期日汉语角"，把愿意与中国人交往的日本人聚集起来，每个周日下午在西池袋公园活动三个小时，风雨无阻，从2007年8月5日至今已举办了190届。除东京西池袋汉语角以外，他还与中日友人一起创办诸如广岛汉语角等多个地方汉语角，帮助日本人学汉语。

段跃中表示，"汉语角已经成为中日民间交流的一座桥梁"。他希望通过自己的努力在日本创办100个汉语角，助推中日民间交流与理解。

日本人喜欢把信息说成情报，从这个意义上说，段跃中还是一位出色的"民间情报官"。谙熟《孙子兵法》情报重要性的段跃中创办了《日本侨报电子周刊》，凭借电子网络的低成本、传递迅速和覆盖面广的特性，以短、平、快的写作方式，跟踪报道在日华侨华人的各种动态和各种中日交流的信息，将中国的重要新闻源源不断地介绍给他们，赢得读者的广泛好评。该刊至今已发行了801期，仍保留每期达上万人次的高点击率，吸引了20多个国家和地区读者的瞩目，并被日本图书馆收藏，强化了日本侨报社的宣传功能。

段跃中自2005年创办了日中交流研究所，并开始主办中国人的日语作文大赛和日本人的汉语作文大赛，两项大赛迄今已连续主办六届，吸引了大量两国语言学习者积极参与。他还主办了首届"日中相互理解之路"论文大赛。2008年，他创办了日中翻译学院，集中了日本外交界、传媒界的精英，以免费讲座的形式为中日交流培养优秀的翻译人才。2009年创办华人参政支援协会，为提升在日华人的参政议政意识贡献力量。

日本侨报社里，每周都有日本媒体来进行交流，段跃中把中国的许多信息介绍给他们，为日本媒体客观报道中国提供各种素材，从而影响了日本主流媒体，日本侨报社也因此成了中国信息的集散地。2008年中国举办奥运会，日本有的主流媒体有些误解，经过段跃中的沟通交流，把中国真实的情况告诉日本记者，从而及时消除了误会。

段跃中指出，中日民间交流大有可为，在日华侨华人将在推进日中友好、日中相互理解方面起到更大的作用。他的一系列中日民间交流活动，得到包括前首相村山富市、福田康夫，自民、民主两党著名国会议员及政坛要人、日本知名学者、企业负责人在内的日本具有重大影响力的知名人士的大力支持和积极参与，进而吸引日本主流媒体的关注和报道。

为表彰段跃中为增进中日交流所做出的贡献，2009年日本政府还特意向他颁发了日本外务大臣表彰奖，他也因此成为荣获此项殊荣的第一位中国人。

英国留学生称《孙子》影响现代人

英国剑桥镇孙子研究中心的周佳妮，是一位20世纪80年代出生的中国女留学生，她的脸上洋溢着青春的活力。但谈起中国老祖宗留下的宝贝《孙子兵法》，说得头头是道，一点也不含糊：这部享誉中外的智慧宝典战争理论与现代经济管理理论有着契合点，现代人也能从中汲取智慧。

周佳妮坦言，我们这一代人与生长在战争年代的人不一样，习惯于和平环境，不能正确理解战争与和平。孙子的思想，对全世界的现代人有着重要意义。现在人类已经有了核武器，大国爆发核战争能够导致相互毁灭，最好还是用孙子不战而胜的方法，这是当今世界上最高的战略思想，也是战争与和平的最高境界。

"《孙子兵法》流传2500多年，在全世界有那么多'粉丝'。"周佳妮说，关键在于孙子思想有精辟的哲学见解，不仅指导打仗有用，在今天充满竞争的社会中也同样有重要价值。企业界对它的关注远远超过以往，许多经济管理院校和研究机构都将其作为重要的教学内容，围绕它开设了受到全球普遍欢迎的课程，出版的有关研究、应用的著作和普及读物的数量也相当可观。

周佳妮笑谈，"兵书不止言兵"，在同属于对抗性竞争的社会生活中，孙子总是"出现"在那里；在商场上、职场上、竞技场上，孙子经常"陪伴"着大家，使人们从中汲取智慧的力量。在全球化、信息化的时代，孙子仍影响着现代人。

当前中国面向世界，孙子的"伐交"思想就能创造良好的战略环境。周佳妮感悟到，如何建立一个公正的国际秩序，《孙子兵法》的一些要领直到今天仍是正确的。孙子那高度的理念性、境界性和战略指导思维方式，至今还在启迪现代人，影响现代人。

作为现代人，要以正确的观念弘扬古老的文明成果。周佳妮认为，中国许多优秀传统文化被西方推崇，全世界发达国家都高度认可。我们是现代的中国青年，普及《孙子兵法》，学习孙子智慧，汲取中华文明精髓，会增加中华民族凝聚力。

周佳妮自豪地说，我们不能不说，2500多年以前的孙武，为我们中国人也为全世界留下了一笔伟大的智慧财富，它影响了我们的过去、现在和未来。

澳洲华人只做孙子传播一件事

在悉尼的一处公寓，记者见到澳大利亚华人、孙子研究学者丁兆德，在不大的客厅里，摆满了各种《孙子兵法》书籍、孙子刊物等相关资料、孙子六米长卷书法、孙子邮票、孙子工艺品，以及澳洲华文媒体刊登的孙子报道的剪贴。他见到记者的第一句话就是"有生之年只做孙子传播一件事"。

丁兆德的祖辈是古城苏州名门望族，曾在苏州研究所工作。移居澳洲十多年，他担任澳洲华人作家协会顾问、孙武子研究会名誉顾问，一直致力弘扬和传播中国兵家文化，在相隔遥远的中澳之间，架起了一座弘扬孙子文化的"桥梁"。

丁兆德对记者说，他是从《孙子兵法》诞生地苏州走出的，古城苏州有两个"世界宝贝"，是不可复制的：一个是苏州古典园林，已"出口"到全世界；另一个是《孙子兵法》，全世界都高度认可并在各个领域广泛应用。

位于悉尼市达令港畔的谊园，建于1988年，如今已成为澳大利亚的一处著名的景点。这座仿照苏州园林建造的谊园是中国境外较大的园林，也是苏州拙政园在海外的一个"姐妹"园。为两个跨国园林"牵手"的"媒人"，正是丁兆德和他的弟弟丁兆璋。

苏州古典园林"落户"澳洲后，包括丁兆庆在内的丁氏三兄弟又在当另一个"世界宝贝"《孙子兵法》的传播使者。作为大哥的丁兆德自然首当其冲。十多年来，他自费在悉尼社区举办《孙子兵法》图片书籍展览，开设孙子讲座，成为澳洲小有名气的华人孙子研究学者。

他与日本孙子国际研究中心理事长服部千春，马来西亚孙子兵法学会会长吕罗拔，香港协成行集团主席、方树福堂基金会主席方润华等国际知名孙子研究学者保持着密切的联系。他还介绍澳洲的知名人士、文化学者到《孙子兵法》诞生地苏州穹窿山考察，感受孙子文化的智慧和魅力。

他连续多年在《澳洲日报》《星岛日报》《澳洲新报》《新快报》等澳洲华文媒体发表了一系列介绍《孙子兵法》的文章，提升了孙子文化在澳洲的影响。

为了推动《孙子兵法》在澳洲的进一步传播，丁兆德给时任澳大利亚总理吉拉德写信，向他介绍《孙子兵法》的精髓与在全世界的传播和应用的情况，希望中国这个传统文化的瑰宝在澳洲得到弘扬，为澳洲的经济发展增光，为澳洲的多元文化添彩。他还把《孙子兵法》及相关资料赠送给澳大利亚各个图书馆和高等院校，供澳洲人研读和查阅。

丁兆德付出心血最多的是孙子讲座，在澳洲许多社区、协会举办开讲，听讲者均是当地和澳洲各地的社会知名人士和孙子爱好者。他在澳洲诗词论坛的孙子讲座，澳洲华文媒体几乎都在显著位置作了报道，引起澳洲华人社会的广泛关注。

陈万华用西方理念解读东方兵学智慧

陈万华自1984年起先后在南开大学、清华大学、复旦大学等高校培养中国第一代MBA学生及高层管理人才。曾为IBM、施耐德等大企业，以及加拿大政府、联合国等提供咨询和培训，帮助其制定发展策略。他被授予加拿大亚洲商务协会华人传奇奖、汉密尔顿市杰出人物奖、加拿大麦克马斯特大学成功校友奖。2011年，被中国政府批复授予"名誉博士"。2012年，荣获"伊丽莎白女皇二世钻禧勋章"。

1984年初，在中科院第五次学部委员大会上，中国现代管理学泰斗、南开大学教授陈炳富宣称："当代最新的管理思想，都能在《孙子》那里找到痕迹！"从此，陈炳富开始了从中国传统文化，特别是《孙子兵法》的重新估价和反思中，构建中国现代管理学。

陈炳富的这一行动，得到陈万华的积极回应。1989年，陈炳富与陈万华合作出版了英文专著《孙子兵法与管理》，由上海复旦大学出版社出版。该书试图从西方管理学角度去挖掘《孙子兵法》的管理思想，阐释这一最高管理教科书的商业智慧，构建中国现代管理学。全书比较系统地阐释了中国古代兵学对现代经济与管理方面的巨大作用，推动了中华文明在世界范围的传播。

2018年，陈万华新著《孙子兵法新解（东方智慧的现代商业应用）》从经济学和工商管理实践的视角，解读《孙子兵法》这一东方古老智慧的现代应用，是一本东西方商业智慧交融的著作。

该书按篇章顺序对《孙子兵法》进行逐篇解读，每篇包括原文、注解、译文、应用、案例五大部分。其中，译文尽量保留原文的修辞手法，使之更能体现出原文明快的韵律感和优美的文学性。应用部分充分将经济学和工商管理实践与孙子兵法相结合，为中国国内首创，启发性大。案例部分全部为真实的现代工商管理案例，实战指导性强。

加拿大孙武后裔的孙武梦

　　2013年5月12日，孙武后裔、加拿大皇家科学院院士孙靖夷携夫人来到《孙子兵法》诞生地苏州，祭拜了位于相城区的孙武墓，考察了孙武当年写下传之后世的兵学圣典的穹窿山茅蓬坞、孙武书院和吴宫教战的二妃墓等孙武遗迹，还考察了位于太湖边的《孙子兵法》进校园典范苏州香山中学。

　　孙靖夷曾任加拿大图像处理和模式识别协会主席、国际中文计算机协会主席、国际模式识别学会会长、加拿大标准化学会、OCR委员会主席。目前是Concoria大学CENPARMI（模式识别和机器智能研究中心）主任。自2001年开始，任Concordia大学人工智能和模式识别方面的高级讲座教授。

　　孙靖夷出生在广东中山，从小长在香港，在香港大学获得硕士学位，在加拿大British Columbia大学获得博士学位。1972年，进入Concordia大学计算科学系就职，1979年成为该系教授，1980年至1984年担任该系系主任，1993年至1997年任工程与计算科学学院副院长，负责该院的研究工作。迄今为止，他指导和接待了65位访问科学家和教授，培养了60多名博士和硕士研究生，在多个大学和工业机构应邀作报告150多场次。

　　孙靖夷介绍说，孙子从齐国来到吴国，写下了《孙子兵法》十三篇，苏州是孙子的功成名就之地，也是终老之地。我的家乡广东中山是孙中山的故乡，孙中山也是孙子的后裔，和三国的孙权是同一个支系，孙权是孙子的第22代孙，我应该是这个支系的。

　　孙靖夷移居加拿大45年，他一直有个心愿，就是要祭拜老祖宗孙武墓。上午一到了苏州，他就来到绿树成荫的孙武墓，献上鲜花，闭上眼睛，默默祈祷，并与夫人在孙武墓合影留念。祭拜了孙武墓后，孙靖夷不无感慨地说，他几十年的夙愿终于实现了。

苏州孙子兵法研究会的负责人拿出设计图纸向孙靖夷介绍说，孙武墓扩建工程目前正在抓紧进行中，这里将建孙武公园和孙子文化展示馆，让全世界的孙武后裔前来祭拜。孙靖夷听了很高兴，连声说，非常好，非常好。

孙靖夷在接受记者采访时表示，孙子非常伟大，他是一个站在世界兵学巅峰的高人。现在全世界都在研读《孙子兵法》，并应用于各个领域。作为孙武的后裔，他为之骄傲。他在加拿大买了好几本《孙子兵法》，也在研读。他说，《孙子兵法》在全世界影响这么大，非常了不起！

孙靖夷参观了苏州香山中学《孙子兵法》进校园的图片展很是激动，他的故乡中山原名就是香山。他在给香山中学题词中写道："香山同学，大家努力，不断上进，造福世界，发扬孙子精神。"

加拿大皇家科学院院士的"重智色彩"

　　记者来到蒙特利尔Concordia大学访问了加拿大皇家科学院院士孙靖夷。作为孙武后裔、华裔科学家，他温文尔雅，眉宇间飞扬着睿智的神采。他的办公桌上放着三本《孙子兵法》，一本是美国纽约出版的，另一本是英国牛津大学出版的，还有一本是中国台湾出版的。

　　"2013年5月，我刚和夫人去过《孙子兵法》诞生地苏州，祭拜了孙武墓，考察了当年写传之后世的兵学圣典的穹窿山茅蓬坞。"孙靖夷对记者说，作为孙武的后裔，他对这位2500多年前的老祖宗很崇拜。孙子是大智大慧人，孙子十三篇"智"字出现了72次之多，充满了"重智色彩"，成为全世界的智慧宝库，孙靖夷说他为之感到骄傲。

　　出生于广东中山县的孙靖夷，其传奇人生也充满了孙子的"重智色彩"。他六岁去了香港，1968年从香港大学电机电子工程系硕士毕业，1972年获加拿大哥伦比亚大学博士学位。他担任过本校计算器科学系主任、工程与计算器科学研究院副院长，是国际知名的华裔电脑专家和语音学专家。1986年获美国电子学院院士称号，1994年获国际模式识别学会院士称号，1995年获加拿大皇家科学院院士称号。

　　孙靖夷陪同记者参观了他的几个实验室，他指导的博士生来自世界各国，博士生论文集摆满了整个柜子。来自伊朗和阿拉伯的两位女博士，正在接受他的指导，见到导师都毕恭毕敬。孙靖夷从助理教授到终身教授40年多来，共培养和指导了硕士研究生50余名、博士生30名、访问学者80名，还有一大批本科生。孙靖夷认为，要使他们成为计算机领域的成功者，首先要成为一个高智商的"智者"。

　　孙靖夷还担任模式识别和机器智能研究中心主任、模式识别杂志社主编、国际模式识协会（IAPR）顾问委员会成员、国际模式识别会议（ICPR）咨询委员会委员和中国科学院模式识别实验室咨询委员会成员等职务。他应邀在包括中国在内的多国科研机构和大学开讲座、搞科研、任兼职教授；发表文章500余篇，出版著作11部，文献被引用1000多次，是被引用频率最高的科学家之一；曾参与创建了国际中文计算器学会，组织召开了多次国际学术会议。

孙靖夷告诉记者，他研究的课题是在所有信息都不复存在的情况下如何去进行识别，而不是一横一竖地在电脑里全能捕捉到的，因此远比人们想象的要难得多，有的可能是史无前例的。孙子选择将才的标准把"智"放在第一位，高科技的竞争说到底是智慧与智能的竞争，这在计算机领域表现得尤为突出。

孙靖夷首创了盲人阅读机器，是一台能发出声音的机器，解决了盲人阅读问题，为计算机领域开创了一条新的路径。而后，又发展到软件识别手书体，他的学生开发的软件可以识别法文、中文、阿拉伯文、波斯文等十几种文字；从文字识别再发展到模式识别，像卫星拍摄的地球表面通过模式识别，可以确认哪里是道路桥梁，哪里是军事设施；目前纳入孙靖夷研究计划的还包括对图像的识别。

在孙靖夷看来，再先进的电脑，也离不开人脑。孙子最重视的是计算，故把"始计"作为开篇。因此，作为华裔计算机专家，要靠中国人的聪明才智。1979年他发明了一套新的汉语国音系统，在瑞士出版了第一本关于计算机识别汉字的专著。为揭示汉字语音规律，1986年他又出版了一部专著。世界上研究汉语的人很多，但像孙靖夷这样对汉语进行全方位的解剖分析的，还是第一个。

孙靖夷说，全世界近视眼出现的频率非常高，而中国又是世界上最高的，13亿人口中有4亿近视眼。为减少人类的近视率，我们正在对不同的印刷品字体进行研究，试图找出比较容易看，能降低眼睛疲劳的字体。目前，孙靖夷研究的项目已经和中国的方正公司有了合作意向，准备设计出更加优化的字体，这项研究在中国尚属首次。

孙靖夷在他儿子的家里放了《孙子与智慧人生》《孙子与企业管理》等六本《孙子兵法》书籍。在与这位孙武后裔和知名华裔科学家一天的交流中，记者分明感到，《孙子兵法》这部千古智慧之书，不仅适用于现代战争，也适用于包括科技领域、社会生活领域在内的各个领域。它能穿透人类的智慧，梳理人们的心智，开发人们的智能。读懂和应用了孙子的大智大慧，人生将会更加精彩。

民国著名兵学家李浴日在美国的儿女

"先父李浴日是民国时期中国著名兵学家，现代中国兵学理论体系的倡导者和构建人，现代中国文人介入兵学研究的先驱。"李仁雄在接受记者采访时，对父亲崇拜有加，对父亲的成就如数家珍。

李仁雄是民国时期《孙子兵法》研究第一人李浴日的次子，生于南京，长在台湾，台湾交通大学毕业，美国华盛顿大学计算机博士，现在波士顿服务美国甲骨文公司，专攻电脑科学。他说，家父博学多才，毕生尽瘁兵学，在民国兵学领域，他的研究堪称多个第一。据不完全统计，他译著兵书12种，160余万言，集中国2000年来兵书之精华数十种，编成《中国兵学大系》。

他兄妹五人均旅居美国。长兄李仁师，台湾大学毕业，美国加州理工航空工程博士，弗吉尼亚大学教授系主任，美国生物医学工程学院院士，曾任全美生物医学工程学会主席，现已退休，在美国南加州任某生技公司总裁；姐李仁芳，台湾大学毕业，美国纽约大学心理学硕士，现任某网络软件研发公司副总裁；妹李仁美，台湾大学毕业，美国弗吉尼亚大学药学博上，计算机硕士，现服务纽约州政府；弟李仁缪，台湾大学毕业，美国小动物临床医师，现服务美国国家卫生研究院，从事实验动物基因转植研究。

李仁雄告诉记者，有一天，他在网上用中文谷歌搜索李浴日出版过的书籍，意外地发现竟有800余人连线。李浴日已于1955年在台湾过世，看到他在中国兵学上的研究和著作，竟能在几十年后被人们继续引述和检讨，李仁雄非常惊讶。有一位网友说他读过李浴日的著作《孙子兵法新研究》16次，这是对他个人最有助益的三本好书之一。于是，激起李仁雄将《孙子兵法》著作重新研究的决心。

李仁雄回忆起小时候家里多珍藏其父亲出版和编译的军事书籍，最珍贵的就是他收集的中国古兵书。李仁雄感慨地说："现在再读先父的书，虽然他的音容已稀，但勾起了对他的无限怀念，我打算成立李浴日基金会，并建立网站，把先父的著作放在网络上与世人分享。于是，我把这个想法告诉兄弟姐妹后，他们也都非常赞同。"

弟弟李仁缪自告奋勇，很快就拟定了李浴日基金会的宗旨和章程。基金会是一个非营利性公益组织，它的宗旨是：纪念并延续李浴日研究古今中外兵法的志业；阐扬"孔孟为体，孙武为用"的中华哲学，促进个人修齐治平；联合世界有志之士，发扬《孙子兵法》和中国兵学思想，富国强兵，进而在国际合纵连横，消除兵戎，促进全人类共进世界大同。2008年2月，李浴日基金会和世界兵学社在美国马里兰州正式注册。

李仁雄介绍说："我们的第一个目标是把《孙子兵法新研究》和《孙子兵法总检讨》编成电子版，将先父手创、先母开展的世界兵学社在网上公开发行，作为先父的百年冥诞献礼；第二个目标是把先父的兵法书籍系统整理出来，把遗漏的历史资料挖掘出来，出版《李浴日全集》；第三个目标是把先父的全部著作翻译成英文。"

李仁雄说，目标确定后，他们兄弟姐妹分头努力，密切配合，展开了网站运作和书籍出版，侄女李佳玲也加入行列，负责网站的设计制作。到目前为止，前两个目标已初步实现，李浴日著作电子版及"李浴日生平事迹""世界论坛""我的博客"已上线；《李浴日全集》已出版了两部，第一部是《兵法》，第二部是《战略》，第三部是其他方面的论述，全集约100万字，准备放进美国图书馆。第三个目标翻译成英文书也在进行之中。

李仁雄对记者说，作为民国著名兵学家李浴日在美国的儿女，传播中国兵家文化既是一种夙愿，也是一种责任。李仁雄表示，要继承先父的遗志，传承中国兵家思想，回馈海内外孙子兵法研究机构及孙子崇拜者和爱好者，使《孙子兵法》在全世界发扬光大。

李浴日之子在美国延续《孙子》研究

被誉为民国时期"孙子研究第一人"的李浴日,其旅居美国的五个子女,继承其遗志,成立李浴日基金会,建立李浴日著作网络版,出版《李浴日全集》,翻译李浴日兵学著作英文版,在美国传播中国兵家文化。尤其是次子李仁雄正在延续先父的《孙子兵法》研究。

"父亲的兵学书放在书架上几十年了,每当看到它,就像看到父亲伏案写兵书的情景。"李仁雄对记者说,其父亲的兵学书,是解读孙子哲学的书,还原了孙子的原文思想,融入西方的哲学思想,还汲取了大量古往今来的战略思想,与众不同,激起他的极大兴趣。加上翻译父亲的兵学著作英文版,首先要读懂父亲的书,更要读懂《孙子》。于是,李仁雄从2005年正式开始研究《孙子兵法》。

李仁雄认为,中国数千年的历史文化,诸如《易经》《道德经》《孙子兵法》等,都是中华民族的伟大遗产,应被发扬光大,与全人类共同分享。《孙子兵法》十三篇,其兵法理论有一气贯通、历久弥新的雄壮气势。《孙子兵法》不是玄学,而是教科书、智慧书、文学书。

《孙子》十三篇的注释、译本、研究,已经遍及世界各地。李仁雄说,《孙子兵法》的许多理论也已经被广泛地、分别地运用到许多领域,如在管理、商业、竞技、股票交易上,等等。善用孙子智慧谋略,可让人们事半功倍、得到胜利的战果或满足。

"知彼知己,百战不殆"、"胜兵先胜,而后求战"、"善战者之胜也,无智名,无勇功"。这样的原则,不只适用于战争,它是适用在各行各业的。孙子的名句,更可让人们随时随地记得决胜的要诀,如"将者,智、信、仁、勇、严也",它简洁地说明了一个领导者应具有的要素。

从另一方面去看，历史进入21世纪，世界各地还是战祸连绵，弱势民族仍遭到强权的虐待和屠杀，世界上太多的人还未能真正读懂并运用《孙子兵法》来避免战争，取得和平环境及平等的生存权利。孙子的伟大求和求胜思想是我们今天仍要弘扬的。在全球化的今天，各国、各民族合作共赢，整个人类社会才能和谐共生。

李仁雄指出，为了让更多的读者能够很快地了解其中的精华，应将《孙子兵法》普及化、现代化、世界化。如教材推广要层次化，小学普及孙子的练兵故事，中学诵读孙子的名言警句，大学研读孙子的谋攻制胜理论，军事学校突出孙子战略理论。

中文注释现代化。用现代的人文事物为背景，来讲解孙子的战略战术思想，并引证于古今战例。预期做到使孙子不与时代脱节，合乎现代战争的需要，力求五年和十年来一次新注解。新的注解，新的研究，应随时而兴。

英译注释世界化。《孙子兵法》是中国也是世界最宝贵的东西，研究和应用孙子思想非常有意义。而要让全世界都研究和应用，必须翻译成英文。《孙子》十三篇虽然只有6000余字，由于是2500多年前的事物和背景，有些文句是很难用现代的语言去解说清楚的。而且各篇的重要性、易读性是不相对称的，要让一般读者很容易去了解全书的要义，引发他们探讨其中的奥妙，是一件不容易的事。

李仁雄透露，他正在翻译李浴日兵学著作英文版，已花了五六年时间，修改了多次仍不满意，目前还在改。他希望全球孙子研究者把现代中文注释和各类《孙子兵法》教材翻译成英文，共同将孙子思想发扬光大，使之运用无穷，造福无尽。

李仁雄表示，在中国人的智慧得到全世界的认可，中国已一步一步发展成一个富强康乐的国家的时候，我们有志发扬中华伟大精神遗产的炎黄子孙，应更努力地把《孙子兵法》传播到世界各地，消弭战争，促进人类社会的和平。

美国华裔《孙子》研究学者朱津宁

在出访美国前，记者得知美籍华人、孙子研究知名学者朱津宁已不在人世，就采访了曾为她的《新厚黑学》写过书评的马来西亚孙子研究学者陈富焙。陈富焙评价说，朱津宁老师是少数能把《孙子兵法》运用到"出奇入化"的孙子研究大师，她从感性的角度分析孙子思想，她对孙子在美国和世界的传播及应用是有特殊贡献的。

朱津宁是国际畅销书作家、著名讲演家，曾与美国前总统卡特和英国前首相梅杰同台演讲。她又是著名策略家，曾担任美国策略研习协会主席、亚洲市场开发顾问公司总裁。她为可口可乐、通用汽车、微软、波音等世界500强企业提供咨询和员工培训，被认为是东方谋略和策略方面的专家。她还担任美国学习频道（Learning Channel）"伟大之书系列"《孙子兵法》单元的主要撰稿人。

陈富焙告诉记者，他曾多次出席朱津宁在吉隆坡的讲座，和她面谈过，得到她的指点获得启示。每隔几年，朱津宁都要来马来西亚讲课，他每次都到场聆听，向她询问讨教，写学习心得，同时阅读她的所有著作，并经常写电邮和她沟通。朱津宁到过印度修行，她一些书中的内涵很深，不是一般人可以掌握的。

朱津宁20世纪70年代从台湾移居美国时，只带了两本书，一本是《厚黑学》，另一本就是《孙子兵法》，这两本书她研习了很多年，使她成功在美国立足，成为著名的东方策略学者。她后来出的书都基本跟这两本书有关。

朱津宁认为，21世纪是东方文化升华的时代，虽然东方文化不会取代西方文化，但是会得到平等的对待。她把东方的灵性潜力转化为生存竞争的武器。她主要是从理性角度分析兵法，形成了作为女性学者的鲜明个性特色。

陈富焙介绍说，朱津宁所开创的《新厚黑学》，是《孙子兵法》的奇正创新，即《孙子兵法》+厚黑学=《新厚黑学》。她的著作包括《新厚黑学》《新厚黑学2：不劳而获》《新厚黑学之孙子兵法：先赢后战》等，由英文原著被译为17种语言，共有60多国读者。

世界最大书店鲍威尔书店老板迈克·鲍威尔称，朱津宁的书专为那些相信全部生活的重点在于取得个人、社会或者经济等各个方面成功的人而著。美国企业家萨姆·J.塞巴斯蒂安尼评价说："假如我手中拿着最后几本书匆匆奔向机场跑道，那几本书将是《圣经》《孙子兵法》《新厚黑学》。"

朱津宁创新运用《孙子兵法》，成为一派宗师，在海外扬名。陈富焙说，2500多年来，世界各国人民不断地在探索《孙子兵法》，发掘它的价值，弘扬它的精华，而《新厚黑学》正是汲取了《孙子兵法》的精华。孙子思想的精华包括五事七计、知彼知己、奇正、诡道、虚实等。她的《新厚黑学之孙子兵法：先赢后战》，体现了孙子"胜兵先胜后求战"的战略思想。

她对《孙子兵法·虚实篇》的掌握，已达到炉火纯青的地步。她认为，"虚实篇"其实就是弱者的战术，包括"致人而不致于人"，"避实而击虚"，"形人而我无形"。在《新厚黑学》中第五章，她提到"以弱点制胜之道"，强调天生我才必有用，以及善用本身的弱势。该篇中提到很多的例子作为佐证。

在第八章"诈而不欺之道"中，她谈到东西方对"诈"的不同观点。西方人一面行诈，一面又假装没有进行欺骗。《哈佛商学院没有教你的功课》一书的作者马克·H.麦科马克，则把"诈"说成"谈判策略方面，说和做是两回事"。而东方人的"诈"有着深层次、高层次的内涵，《孙子兵法》所说的"兵不厌诈"，"兵者，诡道也"，说的是高层次的谋略和智慧，而不是低层次的欺诈。

朱津宁的作品受到西方新闻媒介的高度赞扬。美国有线电视新网（CNN）脱口秀主持人桑亚·弗雷德曼赞美说，朱津宁对人类心灵智慧具有出人意料的了解，你可以从中得到100个妙计，帮助你获得人生和事业更大的成功。美国《成功》杂志编辑邓肯·安德森称赞，朱津宁撰写了关于凝聚内在力量而鼓舞人心的教科书，从中国古代延绵至当今美国企业界。这部神秘而实用的书将会使你立即变得更加聪明。

陈富焙表示，朱津宁致力推动《孙子兵法》在美国的传播及跨国界的应用。她应用孙子哲理并融会贯通，开创了《新厚黑学》并使所著的16篇成为畅销书，她给我们留下许多宝贵知识，可以作为我们在21世纪的竞争中赖以成功的宝典。她在西方企业中扬名立业的那套方法，是值得亚洲华商加以研究的。

美国最早"海归"吴瑜章的中国兵学梦

"大家都读孙子兵法,每个将军打仗最后的结果却不一样。如果大家都是读一样的兵书都打一样的,那么份额你可以取10%,我也取10%,大家都差不多。如何在这几年从无到有,总很弱的地方,而且一无兵二无粮三无草,面对竞争对手比我们大可能七倍十倍的情况下,怎么能够循序渐进占到这样的份额,还能保持不断扩大战果,那就有意思了。"这是北京大学研究生会举办的市场战争学与《孙子兵法》吴瑜章专场演讲会上的一段经典论述。

吴瑜章最爱读的一本书就是《孙子兵法》,曾将孙子谋略游刃有余地运用在沃尔沃卡车运营上。吴瑜章说,"市场就是战场,不懂市场战争学的企业家,不可能带领企业在长期的市场竞争中取得最终的胜利;不懂孙子兵法的企业家,不可能是真正的成功者"。他的"孙子与市场实战案例"的精彩演讲,博得北大师生的满堂喝彩。

美籍华人吴瑜章,生于北京,14岁赴美留学,获美国亚利桑那州立大学国际市场学和计算机硬件学士学位、新泽西州立大学工商管理硕士。他在接受西方人长于分析、统计的商业管理思想的同时,酷爱中国《孙子兵法》《毛泽东军事战略思想》等东方智慧,汲取东方谋略之精髓。他携计算机、国际市场双学士学位和EMBA学位回国创业,成了中国最早的"海归派"。

回国后,吴瑜章曾任美国奔达可公司驻中国首席代表,沃尔沃卡车公司大中国区市场总监、副总裁兼首席运营官,沃尔沃(中国)投资有限公司副总裁,现任帅车有限公司董事长兼首席执行官。在吴瑜章的执掌下,三年时间,沃尔沃卡车大中国区实现了传奇式跨越,连续八年保持在欧美品牌卡车中销量第一的位置，卡车销量猛增30倍，替代日本成为欧美进口重卡的老大，被外界称为"沃尔沃中国掌门人"。

吴瑜章研究领域为兵家市场战争学理论、通家得胜学理论、宏观经济学、现代成功学、现代管理学、沟通学、跨文化研究。个人专著有《渠成，水自到——通字诀的得胜学》《市场战争学与孙子兵法》《循环经济，高速增长——中国从大到富》《均衡发展和谐增长——从大到富的强国之路》《中国对美国意味着什么：过去与现在》《物流：亚洲联网世界》。

吴瑜章说，半部《孙子兵法》打江山。特别是在今天中国商战中从一统"周天子"天下的局面向"春秋"，再飞速向"战国"发展的时代，《孙子兵法》对企业家更具有深远的指导意义和实际的使用意义。

他在写一本《〈孙子兵法〉与市场战争学》的书籍，将孙子思想称为管理者的"充电器"和获取经济利益的"方法库"。他开创了全新"中西兼容、贯通古今的中国式营销管理哲学"，即吴氏"兵家"营销管理哲学——

《孙子兵法》中讲的主动前瞻就是妙算，未战妙算者，得算多也。事先算好了能胜才可能胜，如果事先算的时候就侥幸，做市场调查进攻之前就说我先上了再说，中国很多企业是各领风骚两三年，哗上去了，哗下来了，做的东西这样。之前都是心存侥幸算的，也学过MBA，身边有很多MBA，算了这些模型知道是不能成功的，还是要上，要蒙一下。

市场用的全是军队语言，进攻、迂回、攻击、防御。市场学真正的内涵是公司间的对抗，而不是满足客户的需求和要求。战略管理大家学了很多，规划、政策、执行、结果，这个很简单。首先要知道我们是在哪个战场上打仗，到底是在哪个战场上，能够在哪个战场上打仗。今天想立一个卡车公司跟我们竞争，要想想这个是不是你所能及的。

市场分析重要，竞争者分析更重要，不知道竞争者在哪里，就无法进行战略定位；不知道对手在哪里，要赢得那片市场，占领这片地方，是绝对不行的，想成功是不太可能的。市场战争学的中心思想模式，是主动前瞻模式，不是被动反应模式。

孙子说的警句，没有遗漏管理学所覆盖的东西，如"主孰有道？将孰有能？天地孰得？法令孰行？兵众孰强？士卒孰练？赏罚孰明？吾以此知胜负矣"。其实就是说在竞争中如何执行的问题。管理系统的清明、领导的能力、天时地利以及规章制度的严密和执行，对企业至关重要。

《孙子兵法》讲审时度势，先谋而后动。在吴瑜章看来，做企业首先要了解市场，机会稍纵即逝。不是钱不够，就是人不够，永远是资源不够，能力是建立在资源之上的，还需要时机合适。在商场里一定要灵活机动，一定要快速地作出反应。

"知彼知己，百战不殆。"你一定要确定你在这个市场的位置，就像攻山头，市场就像这个山头，你到底在这个市场是什么位置？我们都想当老大，但你是不是真是老大？通过资源、能力一分析，你就知道到底是不是老大。

兵无常势，水无常形。能因敌变化而取胜者，谓之神。1997年，吴瑜章和沃尔沃卡车的一个经理刚刚来到公司。沃尔沃卡车的品牌不是最好的，价格也比别人高，但最终是如何取得胜利的？吴瑜章不无得意地说："关键就是我们的佯攻，敌人的有生力量被我们消耗掉了，我们是在捡掉了满地的谷子，甚至是对手打仗，我们捡谷子。"

成龙"逼"儿读兵法

《铁道飞虎》《天将雄狮》《功夫之王》《功夫瑜伽》《大兵小将》……成龙是第一位真正意义上打入好莱坞的香港影星，也是在好莱坞留下鼻印、脚印、手印的中国艺人。他创造了幽默风趣、变幻莫测的武打风格，也创造了自强自尊、愈战愈勇的精神，彰显了中华优秀传统文化和民族精神。从香港到好莱坞，成龙一直宣扬着中国武术，宣扬着中国文化，宣扬着中国精神。

中国功夫与中国兵法密不可分，国际功夫影星成龙的一招一式，以静制动，融入《孙子兵法》的元素，如孙子说："将军之事静以幽正以治。"成龙演的《奇谋妙计五福星》，讲述狱中五个素不相识的人成了好兄弟——五福星，在进退两难的境地如何运用他们的奇谋妙计脱险，也体现了孙子的智慧谋略。泰米尔猛虎组织战术揭秘：读《孙子兵法》学战略，看成龙电影摸战术。

在香港流传成龙"逼"儿子读《孙子兵法》，他在谈到自己刚进入娱乐圈的儿子房祖名时说，为了躲避狗仔队，儿子从小被他送到美国，但他还是不忘严格教导儿子学习中国传统文化，让他每天看《孙子兵法》。

成龙曾向上海媒体透露，他准备投资6亿拍摄电影《孙子兵法》，该片可能是香港电影史上最昂贵的影片，估计会花费8000万美元。他在一次晚宴上对传媒谈及《孙子兵法》时说道，我们将不会在新片里采用电脑特技，也能够制造出多个大型而壮观的场面，我希望做出来的效果可以和好莱坞电影里的那些电脑特技相媲美。

在与嘉禾影业公司合作拍摄新作《孙子兵法》，成龙坦言起初他一直想拍一部有关项羽的电影。但是由于项羽只是一个由国内人熟悉的历史人物，国外很多人不清楚项羽这位英雄，投资方希望成龙能选择一个便于走向国际的人物。"而且在片中，项羽最后是要死的，他们（投资者）不想让我'死'。"成龙不失幽默地添了一句，引来全场的笑声。

而当记者问刘德华是否有兴趣参与成龙有意拍摄的电影《孙子兵法》时，刘德华说："其实我在很多年前就想拍这类电影。不过，如果由我去演将军，电影的场面和故事可能会很沉闷，成龙就绝对有能力拍好，他可以把故事变得很有趣。"

刘德华有感话兵法

表现墨家"兼爱非攻"思想的战争巨片电影《墨攻》，刘德华饰演的墨家代表帮助梁王守城的故事，上映后引起强烈反响。电影《天机·富春山居图》讲述中国传世名画《富春山居图》在战争年代流传到国外，几名中国人誓死将它追回祖国的故事。该图合璧展在即，国际黑市开出天价，日本黑帮、英伦大盗闻风而动。刘德华饰演的身陷不白之冤国际特工肖锦汉，为证清白重出江湖，暗中执行《孙子兵法》计划。

刘德华曾演过多部与《孙子兵法》相关的影视剧，他在香港"2002年十本好书"推介活动上说，他已看过《孙子兵法》，因为他一直都想拍一套关于孙子的电影，想了解它是怎样的一本书。看过之后，发觉它实在是一本很有趣味的书，也是一部值得经常翻看的书，古今中外的人都对这本书很感兴趣。美国西点军校必修《孙子兵法》，美国哈佛大学MBA课程亦必修《孙子兵法》。此外，电脑金童前两年出版了一本很著名的书《数位神经系统》，书中亦引用了《孙子兵法》，为他写序言的香港李泽楷也提到了《孙子兵法》。

刘德华还推荐了自己喜欢的朱经武的《活学活用孙子兵法》，他觉得此书深入浅出，很容易令读者深明个中道理。

虽然刘德华工作繁重，但他还是尽量争取时间阅读包括《孙子兵法》在内的各种类型书籍，就连漫画书也不放过，果然深明"书中自有黄金屋"的道理，他说："我经常抽空读书，从香港到柏林坐飞机需要十多个小时，这就是我看书的好时间。"

刘德华是对中国文化认知度很高的明星，香港媒体多次报道"刘德华借《孙子兵法》开动脑筋""华仔爱《孙子兵法》"等消息。刘德华有感而发：我觉得《孙子兵法》不是一次就能看完的书，而是把它放在书架上，每遇到困难或什么疑难杂症时，就可以翻一翻。它提供一把"钥匙"去开启你的思想宝库，对我们事业、人生道路各方面都有参考价值。

刘德华说，《孙子兵法》还是一套心理学，如"知彼知己""攻其不备"，这些道理往往能应用在生活和事业上。例如身为较成熟的歌手面对20来岁的新歌手，如不了解自己的位置，就可能做出浪费的举动。很多现代人视"计"为贬义词，其实，"计"亦可视为"计划"的意思。当我们清晰地去计划人生的时候，便能对号入座。

金庸武侠藏兵法

金庸是现代武侠小说的集大成者，也是中国文学史上不可忽视的一代名家。他精通国学、历史、中国兵法，主编过《孙子兵法》，有"金庸兵法"之美誉。

作为武侠小说的"奥运冠军"，金庸的小说中也多次出现《孙子兵法》。如《书剑》中陈家洛曾言"以火佐攻者明，以水佐攻者强"；《射雕英雄传》中郭靖说"卷甲而趋，日夜不处，倍道兼行，百里而争利，则擒三将军。劲者先，疲者后，其法十一而至"；《倚天屠龙记》中武当七侠议敌少林诸僧，是"先胜而后求战"；而《鹿鼎记》中一再提及的"知己知彼，百战百胜"，都是《孙子兵法》中的警句或是从孙子那里演化出来的。

金庸武侠的故事情节和人物活动，暗合兵法之妙。《孙子兵法》十三篇的大部分重要谋略，在金庸笔下的武侠小说里都能反映出来。如《书剑》中霍青桐欲营救陈家洛、喀丝丽等红花会众人，面对兆惠4万大军，即命军中精兵白旗第一队只许败不许胜，其目的正是诱敌深入。再如《射雕英雄传》中速战速决，源自孙子的"故兵闻拙速，未睹巧之久也"。

在小说《射雕英雄传》中，金庸讲过一段非常生动的故事：郭靖、欧阳克一起来到桃花岛向黄药师的女儿黄蓉求婚，其第二道考题就是要按照黄药师的箫声击打拍节。欧阳克表面聪明，一听就进入黄药师的节奏，差点被废掉武功；而郭靖生性愚钝，一直打不准。虽然郭靖无法打准，但几度影响黄药师和欧阳锋两位绝顶高手脱离自己的节奏。这其实是《孙子兵法》所说的"致人而不致于人"。如果缺乏定力，郭靖早就"致于人"了，也就没有了后来的"北侠"。

金庸小说《神雕侠侣》与《笑傲江湖》中提到的独孤九剑，为剑魔独孤求败所创，以无招胜有招，深得《孙子兵法》"兵无常势，水无常形"之精要，杀尽仇寇奸人，败尽英雄豪杰，打遍天下无敌手。

有学者称，用金庸小说可注解《孙子兵法》，用《孙子兵法》可圈点金庸书中所蕴藏的兵法谋略，金庸小说亦能作为兵法的参考书。

方润华用兵法造就智慧人生

2006年3月19日香港《大公报》刊登消息，中国孙子兵法研究会正、副会长姚有志、吴如嵩一行莅港，前往方树福堂基金探望该基金主席、苏州市孙武子研究会名誉会长方润华。姚有志等人盛赞方润华充分运用孙子兵法于商业活动，并提出聘任方润华为该会特邀理事。方润华高兴接受，希望更好地宣传和弘扬这一中华文化瑰宝，共同为世界和平贡献力量。

方润华出生于1924年，祖籍广东东莞。1948年他协助父亲方树泉在中环创立协成行，经营工业原料，很快发展成企业集团，成为香港开埠以来首批大地产商之一。几十年过去，协成行这一老牌地产商号执着而稳健，方润华把成功总结为得益于中国传统文化，尤其是古代兵法给了他特殊而深远的教益和影响。

因为生逢战乱，方润华虽然没有机会念大学，但他非常重视中华文化。他认为，中华文化历经数千年不会消亡主要是因为很特别，中国文字深奥富有哲理，与西方文字有很大的不同。比如中文说"危机"，在危险中看到机会；中文说"错失"，即做错事就会失去一些东西，英文里却有错而没有失。站在香港这个中西文化交融的制高点，方润华点评中西文化洋洋洒洒，信手拈来。在采访中，他不时冒出一些蕴含哲理的孙子警句。

方润华告诉记者，协成行的发展经历了中英香港谈判、1997年香港回归、亚洲金融风暴等很多风波，有起有落，最终经受住了考验，《孙子兵法》对他的影响很大。人生若想出类拔萃，必须灵活运用前人的智慧、中国古代的智慧，今日仍能大派用场，这是中国人的骄傲。如何将中国兵法，包括孙子、孙膑、吴起、孔明、刘伯温、鬼谷子等的智慧，运用于企业运营，是一个非常重要的课题。

《孙子兵法》最重要的一点是"知彼知己"。2003年，方润华判断香港地产市场调整基本到位，存在巨大投资机会，断然出击，先后斥资近7亿元购入中环金城银行大厦、尖沙咀崇山大厦以及港岛南区大潭道红山广场，变成今日的协成行中心，升值了一倍多。方润华说，这里所运用的就是"敌退我进，敌进我退"的战术。

方润华之所以高人一筹，是由于他集各家兵法智慧，从中探索从商的真谛。他把学习的体会和感想编写成书，指导本企业的经营活动，还赠送给各地图书馆和友人，提供给别人参考。他的《孔明兵法运用于工商业》一书，独具匠心地分为"将器篇""将弊篇""将志篇""将刚篇""智用篇"，从不同的方位和角度，汲取古代兵法之精华，演变为从商谋略，应用于商场之中。

有了这些兵法智谋，做起事来就稳健，稳中求胜。方润华经商的金科玉律是"保守经营，稳稳阵阵"。他只求"开慢车，求寸进"，稳健当头。他不同意过分地投机冒险，甚至不同意"失败是成功之母"的说法，不能忍受全军覆没。

方润华始终遵循孙子的告诫居安思危，慎之又慎，随时洞察商场风云。1997年6月香港金融风暴爆发前夕，他已预料到香港的经济泡沫即将爆破。一日，他偶然看到杂志上一帧照片，一个小孩在车内正愉快地吹肥皂泡，立即联想到香港当时的经济，很快就会像肥皂泡那样破裂。于是，他将这照片保存下来警示自己。不久，香港的金融风暴真的发生了，因为他早有准备，采取了防患措施，在金融风暴中只损失了少许，避免了重大损失。

香港石油公司老总"贩卖兵法"

香港中华厂商联合会、压铸总会、金属业协会、螺丝业协会、制造业联合会、旺角街坊会……记者在香港会展中心举办的创意企业颁奖大会上看到,几乎全香港的中小企业都来了,所有经理人称他为老师,都听过他的孙子讲座。他叫温昭文,是香港压铸及铸造业总会荣誉会长,香港力孚石油有限公司董事、总经理。一个"贩卖石油"的老总怎么会去"贩卖兵法"呢?这要从他到《孙子兵法》诞生地苏州穹窿山旅游说起。

买兵书"买"到了兵法会长

温昭文个头不高,戴了副眼镜,长得人如其名,温文尔雅。他的学历也"很人文":香港工业专业评审局院士、美国普莱斯顿大学管理哲学博士研究生、澳洲南澳大学工商管理硕士、中山大学行政工商管理硕士,还获得北京大学总裁研修证书。他嫌文的还不够,再来点武的,可谓文韬武略。2007年,他来到苏州穹窿山,孙武曾隐居在这密林深处充满智谋和神机色彩的茅蓬坞,写出天下第一兵书《孙子兵法》。

参观了孙武苑、兵圣堂后,温昭文对孙子崇敬有加,想买一本《孙子兵法》带回香港研读,无奈山上的兵书只展不卖。他一再要买,工作人员看他这么执着,就把当地孙子研究会会长谈世茂的联系方式给了他。温昭文与谈世茂一见如故,从此交上了朋友,也与孙子有了不解之缘,还当上了《孙子兵法》诞生地苏州吴中区孙子兵法研究会的名誉理事。现在,他已收集到《孙子兵法》书籍100多部。

读兵书读出"两个脑袋一台润滑机"

有了兵书,温昭文如痴如醉,抽空就读。自2008年起,他连续四年参加在苏州举行的中国《孙子兵法》研讨会,向孙子专家学者学习最新的研究成果，得到大量的一手研究资料，在香港杂志连载孙子与香港商业现实结合的相关文章。

用温昭文的话说，他对孙子的追求用数字表述是"一二三"：乐安首寻，赴孙子故里山东惠民（古称乐安）参加孙子故里兵学论坛；银雀二访，赴银雀山兵法竹简出土博物馆探访；穹窿三谒，每年5月12日代表香港参加国际性孙子纪念活动。他的太太告诉记者，自从温昭文迷上孙子后，有了"两个脑袋"，一个是自己的，另一个是孙子给他的，他变得智慧了；他是做润滑油的，孙子又给了他润滑机，石油生意也越做越"润滑"。

代讲兵法讲出个"兵法讲师"

一次偶然的机会，香港一场商业讲座主讲人临时有事，让温昭文代课。从来没上过讲坛的他，一上场就紧张，出了一身汗。就在将要冷场时，温昭文灵机一动，居然朗诵起《孙子》十三篇来。孙子经典的警句、深刻的哲理，通过他用广东话抑扬顿挫的朗诵，深深吸引了听讲者，观察对他报以热烈的掌声。打那以后，温昭文一发不可收拾，成了香港中小企业小有名气的"兵法讲师"。

香港螺丝业协会常务副主席林志明对记者说，六年来温昭文到底讲了多少场《孙子兵法》，听众有多少人，他都记不得了，因为他是免费的"贩卖兵法"，没有收一个人的听课费，所以也从没统计过人数。香港600多个中小企业协会及分会，大都组织听过温昭文的孙子讲座。于是，香港石油公司老总既"贩卖石油"，又"贩卖兵法"成为美谈。

香港学子宋代兵学论文获博士学位

"宋代兵书的数量远远超过以往任何一个朝代"、"宋朝兵书著者身份呈现多样性"、"宋代兵书的种类繁多"……这是邱逸在香港大学中文系硕士研究《宋代的孙子兵法研究》中的论点。此文使他破格升为博士研究，成为港大首位没有硕士学位的博士生，也是香港为数不多的兵学论文获博士学位的学者。

邱逸考证，"杯酒释兵权"的宋太祖赵匡胤采取了一系列"崇文抑武"政策。到了宋仁宗赵祯在位时，著述兵书的情形有了翻天覆地的转变，不仅"士大夫人人言兵"，宋仁宗更是中国历史上第一位亲撰兵书的皇帝，其《攻守图术》三卷、《神武秘略》十卷、《行军环珠》及《四路兽守约束》一卷四部兵书虽已佚失，但他下令编修大型军事类书《武经总要》作为将帅的教授书，更是前朝所无之举。

此外，始创于宋仁宗天圣七年的武举常选制度，在宋英宗赵曙朝终成定制，武举考试形式仿照文试的明经科，宋英宗更开创先河，在武试题中引入古兵书的内容，以古兵书作为考试的范畴，其时宋廷对兵书的重视已非宋初时可比。宋神宗赵顼对兵学的态度更为进取，把古代七部兵书置于"经"的位置，称作"武经七书"，并设立武学作为研习兵书的场所。这种对兵书的重视态度，都是宋代以前所无的。

宋朝"兵学兴盛"有三个具体标志。邱逸在他的博士论文中论述道，首先，宋朝兵书的数量为历朝历代之最。《汉书·艺文志》所著录的兵书有53部790卷，图43卷；《隋书·经籍志》著录的兵书有135部512卷；而《宋史·艺文志》著录的兵书竟多达347部1956卷之多。但是，根据近人许保林的整理，宋人著述兵书的实际数字远较《宋史·艺文志》所载为多，达559部。

其次，宋朝兵书著者上至天子，下及在野文人，他们有研究古代兵书的学者，有著名文人，有朝中枢臣和边疆大吏，更包括不同阶层的官员。就以北宋兵学著述最兴盛的宋仁宗到宋神宗朝为例，撰写兵书而官至宰辅者包括曾公亮、丁度、韩缜、薛向、王存、王韶、张商英、吕惠卿八人，其他职衔的官员更是不胜枚举。宋代兵书著者职级之高，涉及官员之多，也是前代所没有的。

最后，两宋兵书包括了注解类、权谋类、兵录类、兵鉴类、兵制类、兵器类等12种，内容不仅遍及古代兵书的各个领域，还有所创建。宋人或汇辑前人兵学研究成果，或整理校勘古兵书典籍，或分门别类摘录历代兵论和战例，兵书如《武经总要》《十一家注孙子》、"武经七书"等，系统地保存了古代兵学的珍贵数据。

此外，宋朝兵书还十分注意从新的角度，在新的领域里探讨兵学原理，如专门论述谋略战法的《百战奇法》；专门论述兵制的《历代兵制》《补汉兵制》《西汉兵制》；专门论述军事历史人物和事件的《何博士备论》《百将传》《宋朝南渡十将传》；专门记述防城制度的《守城录》等，皆言前人之所未言，推陈出新，完善了中国的兵学体系。

邱逸现为香港岭南大学持续进修学院学务主任及高级讲师，他在梳理宋代兵书时发现，作为"武经七书"之首的《孙子兵法》，在宋兵书发展中处于最重要的位置，不仅研读者众、注本最多、官方最为重视，并且和宋代的武举取士关系最为密切。宋代兵书在版本校勘、注解讲义、集注汇解、分类辑编等方面，均对《孙子兵法》研究有突出的贡献。事实上，《孙子兵法》的两大体系《武经七书·孙子》版及《十一家注孙子》版都是在两宋期间完成的。

解读华人兵法

香港画家李志清丹青十年漫画兵法

走进香港漫画家李志清位于铜锣湾的画室，仿佛走进兵家和武林天地，战国时代兵学图、三国兵法人物像、水浒梁山好汉谱，以及《射雕英雄传》《笑傲江湖》等金庸武侠小说日文版的插图，挂满一室，画板上正在为香港三联书店即将出版的《孙子兵法》一书插图。

戴着一副黑框眼镜、颇有学者风度的李志清，从1981年开始进行漫画创作，擅长绘制兵家与武侠类漫画。2007年，在日本首届国际漫画奖中，李志清的漫画《孙子兵法》击败多名国外漫画家，成为获得最优秀大奖的中国漫画家。该奖由日本人戏称为"漫画大臣"的麻生太郎提出，号称漫画界的"诺贝尔奖"。

李志清拿出他获奖的得意之作漫画《孙子兵法》，书的封面上印有"由日本外务大臣麻生太郎创设"。该书历时十年，共分十册，畅销数十万册，轰动日本，影响国际漫画界。

记者欣赏这十册漫画兵法，该画册《孙子兵法》改编自中国兵法家孙武的同名作品，把孙子背后的传奇故事搬上画纸，分别以作战、谋反、军形、兵势、虚实、军争、九变、行军、地形、九地、火攻、离间等兵法名称命名，深入浅出的笔调和强烈的节奏感，丹青重墨描绘了中国春秋时期军事家孙子的兵学人生。

陪同记者采访的香港美术研究会会长、中华文化艺术交流学会副会长王子天评价说，李志清的水彩作品入选1992年香港当代艺术双年展，为香港艺术馆收藏。他开拓了一套独特的漫画风格，把中国水墨与现代绘画相结合，在香港鹤立鸡群，有金庸御用漫画家之称，被誉为香港漫画界中创作历史与武侠类型漫画作品的首席大家。

李志清告诉记者，漫画《孙子兵法》的获奖在一定程度上显示了中国文化的力量，这部中国古典名著本身蕴含着中国兵家文化的丰富元素。他在创作过程中多次使用了中国传统的毛笔和相关技法，使画面更富于表现力。

《孙子兵法》讲述的是战场上的智慧和谋略，而他更希望通过自己的作品告诉人们，战争是残酷的，应该避免战争。李志清说，为画好作品，他反复阅读《孙子兵法》原著，并下了很大功夫研究孙子的生平。他认为绘画秘诀最重要的是要理解故事内容，每个画面都要传递孙子的精髓和风貌。孙子的性格是"攻心计、有智能"，作品要表达其内敛的神情。

日方评审委员、日本漫画高峰会营运主任里中满智子评价说，《孙子兵法》颇具故事性，又是日本人熟悉的题材，非常符合漫画可以给人感动、让人类历史更为丰富的特质。

李志清是第一位在日本发表漫画作品的香港漫画家，漫画代表作品颇受日本读者的喜爱，大都认为他的画中人物比日本漫画人物更加美丽，构图更为细致生动。他以其浓郁的中国水墨式画风技压群芳，让不少日本漫画作家羡慕不已。

而真正让李志清走入日本市场的是另一部兵家漫画杰作《三国志》，尽管不是原创作品，但他用中国传统水墨技法精心绘制，用心演绎，画风独特，创下了香港漫画作品首批在日本出版的纪录。他的《诸葛孔明》《水浒传》等漫画作品被陆续翻译成日语，《三国志》在日本报刊上连载。

孙武后裔苏州"寻根之旅"

  香港国际孙子兵法应用协会会长、孙武第79代子孙孙重贵撰写的《孙武后裔苏州寻根之旅》，在"苏州穹窿山杯"《孙子兵法》全球征文大赛中获得一等奖。此文字里行间流露出来的不仅是对祖先孙武的无比敬仰，更表达了对《孙子兵法》诞生地吴地的一片深情。

  孙重贵还记得，宗族家中的大门楹联为"稽源虞舜，派衍东吴"。族中老人告诉他，"本孙氏宗族，考其始也，系于虞舜，源于陈齐，发祥于吴。他们家族是'东吴苗裔'，故称'派衍东吴'"。于是，他明白"吴"是家族的发祥之地，也是自己的根脉所在。所以，他自幼就对"吴"怀着深深的眷念，有一种浓得化不开的情结。

  转眼到了2007年，也正是香港回归祖国十周年，孙重贵终于来到苏州吴中，登上了太湖之滨的穹窿山，实现了多年的愿望。穹窿山留给孙重贵的第一印象是不凡气势。此山气势雄伟，地域宽阔，山色秀美，如入仙境。

  对于走遍神州的孙重贵来说，或许穹窿山并不算是巍峨的高山。然而，他借用了"山不在高，有仙则名"这句话来形容它。当年，兵圣孙武便是在这片幽静而葱郁的山坞之中的茅蓬坞里写下了闻名于世的《孙子兵法》。

  孙重贵沿着被绿荫覆盖的山路，穿过门楼，在竹子之间、柴门后面，看到渐渐显出的那间茅屋。向往已久的、所要追寻的情景，在这一刻终于和现实重叠。

  孙武苑草堂是五开间的茅屋，依山而建，屋前的一泓清泉是用竹筒从山上引下，屋内设有古床、古凳、蓑衣、锄头等设施，屋外一侧是菜地，另一侧则是一个竹亭，模拟出了孙武当年隐居生活的状况。

走进茅屋，犹如走进2500多年前的历史时空，仿佛看见先祖端坐案前，时而凝神思考，时而奋笔疾书。《孙子兵法》这部'世界第一兵书'，渐渐在竹简上清晰而精彩地呈现出来。"孙重贵深情地说。

孙重贵来到吴地穹窿山寻找祖先痕迹的日子里，恰好孙武文化园奠基、孙武书院成立典礼暨苏州第三届孙子兵法国际研讨会也同期召开。作为孙武后裔，他被邀请以嘉宾的身份在典礼上致辞。

此次发言，禁不住又是一份感情的流露。他动情地说，我的先祖是睿智的，他选择了一片山清水秀、文化厚重的热土来孕育他的思想，挥洒他的智慧；我的先祖是幸运的，他幸遇伯乐识他鲲鹏之志，又逢明君展他的雄才伟略；我的先祖是幸福的，他的智慧得以穿越历史的沧桑，在现代文明的世界里依然大放异彩。

作为香港著名诗人，孙重贵用诗情画意的语言结束了他的发言和首次寻根之旅："万顷太湖朝穹窿，兵圣孙武建奇功。"今天，我在这里看到揽万顷太湖、凌亿丈穹窿，看到民族传统文化与现代社会发展相融合的勃勃生机，看到东方古老的智慧与世界先进文明相交融的和谐世界。

海峡两岸《孙子兵法》交流第一人李子弋

"我在淡江大学国际战略研究所研究的第一本书就是《孙子兵法》，而让我对中国兵家文化执着研究了30多年的一个重要原因，是海峡两岸的学术交流。"台湾极忠文教基金会董事长、原台湾淡江大学国际战略研究所教授兼所长李子弋在接受记者采访时透露，他是台湾第一个带队到中国大陆进行孙子文化学术交流的。

李子弋曾在上海《申报》当记者，参加过周恩来在南京梅园召开的记者招待会。1948年被《申报》派到台湾，几十年间，他在新闻媒体工作18年，在淡江大学任教36年，创立孙子兵法研究所，发表孙子论文40多篇，经常作孙子文化演讲，参与台湾孙子兵法研究学会与台湾元智大学举办的全胜论坛。

李子弋回忆，他第一次回中国大陆参加《孙子兵法》学术交流是1989年，应中国社会科学院的邀请，他带了台湾28位孙子研究专家学者到北京。可以说，这次交流是海峡两岸的"兵学破冰之旅"。

1990年10月，第二届《孙子兵法》国际学术讨论会在北京举行，李子弋第二次带团到北京。他清晰地记得，那次会议规格很高，由姬鹏飞致开幕词，秦基伟、迟浩田等军方高层出席大会。中国大陆方面出席的著名学者有陶汉章、谢国良、吴如嵩、吴九龙等人，海外有美国、日本、意大利、英国、法国、德国、加拿大、印度、朝鲜、希腊和中国台湾、香港等20多个国家和地区的代表共300多人，是《孙子兵法》研究史上的一大盛会。就在这次会上，他与中国大陆当代《孙子兵法》研究极具权威的学人吴汝嵩交上了朋友。

1992年，他又到山东临沂银雀山考察出土的《孙子兵法》《孙膑兵法》

等竹简；接着考察了孙子故里山东滨州惠民。看到中国大陆大力弘扬孙武文化，令这位倾情于中华文化的台湾研究学者十分感慨。

祖籍苏州的李子弋自然不会忘记故乡，2003年，他回到阔别35年的姑苏城，考察了《孙子兵法》诞生地穹窿山，参观了孙武苑、兵圣堂。

李子弋告诉记者，打那以后他经常去中国大陆，参加孙子国际研讨会及各种文化交流活动很频繁。2011年3月应西北大学的邀请，在"中国传统文化与世界未来走向"的讲演中阐述孙子战略文化。更有意义的是，通过他的两岸"兵学破冰之旅"，台湾中华孙子兵法研究学会与中国大陆孙子文化交流趋于常态化，互相来往更加密切，成果也日趋显现。

李子弋对记者说，从他20多年的亲身经历看，两岸开展包括孙子文化在内的学术交流，是增进文化认知度、民族认同感、感情认可度的有效途径，如举办海峡两岸大学生孙子兵法友谊辩论赛，很有意义。两岸青年学子通过辩论，寻找到共同的语言，还可以增进感情，消除两岸分隔几十年存在的隔阂。

将兵法运用于生活的台湾女学者

华人世界演讲兵法的大都是男性学者，女性学者乃凤毛麟角。而把《孙子兵法》活用在现实生活中的女性学者，更是难能可贵。

她用女性的审美眼光和思维方式，把枯燥乏味的兵家文化融入现实生活；她把深奥的经典智慧，吸收为平浅易懂的实用生活方法，赋予人生的哲理；她是YWCA经典管理智慧特聘讲师、台湾汉声电台《孙子兵法》主讲人、台湾《天下远见杂志》"孙子兵法手记"专栏作者，更是华人世界第一个把《孙子兵法》活用在现实生活中的女性学者——严定暹。

祖籍湖南的严定暹，台湾师范大学中文研究所硕士，现任台湾科学委员会研究员。她有淑女的风范，仪表、谈吐、举止温文尔雅。她又是一位才女，著有《突破人生危机——孙子兵法的15个生活兵法》《红尘易法》《谈笑用兵》《格局决定结局：活用孙子兵法》等书，在中国大陆和中国台湾十分畅销，多次再版。她讲"孙子教我们怎么解决问题"，台商搭飞机跨海听课，连开24期，堂堂爆满。

严定暹告诉笔者，她一开始就没把《孙子兵法》仅当作兵书来读。她历经几十年研读，另辟蹊径，把《孙子兵法》涵摄入现代生活，作深入浅出的阐释，从多角度向世人揭开这一千古奇书之智慧密码。她的《谈笑用兵》封面上印了两行字："用兵不只在战场，也在你我生活中！用兵法过生活，让你无往不利！"在她的书中，可以领略女性特有的细腻和聪慧哲理的完美结合。

她的《两性兵法》别开生面："情"字这条路，得用智慧走；相爱容易相处难；转识成智，美成在久；有时星光，有时月圆；生死在舌尖，不轻言战，给他赢！给他赢！娓娓道来，充满哲理的光辉。

她的《情绪兵法》别出心裁：洞明世事，练达人情；风月无千古，情怀自浅深；智者见其智，愚者现其愚；柔弱胜刚强；怒而不怒，兵法都在笑谈中。

她的《实战兵法》别具一格：《新解孙子兵法·战略篇》，从全方位掌控局面、布局、取胜轻而易、柔弱胜刚强、百战百胜之秘笈、慎始与美成；《新解孙子兵法·应用篇》，分为掌握趋势、善用形势、审时度势、践墨随敌、将军之事等八个篇章，无不洋溢着兵家的智慧。

中国的哲学本质上是生活哲学，离开了生活就没有哲学可言。严定暹对笔者说，《孙子兵法》是以"成就人、成就事"为目标的人文哲学和应用科学，不仅可以启迪人进行正向思考，更可以开发人的权变创新智慧。只有融入兵法的人，才能智慧地生活。

严定暹说，读《孙子兵法》是很快乐的，不是因为你从此以后百战百胜，胜败乃兵家常事，而是因为对我们个人来讲最大的好处是，勇于尝试，不怕失败，失败没什么了不得，《孙子兵法》就是引导我们走过失败，走向成功的一个宝典。"如果人的一生只能读一本书的话，那就应该是《孙子兵法》。"

正如原台湾淡江大学国际战略研究所所长李子弋所说，中国最了不起的是女性哲学，那就是柔性攻势。最好做一个"女柔人"，那你一定是一个强人。柔弱胜刚强，这是孙子的"道胜"哲学。严定暹就是这样的"女柔人"。

柳元麟海峡两岸"柳毅"传兵书

"中国有一出戏剧经典剧目《柳毅传书》，台湾兵学界流传'柳元麟传兵书'。"台湾中华战略学会孙子组召集人李启明在接受记者采访时说。1975年，在文物出版社公开出版《银雀山汉墓竹简》后，台湾学者即纷纷投入对竹简兵书的研究，柳元麟就是其中一位突出代表人物，他通过"鸿雁"将兵书传到海峡对岸。

李启明介绍说，柳元麟别名天风，祖籍浙江慈溪，黄埔军校第四期步科学生，1997年在台北去世。他生前于兵法素有研究，早在1957年冬即写成《孙子新校解初稿》，并将所著心得数篇发表于台湾《东方杂志》等报刊。

1972年，山东临沂银雀山出土《孙武兵法》《孙膑兵法》及其他典籍竹简2942枚，《文物》月刊发表《临沂银雀山汉墓发掘简报》《略谈临沂银雀山汉墓出土的古代兵书残简》《临沂汉简概述》三篇文章。至此，世界军事学名著《孙子兵法》原貌遂大白于天下。消息传来，令柳元麟十分感叹：《孙武兵法》为中华民族先圣的杰作，是中华传统文化精粹之一，如今加以整理而公之于世，实属难能可贵！

此后，柳元麟钻研《孙子兵法》愈益精深，而见解亦不同凡响。他考证，过去公认首先注释《孙子兵法》者，为东汉末曹操，但自银雀山《孙武兵法》残简以后，证明在曹操注释孙子前后，历代均有注释者，而流传较广的，有宋本曹操等"十一家注"，宋本"武经七书"，明本"武经直解"，清本"孙校十家注"，民国陈启天著《孙子校释》，魏汝霖著《孙子今注今译》等。自山东汉墓孙子竹简出土后，亦出版《孙子新注》等多种。

柳元麟以为，前述孙子各家注释本，其功于世非浅，但缺憾亦属难免，遂竭诚著述。至1986年他终于完成力作《孙子新校解》。台湾《孙子今注今译》著者魏汝霖阅后认为，新校许多创见，既与古人不同，亦与今人（包括弟本）有异，盖研究贵在异，而不在同，如此方可探讨出真理焉。于是，柳元麟便将《孙子新校解》于1987年交由台湾中华兵学研究社出版。该书为精装本，共500页，出版后颇受欢迎，1988年再版。

1989年，柳元麟在台湾《联合报》上得知联合国教科文组织将在中国大陆举办《孙子兵法》国际研讨会，决定将《孙子新校解》一书提供研讨会参考。因原书厚重，寄送不便，柳元麟又将其大作择要浓缩后，赶印成40页的小册子，一面急向联合国教科文组织相关机构所在地法国巴黎寄去50本，同时设法向此次会议所在地孙子故里山东省惠民县寄送。

当时，海峡两岸尚未正式通邮，寄送几十本小册子是相当困难的，而会期又迫在眉睫。柳元麟趁好友应昌期将赴中国大陆出席围棋决赛之机，把几十本《孙子新校解》带到杭州。因围棋赛事在即，应昌期又将兵书转交柳元麟旧日黄埔校友、黄埔军校浙江省同学会会长曹天戈联系办理。

曹天戈得到旧友兵书后，激动之余，无奈身体欠安，便急托柳元麟另一位旧友、北京大学教授陈炎代为办理。陈炎收到兵书后，原是要尽同乡和旧友之情来帮忙的，然而展读兵书后，深为书中丰硕的学术成就而叫绝。他通过多方了解，终于完整地将柳元麟大作寄交山东惠民孙子兵法国际学术研讨会会务组。

中国孙子兵法研究会给柳元麟回函：先生对《孙子兵法》首届国际学术讨论会的热情关注，并惠寄大作，我们表示衷心谢意和赞赏！先生此举意义重大，我会殷切希望为弘扬祖国文化，促进海峡两岸学术交流，携起手来，共同努力推进《孙子兵法》的研究。

台湾谈判学权威的"谈判兵法"

在台北最大的诚品书店里，刘必荣撰写的专著《谈判孙子兵法》成为常销书，深受台湾读者喜爱。在演讲台上，刘必荣博学的专业知识，熔中西方博弈智慧于一炉的课程，高明的谈判的哲理与艺术，幽默风趣的言谈风格，如"谈判无所不在"，"我们每个人的一生，都会经历很多的谈判"，"《孙子兵法》可以给谈判提供一个思考的纵深感"，"把战场上的兵法当武略，把谈判桌上的兵法当文攻"，引起在场所有人的共鸣。

刘必荣现任台湾东吴大学政治系教授、博士生导师、台北谈判研究发展协会理事长、和风谈判学院主持人，他是目前台湾最权威的谈判学教授，谈判专著超过十本。他主持过谈判训练的知名企业有微软、摩托罗拉、惠普、戴尔、麦当劳、肯德基等。

刘必荣谈判课程之所以广受推崇，是因为他功底深厚，从事谈判研究25年，从事谈判培训13年之久，说理犀利，擅长从生活案例与历史故事中发现谈判哲理，让人充分领略"谈笑用兵"的艺术。

而《孙子兵法》与谈判谋略是刘必荣的"拳头产品"，他汲取孙子的智慧，把西方的正统谈判理论与东方的传统兵学完美结合，巧妙地运用在谈判桌上，运用到在今日企业的经营合作上，活学活用，具有很高的实用价值。

刘必荣以《孙子兵法》为主轴，解析谈判的科学及艺术。他说，《孙子兵法》是不朽的兵书，里面富含智慧，其经典之一是"伐交"，有许多技巧可以用在谈判上。1994年他出版的《谈判孙子兵法》是"初探"，现在出版的《孙子》是"再探"，十年后打算再出第三本，那就是"三探"。

刘必荣认为，成功的人可能不懂《孙子兵法》，懂得《孙子兵法》的

357

人也不见得成功，但它给我们提供了一种分析方法，用孙子的精髓去分析成功的案例，获得一套用它得出的经验才是重要的。刘必荣以其最精专的谈判领域举例说，如果都学了《孙子兵法》，最理想的效果是大家都能多让几步，最后获得双赢。

刘必荣将谈判课程分为七大提纲，包括"谈判前的准备""情报的收集""谈判的策略""议题的选择""谈判的时机""谈判的出牌""谈判的收尾"。每一提纲皆以《孙子兵法》的内容分析谈判的技巧，并以生活中实际的案例辅佐，无论是政治、军事、商业还是人际关系，《孙子兵法》的内容都能妥善应用于谈判之中。让在场听众深深体会"谈笑用兵"的无穷奥妙。

"谈判的时间、地点、议题、筹码的合宜才能获得最大的效益"，"胜利可能不是自己周全的准备，而是对方的失误"，"谈判前要先为自己想好退路"，"有品质的退路才是真正完善的事前准备"，"选择议题要'攻其不备，出其不意'，以'声东击西'的方式"，"谈判的时机如大鸟抓捕小鸟，差之毫厘，失之千里"……刘必荣的"谈笑用兵"透出无穷奥妙，让在场听众深受启迪。

刘必荣还举了孙子的警句，可应用于谈判技巧的兵法："知彼知己"，出招试探对方，获得重要情报；"风林火山"，谈判高手出牌要有气势并掌握火候；"故善战者，致人而不致于人"，不要被对方牵着鼻子走；"兵无常势，水无常形"，在谈判中提出更多的条件，改变胜败的情势；"我不欲战，画地而守之"，谈判时可以提先决条件，让己方占据有利位置；谈判收尾的技巧"归师勿遏"，赢者不全赢，输者不全输。

"古今多少事，都在笑谈中。"刘必荣称，《孙子兵法》教的是战略的思维，如果什么东西都能硬套，那就是死的兵法，是没有用的。兵法要学活的，唯有以临渊履冰的戒慎，随时准备各种情势的变化，才能在多变的棋局中随时掌握自己的最大利益。

台湾研究《孙子》的女军事评论员田金丽

田金丽是台湾凤毛麟角的女性军事评论员，她祖籍广东梅县，毕业于台湾新竹女中和中国文化大学。田金丽从一个女大学生变成军事评论员、军事女作家，缘自《孙子兵法》。

田金丽对记者说，20多年前还在大学时她就读《孙子兵法》，开始读的都是日本出版的，还有金庸主编的，读过好多版本。后来两岸关系趋于缓和，有机会读到中国大陆的。田金丽拿出一本中国孙子兵法研究会会长李际均给她签名的《孙子兵法》说，近年常去北京、杭州参与孙子兵法国际学术交流，2010年在厦门还作了专题发言，感觉跟对岸的距离拉得更近了。

对孙子的浓厚兴趣，使她成为台湾中华战略研究会研究员，研究领域为国际战略、两岸关系、《孙子兵法》，参与孙子全胜论坛，给企业讲了20多场《孙子与商战》。大量的时间是做军事撰稿人，在台湾东森、年代等电视台出任时事和军事评论员。田金丽说，她在评论时，经常引用孙子的警句，如"知己知彼""避实击虚""水无常势"等。

谈到孙子兵法思想与两岸关系的走向，熟知日本应用中国兵法的田金丽向记者讲述，日本战国时代的三个著名武士都研读《孙子兵法》，一次三人讨论"杜鹃不啼"的对策：织田信长主张要杀了它；丰臣秀吉说我等待它啼；德川家康则说，我想办法让它啼。后来德川家康重新统一了日本。

田金丽说，这个故事告诉我们，孙子"非战""止战""全胜而无杀"的和平思想，是解决问题的最佳办法。她告诉记者，这几年她注重用孙子思想思考两岸问题。两岸正逢历史上难得的机遇，现在已经是双方重新认识对方的时候了。中国大陆与台湾未来的发展如何缔造永久的和平，是考验两岸共同的智慧，要以高度的智慧来解决高难度的问题。

胡锦涛用战略的眼光看两岸问题，他比较了解台湾的想法。提出以中华民族的根本利益为重，以两岸同胞的福祉为重，主张两岸避免内耗，尽可能照顾台湾同胞的合理愿望，尽可能呼应台湾方面的积极诉求。"如果两岸都读懂《孙子兵法》的话，就能走到一起。"田金丽如是说。

田金丽在赠送记者的军事书上这样写道："期望两岸人民用爱和智慧终结历史悲剧。"

第五章　华人兵法论坛

《孙子兵法》融入日本国民精神生活

"日本治国、治企、治家都用《孙子兵法》",资深日本华文传媒人蒋丰在接受记者采访时说,日本人爱读《孙子兵法》,有人把它作为自己的人生指南,也有人把它作为自己的座右铭,更有人把它作为日本人的行为规范、处理人际关系的箴言。

蒋丰是东京华人中颇具影响的《日本新华侨报》总编辑,老家北京,出国前学过历史,做过媒体,来日本已有几十个年头,对中日两国的历史、文化都有很深的造诣。他在接受记者采访前,还在环球网"蒋述日本"专栏讲述《孙子兵法》在日本传播和应用。蒋丰对记者说,在日本,《孙子兵法》尽人皆知,日本人爱读《孙子兵法》甚至超过了中国人。走进东京的书店,《孙子兵法》的书籍林林总总,有280多种。

蒋丰拿出自己买的十多本《孙子兵法》给记者看,有孙子漫画、孙子小说、活用孙子、孙子口袋书、孙子学术顶端的文库书、孙子科普书、孙子娱乐书。有的书的封面上标有"为了取胜我们应该做什么"、"世界上最容易懂的书是《孙子兵法》"。蒋丰说,孙子的许多名言都成了日本人的口头禅,"知己知彼,百战不殆"等名言都被译成日语中的固定词组,变得更加通俗易懂。在日本最狂热的棒球场上,运动员对孙子的警句也能脱口而出。

日本的孙子研究一浪高过一浪,并影响了一代又一代的日本人。蒋丰介绍说,其影响面也由军事扩大到政治、经济、文化、生活等各个领域,尤其是《孙子兵法》在日本商界的影响特别深刻、应用非常成功,引起世人的瞩目。日本的许多《孙子兵法》专家,有开设"孙子经营塾"的坪川三郎等人,也有配合日本各类上司、经营者的个性特质而写出许多鲜明的图解《孙子兵法》。

蒋丰认为，《孙子兵法》之所以在日本受到欢迎，是因为它与日本历史和日本文化紧紧地联系在一起。中日两国文化交流源远流长，其中一个耐人寻味的现象是，从中国传入日本的文化许多都变成了"道"。比如，插花变成"花道"，品茶变成"茶道"，棋艺变成"棋道"，柔术变成"柔道"，书法变成"书道"，而《孙子兵法》变成"兵道"。在日本，这样一个"道"，就意味着舶来的中国文化是一种精神元素。

日本善于汲取中国古代战略思想的精髓，形成具有日本特色的战略文化。蒋丰举例说，日本"经营之神"松下幸之助认为《孙子兵法》不仅是优秀的兵法书，而且是卓越的处世经典，教给我们经久不变的处世法则。北村佳逸撰写了《孙子兵法与日常生活应用》的文章，阐述了他将《孙子兵法》应用于社会生活的观点。服部千春也认为，令许多日本人倾倒的《孙子》，其普遍的思索在现代生活中是必不可少的，它不是单纯的技术论，而是教给我们要重视人类社会的基础。通过《孙子》哲学，对日本人的人生观产生影响，使之在不断全球化的21世纪生存下去。

蒋丰告诉记者，日本将《孙子兵法》逐渐升格为"人生战略学"，从《孙子兵法》中学做人做事。日本人很信奉孙子的"智、信、仁、勇、严"，尤其是"信"，日本的社会风气是不讲信用的人很难在社会上生存，他们将信用看得比金钱更重。日本人普遍被认为守时、重信，在约定时间后一般情况下决不会迟到，他们认为迟到是对人失信，也是对人最大的不尊重。日本企业也很讲究信用，产品质量以精良著称于世。

蒋丰指出，时至今日，《孙子兵法》仍存留在日本人的头脑中，并成为全体国民的基本思想。正如日本《读卖新闻》撰文指出的：《孙子兵法》自奈良时代传到日本以来，给日本历史、日本人的精神方面以较大的影响。"也正如日本孙子国际研究中心成立宗旨所宣称的：《孙子》的哲学之所以能保持不灭的价值，在于其超越了时代和地域的差异，写出了吸引人们的带有普遍意义的思考。"

日本华媒老总蒋丰论《孙子》在日本

2018年5月12日，《日本新华侨报》总编辑、《人民日报》(海外版）日本月刊总编辑蒋丰在第三届世界兵圣相城峰会上，论述《孙子兵法》在日本。

中日两国地理上一衣带水，历史上爱恨纠缠，文化上相互影响。可以这么说，日本文化的"根"在中国，中华文化的"果"遍布日本。

自公元516年《孙子兵法》被传入日本后，日本无论是内战还是外战，都视为日本武学兵道的源头。尤其是在那个群雄争霸、名将辈出的战国时代，武田信玄谙熟十三篇，将孙子的"风林火山"写在军旗上。丰臣秀吉也在践行《孙子兵法》，尽可能避免强攻，通过谋略来使对方投降，重视收集情报，懂得"胜而后战"。织田信长也善用《孙子兵法》中的"奇正"战略，在长条战役中击退了武田势力。

到了江户时代，《孙子兵法》的研究更进入顶峰，大家辈出。市面上发行的有关书籍达到140多种，并诞生了江户六大研究权威人物。其一是江户大儒林罗山，他先后著有《孙子抄》《孙子谚解》等；其二是甲州流军学者北条氏长，他将孙子的"五事""七计""诡道"活用为"治内""知外""应变"；其三是"山鹿派兵学"的创立者山鹿素行，他在青年时代就著有《孙子谚解》《孙子句读》，晚年又撰写了《孙子要证》《孙子讲义备考》等；其四是萱园学派创始人荻生徂徕，他著有《孙子国字解》《孙子九地问对》等，流布甚广；其五是合传派武学创始人德田邕兴也，他著有《孙子事活钞》等，并且联系日本的实际；其六是明治维新的精神领袖、理论奠基人吉田松荫，他著有《孙子评注》，自诩"余深得孙子之妙"，其弟子乃木希典多次重印，分赠友人。创建象山书院并培养了胜海舟、坂本龙马等一大批门生的佐久间象山，也认为"汉士兵家之书，莫过于《孙子兵法》，今真欲修饬武备，非先兴此学不可"。

明治时代尽管日本开始学习西方新兴的军事思想，但对《孙子兵法》的研究和运用仍占有重要地位，尤其是体现在对海军的训练和指导上。比如日本联合舰队司令东乡平八郎在日俄战争中就运用《孙子兵法·军争篇》的"以近待远，以逸待劳，以饱待饥"，将舰队部署在俄军的必经航线上，全歼了俄第二太平洋舰队。他曾在出征海上前，给每位官兵发一册《孙子兵法》，并且手书孙子警句"以正合，以奇胜"赠送友人。日本海军中将佐藤铁太郎是确立了明治海军新战略的关键人物，同时是《孙子兵法》的信奉者，不仅著有《意译孙子》，还称赞《孙子兵法》是从古至今研究实用战略最全面、最深刻的书。

大正时代，日本在运用《孙子兵法》上更为广泛，已经不仅仅局限于战事，开始向着社会生活领域拓展。比如学者北村佳逸就在《孙子解说·自序》中指出，"如第三次世界大战（如果有的话），以至围棋的胜败、棒球的比赛、投机的输赢、选举运动乃至夫妻吵架，若把握着孙子的精髓，我敢断然保证必胜"。Mitsuwa石碱株式会社的创始人、日本实业家三轮善兵卫则结合自己的创业体会撰写了《孙子与商战》，开创了日本将《孙子兵法》运用于企业经营的先河。

伴随着1945年日本的战败，日本对《孙子兵法》的追捧也一度中止，但昭和天皇在二战失败后感慨，"兵法研究之不足"，可见并非否认《孙子兵法》，而是自知自己读《孙子兵法》而不知孙子。孙子从不鼓励发动战争。

在日本战后经济复苏的过程中，大桥武夫创立了将兵法与经营融为一体的"兵法经营论"，成立了"兵法经营塾"，一生撰写了50多部有关兵法经营的书。

武冈淳彦是大桥武夫的弟子，战后进入日本防卫厅。在大桥武夫去世后，他受托成立了兵法经营研究会、国际孙子俱乐部等，拥有一大批弟子。2000年出版的著作《新释孙子》是武冈淳彦的集大成之作，被誉为日本财经界学习《孙子兵法》的终极秘籍。

2001年，原防卫大学校教授杉之尾宣生又创立了特定非营利活动法人"孙子经营塾"，由原日本陆上自卫官前原清隆来担任代表。前原清隆曾是美陆军防空中心联络官、外务省中国课的军事政治担当。他主张将孙子兵法的本质——"不战而胜"作为根本理念，运用于日本的经济活动、安全保障、国际协助、危机管理和社会生活等方方面面。

今天，当我们中国老百姓正通过抗日神剧沉浸在"手撕"鬼子的快感中时，日本的又一批中青年《孙子兵法》研究者开始崭露头角，将中国的老古董重新运用到政治、经济、教育、生活等各个领域。

不信你去日本人购书最常用的亚马逊网站，试着输入"孙子兵法"这四个字看看，一下子就会出现几十本的相关书籍。包括《一分钟了解孙子兵法商务教养决定差距》《选择能活用孙子兵法的工作——不战而胜的就业、改行、创业》《跟着孙子兵法学习能获得他人肯定的工作术》《实践版孙子兵法：站在人生分岔路上的最强战略书》《培养强韧的心灵儿童的孙子兵法》《最高的战略教科书孙子兵法》《超译孙子兵法笑到最后的人的绝对信条》《跟中国的兵法学习业务框架》《彻底图解孙子兵法——不仅是武田信玄就是现代人也可以利用的战术书的决定版》《兵法三十六计——全世界都在学习的最高的处世智慧》，等等。

美国的埃德温·O.赖肖尔在他的《当代日本人——传统与变革》中文版序言中说，"在中国的这些文化儿女中，日本是最出类拔萃的，最与众不同的"。何以不同？大概是，日本人总能把从别人那里学到的东西发挥到极致。

日本手上两件宝：左手孔子，右手孙子

　　日本知名华文媒体人孔健在接受记者采访时形象地比喻说，日本人手上离不开中国的两件宝：左手孔子，右手孙子，可谓文武并重，收放自如。这两件宝，一是哲学，二是兵学，相辅相成，相得益彰。

　　老家山东青岛的孔健到日本已有30多个年头，对同乡孔子和孙子怀有特殊的感情，热衷在日本传播儒家和兵家文化。他对记者说，"《论语》加算盘"的经营理念，很早就由被誉为"日本资本主义之父"涩泽荣一提出。涩泽荣一是著名实业家，在日本家喻户晓，参与创办东京证券交易所、第一国立银行（现瑞穗银行）等500多家企业，不少企业至今仍是日本经济的顶梁柱。

　　孔健解释说，算盘就是计算、算计、计谋，《孙子兵法》十三篇开篇就是"计"。孔子和孙子基本生于同一时代，家乡都在山东，一个是文圣人，一个是武圣人。"左手孔子，右手孙子"的搭配可谓完美无瑕。

　　涩泽荣一能创办并使500多家企业发展壮大的秘诀就在于此，既用孔子的哲学统一思想，又用孙子的兵学武装企业。孔健说，"左手孔子，右手孙子"是日本在二战后迅速成为世界经济强国的一个重要因素。如今，进入世界500强的日本企业都研究《孙子兵法》。

　　孔健认为，日本深受中国儒家思想和兵家思想的双重影响。可以说，日本是除中国之外《论语》和《孙子兵法》传播最早，影响最深、最广的国家，中国文化已融入日本人的血液和骨髓。他说，德川家康开创的江户幕府延续260多年之久，其中一个重要原因是他善用中国的两件宝。

　　孔健还举了另外两个事例：一个是日本人从小不是打棒球，就是踢足球，在体育中接受《孙子兵法》熏陶，人人都知道"知己知彼，百战不殒"的名言。日本著名棒球教练野村克也就经常用《孙子兵法》教导队员，使每名队员都懂得学好兵法才能打好棒球的道理。另一个是《产经新闻》20多年来每周刊发五名企业家的座右铭，其中不少是孔子或孙子的名言。

孔健告诉记者，日本人学《孙子兵法》，字斟句酌，一丝不苟，深刻领会，用心实践。韩裔日本人、软银集团创始人孙正义就是其中的杰出代表。他应用《孙子兵法》的智慧，结合企业自身实际，总结出一套独特的经营管理理念，名曰"孙孙兵法"，其核心是25个字："一流攻守群，道天地将法，智信仁勇严，顶情略七斗，风林火山海。"他运用这套理论，逐步建立起自己的"通信王国"。

驻韩国参赞："韩流""汉风"话孙武

"《孙子兵法》在韩国的普及率非常高，几乎家喻户晓，人人皆知，这并不奇怪。"中国驻韩国大使馆文化参赞兼文化中心主任沈晓刚在接受记者采访时说，中韩关系源远流长，自有文字记载起就有来往，包括《孙子兵法》传入朝鲜的时代。

当记者问及在首尔街头随处都能看到用汉字醒目标出的景点、遗址、地名和各种招牌时，沈晓刚回答说，15世纪以前，朝鲜半岛并没有自己的文字，连王公贵族使用的都是中国汉字，官方的记录如《朝鲜王朝实录》用的全是汉字，这也是《孙子兵法》很早传入朝鲜半岛的主要原因之一。

沈晓刚说，与日本不同的是，朝鲜半岛历史上与中国和平相处时间很漫长，当时朝鲜王朝到中国参加科举考试，《孙子兵法》列入考试范围，这也是《孙子兵法》很早传入朝鲜半岛并经久不衰的重要因素。所以韩国在应用《孙子兵法》上也与日本不同，日本从战国时代开始一直到二战结束前，主要应用于军事领域，涌现出一批军事研究家；而韩国主要应用于社会文化生活领域，涌现出一批哲学和社会科学研究家。

《孙子兵法》在日本、美国的主要读者是精英阶层，而在韩国已进入寻常百姓家，相当普及。沈晓刚认为，这是由于中韩两国地缘相近、文化相通、文字相融、习俗相似的缘故。朝鲜半岛长期处在中华文化圈内，在韩国，影响最大的是中国文化，尤其是儒家文化和兵家文化，这是中韩文化长期交流的结晶。

沈晓刚告诉记者，很多韩国人对中国的《三国演义》《水浒传》《红楼梦》《孙子兵法》都很熟悉。韩国人用自己的方式让中国的传统文化与韩国的现代文明交汇融通。中韩文化交流的显著特色是，"韩流"与"汉风"

兼收并蓄。

沈晓刚称，《孙子兵法》在韩国的传播，古人已经做了。我们的使命是，如何让中国和世界的这一文化瑰宝更贴近韩国民众，直接指导韩国人的思想和生活。

在中国驻韩国大使馆工作七年的沈晓刚回忆，在他到大使馆工作前的2001年，中国对外联络部部长戴秉国来到首尔，把刻有《孙子兵法》并用丝绸扎成的竹简送给当时的自由民主联盟总裁金钟泌。他到大使馆工作后，中国政府官员到韩国访问赠送的《孙子兵法》至少有一二百本。

沈晓刚介绍说，2004年12月，韩国首尔中国文化中心成立，这是中国政府在亚洲设立的第一个文化中心，主要通过信息服务、教学培训及举办各种文化活动，向韩国民众推介包括孔子、孙子在内的中国传统文化，先后接待了数以万计的韩国朋友，并拥有4900多名固定会员，为韩国公众特别是青少年打开了一扇了解中国的"窗口"。

沈晓刚表示，目前首尔中国文化中心已发展成韩国国内最有影响力的五大外国文化中心之一，随着文化中心认知度和影响力的提高，越来越多的韩国政界、经济界高层人士前来参观访问，一些韩国文化团体也希望与中心合作，折射出中国文化影响力在韩国不断提高。我们将更好地利用这一品牌，让中华文化在韩国更具影响力。

泰拳用于军事与兵法不可分割

"泰拳直接用于军事实战，与兵法密切相关。"世界泰拳理事会副主席方炜在接受记者采访时说，当时士兵在战场上远距离作战时使用刀枪剑矢，近距离搏斗时则以拳肘膝脚作为进攻武器。因此，泰拳自古与兵法不可分割。

方炜介绍说，泰拳已有了500年的历史，作为泰国的传统搏击技术，其特点是可以在极短的距离下，利用手肘、膝盖等部位进行攻击，是一种非常狠辣的武术，具有很强的杀伤力。而泰族和中华民族有着密不可分的血缘关系，包括兵家文化、武术文化在内的泰族文化，深受中国文化的影响。泰拳是在几百年来抵御外族侵略的搏斗的历史背景下产生的，泰族立国后，战事连年不断，历朝皇帝都崇尚武力，不少王侯本身就是泰拳高手。

1518年暹罗王改革兵制，下谕令编制了《制胜术》一书，内容包括了兵器、武术和武备等方面。方炜接着说，在公元1555年至1606年，泰拳术被列入军事训练科目，名为"奔南"。"奔南"为暹罗土拳，凶狠毒辣，招式包括头撞、口咬、拳打、脚踢、蹬踹、扫绊、肘击、膝顶、肩抵、臂撞、推拽、抓捏、压打、摔跤等，无所不用其极。全身任何部位，可用则用，是一种用于实战的拳术。古代泰族士兵习练拳术后，无不强悍、勇猛。

据考证，泰拳又属武术体系，堪称格斗技中的极品，而武术的元素源于《孙子兵法》。脱胎于暹罗武术的泰拳，其根源是中国南派格斗，可能源出华文，音译也可同"太"字共通，其义为"太极"。太极拳的战略战术与《孙子兵法》一脉相承。中国的传统兵家思想，赋予了太极拳独有的神韵。

　　泰国的孙子研究学者认为，泰拳融入《孙子兵法》的智谋、胜变、进攻、防御等军事思想。泰拳师决胜条件是智谋、技艺、气力及精神力量的总结合，其最高领域为机巧圆通，变化无常。实战攻防招数，"母招"与"子招"之分，各15式，合共30式，招招狠毒，不仅要有进攻的强大爆发力，而且要有被打的强大抵抗力。

　　克敌制胜的泰拳，汲取了《孙子兵法》的精华，方炜认同孙子研究学者的观点。泰拳拳法中的右直拳力量大，速度快，左勾拳发出产生鞭打效果，如同子弹射出一般，展现了"兵贵神速"；泰拳腿法中的蹬技和踢技利用身体拧转，使泰拳手脚法灵活多变，刚柔相济；泰拳膝法中的冲膝、弯膝、扎膝、穿膝、飞膝，泰拳肘法中的平肘、迫肘、砸肘、盖肘、反肘、双肘，泰拳步法中的进步、退步、冲刺步、急退步、闪步、环绕步、前滑步、后滑步，都充满了孙子"变中求胜"的战略战术。

　　泰国拳风鼎盛，俗话说"十个男人，九个打拳"，走在曼谷街头，冷不丁会遇到一位泰国拳手，可见拳斗在泰国普遍流行的程度。如今，在泰国各种泰拳练习馆、泰拳比赛馆遍布城乡，其中不乏华侨华人开办的泰拳馆。不仅外国游客来到泰国都会去看泰拳比赛或是学泰拳，就连当地达官贵人也喜欢泰拳。在泰国泰拳学校数不胜数，就连偏僻山村也不例外，泰拳电影在泰国深受欢迎。

　　方炜拿出授权书向记者透露，世界泰拳理事会已在127个国家和地区建立了泰拳运动组织，并将与中国武术协会合作，在中国拓展泰拳运动，中国国家体育总局也刚发文将泰拳正式列为全国推广的体育项目，而他被授权任命为泰拳中国事务总代表。

新加坡学者关注《孙子》文学价值

"6000 余字的《孙子兵法》，具有丰富的内涵、深刻的哲理和深厚人文意识，同时又具有很强的文学性，既可当作军事、哲学书来研读，也可当作一篇优美的文学作品来欣赏。"研究了30多年《孙子兵法》的新加坡商人学者吕罗拔，有一天突发奇想，别出心裁地把研究视角从军事、哲学转向文学鉴赏。

吕罗拔用16个字评价《孙子兵法》文学特色和语言艺术上的成就："纵横参议，精练紧凑，文句整齐，气势通畅。"

吕罗拔称，《孙子兵法》以丰富多彩的语言艺术反映科学的内涵，以富于动感、节奏的音韵艺术透视出独具特色的哲理，以崭新的体裁和科学严谨的结构，构建了博大精深的东方兵学体系，成为中国古典军事文化遗产中的"东方明珠"、中国优秀文化传统的重要组成部分而名垂后世。

例如，在"军争篇"中，孙子比喻的"故其疾如风，其徐如林，侵掠如火，不动如山，难知如阴，动如雷震"。动中有静，静中有动，动静相辅；徐中有疾，疾中有徐，疾徐转化；有气势，以风火雷震来比喻动，以山林阴晦来比喻静，好一篇优美不过的文学作品。

又如，在"兵势篇"中，孙子"故善战人之势，如转圆石于千仞之山者，势也"。"故善出奇者，无穷如天地，不竭如江河。终而复始，日月是也。死而复生，四时是也。声不过五，五声之变，不可胜听也。色不过五，五色之变，不可胜观也。味不过五，五味之变，不可胜尝也。战势不过奇正，奇正之变，不可胜穷也。"天地、日月、江河、山石、声色、味道，在孙子的笔下栩栩如生，形象生动。

再如，在"军形篇"中，孙子说"胜者之战民也，若决积水于千仞之

374

者，形也"。即指挥部队作战就像把山涧积水从万丈悬崖上决开一样，势不可挡。"善守者，藏于九地之下；善攻者，动于九天之上。"即善于防御的人，能深秘隐蔽兵形，犹如藏在极深的地下，敌莫知所在；善于进攻的人，能高度机动灵活地打击敌人，犹如动作于九霄云外，敌莫知所御。

此外，"兵势篇"中湍急之水，飞快奔流，内储巨大能量而一发不可遏止的客观态势；鹰迅飞猛扑，以致能将鸟雀捕杀，这乃是在节量远近基础上突然发起进攻行为的节奏；险峻的兵势就像张满的弓弩，短促的节奏就像猝发弩机。如此等等，都是神来之笔。

吕罗拔认为，《孙子兵法》追求一种"全"的境界，在十三篇中提到"全"的有十多处，如"谋攻篇"中的"兵不顿而利可全"、"自保而全胜"，等等。"不战而屈人之兵"是《孙子兵法》人文价值的集中体现，"必以全争天下"也体现了孙子保国安民的人文精神。

吕罗拔在他的"《孙子兵法》的人文精神"演讲中说，孙子当年从山东到苏州，之所以能功成名就，那是能因应及创造所使然，这就是孙子的重要人文精神。当你看到《孙子兵法》诞生地穹窿山和苏州园林的"静以幽"，当你看到教战场斩二姬时的"正于治"，你自然会明白为何从事"将军之事"的孙子，他文章竟然写得如此富有哲理而又有文采。因此，研究孙子的人不能不到苏州来。

吕罗拔叫板不喜欢《孙子》的国际汉学家

2017年1月13日，在新加坡《联合早报》的副刊《现在》的封面，全版报道了世界著名汉学家的专访，题为：学识力量体现文学收获——访国际汉学家闵福德。整版除了受访本身，还有其五本英译的中国五大经典著作《红楼梦》《易经》《孙子兵法》《聊斋志异》以及《鹿鼎记》做照片，显见其翻译中国古典名著的丰硕成果，令人钦佩。

新加坡商人学者吕罗拔看了报纸后，首先肯定闵福德把中国文学经典推向世界，诚功德无量之壮举。他在报业中心礼堂举办了一场题为"重游大观园"的专题演讲，主办方为新加坡国立大学中文系和《联合早报》。消息传来，先声夺人，未演先轰动。

接着，吕罗拔开始"叫板"这位大名鼎鼎的国际汉学家：本人对3000字的报道，不禁详读，逐句品味，却对"不喜欢孙子兵法"那段，不敢苟同。

此段"不喜欢"的全文如下："1999年，闵福德应出版社邀请，翻译《孙子兵法》出版后十分畅销。但闵福德在谈到《孙子兵法》时，却直言不讳说：我根本不喜欢这本书。但我认为这很重要。我发现它的许多论点是偏激和操纵的。在我的译本序言中，我提醒读者以批判的态度对待本书，要谨慎阅读。我想《孙子兵法》提出重要的见解，我认为是中华文化的阴暗面。"

面对这位国际翻译大咖，吕罗拔据理力争："阴暗面"这三个字，意即"缺乏光明"，也是萎靡之意。也就是说读了此书，会令人意志消沉，意兴阑珊。本人的观点恰恰相反，《孙子》是一部不折不扣的"成功学"，很有反思（辩证）的高度，具积极性，能使"所有梦想都开花"。它是一套实事求是的科学，更是一部未来学，就像中国象棋一样，每走一步都是为了将来。它以"立于不败之地"为挈领，更强调"在变化中取胜谓之神"，"践墨随敌"，也就是"摸着石头过河"，这都是宝贵无比的因应学。

吕罗拔称赞说，《孙子》是一部"不失敌之败也"，言必征战的学说，也就是孙膑所说的"必攻不守"，凡是没有防守之处都要攻打，这和"发展才是硬道理"不谋而合。

日本企业中的"四大天王"，早已成为环球家喻户晓的品牌，当年都以《孙子》作为镇山之宝，而成为世上的典范。特别是松下幸之助更进一步说，"《孙子兵法》是天下第一神灵，我们必须顶礼膜拜，认真背诵，灵活运用，公司才能发达"。结果它们都扬名天下。更令我留下深刻印象的是，前日本首相中曾根在任期间，外出时总会手拿一本书，那是《孙子兵法》。他在任期间，日本是个全盛的时代，并成为经济大国。此也说明，运用《孙子兵法》成功与否，就在于重视程度。

吕罗拔结合自身的经历和所见所闻谈到，打从1993年起，其本人在吉隆坡每周日举办一次《孙子兵法》讲座，凡30年共700场次。有一天，一位年逾七旬的日本学者，在导游的陪同下前来聆听，吕罗拔于是请他上台，他用英语说：向来美国企业家都来日本向我们学习，其实我们用的全是《孙子兵法》。此言一语道破，当时红极一时的日本商业文化，其成功秘诀，尽在此话中。

在中国孙子兵法研究会早期的强力推动下，全球许多地方掀起"孙子热"达几十年。可是，近年来却有后劲不足之虞，出现日渐式微的窘况。也许是缺乏名人效应，或是它的学术价值未能尽显光芒所致。

其实，蒋百里在他那本《孙子浅说》中写道：法国拿破仑曾说，"200年后中国必然会成为一头醒狮"。但鲜为人知，他指的是，到时中国全民读《孙子》的时候，言外之意，是孙子学能唤醒这头东方的睡狮。拿破仑热爱《孙子》，该书是他的"随身带"，他曾以此书纵横欧洲，征服过大多数的国家，由此令他留名千古。有一天，当他的部队要经过一处森林时，看到森林上空有群鸟乱飞，结果进入森林时却遭到埋伏，在兵员损失惨重后，便退回来扎营，于是不自觉从口袋里取出《孙子》，在读到"行军篇"中的"鸟起者，伏也"时，不禁拍案惊叫："我昨天看到此句便好了！"由此看来，许多人是在受到挫折后才去猛翻《孙子》，却为时已晚。

《孙子》是一种精神与智慧的力量，也许只要你摸摸它或看看它便可。记得，1991年1月17日当中东海湾战争打从爆发那天开始，在美国白宫老布什的桌上只放了两本书，其一便是《孙子》（另一为《凯撒传》）。报道同时也说，当时在海湾的美军都人手一本。是凑巧吧，结果美军大获全胜，似乎达到孙子最高的谋略要求，"不战而屈人之兵"，不但打得痛快淋漓，也充分体现了"致人而不致于人"的战略，自始至终，操纵了整个局面。

吕罗拔列举了许多经典案例后又回到主题，《联合早报》的报道说，译者对《孙子》的评价是："我根本不喜欢这本书，我发现它的许多论点是偏激和操纵的。"偏激是指思想、主张、言论等过火，有失平允不被认同。操纵是处于支配地位。

其实，历来在所有英文的译作中，对十三篇的篇名，似乎皆有商榷之处。吕罗拔诠释说，譬如第一篇的题名为"计"，译者都把它译为"Planning"（计划），其实真正的原义是计算，对比敌我双方胜算的筹码。中国象棋有句术语说，"一子错，满盘皆落索"。研读孙子，也要有"失之毫厘，谬以千里"的警惕。这对研习《孙子兵法》来说，一知半解，是危险的。

吕罗拔评价说，孙子学异常可贵之处，它不但是一部全然的科学著作，更能促发哲学上的思考，经过抽象与联想的演绎，而进入艺术的境界，或美学的更高要求（没有成功便没有美学可言）。此是人类思想发展的必然步骤，孙子学都有了这些规律。最要一提的是，德国哲学家尼采曾说，中国的主流文化因为没有反省的高度，所以越读越蠢。故此，相比之下，则要高度去推崇孙子，它不但要我们双向思考，且要以辩证法看问题，除了临机应变以外，还要有"战胜不复"的理念，不重复使用过去制胜的手段，总要拿出新的奇谋来大获全胜，这就叫人越来越聪明。

"纵观孙子学术上的智慧，它早已超越时空。《孙子》是一生的读本，永远的祝福。它的光芒，总有一天会赫然显透。任'用之者胜，违之者败'的警惕。"吕罗拔总结说。

象棋大师谈象棋哲学与孙子哲理

2011年9月，在新加坡文华大酒店，新加坡象棋大师正"棋逢对手"，参加交锋的有现任国手、棋王、亚洲象棋特级大师，世界象棋棋联大师、亚象联特级裁判莫修邦、黄俊铭、李庆先、林耀森、赖汉顺等人。

象棋大师告诉记者，象棋将、兵、卒、车、马、炮，棋盘一摆开，就是硝烟弥漫的战场，而更深奥的兵法哲理尽在棋局之中。

"能在平面中创造一个胜形，或反败为胜，以确立最后胜利，这真谛，乃象棋之智慧，道尽了'苦尽甘来'的期待，教人永不绝望。"这是新加坡原象棋总会会长、马来西亚原象棋总会会长、亚洲象棋总会副会长吕罗拔在《中国象棋年鉴1999年版》中发表的"象棋哲学"，也是一篇浸透兵法智慧谋略的"兵家哲理"。

2001年1月11日，新加坡《联合早报》的财经版，在第一、第三和第五版的右角下端，都刊登了一则由本地及国际三大电讯巨头刊登的广告，上面分别写着孙子的名言："攻其所不守"、"守其所不攻"、"善守者，敌不知其所攻"。

曾为新加坡棋艺创造了一个全盛年代的吕罗拔对此诠释说，《孙子兵法》乃超越时空的战略思想，象棋是模拟战争的精巧游戏。用兵法解说象棋，用象棋演绎兵法，在博弈中灵活运用兵法谋略，从中领略象棋兵法的精要、谋略的神奇。他从这三句孙子名言联想到，象棋与兵法的妙用——

"攻其所不守。"现代的象棋高手，尤其是年轻一代，都很熟稔各种开局，他们布防之严密，根本无隙可入。因此你必须使整个局面演变得非常复杂，纷乱到超越其意料以外，然后在陌生的局面中寻找脆弱的一面，或将计就计、出奇制胜，或在他"攻于九天之上"的疏漏，一举把对手击垮，最终把对方拿下。这不但是"避实攻虚"，也是"转化"的绝招。

"守其所不攻。"防守必然稳固，是扼守了敌军无法攻取的地方。它包含了灵活性在其中，是一种意义性的方法引导。战场如此，棋局亦如此，必须了解攻守之所在。真正的象棋高手，防守之所以成功是因为防守的方法和重点目标是对手意想不到的。

"善守者，敌不知其所攻。"这是说，作为一名象棋高手，必须同时具备攻与守的绝佳技能。也是说，善攻者，机不可失；善守者，周备无隙。故攻则克，以守则固。在守方面，这便是如孙子所说的"常山之蛇"，你若动它一动，它便全面扑过来，于是无从下手。孙子还说，"形兵至极至于无形"，这"无形"之神乎极致的用兵手法，虚虚实实的军事战略，则非一般军事家能理解。一名棋手要能做到此一变化莫测的境界，现不只是中变高手或残局专家而已，是"致人而不致于人"更高一层的手法，致使对方处处挨打。

吕罗拔表示，下棋的人半点也不允许有侥幸之心，它是很细微的艺术，它教我们从已然而知未然，从现象而知未来的发展。象棋本来就是一种战争的锻炼游戏，变化无常，但它比战争艺术更为精致。因此，读《孙子兵法》的人，把象棋与兵法结合起来，可以形象化来解读孙子。

吕罗拔笑谈道，中国兵家和中国象棋这两项古老的文化，就如两把青龙宝剑，其锋利像无以复制的青铜兵器，其智慧若能用于当世，必然游刃有余。

黄昭虎论"水的哲学"

世间上许多大道理，其实就蕴藏在江河湖海之中，渗透在清洌可鉴的水里。在丝丝雨声中，坐在新加坡南洋理工大学商学院黄昭虎的办公室里，听他对"水的哲学"娓娓道来，是一种难得的享受。

黄昭虎是新加坡小有名气的人物，只要提到他的名字，从新加坡总理到普通市民都知道："他是搞孙子兵法的。"

他花了将近七年时间翻译和诠释《孙子兵法》这部中国古典名著，已出版《孙子：战争与管理》《孙子兵法——一个亚洲学者的深入探寻》等研究中国古籍文化与现代商业管理方面四部专著。

他笑称，"女人是水做的"，说的是水具有一种冰清玉洁的阴柔之美。按中国古代的说法，这阴柔二字来自老子的"人法地，地法天，天法道，道法自然"。

《老子》是从水中体验道体、道性的。所谓"上善若水"，"譬道在天下，犹川谷之于江海"，"天下莫柔弱于水，而攻坚强者莫之能胜"，全书散发着水文化的气息。

《孙子》汲取了老子的水源，充满了水味："兵无常势，水无常形"，"若决积水于千仞之者，形也"。以水形喻兵势，极具神韵。

黄昭虎说，孙子说"兵形似水"，就是说用兵的规律就像水那样灵动。为什么呢？因为水中充斥了变数和制胜的"水的哲学"。

孙子说：水性"避高而趋下"，"避实而击虚"，"水因地而制流，兵因敌而制胜"。意思是，水流动的规律是避开高处而向低处奔流，用兵的规律是避开敌人坚实之处而攻击其虚弱的地方。水因地势的高下而制约其流向，作战则根据敌情而决定取胜的方针。

接着，孙子又说：所以，"兵无常势，水无常形；能因敌变化而取胜者，谓之神。"意思是，用兵打仗不存在固定的、不变的形态。因此，能够根据敌情变化的实际情况而灵活机动相应改变战略战术取得胜利的，就叫作用兵如神。

黄昭虎话锋一转说，现代企业家要在风云多变的商场出奇制胜，就必须"像水一样灵活善变"，针对外部的情势变更而不断改变自己的策略。

他以新加坡航空公司为例说，多年来新航本身的情况并没有发生太大的变更，但为什么已今不如昔了呢？就是因为它的竞争者的情况发生了变更。

《孙子兵法》最有名的警句之一是"知彼知己"，而"彼"像水一样会流动，往往灵活而多变；"己"则相对少变而固定，因而企业要密切关注竞争对手的变化，以不变应万变。

黄昭虎分析说，如果你不了解自己的竞争对手，人家减价你也跟着减价，你都不知道对方为什么要减价。也许别人要转行，也许别人要破产，弄不好你倒成了人家的"陪葬品"。

所以，一个企业要在激烈的竞争环境中立于不败之地，就要像水那样"避高而趋下"，"避实而击虚"，"因敌变更而取胜"。

黄昭虎早年接受英文教育，却对中国历史文化情有独钟。他说，中国出了孔子、老子和孙子，他们的学说延续了几千年，一直传播到现在，非常了不起，值得好好研究。一个拥有5000年连绵不断历史文化的民族和国家，确定有它长盛不衰的理由，有它厚重的文化精华和光辉的文明智慧。这是现代人取之不尽、用之不竭的活的源泉。

《孙子兵法》包含着丰富而系统的哲学思想，凝聚着中国古代兵家独特的哲学智慧。"虚实篇"中的"兵无常势，水无常形"之说，虽是就军事战争而论，但这种概括已上升到哲学的高度，可以说是中国古代朴素辩证法最有代表性的经典论述，既精辟又通俗。

水存在着各种不同的形态，它在不同情况下会有不同的转化。我们的思想、企业文化乃是在面对变化无穷的环境时，能否适应变化。水是变化无常的，成功的定律却是不变的。

黄昭虎说，现代社会拥有很多高科技，又是机械化又是电脑化，但是企业管理的原则并没有因此改变。在如何制定企业发展战略，如何选择市场定位，如何坚持竞争优势等方面，我们仍然可以在老祖宗留下来的"水的哲学"中找到答案。

陈富焙：孙武文化在大马传播及应用

马来西亚孙子兵法网络研究会创办人陈富焙在2016年世界兵圣相城峰会——孙武文化与"一带一路"国际研讨会上演讲时说，我们可以从多方面的角度，探讨孙武文化在马来西亚的传播及应用：

从历史来看，中国与马来西亚的历史渊源，可回溯到600年前郑和下西洋的时代。那时，中国已是世界最大的海上强国。郑和七下西洋时，刚好就是马六甲王朝兴起及强盛的时候（公元1402年），马六甲王朝开始在今天的马来半岛建国。当时，精通《孙子兵法》的郑和应用"伐交"，和马六甲王朝建立贸易友邦合作关系，扶持了马六甲王朝的成长。在马六甲，还保留着许多有关的古迹，包括三宝山、三宝庙。今天，我们细细品味它对现今时代的启示及特色，马六甲王朝的历史证明，中国孙武文化的传播，对东南亚尤其是马来西亚，是良好的机遇。

从文化层面看，孙武文化在马来西亚的传播及应用。马来西亚民间非常重视古代历史文化，尤其是海上丝路对现代文明的启示，开启经验之吸取，引发新灵感及创新应用在各领域上。近几年来，我在中国及东南亚各国，进行考察研究海上丝路文化贸易，"一带一路"就是中国政府综合民间丝路文化研究学者的意见所推出的世纪大战略，在海上丝路国家传播"共商、共建、共享"的原则。随着中国的改革开放，自20世纪90年代开始，中马两国的孙武文化交流频密，许多中国学者到马来西亚教导孙子兵法文化。马来西亚民间，兴起学习孙武文化的热潮。我们也多次组团到苏州研究及学习孙武文化。

从经营企业方面看，随着中国的改革开放，马来西亚的许多大企业也开始研究《孙子兵法》，将孙武的文化及策略应用在企业经营中。自

2009年,《孙子兵法》的经营策略被列入多家上市公司的内部培训课程之中,同时融入企业的经营文化之中。在这些企业中,将《孙子兵法》的计篇——"五事七计",用来分析企业的内外环境,了解彼此的情况,"知彼知己"。在目标设定中,强调"道"——令上下与民同意,显示其对上下同欲、政令统一的高度重视。庙算的目的在于战前的分析和预测,并以此为基础做出初步的判断和决策。孙子提出用兵之法,以正合,以奇胜,避实击虚,以患为利。孙武文化在马来西亚多元文化的环境中,也和当地伊斯兰教企业文化及西方企业文化,相容相生,和平共存。孙武文化在马来西亚的传播及应用,已经升入各项领域之中,它所包含的文化精华智慧,博大精深,我们可以说,"前孙子者,孙子不遗;后孙子者,不能遗孙子"。

从教育与学术角度分析,在马来西亚,由中国及海外所出的各种版本深受欢迎。我也曾经受邀请为马来西亚新闻传播学院主讲《孙子兵法》两年,倡导向孙子实践者学习。

从网络推广看,随着时代发展,马来西亚的人口已经有五成上网交流、研究及学习。我在马来西亚建设首家孙子兵法网站,在2005年成立,推广孙子兵法网络学习,目前已经有十年。孙子兵法研究网站,也推广到社交媒体,每天有1000多位网友上网研究学习交流。马来西亚网络研究会,也定期举行早餐交流会及研究课程。

中国驻阿富汗大使刘劲松论《孙子》

2019年1月14日，阿富汗媒体 *Orband*（英文、达里文）刊发中国驻阿富汗大使刘劲松的署名文章《止戈为武——讲讲〈孙子兵法〉》。中文原文如下：

中国的军事安全思想有着数千年的历史，其精华体现为一本享誉中国乃至全世界的古兵书——《孙子兵法》。孙子即孙武，是公元前6世纪的中国将军，与孔子、释迦牟尼、居鲁士大帝、毕达哥拉斯生活在同一个时代，较亚历山大大帝的亚洲远征要早两个世纪。

据说，拿破仑战败后被流放至圣赫勒拿岛上偶然读到此书，拍案而叹道："若早读此书，或不致身陷囹圄。"这本书译成了几十种文字，成为各国军事家和国防教育的经典，也广为商界政界人士青睐。

有意思的是，和达里语谚语"缝衣的针胜过胜利的剑"相似，《孙子兵法》开篇和第一特点，不是教大家怎么打仗，而是说明国防和军队的极端重要性，强调战争的政治性、全局性和残酷性，主张"止戈为武"，强调慎战，推崇以政治方式和平解决争端。此书开宗明义说："兵者，国之大事，死生之地，存亡之道，不可不察也。""不战而屈人之兵，善之善者也。"孙子还讲"上兵伐谋，其次伐交，其次伐兵，其下攻城。攻城之法为不得已"。"凡用兵之法，全国为上，破国次之；全军为上，破军次之。"

这一思想引申开来，就是军人是要随时准备打仗牺牲的，但正如克劳塞维茨所述："战争是政治的继续"，军人必须服从国家政治与总体对外战略。军事斗争不是为了攻城略地或毁伤生命，而是争取以最小的代价击垮敌人的抵抗意志，取得最大的政治效果。"不战"，不是不备战，而是全力做好军事斗争的准备。如果能在军事威慑的基础上迫使对手屈服让步，同样是军人的至上荣誉。军事斗争是国家安全的重要支柱但不是全部，它需要和外交、政治、经济、舆论等手段结合起来，才能发挥最大效益。

中国的大外交和大战略与阿富汗渊源深厚。早在2100多年前，汉武帝派使节张骞万里跋涉到达马扎里沙里夫，推动建都于此的大月氏王朝（贵霜王朝的前身）与中国结盟，目的是"断匈奴右臂"。为反击威胁汉朝的匈奴，汉武帝准备了多年，占据河西走廊等战略要地和粮食产区，打通丝绸之路，联合丝路沿线国家，将皇室女子嫁给盟友的首脑"和亲"，分化匈奴上层，当这一步步都完成后，汉武帝才对匈奴决战且取得全胜。

《孙子兵法》第二个特点，是"庙算"思想，核心是"知己知彼，百战不殆"。孙子认为，"不知彼而知己，一胜一负；不知彼不知己，每战必殆"。

孙子非常重视对敌情的了解，进而因地制宜打仗。他指出："故知战之地，知战之日，则可千里而会战；不知战地，不知战日，则右不能救左、后不能救前，而况远者数十里、近者数里乎？""故用兵之法：高陵勿向，背丘勿逆，佯北勿从，锐卒勿攻，饵兵勿食，归师勿遏，穷寇勿追。此用兵之法也。""凡军之所欲击，城之所欲攻，人之所欲杀，必先知其守将、左右、谒者、门者、舍人之姓名，令吾间必素知之。故惟明君贤将，能以上智为间者，必成大功。"

孙子很讲究战术和策略，认为："兵者，诡道也……凡战者，以正合，以奇胜。""故不知诸侯之谋者，不能豫交；不知山林、险阻、沼泽之形者，不能行军；不用乡导者，不能得地利。""夫兵形象水，避实而击虚。故善用兵者，避其锐气，击其惰归。""攻其不备，出其不意。""故用兵之法，十则围之，五则攻之，倍则分之，敌则能战之，少则能逃之，不若则能避之。"

孙子这些观点，可以归纳为一句话："故善战者，致人而不致于人。"这就是讲，作战的灵魂是把握战场内外的主动权。有了主动权，弱旅可以战胜强敌，颓势可能转变成优势。

《孙子兵法》第三个特点，是强调将领的关键作用以及为将之道。孙子指出："夫将者，国之辅也。辅周，则国必强；辅隙，则国必弱。简而言之。"孙子认为，"将者，智、信、仁、勇、严也"。"故将有五危：必死，可杀也；必生，可虏也；忿速，可侮也；廉洁，可辱也；爱民，可烦也。凡此五者，将之过也，用兵之灾也。覆军杀将，必以五危，不可不察也。"

　　孙子还说："将军之事，静以幽，正以治。""有所不由，军有所不击，城有所不攻，地有所不争，君命有所不受。"孙子还告诫将领爱惜下属，指出"视卒为婴儿，故可与之赴深溪；视卒如爱子，故可与之俱死"。

　　《孙子兵法》是一部兵书，同时是一部反映中国人和平天性与政治智慧的哲学著作，值得阿富汗朋友研究与思考。

斯里兰卡学者郝唯民论孙武与"一带一路"

斯里兰卡学者郝唯民在2016年世界兵圣相城峰会——孙武文化与"一带一路"国际研讨会上介绍说，他是在讲授先秦诸子哲学的人物和思想以及古典文献中中斯关系史料过程中，萌发了用斯里兰卡的国语僧伽罗语翻译中国古典哲学名著和中国古典文献中的中斯关系史料的念头。

郝唯民在斯里兰卡国立和私立的几所大学担任教学和科研工作已有25个春秋。1991年，他从北京外国语大学来到斯里兰卡凯拉尼亚大学攻读博士，两年后就应聘在几所大学讲授中文、中国哲学、中国佛教和中国古典文献等学位课程长达20年之久。在斯里兰卡的大学里开设本科学位和研究生学位课程尚属首例，当地大学的历史和哲学课程偏重于欧洲、印度和本国。因此，除中文课程以外，授课的讲义全部要他自己亲手编撰。

为此，在制订翻译计划时，郝唯民首先选择了《孙子兵法》。这是因为当时斯里兰卡国内北部和东部地区正处在战争状态，首都科伦坡也常发生突然的爆炸事件。那时国家军事学院就有人倡导要研习中国的《孙子兵法》，由于没有僧伽罗文的版本，就有当地友人建议郝唯民把这一世界首部军事哲学著作从原文译成僧伽罗文，郝唯民也欣然接受了这一建议。当时一家出版社很快就跟郝唯民签署了出版协议，该社负责人也是一位作家，他也参与了这部著作的翻译工作。

《孙子兵法》僧译本问世后，引起社会各界的广泛重视。郝唯民听一些同事后来讲，当时政府军一些将士上战场时带着《孙子兵法》的小本警句语录，以此作为座右铭和护身符。斯里兰卡国内战争结束后，国防大学已将这本《孙子兵法》僧语译本作为军校必修教科书。此外，一些国立大学和私立大学的管理学院也邀请他作过《孙子兵法》在经营之道方面的讲座。

郝唯民说，斯里兰卡是南亚国家中与中国保持友好关系的一个国家。历史上海上丝绸之路把两个相距遥远的国家连接在了一起。东晋高僧法显的名字成为两国古代友好关系的代名词，明朝大航海家郑和的事迹也为众人称颂。尽管如此，这一位于印度洋上的岛国的民族、社会和文化等仍属于印度文化圈的范畴，不像日本、韩国那样的中国文化圈的国家熟悉中国；这里是非华人社会，更不像东南亚一些国家那样了解中国文化。这里的普通民众对中国的历史、文化和社会还是比较陌生，连高校知识精英对汉学也知之不多。随着国学热的兴起，弘扬和传播中华传统文化已经是时代赋予我们的重任。

郝唯民表示，《孙子兵法》作为中国传统哲学文化的代表作，在国际上已产生了巨大的影响。这次来赴会之前，他已同共事多年的一些斯里兰卡友人商讨筹建斯里兰卡孙子兵法研究会，作为孙武之道国际研究会的一员，在斯里兰卡把《孙子兵法》的哲学智慧应用在各个领域。

"如今'一带一路'成了非常时髦的词汇，它应是世界格局整合的代名词，孙武文化是属于世界的。"郝唯民说。

黎巴嫩华人中东弄潮"一带一路"

　　被誉为"中东战火中的玫瑰"的赵颖，是中阿文化商贸交流促进会会长、黎巴嫩侨领。2018年5月，在苏州举办的孙武文化与华侨华人国际研讨会上，她作了题为《中东风云变幻，孙子后人弄潮"一带一路"》的演讲，引起与会专家学者的关注。

　　第一篇　中东风云

　　孙子后人要弄潮"一带一路"，首先就要了解中东。中东地区的巴以问题、逊尼派和什叶派的宗教冲突、沙特和卡塔尔的分道扬镳、席卷和颠覆了诸多国家的"阿拉伯之春"、沙特和也门问题、持续了近八年的叙利亚战争、恐怖组织和袭击、战争引发的难民问题，让中东北非地区成了世界上最具纷争的焦点之地。

　　一、从孙子的地缘政治观点看，中东战略地位十分重要。中东素有"五海三洲之地"之称，即《孙子兵法》中的"争地"。中东地区是亚欧非三洲的接合部，且正好位于东半球大陆的中心。中东周围环绕着黑海、地中海、红海、阿拉伯海、里海和波斯湾等国际海域，这些海域大大便利了中东与世界各地的联系。沟通上述海域的博斯普鲁斯海峡、达达尼尔海峡、苏伊士运河、曼德海峡和霍尔木兹海峡等，是重要的国际航道，也是扼守这些航道的重要门户。这里有世界上最大的储油区，石油的储量占世界总储量的一半以上，具有储量大、埋藏浅、出油多、油质好的特点。丰富的石油，巨大的经济利益，使得中东成为世界列强争夺的焦点，过去曾经是、未来也必然是兵家必争之地。

　　二、从孙子的因敌变化观点看，中东特别格局变数不断。孙子说："兵无常势，水无常形，因敌变化而取胜者，谓之神。"我们需要明白中

392

东在不断地发展变化，中东的乱并不是一无是处，反而应该掌握乱的规律，在乱中求平衡。中东地区的对抗态势呈现龃龉不断但又不会直接走向战争的"新常态"，中东国家日渐分化成沙特阵营、伊朗阵营和游走于两大阵营之间的国家。尽管沙特和伊朗带有冷战色彩对中东地区带来消极影响，但我们也要看到世界各国的领导人是能够从历史中学到东西的，我个人并不认为冷战的思维能够主导中东的局势，使得最终沙特和伊朗为主的对峙能够走向中东彻底的两极冷战。因此，我们要在复杂多变的中东局势中，善于依据客观实际，根据变化的情况，把握中东的特别格局和变化趋势。

三、从孙子的知彼知己观点看，中东格局走向进入多极介入阶段。回顾过去的几年，中东多种变数，实际上是美、俄和欧盟国家背后主导甚至前台"唱戏"、阿拉伯世界多个国家积极"出演"的大舞台。目前，中东正在进入多极博弈期大国操控决定格局走向。众所周知，在过去的几十年美国是中东局势的主要推手。美国悍然出兵伊拉克的根源，其实是要借助伊战和阿战对伊朗进行东西的战略合围，从而解决掉这最后一块"绊脚石"。一旦伊朗被颠覆，中东也就全部落入美国的掌控。特朗普似乎更愿意挑起中东地区各国激烈的双边、多边关系，以增加其谈判的筹码并从中渔利。不管是国际政治专家一致认为的最佳方案，还是军事专家一致考量的对决步骤，在实际操作的时候，往往不同的国家会有不同的"出牌"方法。我们发现昨夜土耳其还是美国的战友，今天就成了俄罗斯的盟友。我们也看到美国上个月还在支持叙利亚库尔德人，这个月又把他们放弃了。如果我们从多级的视角分析问题，就真正能够做到知彼知己了。

第二篇　中国策略

坦率地说，我认为五年、十年前的中国对阿拉伯世界真的所知甚少。我们一直支持巴解，援助叙利亚和苏丹，从伊朗进口石油，与埃及穆巴拉克进行广泛的贸易和文化交往，今天来看，真的只有一条腿在走路。现如今，中国已经连续多年成为沙特、伊朗、埃及、阿联酋、土耳其等西亚、北非绝大多数国家的最大贸易伙伴，而且，中东每一个国家都变得至关重要，中国逐渐意识到我们不仅仅是要跟所有国家交往、与他们都能够和平共处，还要跟很多至关重要的国家进入深度"绑定"的状态。这种格局也使得共生体系正从和平共处向和平共生阶段发展。

观点一　立体和全面

我们过去一直以发展贸易、经济为龙头带动中阿之间的交流，但是最近这些年中国越来越主动地参与区域内各个层面的交流，包括政治、经济、军事、文化、教育各个领域（添加几个实例，巴以问题中国的积极斡旋、叙利亚战场的控制、吉布提中国军队补给基地、与沙特的交往和互访、卡塔尔危机）。

观点二　综合国力和核心竞争力

"谁控制了石油，谁就控制了所有国家，谁掌握了货币，谁就掌握了整个世界。"——基辛格。《孙子兵法》云："地生度，度生量，量生数，数生称，称生胜。"在国际交往中，我们总是要做一个度量，审时度势才是真正的智者。中东对于中国而言，其石油资源是我们最关注和需要的。通道顺畅，还需要中东稳定与和平，确保石油的价格，才能够有效地维持中国经济高速发展和有效的成本控制。更为关键的是，"一带一路"沿线各国基本为上合组织成员，依托上合组织开发银行和丝路基金，在不断扩大的双边贸易中，完全有条件采用人民币结算。

还有，阿拉伯世界普遍通行的伊斯兰金融其原理和操作有非常特别的地方，这个技术领域我不是专家，但是我知道必须要找到双方都有利的结合点，从互相了解、信任到产生共识和形成合作的切入点以及方法，真的是当务之急。相比其他阿拉伯国家，黎巴嫩最早具备非常规范和稳定的金融体系，现在也是一个以自由的国际金融体系为主的国家，伊斯兰金融有但是并不是主流，而且黎巴嫩积累了大批的金融人才，是人民币在中东落地的首选国家之一。

观点三　命运共同体

《孙子兵法》云："兵者，诡道也。""诡"，就是聪明、智慧，就是哲学。在中东，我们可能需要未来的五年到十年继续诚心合作，只有当合作的领域和空间变得更加丰富和全面的情况下，彼此的了解才能够真正加深，信任才能够产生，届时命运共同体才真正被阿拉伯世界深刻理解和体会到。

阿拉伯各国贫富差距比较大，宗教和文化环境也与中国大不相同，所以对走出去的企业提出很高的要求。今天的企业精英在经过了东、西方管理理论与思维模式的洗礼后，更迫切需要从哲学的视角重新审视传统经营方式、竞争手段和发展模式，在不断变化的国际环境中找到规律，掌控局面。中东国家需要产业转型升级来加快发展。中国建设工业园区、产业园区的成功经验在引入中东后，大受欢迎，一些国家也正在积极与中国合作建设工业园区。

观点四　正义之道

《孙子兵法》表面上是教人用兵之道，但它的核心精神是教人"不战而屈人之兵"，和平手段才是用兵的最高境界，而这也是中国应该掌握和熟练运用的外交智慧。

在中阿交往中，我们暂时放下宗教文化的差异，试着学会理解和接纳，同时主要关注一下民生和经济，关注一下阿拉伯各国的需求。求发展、求创新、求变革是全世界人民普遍的诉求。中国作为一个高速发展，有很强经济、技术实力的强国，有责任协助阿拉伯世界从单一的石油经济向多元化的经济转型。

战争、军事与政治是联系在一起的。孙武说："善用兵者，修道而保法。"中国的和平发展、不干涉别国外交的基本原则已经决定了中国不是战争的主动创造者，中国的文化礼仪、传统道德和负责任大国的特征又决定了中国不会行不义之师，即便是没有硝烟的国际经贸战中，中国也从来不是那个不讲理的、无中生有的挑事者。

　　未来，中国要扎扎实实发展自身实力，更加努力地致力中东和中亚的和平稳定和发展，"致人而不致于人"，以确保"一带一路"的顺利执行和畅通，与世界每一个国家不分大小地发展共生关系，精耕细作，使"一带一路"真正成为和平的、可持续发展的、惠顾于所有沿线国家的安全倡议和具备历史意义的大战略。

中国人会"妙算"是有智慧的人

"中国人应该是全世界最有智慧的人，因为中华传统文化已流淌在中国人的血脉中。"在伦敦一条清静街道上的古老花园洋房里，记者见到英国著名侨领、全英华人中华统一促进会会长单声。

单声用一口流利的老上海话与同是上海人的记者侃侃而谈，让记者颇感意外和亲切。单声祖籍江苏泰州，1929年出生于上海，在黄浦江畔度过了21个春秋。1951年从震旦大学毕业后赴法深造，三年后获得巴黎大学国际法学博士学位。在游学英国、西班牙后，被迫弃学经商，开始在欧洲各国做进出口贸易的生意。后来在德国和西班牙创办了自己的公司，从而开始了他漫长的海外传奇式的商旅生涯。

单声思路敏捷，语出惊人，他对记者说，2500多年前孙子提出在庙堂里"庙算"，写进了《孙子兵法》十三篇的开篇："夫未战而庙算胜者，得算多也；未战而庙算不胜者，得算少也。多算胜，少算不胜，而况于无算呼！"如今，孙子的"庙算"已成了"妙算"，是中国人智慧的代名词。

"中国人脑子活，对数字特别敏感，一句话，能算！"单声告诉记者，一次他到英国帝国理工大学看到，考试分数排在最前面的都是中国人，尤其是数理化。在大英博物馆展出的中国算盘，算盘下面是中国的麻将，寓意孙子的"妙算"。他风趣地说，中国有句老话，叫"麻将桌上选女婿"，说的也是会算。

单声结合自己的经历说，做生意要会算，凡是做生意成功的都会算。会算的人有智慧，不会算的人谈不上智慧。单声自信自己"坐四等舱出来，坐头等舱回去"，他的秘诀是"神机妙算"，看准时机，果断投资。20世纪60年代初，他在西班牙投资房地产业，买下的地皮在30年中涨了1000倍至5000倍，这使他成为当地传奇的华裔地产商。如今，他已涉足证券、期货的买卖，也非常会"算"。

单声举例说，他发现西班牙南方滨海地区正处于旅游观光房地产事业的萌芽时期，地价相当便宜，只有五西币一平方米。也就是说，他每给一次25西币小费就等于丢了五平方米地皮。他计算当时一美元只能换300多西币，而一美元可以买很多地。

于是，他买了地，在这里养奶牛，种果树，还养过26只孔雀。不久这个地方的旅游业迅速发展，地价也一路飙升。现在这个地已经被开发了，建有两个五星的旅馆，有400多幢花园洋房了，几十年以后居然涨了5000多倍。

单声又举了个例子还是买房，就是他现在住的古老花园洋房。说起这栋房子还有一段鲜为人知的故事，有一天，他开车经过这一条路，看到这座房子很特别，房顶是圆的，他"能掐会算"，估算这座房子非同寻常。

果然不出所料，这座房子藏着一个巨大秘密，原来是英国近代非常著名的画家埃德温·朗住过的，是当时非常有名的建筑师勃伦莫夫建的代表作品。朗生活在1800年前后，他的画在当时就卖到七八千英镑一幅，建这栋房子花了1700英镑。而单声花的代价远远低于其价值，现在成为价值连城的传世家产。

单声感叹道，华人在海外创业非常艰辛，竞争非常残酷，有时一丁点儿也不能错算、漏算，一定要精算、细算，算本钱，算回报，算风险的程度，算成功的概率。口算、心算都很重要，算得快，算得准，就能当机立断，否则就会坐失良机。只有算过对手，才能赢过对手，这叫"胜算"。更绝的是"妙算"，是高手过招。

单声说，中国经济发展这么快，一枝独秀，这是全球华人的骄傲。他坚信，中国不会垮，因为中国人是全世界最有智慧的人，长袖善舞，能"借东风"，算是中国人的传统文化，是智慧的象征。在海外，无论是亚洲、欧洲还是非洲，没有中国人经济就垮了，就是因为中国人有聪明才智，懂得孙子的"妙算"。

澳洲华人学者称孙子思想耀全球

  澳大利亚华人孙子研究学者丁兆德在接受记者采访时表示，《孙子兵法》流传2500多年，光辉永存，至今传播到140多个国家和地区，已光耀全球。作为中国优秀传统文化遗产和世界宝库，其历史价值、文化价值、智慧价值、应用价值，不亚于孔子倡导的儒家学说。如果说孔子是"文圣人"的话，那么，"武圣人"非孙子莫属。

  移居澳洲多年的丁兆德，担任澳洲华人作家协会顾问和苏州孙武子研究会名誉顾问，在澳洲潜心研究《孙子兵法》，举办孙子文化展览，开设孙子讲座，致力弘扬和传播中国兵家文化，被称为澳洲华人孙子传播第一人。

  丁兆德评价说，《孙子兵法》逻辑思维严谨，概念明确，用语精当，至善至美。孙子文化，优秀精髓，名贵古今，名扬四海。其名言警句，成为中国乃至世界军事文学的瑰宝。

  丁兆德认为，《孙子兵法》集哲学、谋略学、管理学、信息学、决策学为一体，充满德、智、勇、谋的综合哲理，不仅成为古今中外军事家的经典，而且成为各个领域应用的宝典；不仅美国西点军校、英国皇家指挥学院、俄罗斯军事院校等世界许多军事学院都将《孙子兵法》列入必读教材，而且全世界许多商业学院都将其列入必修课。

  世界上有许多国家对《孙子兵法》的研究、传播和应用已到了"如饥似渴"的地步。丁兆德说，在日本、美国、韩国、新加坡、马来西亚等国，"孙子热"一浪高过一浪，孙子研究机构遍布全球，研究者、传播者、应用者如雨后春笋，涌现出众多国际性学术权威。澳大利亚也不例外，已经播下传播的"种子"，正在"开花结果"。

丁兆德称，全世界对《孙子兵法》如此受欢迎，如此热衷，这一现象表明，孙子思想适应时代的潮流，全世界需要孙子，尤其是孙子主张"不战"倡导和平的思想得到全世界的普遍认可。孙子"不战"思想的主旨，是通过和平手段达到目的，以最小的代价获取最大的胜利。"不战而屈人之兵"成为最高境界，得到全世界的推崇。

丁兆德诠释说，《孙子兵法》来源于吴国反抗楚国的战争体验，所以它是用来反对侵略、抵制战争和保卫和平的。孙武的"武"字，主体是由"戈"字头下面的"止"字组成，"戈"在中国古代属箭类兵器，"止戈为武"便有反对战争的含义。《孙子兵法》所阐释的是中华民族对战争问题的独特认知，蕴含着中国传统兵家文化重视和平、崇尚和谐的思想光辉，对于推动建设持久和平、共同繁荣的和谐世界具有启示意义。

孙武后裔谈《孙子》在新西兰的传播

2017年5月12日，新西兰孙武后裔孙盛敏在第二届世界兵圣相城峰会上，介绍了《孙子兵法》在新西兰的传播。

《孙子兵法》在海外不但为兵法研究家、史学家所重视，也为广大业余爱好者所酷爱和热捧。我所定居的新西兰的奥克兰市是个人口只有140万的城市，拥有着太平洋洲最大的图书馆体系，55个图书分馆，馆藏英文版《孙子兵法》25个版本，近百本英文版。

在奥克兰图书馆很难直接借到《孙子兵法》，都需要提前约定1—2周预约借阅，而馆藏兵法中已有近半数被借阅逾期超过一年，皆被宁可支付数倍于书价的罚款也要保留自己喜欢的兵法版本的借阅者收藏，这更加剧了借阅的难度，延长了等待时间。而各书店虽都注明可提供30种以上的不同英文版本的兵法图书，但都需要预定7—10天后才能供货，可见当地居民对《孙子兵法》的喜爱程度。

《孙子兵法》各类讲座更是听众如云，有些收费的讲座，例如兵法学者、教育家马克-崴格（Mark Wager）的题为"孙子及兵法"的讲座面向大众，每次两个小时票价195纽币（相当于人民币1000元）仍是一票难求。而新西兰最高学府——奥克兰大学商学院每年举办一次的《孙子兵法》应用讲座，历时两天收费1995纽币（相当于1万元人民币），参加者也都是爆满。

还有多个网站多年从事《孙子兵法》交流和探讨。比如"军事语录网"中的《孙子语录》，刊载大量从《孙子兵法》中摘录的语录外，还设有交流的论坛，供读者或会员进行交流并提供自己喜欢的《孙子兵法》语录刊载其中，自2000年设立以来，每天近千人浏览、探讨，发帖颇为红火。

　　从上面几个小例子可以看出《孙子兵法》的智慧在西方的影响力已经拓展到当地生活的各个领域和各种职业的人士中，也并将把《孙子兵法》学习、研究、推广，应用拓展到更广泛的领域。

　　应该说，新西兰的《孙子兵法》传播只是一个"窗口"，事实上在整个西方现在对《孙子兵法》学习和研究的热度高涨，是什么原因使得《孙子兵法》有着如此跨越时空的魅力呢？

　　我认为，一是《孙子兵法》自身的魅力，深邃的兵法理论，完美的文字表述，严谨的结构，给后世研究提供了一个经典论述；二是兵法的译本特别严谨，《孙子兵法》从其第一本英译在西方诞生至今已经跨越了100多个年头，英语对《孙子兵法》的翻译非常严谨；三是兵法在各个领域的应用。

　　我曾经在一个教育机构当了三年老师，有200多个学生。我作了统计，为什么学中文？百分之五十的人回答：我喜欢《孙子兵法》。学习了中文，能够更多一点了解孙子兵法。我觉得《孙子兵法》吸引了西方人学习中国文化。我一个学生曾说：我学习兵法，足以让我知道，我知道的太少。

　　我有一个朋友，是新西兰一个市长，六次连任，这是从来没有过的连任纪录。他是华人，对《孙子兵法》非常热爱。他的对手评价他：是一个难以打败但是值得尊敬的对手。

　　还有个例子，我们公司的一个美籍合伙人，他大学时期就学习《孙子兵法》。他在商业谈判中和商业讲座的时候，充分把兵法精神融入其中。他曾经是《智囊》杂志的自由撰稿人，不定期地投稿，他主张利用《孙子兵法》的精神，以西方人的思维告诉中国人、中国企业家，你如何用兵法吸引外商，也让外商了解如何运用兵法到中国投资。

　　我在新西兰中国贸易协会中认识商业伙伴，我跟他合得来就是因为我们都热爱《孙子兵法》，经常一起讨论兵法，才建立起相互信任的友谊。我们一起参加国内的商贸活动，已经有20多次，就连他的老母亲都知道她儿子有一个爱好《孙子兵法》的华裔兄弟。

《孙子兵法》让我赢得一个大项目。当时我们详细了解了各个竞争对手的情况，然后分析比较给建筑公司，还引用了孙子兵法名言"夫未战而庙算胜者，得算多也"，有趣的是这个负责人也是个兵法爱好者，他特别认同，他说他在学习《兵法和经验策略》，他觉得我能说出这句话来很神奇。我们实地考察的时候，别的公司都是在外面看看，我和我的合伙人走了一遍，了解坍塌情况，有些地方只能爬过去。我说我们的做法叫作"知己知彼，百战不殆"。这样赢得客户的信任。

还有件有趣的事，我有一个个性车牌：SUN999，我姓孙。我有时候在停车场碰到西方人问我，你这个sun是不是Sun-Tzu（孙子）的意思。这一个车牌，就引来很多话题，谈到《孙子兵法》，使得西方人的距离突然拉得特别近。我感觉这个车牌都帮我交了很多朋友。

杨壮称《孙子》是全球企业的制胜巨著

美国福坦莫大学商学院副院长杨壮撰写的《知彼知己，百战不殆》的文章，用《孙子兵法》的精髓，对跨国公司在华成功的经营和中国企业国际化进行全面系统的分析，有独特的见解。他高度评价说："《孙子兵法》是战略理论领域的传世之作，是世界兵法史上的经典之作，是一本企业制胜之道的巨著。"

杨壮出任北大国际MBA美方院长、北大中国经济研究中心兼职教授、新东方教育科技集团董事，有着丰富的管理学教学与咨询经验，曾为辉瑞制药、诺华制药、西门子、朗讯科技、宝马汽车、中国银行、联想集团、泰康人寿、创维集团、河南移动通讯、湘财证券等多家著名跨国公司和国内公司提供管理培训和管理咨询，并协助在美国的日本公司实施本土化。他的管理课程多次被学员评为"最有收获的课程""最启发思考的课程""最实用的课程"。

早在2500多年前，孙子就精辟地指出："知彼知己，百战不殆。"杨壮说，这一至理名言对正在走出国门、走向世界，参与全球化竞争的跨国公司和中国企业仍具有重大的意义。无论是中国还是外国，任何企业都必须熟悉经营国所面临的三种环境，即企业内部环境、任务环境和外部综合环境，要了解科技文化特征、合作伙伴特征、重要客户特征、劳动力市场特征，以及所在国的法律、法规和法制特征等，这就叫"知彼知己"。

杨壮拿中国与德国作比较，德国人关注单一的事情，而中国人喜欢同时处理很多事情；德国人的计划一旦知道后，势必要去实施，而中国人的安排却总在变化，计划永远赶不上变化；德国人崇尚工程师的头脑和细腻的系统思维方式，而中国人擅长艺术的直觉和灵活的应变能力；德国人认为权力是至高无上的，而中国人则喜欢绕弯子靠"关系"办事。

在华成功的经营跨国公司，无不遵循孙子"知彼知己，百战不殆"的教诲。杨壮说，外国公司进入中国之前，对中国的国情、政策法规、投资环境、文化背景等都作了详细的了解并制定了全球化或本土化战略，在国际化管理理念方面作出选择：或注重连贯性、全球化、标准化和规模效益的全球化战略，比如麦当劳、星巴克；或注重当地的国情、文化、历史等人文因素，根据不同地域和不同消费者的特点实施本土化战略，比如家乐福、诺基亚。

杨壮分析说，从战略层面看，这两种国际化战略必须符合"从全球角度思考，从地方角度行动"的国际化经营理念，这一理念符合孙子"知彼知己，百战不殆"的理念。实践证明，不论采用哪种国际化战略，都需要了解对方，了解自己。迄今为止，在中国成功的任何一家跨国公司的行为、战略、市场营销方式、文化特征，通常与中国的国情、民俗、消费心理、员工文化和政府政策有着密切的关联。

在谈到跨国公司在华投资成功要素时，杨壮指出主要有五个方面：总部对中国市场了如指掌，充满信心，并作了长期投资的打算；对中国的经营环境和国情进行详细的可行性调查研究；掌握中国消费者心理和文化，提供具有突出文化品位的世界级品牌产品；熟悉中国的法律法规，与政府搞好关系；建立具有人情味的人力资源政策和企业文化。

杨壮举例说，韩国三星公司手机在2002年的中国才只有5亿美元的销售，而目前已达到19亿美元，其中最重要的原因是其对中国市场的消费心态和取向有很深刻的了解，能够针对中国消费者设计、制造时尚而富有吸引力的产品。星巴克从1999年到中国发展至今，已成为中国咖啡店的第一品牌，在北京开了26家店，在上海开了30多家店。星巴克使饮茶为主的中国顾客萌发去咖啡店的雅兴，在中国掀起前所未有的"咖啡热"。

摩托罗拉在中国发展了一套相当完整的文化理念和人力资源政策，总裁戈利文曾说，摩托罗拉是一个家庭企业，什么都能变，就是我们的信念不能变，那就是对人保持不变的尊重。摩托罗拉公司在员工招聘上强调内部推荐，在工作上主张岗位轮换，在就业上提倡"红酒法规"，即在公司工作越久的人越值钱。在员工离开公司之后，公司还提出"欢迎回来，大门永远敞开"的政策，使员工感到"相见时难别也难"。

杨壮表示，中国企业家要不断学习，中西知识都需要有。中国的国学博大精深，有很多的东西可以去学。从《论语》到入世道里面很多东西，《道德经》《孙子兵法》等东西，都是值得我们去学习，认真去学习、思考、探讨的问题。

美籍华人吴瑜章解读《孙子》十三篇

"市场学是战争学，市场是没有硝烟的战场，也是你死我活的商战。《孙子兵法》用于市场竞争，找到问题的关键和对手的弱点，避实就虚，赢得主动权，这是孙子谋略的奥妙之处。"创建吴氏兵家营销管理哲学的美籍华人吴瑜章，别开生面地用市场竞争解读《孙子兵法》十三篇，引起孙子研究学者和海内外企业界的关注——

《孙子兵法》开章明义讲"先谋而后动"，制定市场战略决策首先了解市场，了解市场要掌握环境的变化，这是第一。我们很多人一上来说一拍脑袋，坐在这儿开始脑子缺氧了，已经不是人了，是神了。当不做市场调研的时候，他肯定失败。通过资源、能力分析，就能知道是不是老大。再往下战略决策分析对手，分析要打什么仗，世界汽车市场到底在哪儿。你自己以为你是领导者，实际你是小不点。为什么本田、宝马成功，人家知道自己是小不点，不轻易跟大的打什么。

《孙子兵法》第二篇，"兵贵胜，不贵久"。市场竞争贵在准备，贵在神速。速度是非常重要的，中国企业胜过国外企业的是什么？就是速度。这些年，很多国外企业到中国第一年说这么快，在国外需要做十年的事情，中国只需要两年，国外需要30年的事中国只需要五年。所有人说离开中国一年回来不认识了，这说明的是速度。速度非常关键，因为在打仗的时候，久则顿兵挫锐。在商场上打仗上就是这样，99.999%都是失败，只有百分之百是成功。要么就别打，一打就要打到百分之百。

《孙子兵法》第三篇讲谋攻，我们就瓦解。在吴瑜章看来，竞争对手基本都是这样，在瓦解对方的同时要迅速壮大自己。市场攻势让对手感受与我合作则双赢，与敌合作则两败，其后可以组成强大的统一战线。攻山头要守得住，否则攻上去损失很大，还没明白就掉下来了。攻守无定式，当相机而动。在敌人最强的地方找出弱点，集中力量和火力将敌全歼。攻心为上，一旦强势中的弱点被你抓住打掉，整个军队的军心就垮掉了。战争打到99分的时候，我就基本不会睡觉，而且精神越来越好，那是决胜负的时候。

《孙子兵法》第四篇说的是战争之道在于乘机。敌人不是都犯错误让你钻空子的，在细微处要抓住战机，进攻要趁其不备，制胜要出其不意。还有我们的手下或者对领导有一个观念，"将在外，君命有所不受"。多时候领导在上面，很多在战场你是前线指挥官，你认为对你就打，输了自己承担责任。这些年我做了很多跟公司有关的指引，他们远在瑞典，你想能说服他们，等说服了这个战机还在吗？细微战机还在吗？不在了。这会儿你只能承担这种责任和风险。

《孙子兵法》第五篇，兵无常势，水无常形。避实而击虚，攻守无定式，当相机而动。成功的军队出其不意的战线上开战，预备队是百尺竿头的势。中国那些企业失败的都是没有预备队打仗，失败的也是因为没有预备队。凡战者以正合，以奇胜。必须有预备队，能买三道保险不买两道。平时的多谋筹划，战时才可以驾轻就熟。

《孙子兵法》第六篇，虚实战地而待敌者佚，后处战地而趋战者劳。要佯动示形，通过详细侦察，隐藏自己，暴露敌人，才能集中优势兵力打歼灭战，赢得竞争胜利。我们竞争对手最小的是我们的七倍大，大的不用提了。我们一开始佯攻，先找最弱的竞争对手，找它最强的地方佯攻。佯攻成功以后，赶紧看全国哪儿没竞争对手先到那儿去。从那里一点一点，才走到今天在我们起码小山头上连续七年是老大，占到58%的份额。

《孙子兵法》第七篇，对于一个企业来说服务就是粮饷，没有粮食没有军饷，军心就先乱了。商战上看似拼价格拼配置，拼的是供应渠道、服务配件。后勤服务工作是商战军队的粮草，无粮草则军心乱。一出大学校门好高骛远，你的学识、精力、经验真跟得上吗？合适都一样。我回中国踌躇满志，从小在美国长大什么不懂？回来之后才知道，五年才明白这个市场是什么样，七年才开始知道怎么做事，现在回来15年了，才稍稍有点成绩。

《孙子兵法》第八篇，我最欣赏周培公说的，"善败之将，定将终胜"。一旦进入商场就得记住，成功与失败并存。一旦战争开打，"军火未升，将不压汲，军井未汲，将不言渴，击鼓一鸣，将不忆身家性命"。善败将军不是常败将军，善胜者不阵，善阵者不战，善战者不败，善败者终胜。善败有一个观点，心理要好，身体状态要好，要不然你不敢败，你得敢败，而且败是你设计下去败才行。我觉得这些年成功永远把自己放在悬崖边上，通过不断地挣扎，不断把自己往绝处逼，这样离成功不远。

《孙子兵法》第九篇，卒已亲附而罚不行，则不可用也。学习型企业打仗的时候知道听谁指挥，到了这个情况就是这么反应，不管谁怎么说，就是自然反应，建立执行公司文化，宽严结合，才能应急时有条不紊，从容渡过难关。我们很多企业就是靠一个头儿一杆大枪一要，动不动就光着身子杀出去了。我们公司提"去吴瑜章化"，大谈特谈"去吴瑜章化"，千万别说吴瑜章的，要说这个就快了。这个才是真正地建立了体系，有事的时候才能依靠。

《孙子兵法》第十篇，"进不求名，退不避罪，唯民是保，而利合于主，国之宝也"。企业管理者一定要关心员工，上下一心，依靠团队，严格要求。你要让员工满意，员工才能创造出价值，你的客户才有了附加的价值，才能让你的股东有更多的价值。一个公司的平衡计分卡从哪里开始，就说明这个公司的文化是什么样的。

《孙子兵法》第十一篇，"兵之情主速"，"施无法之赏，悬无政之令，犯三军之众，若使一人"。三军就靠这个气和志，带领的人不一定是我。一个公司领导者不一定是头儿，领导可以是任何一个人，领导是他的素质而不是他的位置。我们公司当副总监管得宽，现在管得更宽，谁的事都担心。打仗的时候从敌人最不能想象的线上拼命攻上去。拿破仑说我可能输掉一场战役，但我绝不会丢失一分钟时间。不要在计划、研究、实验市场时浪费太多时间，你浪费时间暴露目标，从胜利的口中抢到失败，在市场中很多这种例子。

《孙子兵法》第十二篇，"主不可以怒而兴师，将不可以愠而致战"。进攻之前大多数的进攻都失败，商场里面基本能够搜集的数据来看，80%的公司向另一个公司市场进攻的时候都是失败而告终的，结果反而比进攻前的份额还少。只有那些意志坚定手段老道的市场"将军"，才可以打进攻战。

《孙子兵法》第十三篇，"动以胜人，成功于众者，先知也"。先知者，不可取于鬼神，不可象于事，不可验于度，必取于人，知敌之情者也。打市场战你要明白，不是因为你命好，敌人可不知道你的命好，拼命向你放枪的时候，能因为你的命好不开枪？你必须实时知道敌情和周边情况，摸清敌情才可能作出正确的判断。要对地形、市场形势、对手、自身的资源和能力有全面的了解。

美国斯坦福学者谢一铭论"金融兵法"

金融科技，也称Fintech，是近年来金融圈的新宠儿，从银行到私募基金乃至监管机构，莫不趋之若鹜，或作谈资，或撰专论，唯恐落伍于人。其实，金融界运用科技算不上新鲜事物，因为几十年来金融行业一直是技术发展的先驱。不过，这一轮创新是由技术初创公司而非金融机构驱动的，而近年来随着大量资本的涌入，金融科技慢慢成为一个独立领域。

欧美民众在2008年大危机后对金融机构相当反感，所谓恶其不忍，恶其不仁，恶其贪婪无度，漠视鳏寡等弱势群体。因此，颠覆金融服务的渴望特别强烈。在欧美，金融科技的创新正式向现有的金融秩序发起挑战。金融科技创新本质上是反传统架构的，思路就是构建一个崭新的金融生态系统。

新兴市场则是别有一番风景，由于2008年金融危机对新兴市场国家的，尤其是中国的，本土金融机构冲击较小，金融科技创新更在于弥补原有体系的不足，大致上与金融机构互补互利。中国在这方面更是成绩斐然。西方记者、咨询公司、投资基金纷纷惊叹，在中国的大城市，无须钱包，通行无阻；消费、支付、借贷、理财，一部智能手机足矣。2017年2月的《经济学人》杂志，更大胆地宣称中国正在引领金融科技。

曾几何时，外资大银行笑谈如何占领中国市场份额，如今其所忧惧者，却是阿里巴巴、百度、腾讯、京东等中国科技巨头以及众多新兴金融科技企业。如此以往，中国金融体系发展的轨迹将更偏离于西方模式。

换言之，金融科技可以改变现有格局。

不仅西方国家深明此理，东南亚、非洲、中亚以及"一带一路"各国的有识之士都明白。中国金融科技的成功极具示范性作用，为新兴市场国家的金融互联网化、金融普惠（financialinclusion）以及相关基础设施（如移动支付网络）的筹建带来了希望。中国金融科技冲出国门，势不可挡。盟友、伙伴、对手都在观望中国。

然而，无可否认，世界金融权柄仍在西方。他们是国际金融规则的制定者、先行者以及裁判者。我们可以改变格局，但格局不会白白等着我们。没有战略智慧，再先进的金融科技，再颠覆的创新，尽是枉然。而中国的战略智慧，首推孙子，相信无人质疑。

奇正：金融战略基调

现在人，总喜欢说商业战、经济战，等等，动辄就说某事是一场无硝烟的战争。其实喜欢打这类比方的，大概没上过战场。战争不是一般行为，其惨烈与残酷，绝非文人墨客可以随便描述，所以引用孙子谈金融战略，必须认清本质：金融不是战争。《孙子》十三篇是古代兵法，原来用来打仗，不可硬生生套用。

金融体系，关乎国计民生。财金融通天下，百姓日用，舍此无食货，无吏治，无军饷，是故财金不通，天下必乱。不以正道，何以操持？

兵者为何？孙子曰："兵者，国之大事，死生之地，存亡之道"，又曰："兵者，诡道也。"战争生命攸关、生死存亡之际，阴谋诡诈，无所不用其极，所以又说兵以诈立。

老子曰："以正治国，以奇用兵。"治国不离金融，战略近似兵法。更深层次而言，金融的本质是信，不是诈，所以金融常常讲信用——个人信用、企业信用、国家信用。没有诚信，金融体系无法运转。但一说到兵法，全是谋略诈术。这是金融战略的根本矛盾，故金融战略，奇正并行，才是矛盾的统一。

孙子也讲奇正，"兵势篇"论正和奇胜，奇正相生，这是兵法的奇正。但金融自有其道，是故奇正之上，还有奇正。李零说："《孙子》是高屋建瓴，层次高，很有哲学味道。但越是层次高的东西才越不能乱用。"孙子兵法跨界到金融，层次转换很重要，否则无智慧可言。

奇正，就是要打破平衡。前文说金融科技可以改变现有格局——这是奇。但金融科技构成的新生态系统，也是一个金融体系，仍须按照金融规律运转，仍须立之以信——这是正。李靖说奇正非素分，其言不虚，所谓奇正之变，不可胜穷也。

行文至此，需要举实体金融科技案例，否则泛泛空谈，无处着力。金融科技范围很广，涉及多门技术。由于本文非金融科技专论，只能引用一个最浅白的案例——支付，但此例浅白而不简单。支付是金融的始终，商贾货币，一手交钱，一手易物，就是支付。资本市场大戏，如宝能万科，大咖各出奇谋，入股、并购、融资、退股，眼花缭乱，但最后尘埃落定，还离不开付钱收钱。

战乱地区，支付系统崩溃，用黄金、美元，或干脆以物易物，没有金融可言。所以，支付系统是金融体系的基础，资金赖以流转。现代国家，支付系统由中央银行管理，中国也不例外。存款、提现、转账、刷卡，都通过央行系统支持。互联网经济出现，原来没有线上支付，网上、手机上无法完成支付行为。银行没反应过来，没有及时配合。于是第三方支付公司出现（如支付宝、微信支付、连连支付、汇付天下），对接PC端、移动端，直接线上支付，电子商务才能成长，这是金融科技突破，也算是一种以奇破正。

电子商务已经全球化。中国是全球制造业大国，国产品牌如华为、小米也逐渐在不同市场获得认可。中国已深深嵌入全球供应链，透过电子商务辐射全世界。自然而然地，全球支付中国与中国支付全球的需求也日益巨大。那么跨境支付也应该来个以奇破正吧？

但问题远远没这么简单。要回答这个问题，必须看形势。

形势：金融科技突破

形势一词已渗入日常汉语，可合言之，可分言之，非常复杂。孙子原文并没有对"形"定义，按李零的思路，追溯原文，"形"就是硬势力，有定数的。古注里，王晳的最明白："形者，定形也，谓两敌强弱有定形也。"两军对垒，先判断摆在台面上的实力，才可立于不败之地。

在我们这个案例，跨境支付的"形"又如何？答案是：大部分跨境支付都是通过国际银行解决方案完成，其次通过SWIFT国际系统转账。这里面没有中国公司，一家都没有。换言之，整个跨境支付体系，都在西方人手里。支付宝、微信做国际转账，离不开这个体系。中国的银行跨境汇款，也绕不过这个体系。

伊朗不听话，来个经济封锁。凭什么？三两下子，伊朗银行不允许对接SWIFT，国际资金马上断裂。某个国家建反导弹系统，我们一会儿嚷着不去旅游，一会儿吵着人家百货公司不能来。我们有办法三两下子排除别人在国际支付体系之外吗？

这是"形"，但"势"可不一样。

根据一份2016年的国际问卷，67%的受访者（包括支付机构、商户等）采用传统银行跨境支付，但63%对其汇款速度不满。若考虑到问卷样本并未充分考虑发展中国家，包括众多"一带一路"国家，不满情绪可能更严重。上文提过，在欧美，正是这类不满情绪激发金融科技创新，向现有的金融秩序发起挑战。十年前，原来的跨境体系牢如"铁桶"，若中国当时另起炉灶，不但能力不足，反会招来非议，不遵守国际惯例。今天，欧美内部生变，这是得势。

以弱胜强，"势"尤其重要。中国八年全民族抗战是经典案例。论形，装备、训练、经济条件，都不如日本，胜败立判。论势，不一样，游击迂回，有很多可能性，有很多办法。同样，今天原来的跨境支付体系已暴露很多弱点，包括汇款缓慢、手续烦琐、费率高昂，等等。故得此势，有很多可能性，有很多办法。

"兵势篇"重奇正，但势之奇正，比较具体，近似所谓之奇兵。例如，中国移动支付，快捷、廉价，人尽皆知，符合国际对中国企业的普遍印象，没什么惊喜。但是，如果一个中国金融科技企业凭极高服务质量取胜是外资机构意想不到的，这是给对手惊喜。又如，中国某些贸易伙伴国金

解读华人兵法

融相对落后，非但不是外资金融机构的焦点，甚至连欧美的金融科技公司都不会花太多精力关注，但由于与中国关系密切，比较容易说服使用中国的技术、网络等。这是以无形制形，针对性打击对手。

形势合言，则需考虑方方面面的优劣强弱。"军形篇"末特意点出度、量、数、称，都是古代具体考量兵力的指标。金融战略上，考量实力的维度更广。例如，论大银行的跨境支付解决方案，中国未必如人，但论手机端移动钱包技术，中国可能更先进。其中极多业务细节，难以一一说明。但原则很简单，明摆着的形算不清楚，摸不到的势难以充分发挥。打过仗的人都明白，但放在一个产业，由于产业不足又不可能是集中指挥，反而不容易看明白。

宏观地看，形势有利于中国。套用一句话，就是对手的绝对优势不复存在，我们的局部优势日益明显。至于如何善用局部优势，则是虚实之妙。

虚实：金融科技布局

虚实，按李零的思路，就是扩大的奇正，奥妙在于"致人而不致于人"，关键就是主动权。知虚实，就是为了争主动权。不知虚实，则无法善用局部优势，扭转格局。根据金融自身规律，致人而不致于人可以有三个层次。

第一是点的。是具体金融科技技术，例如移动支付钱包。此理易晓，与我们必须有自力生产冲锋枪的道理一致。在很多金融科技的点上，中国已有一定的主动权。

第二是面的。金融业务都靠往来，资金不流通，无金融可言。不同的金融科技点，构成资金往来，是一个新的面。例如，移动支付钱包对接的网络借贷是一个新构成的面，在金融科技出现前面。互联网语言叫生态圈。中国国内，金融科技构成的线上金融生态圈很庞大，但国际上的生态圈仍然未形成。面最为关键。中国拿一个金融机构正面与汇丰银行在国际竞争，拿不出。拿一业务板块与汇丰银行在国际竞争，也未必拿得出。业务板块的划分本身也是人家强项，板块对板块，思路上已经很容易受制于人。但建一个面不一样。国际银行不以"金融科技点"为管理单位，几个点构成一个面，他们没有这样的业务划分，瞬间显得单薄。这就是"我专为一，敌分为十，是以十攻其一也，则我众敌寡"。

第三是网络的。这是最高层次。面与面对接，涉及业务、服务众多，资金路径都必须走通。这些路径就是网络。若有一天人家资金都走我们的路径，就有定价权、计价权以及制定规则话语权。资金都用中国网络走，人民币的地位自然不一样。

但金融战略的虚实有两点与行军打仗很不一样，首先是机动性，其次是保密性。带兵打仗，尤其是游击战，打打走走，某点可以突然不打，大军瞬间无踪迹。金融业务不可以突然终止提供一种服务，如此必定诚信破产。军事部署，高度机密，具体驻兵、装备等从来就不可能是公开透明的。金融业务不然，对股东、投资人、客户、内部员工、监管等总需要各样披露。对手总有合法合规的途径窥探战略意图。所以金融战略的虚实，远不如用兵的虚实来得挥洒自如。

尽管如此，在不违反金融规律的前提下，仍有空间。整个金融科技产业的布局，甚至个别企业的布局，本文都无从讨论。此处只点出一个手段，就是股权投资。国内外很多金融科技企业都是初创企业，需要融资。探虚实，股权投资最便捷，而且根据投资机构的定性，无须公开全部投资份额，故可一定程度保密。此外，具体业务需要落地、需要成本，难以突然扑上一个热点，但投资可以快速扑上一个热点，调研项目，而最终投资金额可灵活制定。

本人并非鼓吹政府成立产业基金，投资全球金融科技。一个中国主权成立的金融科技产业基金意图明显，反而容易招来猜忌。此处点出的是股权投资这个手段。企业可实行，政府可推行，投资机构可执行，甚至可与外资合作。众多不同类型的资本参与，眼花缭乱，也是一种虚实。通过股权层面协作，被投资的金融科技企业容易达成默契，自然促使点连成面，面拉成网，但确实仍是不同企业。具体金融科技企业、产品、服务都是"所以胜之形"，而背后的股权协作，是"所以制胜之形"。

金融科技是目前最前沿的领域之一。中国金融科技走向世界，势在必行，但确实需要孙子兵法的战略智慧。中国人能够用最古老的兵书驾驭最新兴的领域，是一个民族集体智慧的表现。冯梦龙曰：智无常局，孙子曰：兵无常势。懂得无常，利用无常，也许就真能改变格局。

美华文媒体老总论《孙子》全胜观

"全胜思想应该是《孙子兵法》精髓之精髓，灵魂之灵魂，是孙子的最高境界。"毕业于北京大学中文系，曾任北京首都师范大学古代文学教授的美国《美华商报》社长周续庚表示，我们研究孙子，不能仅从战略战术角度去理解，更要放在中国春秋战国时期的文化背景去考量，才能真正理解它的深刻含义。

《美华商报》是美国华人商会旗下报纸传媒，也是美国唯一以商报命名的华文周报，从以前的40多个版面到50个版面，再到现在的每周60多个版面。该报总部设在华盛顿，在洛杉矶、纽约、芝加哥、旧金山等各大城市发行。周续庚表示，国外有许多渠道都在弘扬中国文化，华文媒体在传播中国文化方面起到最重要的作用。周续庚酷爱《孙子兵法》等中国传统文化，他的专著《准备赢得一切》，充满了孙子的哲理。

周续赓认为，目前有的学者把"全"字解释为"完全""彻底"，把"破"字解释为"打垮""击碎"，也就是说，不打则已，要打就要大获全胜，就要把敌人彻底消灭。这种解释并不符合孙子"全胜"思想。孙子的"全胜"思想，包含着更为深刻的文化内涵，即"不战而屈人之兵"。他说"是故百战百胜，非善之善者也，不战而屈人之兵，善之善者也"。这也正是中国春秋战国时期普遍的战争理念。

在中华民族的传统文化中，提倡"王道"，反对"霸道"；提倡"仁政"，反对"暴政"；提倡"仁义之师"、"秋毫无犯"，反对"残酷杀戮"、"血流成河"；提倡"得人心者得天下"，"王者之师，所向披靡"，等等。周续赓诠释说，这些都是中华传统文化的精髓，是为政用兵的最高理念，是建立和谐社会、和谐世界的文化基础。

418

周续赓介绍说，当时各国争雄，都以敌人的"屈服"为目的，而不以"破军""破国"作为最后的标准。只要你"屈服"于我，愿意奉我为"盟主"，我就可以"全"你的国，"全"你的军，你还可以继续做你的国王，继续当你的诸侯。在中国武术界也是充满这种精神的，兵法与武术是一脉相承的，都是源自以"仁"和"义"为主的中国传统文化。这也正是中国兵法一直强调"谋"而不强调"兵"的原因，也正是中国兵法与西方兵法的根本区别。

据周续赓考证，虽然中国古代也有过对邻国的战争，但都是"以全争天下"，以对手"臣服"为目的，从来没有把邻国占作殖民地，实行掠夺性的殖民统治。只要你愿意"臣服"于我，年年进贡，岁岁来朝，我们就可以友好相处，甚至我给你的"赏赐"比你进贡的还要多。因此，中国古代与周边国家的战争是比较少的。当然，这不能与今天中国提倡的"和谐世界""平等外交"相提并论。

美国布什父子不同的《孙子》观

"用不用《孙子兵法》大不一样",美国《美华商报》社长周续赓对《孙子兵法》颇有研究,曾多次参加孙子国际论坛,并发表学术论文。他对比美国老布什和小布什两任父子总统分析说,布什父子在他们的总统任上都发动过对伊拉克的战争,但由于老布什用《孙子兵法》和小老布什不用,这两次战争的结果大不相同。

周续赓说,1991年老布什发动对伊拉克的战争打得漂亮,干净利落,被世人所称道;而十多年之后小布什发动对伊拉克的战争,则劳民伤财,损失惨重,无法自拔。究其原因,就在于对《孙子兵法》的理解与运用。

老布什是《孙子兵法》的崇拜者之一,他于1974年9月就任美国驻华联络处主任时,首选的中国文化读物就是《孙子兵法》。他最欣赏的是篇首开宗明义所说的"兵者,国之大事也。死生之地,存亡之道,不可不察也"等名句,并能倒背如流。老布什曾经说过,《孙子兵法》不只是兵家宝典、哲学范文,同时对各行各业也起着指南作用,折射出中国人非凡的智慧。而小布什没有像他父亲老布什那样喜欢中国的孙子。胡锦涛访问美国期间,向小布什赠送了丝绸精装版《孙子兵法》,多少显得有些"非比寻常"。

周续赓阐述说,老布什在发动对伊拉克战争时,认真学习并运用《孙子兵法》故事早被传为佳话,比如说"当时老布什办公桌上摆放两本书,一本是《凯撒传》,另一本就是《孙子兵法》";"美国海军陆战队人手一册《孙子兵法》";《华盛顿邮报》上撰文称,"我愿意想像布什总统的床头柜上有一本《孙子兵法》,并且不时阅读它,以便在海湾危机中对他加以指导;"法国记者惊呼,是生活在2500年前的一位中国将军孙子,指挥美军打赢了这场战争"；等等。这些已经被证实或尚未证实的传闻，都说明了《孙子兵法》对老布什打赢这场对伊拉克战争的重要作用。

而小布什发动的对伊拉克的战争，从来也没有听到一点使用过《孙子兵法》的传闻，相反美国媒体批评小布什不懂孙子经常见之于美国主流媒体。如美国《奥兰多前哨报》发表题为"现在读孙子已经太晚了"一文，文章开宗明义："如果布什总统能抽空读一读孙子兵法，那么美伊自2003年以来的军人与平民伤亡，本来是可以避免的。"文章认为，美国领导人打一场长期的战争，严重损耗了国力，违背了《孙子兵法》避免让战争旷日持久的原则。文章末尾期待下一任美国总统在入主白宫之前，能好好读读《孙子》，避免继续犯错误。这说明小布什不仅不懂而且根本不重视《孙子兵法》。

周续赓评价说，老布什对伊拉克战争完全符合《孙子兵法》道、速、全三法，师出有名，速战速决，全胜而归，世人称赞；而小布什发动的对伊拉克的战争则完全违背了这三法，师出无名，旷日持久，毁人之国。对此，周续赓根据《孙子兵法》道、速、全三法，对老布什和小布什发动的对伊拉克的战争作了进一步的阐述——

师出有名，行之有道，才能做到上下同欲，举国一致，才能得到战争的胜利。孙子的"道、天、将、地、法"把"道"放在五事之首，足见他对道德重视。老布什发动的第一次对伊拉克战争的背景，是伊拉克占领科威特引起世界舆论的强烈反对，联合国通过678号文件，要求伊拉克从科威特撤军，否则就有权出兵干涉。老布什的军事行动得到联合国安理会的授权，应该说具有一定的"正义性"，因此，得到世界舆论的支持。而小布什发动对伊拉克战争没有得到联合国的授权，完全是美国采取的一次单边的霸权主义的入侵行动。

老布什遵循孙子"兵贵胜，不贵久"的原则，第一次对伊拉克战争从1991年1月17日开始至2月24日结束，仅用了37天。"沙漠风暴"开始的一个来月，完全使用最现代化的信息战，对伊拉克的军事基地和指挥中心进行毁灭性的空中打击，而真正发动地面进攻也只用了不到一周的时间，就把伊拉克军队赶出科威特。整个战争美军只死亡148人，伤458人，而且大都是非战斗人员。而小布什却反其道而行之，破军破国，怨声载道。老布什把伊拉克军队赶出科威特后，立即撤兵，全胜而退；小布什则陷入"泥潭"而无法自拔。

周续赓认为，小布什的智商远远不如他老布什，他不仅不爱学习，不去读只有6000来字的《孙子兵法》，甚至连越南战争的沉痛教训都不愿意吸取。《孙子兵法》言："夫兵久而国利者，未之有也"，"兵贵胜，不贵久"，美国14年的越战胜利无望正是应验了孙子的话，犯了兵家大忌。而小布什是重蹈覆辙，完全被石油利益和霸权主义冲昏了头脑。

"小布什对伊拉克合法总统萨达姆实行绞刑，并把执行的残酷场面录像公之于众，让伊拉克和阿拉伯人民看到美国血淋淋的法西斯暴行。他把这场以'反恐'为名的战争，与种族和文明的冲突纠缠在一起。在阿拉伯人民看来，这不是一场'反恐战争'，而是一场反对阿拉伯文化和伊斯兰教的侵略战争，因此引起阿拉伯人民的强烈不满。"周续赓如是说。

李浴日之子在美国谈先父兵学思想

李浴日之子李仁雄在美国接受记者采访时表示，"《孙子兵法》宏大精深，其阐释虽日新月异，然其哲理却历久弥坚。先父李浴日以科学研究的体制来辨证孙子，再兼容并蓄各家论述，意在焕发读者独立论断的精神，在现代孙子研究史上诚为创新之举"。

李仁雄介绍说，先父生于1908年，毕业于上海暨大，曾赴日本钻研兵法。青年时代誓以发扬《孙子兵法》与中国兵学为志业。民国时期担任国民党"国防部"政治厅宣传研究会副主任、"国防部"新闻局第二处副处长、广东省编译室主任、世界兵学社社长、国民党第三十五集团军少将参议、广东省参议员、黄埔军校教官、陆军大学教授、台湾金门防卫高参等职，1955年在台湾逝世。

李浴日一生致力推动兵学研究，为文人治武学的先驱。他独创"救人救世"的兵学思想，在民国历史上对中国兵法的贡献堪称第一。他先后出版了《孙子兵法之综合研究》《东西兵学代表作之研究》《孙克兵学新论》《孙子新研究》《孙子兵法总检讨》《抗战必胜计划》《闪电战论丛》《中山战争论》《国父革命战理之研究》《兵学论丛》《兵学随笔》等兵学专著。

在全民族抗战爆发的三个月内，李浴日以超远的眼光写了《抗战必胜计划》一书。他用孙子战争原理科学分析这场战争，提出举国一致坚持到底等于日本必败中国必胜。他还提出要与日本打持久战，因而他也成为全民族抗战以来第一个提出打持久战的人。他认为持久战在三年以上，中国有打五年至十年的条件。结果，全民族抗日战争打了八年。

该书出版后，引起国内高层的重视，蒋介石曾两次亲自召见他，并请他在全国军委会干训团演讲《从孙子兵法证明抗战必胜》，对激发全国人民的爱国热情、增强将士抗日斗志做出了贡献。它比蒋介石发表的《抗战必胜的条件与要素》早了四个多月。

1941年李浴日创办世界兵学社于广东曲江,出版"世界兵学月刊",以"阐扬中国固有兵学,介绍各国最新兵学"为宗旨,出版各种兵学著述,并在"世界兵学月刊"上介绍各国新兵学。

他提出中国人要有自己的战略思想,建立中国的兵学体系,并作为他人生最高目标,也是他毕生的夙愿。他所辑古籍定名为《中国兵学大系》,是中国首次对2000多年以来中国兵学理论的总结和检阅。如此全面和系统,在当时的整个中国是空前的,在20世纪80年代以前的中国也绝无仅有。

1947年,以张治中、于右任、梁寒操等人为赞助人,李浴日与国民党军界、社会名流发起筹建苏州孙子纪念亭,为《孙子兵法》立碑。

同年,李浴日著文呼吁建立"救人救世"的兵学思想。他说,欧美的兵学思想,自克劳塞维茨以来已走入歧途了:即他们全以"彻底歼灭"的杀人主义为本。所以到了工业发达以后,便竞相致力武器的发明,尤其到原子弹发明之后,杀人的技术与威力愈加巧妙而猛烈,一举便可以杀人数十万。像这种"杀人"的兵学思想,如果再任其发展下去,恐怕全世界都要毁灭,全人类都要死亡了。

李浴日认为,我们要纠正这种错误思想,非把"救人"的兵学思想建立起来不可。他又说,我国向来的兵学思想,都是以"救人"为本的,像孔孟所倡导的"仁师"、"义战";老子所倡导的"慈以战则胜";孙子所倡导的"全国为上"、"不战而屈人之兵";吴子所倡导的"绥之以道"、"五战者祸";《司马法》所倡导的"杀人安人,杀之可也;攻其国,爱其民,攻之可也;以战止战,虽战可也"。

李浴日主张武力应运用于"止战"、"救人",应该建立"以仁义为经,以和平为纬"的"救人救世"的兵学思想。这种"以人为本",主张和平的兵学思想,时至今日都值得倡导,以抵制"杀人为本"、主张战争解决

424

一切问题的兵学思想。

李浴日的一系列兵学研究，曾使中国掀起《孙子兵法》研究的新热潮，标志着孙子研究一个新时代的开始。他因此被誉为"孙子研究第一人"。他的研究成果至今仍为海内外学者所重视。国民党元老于右任赞他"与孙子同不朽"。当代孙子研究大家吴如嵩也给予高度评价："在我看来，写东西方军事思想比较方面文章的，都还没有超出民国时期李浴日编的《东西兵学比较研究》。李浴日是一个很有成就的兵学家。"

李仁雄说，先父脍炙人口的《孙子兵法新研究》创作于1950年，出版后即广受读者的欢迎，在台湾期间再版多次。《孙子兵法总检讨》为其汇集研究孙子20年的心得与当代其他学者专家的著作编纂而成。惜完成后不及三月，即以47岁英年早逝。先母赖瑶芝以抚伤疗痛之心，勠力完成先父的遗愿，将《孙子兵法总检讨》与其生前搜集的所有中国古兵书辑成《中国兵学大系》陆续付梓，足慰亡灵。

美籍华人作家林中明论《孙子》文化价值

美国美华艺术学会会长、北加州作家协会会长林中明认为，《易经》《诗经》《史记》《孙子》《文心雕龙》里的"活智慧"，应用到现代高科技的企业管理和科技创新的教育上去。这五本书，每一本都是超重量级的经典之作，如何在最短的篇幅里表达出它们的精髓呢？他以为可以根据《商业领袖成功七大要则》的第一条："先做最紧要的事"，只选《易经》《孙子》为主将，而以《诗经》《史记》《文心雕龙》为辅佐，贯连"新五经"。

世界走向是学《孙子》

"专讲竞胜的《孙子兵法》当然如今笼罩全球，世界的走向是加强学习孙子思想。"林中明表示，中国有着世界最大的兵法书库，尤其是简明而又智慧的《孙子兵法》这部中国兵经已经被翻译成十几种语言，也成了美国商学院和军事学院的主要参考书、课本，同时又是世界第一大网络书店、亚马逊的前三名畅销电子书。

林中明可谓文武双全、人文理工素养兼具的典范。他在美国深造，开发多类高科技尖端晶片设计技术，更拥有深厚丰富的文学造诣，研究范围泛及《孙子兵法》《文心雕龙》《昭明文选》《诗经》和陶渊明、杜甫、白居易、陆游、八大山人及石涛艺术、气象文学、地理、历史对文化文学的影响，以及道教文化与科技创新、中华文化对电影蒙太奇发明的影响等。

林中明父亲林文奎是台湾首任"空军司令"，是抗战时期的名将，曾率空军从日军手中接收台湾。林中明受父亲的影响，自幼饱读兵法战略，研读《孙子兵法》不下300次。每一次的阅读会随着能力及知识的累积产生新的领悟与感触，甚至将其中的观念运用至科技创新、环境策略及文艺创作等生活各层面。

他说，经典的书籍在每个时代中均能点出关键的问题，而阅读经典之作，必须反复咀嚼。

他在演讲"无所不在的《孙子兵法》"时，除探讨兵家征战之外，还论述其广博深厚的涵养对于其他领域亦产生的广泛而深远的影响。他说，《孙子兵法》共六千言，背诵并非难事，但要了解个中含义，实非容易。他把《孙子兵法》浓缩成白话的17个字："用最少的时间、资源、废熵，达到最大的效果"，并以之应用到各个看似迥异的领域。

从《孙子兵法》还可看出全球经济的发展。林中明认为，在《孙子·地形篇》中可看到2500多年前战国争雄的局势如同今日全球化的趋势，并延伸出地球是扁平的概念，金融流动的同时又创造出知识经济。《孙子兵法》中亦提到，"知之者胜，不知者不胜"、"知彼知己，百战不殆；不知彼而知己，一胜一负；不知彼，不知己，每战必败"。从中可以了解到"时间"是不能被创造及逆转的，而"利润"必须用力费时才能产生，而知识经济就是时间的妥善处理，在时间掌握上若领先对手即可获胜。

《孙子兵法》也经常运用在国际关系研究中，林中明引用《孙子·九地篇》提到的："夫吴人与越人相恶也，当其同舟而济，遇风，其相救也，如左右手。"这与欧盟驻华大使安博所言"在国际金融海啸下，中外同坐一条船！"有异曲同工之妙。

《孙子兵法》在理工领域的应用方面，林中明以自己的专利为例，《孙子·九地篇》说："是故始如处女，敌人开户，后如脱兔，敌不及拒。"这个原理用在微电脑晶片，选择性的"关闭"不用的部分，以节省能源，避免无谓的消耗，等到快要使用时，早一步通知正在"休息"的部分，到了要启动时，一切早已就绪，"动如脱兔"，一点都不耽误时机。这个设计几乎所有的高功能晶片，皆使用类似的方法，足见《孙子兵法》的哲理跨越时空，无往不利。

《孙子兵法》的应用应该是化破坏为生产，兵略并非一味破坏，《孙子兵法》提出"不战而屈人之兵",才是最高明、节约能源的战略。林中明以日本武士宫本武藏为例,他在面对佐佐木小次郎的快刀、长刀的威胁下,他放弃不练,改刻木雕,而由他的一幅鸟栖长枝图,便可知道他已悟出以削硬木长桨制成比佐佐木小次郎更长的长刀,便可以先一步以数寸的距离击碎佐佐木小次郎头壳的兵法战略。

林中明认为,很多中外名人用许多不同的观点来解释兵家,却没有《孙子兵法》解释的精辟。懂得"文",懂得"武",懂得美学艺术,才是一个平衡的人生。他提出,21世纪人类最大的战场,不在沙滩,不在平原,不在海洋,不在沙漠也不在太空,而是在个人心中的心灵战场。最伟大的文明是"不战而屈人之兵",产生正向的力量,将斗争转至和平,并且以这个最优雅平和的方式开拓21世纪。

《文心雕龙》与兵略运用

南北朝著名文学理论家刘勰赞誉"孙武兵经,辞如珠玉,岂以习武而不晓文也!"林中明表示,刘勰在《文心雕龙》里说"孙宙绵邈,黎献纷杂,拔萃出类,智术而已"。中华的智者,都认为各种学问,其实都是"大道"或"智术"的一枝而已。《孙子兵法》已历经250个小劫、两个半大劫,居然还能面目如新,东征西讨,这当然是"活智慧",可以放心使用。

林中明是美籍华人,著名汉学家,1944年出生于四川成都,祖籍广东新会。他是一位中国文化的研究者,一位战略学、国际关系方面的专家,同时是一位电子芯片设计专家、一位在美国有着多项设计专利的高科技设计者。他对中国传统文化造诣很深,主讲过"无所不在的《孙子兵法》""《孙子兵法》文武相济——从科技、文艺到企管、环保的战略和应用""《文心雕龙》里的兵略运用"。

细细考究中国的文化、文论史,纵观中国古代作诗论文的作品,我们不难发现"文武合一""兵略文用"的影子无处不在。据林中明考证,兵略用在中国文化、文论史上屡见不鲜。唐朝的杜牧精诗善文,曾注《孙子》，表现出他在兵法和文学上的胸襟、造诣。宋朝词人姜夔论诗也用兵法，他说"一波未平，一波已作。如兵家之阵，方以为正，又复是奇，方以为奇，忽复是正；出入变化，不可纪极，而法度不可乱"，把《孙子》奇正通变化入文论，可见兵法和文学的关系似乎已普及到"纯文人"都能接受的地步。

自被人们尊奉为"百世谈兵之祖"的《孙子兵法》竹简传世以来，最有系统将兵法运用于文学创作的莫过于南北朝时期的刘勰。他的文学理论巨作《文心雕龙》，秉承大胆的突破创新精神，首次把《孙子兵法》提升到"经"的高度。刘勰熟识《孙子兵法》和兵略，并将之运用于文学理论作品《文心雕龙》的创作；同时，刘勰在《文心雕龙》中对于文学创作的要求，也多处体现了兵略的特点。

刘勰祖籍东莞莒地。早在战国时代，齐国的田单以莒与即墨为齐国的最后据点来抗拒燕国覆灭齐国，运用兵略智术一月之内复齐70余城，使得莒地成为历史上有名的战争名城。想必刘勰的祖辈、父辈，对此事应该都津津乐道，在刘勰心中或多或少留下对兵略智术的憧憬和向往。而《孙子兵法》的作者孙武，他祖父田书因伐莒有功，齐景公赐姓孙氏，封邑乐安。公元前532年，齐国内乱，孙武避乱出奔吴国，和刘勰祖先自山东投奔南朝相似。大概是由于以上的原因，刘勰兵法娴熟。

刘熙载在《艺概》里论文章之法式里说"兵形象水，惟文亦然"，《文心雕龙·书记篇》里的"管仲下令如流水，使民从也"相呼应。他还用大量的军事术语，兵略思想来表述文学理论，如奇正、通变、谋、势、诡谲、首尾、要害，等等。这些例证举不胜举，从中可以发现《孙子兵法》有许多相通之处，孙子的兵略思想不仅影响了刘勰的创作，而且在文学理论巨著《文心雕龙》得到应用。从宏观上而言影响有三：

首先，体系构建上用兵讲布阵，行文讲谋篇。如《孙子兵法·九地篇》论用兵布阵，要求首尾呼应，"如常山之蛇"，《文心雕龙·附会篇》论行文谋篇则谓"首尾周密"、"首尾相援"。《文心·附会篇》里说"群言虽多，而无棼丝之乱"。《孙子兵法》是中国少有的自成体系的著作，相对独立的十三篇形成一纲举而万目张的总体构架，刘勰在创作时完全承袭了《孙子兵法》的构思特点，所作《文心雕龙》体系完整，结构严密，布局严谨，体大思精。

其次，指导思想上《孙子兵法》属于兵权谋，"奇正相生"，以奇为正，以正为奇，变化无穷，使敌莫测，而这也是刘勰在《文心雕龙》中所倡导的一以贯之的文学创作原则。如《定势篇》云"旧练之才，则执正驭奇"，《通变篇》亦云"望今制奇，参古定法"。《孙子兵法》的"正"是以"五事"和"七计"为基础的，是发展变化，向前看的，而《文心雕龙》的"正"是"经"，实际上是儒家经典，是文本，是向后看的。

最后，指导方法上《文心雕龙》关于"作文"的写作方法与《孙子兵法》关于"作战"的用兵方法——"通变"思想是相似的，都讲究一般规律和具体方法的结合。刘勰认为，各种文体的基本写作原理是有定的，但"文辞气力"等表现方法却是不断变化发展的，因此文学创作要对有定的原理有所继承，对无定的方法要有所革新。

林中明指出，"文""武"两字，从古至今，无论中西，都是意义相对的一组词。"文学"和"兵略"这两组强烈对立的观念，不仅可以相通相融，甚至可以相辅相成。相较而言，千余年前的刘勰能融会贯通地利用传统文化，引"兵"入"文"，用兵略的逻辑谋略创作了文学理论巨著《文心雕龙》。刘勰的文论思维中，引用了不少孙子的兵略思想，而且用孙子来分析文艺创作，以致诗画、散文，并使它成为当之无愧的文学理论巨著。

说古论今话"道"

林中明称，《老子》说"道"，论"为"；孔子说"仁"，讲"学"；《孙子》说"兵"，教"战"。他们三人都说到"道"，但是《孙子》所讲的"道"跟孔孟、老庄所讲的"道"在方向上很不一样。《孙子》重"人、势"，讲"奇、正"。因为知道"人决定战争"，所以把兵法艺术当作"导引""人、势"的要道。

《老子》的道，意在天地人"三才"中的"天"；孔子的道，意在"地"上的政府；《孙子》的道，专注于"人"。《孙子》说"道者，令民与上同意也"，固然是说政府对人民可以"导之以政"，共度艰难，或将军可以领导士兵出生入死。林中明认为，中国传统文化之道，竟然也离不开兵法原则。

林中明喜欢称自己为中国文化的研究者和爱好者。他说，《孙子·虚实篇》里踵《老子》之道，亦曰"兵形象水"，在"行军篇"里又说"令素行以教其民"，在"九变篇"里也讲"告之以文，齐之以武"。应用《孙子兵法》，把读者引导到作者所安排的情境，这是武道文用。

孙子以"道、天、地、将、法"作为用兵的五个要素，以"智、信、仁、勇、严"将道的五大要求。林中明阐述说，孙子重视时序，所以把"道"和"智"放在两类之首，以为领航。因为"道"和"智"都是主动的"推进器"，"法"与"严"则是被动的"刹车机制"，主从有别。但把管控的"法"和"严"放在最后把关，首尾呼应，大开而密阖。《孙子》的将道五校，也是"智""法"平衡，既讲实际，又见智慧。

林中明主张用东方的智慧解决世界的冲突问题，他认为"东方的智慧"实际上更多的指中华经典中所蕴含的智慧，比如孔孟之道这样的儒家文化和孙子的兵家文化。现在很多人对中国传统并不了解，殊不知中华的典籍中蕴含着无穷的大智慧。

林中明指出，西方世界尚武，即使没有敌人也会制造一个假想敌；东方文化则完全有别于西方，东方是讲究"和为贵"的。而现代社会，在进步的时代中，利益的获得并非只能依靠暴力，而应该用智力压倒对方取得利益。

我们为什么还要选择"流血杀人"？现实证明，战争方式不是一种最小付出最大收益的有效方式，美国深陷伊拉克战争"泥潭"便是最好的例证。林中明说，"一阴一阳为道，阴是软实力，阳是硬实力；软实力是精神领域的，硬实力是物质领域的"。孙子"不战而屈人之兵"是最佳方式。

林中明用"文武之道""文心雕龙"来解释这个道理。他说，"文"的最上乘定义是把自己的快乐建立在别人的快乐之上，是一种创造性；"武"的最下乘定义是把自己的快乐建立在别人的痛苦之上，是一种物质性。单独和过分的"文"或"武"，都不是中华文化中所谓的"道"，动能结合的"文武之道"，称之为"文心雕龙"才具有现代实用性。"武"是物质基础，而"文"是一种创造，二者相结合可以弥补物质世界的不足，使有限拓展成无限。

提到哈佛商学院推出的畅销书《蓝海战略》，林中明认为，"蓝海战略"便是东方式的"文心雕龙"之术在西方的体现。"蓝海战略"相较于以前的以"零和策略"为基础的"红海战略"，提出了用一种创造性的新思维创造财富。这种"创造学说"所产生的收益是循环的，是双赢的，因此也会更持久、更稳定。

林中明表示，"文武之道，一弛一张"，这可以说是中国5000年来传统文化的特色，但是现在许多人却很少注意。一阴一阳，一虚一实，一文一武，这些都是中华典籍中最古老的智慧，古为今用后，二者相调和所产生的能量在现代社会中仍是无穷的。近代以来，东方人学习西方时，"实的东西"学得太多，却把中华文化最本源的"文之道"丢了。当今的时代，需要"文心雕龙"、需要"蓝海战略"，同时需要《孙子兵法》这种高屋建瓴的大战略之道。

美籍华人许巴莱略论《孙子》危机智慧

九一一事件是发生在美国纽约的大规模的恐怖事件，造成全球性的危机。中国孙子兵法研究会理事、美籍华人许巴莱感叹，几十年来，世界又经历了多少次战争？人类又度过了多少次危机？《孙子兵法》在危机处理方面的谋略，仍然适用于2500多年后的今天。

许巴莱祖籍安徽合肥，1952年生于台湾台南，毕业于空军军官学校，曾任战斗机飞行员四年。他在努力学习现代科技的同时，研读《孙子兵法》、《周易》、中医理论、素书、阴符经以及桐城派古文法。他以第一名的优秀成绩考取公费留学赴美进修，获得美国密西根州立大学系统工程博士、运筹学硕士、计算器工程硕士、企业管理硕士。加入美国国籍以后，当选北美洲移动通信网络标准委员会主席，并成为美国出席联合国国际电联在日内瓦的谈判代表。

在美国商学院，许巴莱潜心研究"国际谈判的模式与技巧"，对《孙子兵法》"不战而屈人之兵"的实务操作体会尤深。通过一系列磨炼，践行了他那中西合璧、纵横捭阖的国际谈判技巧。在旅美期间，他虽然从事高科技研发与投资管理工作，但随身携带着那几本发了黄的哲学与兵法古籍，不遗余力地推广与普及中国文化，曾在纽约、华盛顿特区、丹佛等地向科技界、教育界、工商界人士授课，介绍易经与中国古代兵法。

许巴莱认为，《孙子兵法》无论是作为世界军事宝典还是人类智慧之书，完全能够运用在处理恐怖和危机事件上。孙子提倡"不战慎战"、"智谋取胜"，是战略家所能达到战略目标的最高境界。运用《孙子兵法》处理危机，靠的不是武力，而是智慧。运用谋略和谈判，保持各国互相之间既竞争又合作的关系，避免动辄发动战争，维护国际社会的和平与安全，是防止和避免恐怖活动滋生和蔓延的有效途径。

孙子在"谋攻篇"中说:"上兵伐谋,其次伐交,其次伐兵,其下攻城。"九一一事件发生前,强国与弱国发生冲突时,强国是以绝对优势的空军,轮番攻击弱国的城市与设施,用的是"其下攻城"的下策。在九一一事件发生后,强国再次出兵攻打另一个支持恐怖分子的国家,也是用了下策。在无法有效地消灭恐怖组织的情况下,强国才展开一连串的外交斡旋活动,以争取国际支持。这些攻城举措,严重违背了孙子处理危机的原则。

孙子"用间篇"中说:"非圣智不能用间,非仁义不能使间,非微妙不能得间之实。"孙子非常重视用间,特别强调用间的重要性。恐怖活动带来的新的危机,令全世界为之震惊。然而,恐怖活动有许多前奏动作,有许多蛛丝马迹,具有情报优势的强国居然毫无察觉,不能不说是在用间上的严重失策。具有讽刺意义的是,在九一一事件发生前几年,恐怖分子的首脑还接受过被攻击国家的特种作战培训。

许巴莱指出,如果遵循孙子"谋攻篇""上兵伐谋,其次伐交"的原则,可能恐怖分子还不至于要用这种非常激烈的恐怖手段来抗争,结果"反恐反恐,越反越恐";如果按照孙子"用间篇""故明君贤将,能以上智为间者,必成大功"的教诲,提前部署好用间,也可以事先获得预警,而避免造成如此重大的伤亡;如果国际社会的成员都能遵循孙子"慎战"思想,能够把谋略作为上策,而不要一味通过武力来解决争端,也能有效控制恐怖活动的蔓延。

我们应该学习伟大军事家孙子那超越时空的危机处理智慧,体会孙子高超的思想内涵,以严谨的态度研读《孙子兵法》,以审慎的心态实践危机处理的原则。每每读到那句"兵者,国之大事,死生之地,存亡之道,不可不察也",就仿佛听到"时光隧道"中,世界兵圣的大声疾呼,萦绕在心中,久久不能释怀。许巴莱动情地说。

许巴莱谈医易中和思想与儒法兵道

"中国文化骨子里是道家，儒法兵三家各有其应用的时机，而道家继承医易思维后，确实为各家之本。道家的谋略能从整体的观点，调和诸家治国方略的偏失，谋事大都有始有终。而兵家具有更浓厚的道家色彩，并吸收了道家的思想。"具备系统工程和中医学双博士学位的美籍华人许巴莱认为，儒法兵道四家治国方略的综合应用，缺一不可。医易的中和思想，贯穿成整体系统，交互联合运用，更能适应当代全球化的挑战。

许巴莱说，研究诸子百家治国谋略必须整体系统，并考虑其间相辅相成的协同效应。诸子皆起于救时之急，根据对《周易》的自然哲学与中医的生命科学的探索，发展出时中、中庸、中和等思想。共同追求能够顺时应变、保持动态平衡的和谐关系的治国之道。

许巴莱形象比喻："社会的春天以儒家为主，用于建立和谐社会的理想，百业欣欣向荣的社会环境；社会的夏天以法家为主，应用在规范社会各利益团体，恢复和谐的秩序；社会的秋天以兵家为主，应用于解决国家生死存亡的问题，如同面对秋天决生死的肃杀之气；社会的冬天以道家为主，近代道家的谋略发展，在忍受百年沧桑的酷寒严冬之后，更注重汲取中外各家之精华，而不放弃传统医易的中和思想，遵循以中和思想为起点的治国平天下的政治谋略运作。"

周易学与中医学在发展过程中，在模拟思维的取象比类原则下，把天象、物象、体象、病象、社会现象的本质结构与运行变化，构筑成错综复杂的对应关系。同时又依循整体的思维方式，建立和谐的天人关系、人际关系以及内在情绪的和谐关系。先秦诸子在礼崩乐坏之后，对如何重建和谐关系，各抒己见，并引发长久的政治路线与治国谋略之争。这种跨时代的政治谋略理论与广大的实践空间，创造了有利的辩证过程，成就了中国以和谐为出发点的中和思想，与创建和谐社会的深谋远略。

在谈到医易的中和思想与中国传统的谋略运用时，许巴莱说，医易哲学互为表里，具备以易为理论，医为实践的体用关系。中医学以及周易学与阴阳五行学派或称阴阳家关系密切。阴阳五行的结合，成就了具有中国特色的谋略思想体系。在谋略的运用上，阴阳五行被用来定义事物间"看不见"的"关系"，以及万事万物"看得见"的征兆或称"现象"。中国的谋略在"现象关系学"的架构里，可以如现代"复杂系统科学"般地进行推算与运算，最具体地表现在运用中医理论来治病的、严谨的"辨症论治"过程或运算。

清代著名医学家徐大椿著《用药如用兵论》："若夫虚邪之体，攻不可过，本和平之药，而以峻药补之，衰敝之日不可穷民力也；实邪之伤，攻不可缓，用峻厉之药，而以常药和之，富强之国可以振威武也。然而选材必当，器械必良，克期不愆，布阵有方，此又不可更仆数也。孙武子十三篇，治病之法尽之矣。"反过来推，在定义关系的函数空间，可以推出"用兵如用药"。

许巴莱论证，传统医易儒法兵道的谋略与创建和谐社会的目标同步，如《黄帝内经》所说："上医治未病，中医治欲病，下医治已病。"特别强调医国或医病时，见微知著、防微杜渐的观察力、执行力与时机的掌握。将医易合璧的哲学与诸子百家治国的方略或谋略作有机的结合，是中国传统谋略的特色，是为求生存，求长治久安。其过程中运用的谋略，可以综合儒法兵道在不同的社会发展阶段，运用不同的组合与力度，来解决社会、国家乃至全球的问题。

用中医医病的观念来治国，具有治病求本的特性，在扶正祛邪的同时，要考虑因时、因地、因人制宜，调整阴阳，结合五行，先辨证候，再论治则。基本精神在固本、求不败。所以尽量顾全大局，避免不必要的过激手段，造成两败俱伤，甚至病毒未灭人已消亡。对治国者而言，非不得已才用峻猛之药，纵使用了峻猛之药，也必先准备好随时能缓和的策略，以免动摇国本。可以说传统医易儒法兵道的谋略思想体系，发源于中和思想，目的在求生存与长治久安，与创建和谐社会的目标是同步的。

援引医易的中和思想来指导谋略运用，看似矛盾，或疑似空谈，实则为长治久安之道。许巴莱认为，谋略与兵法的思考层次不同，兵法的军事专业知识很强，为救急应变求生存时，先求不败，再求胜的军事科学。谋略涉及更广，在既定的"关系"里，在轻重缓急的现象中应变，更讲求看不见的软实力。所以兵法成为显学，而谋略却一直蕴藏在各家学说之中。

许巴莱称，以儒法兵道谋略的综合运用迎向全球化的挑战。当代全球化的浪潮为全世界带来剧烈的变动，较之春秋战国时代的危机，更有过之而无不及，有些危机威胁着人类与地球的共同未来。以"和谐"或中和思想为起点的中国传统谋略，在先秦诸子学说流传2000多年之后，仍然具有现代意义与实用价值。诸子百家之言，未必都能用来解决当代的问题，好比中医用药，配伍得当，对症下药，应能奏效。依照医与易的五行相生相克，循环无端的哲理，儒法兵道四家学说的综合应用，可应对国际的兴盛衰亡关系。

加拿大参议员胡子修论孙子与和谐

"虽然我们的文化背景和社会价值观有所不同，但是人类社会的普世价值只有一种，那就是和谐发展。"加拿大联邦参议员胡子修表示，加拿大华侨华人应携手联合，共同努力，争取早日融入加拿大主流社会，为加拿大社会的发展奉献我们华侨华人的聪明才智。

胡子修是中加商贸促进委员会主席、加拿大著名的华人领袖之一，2009年因陪同加拿大总理哈珀对中国进行堪称破冰之旅的国事访问而享有中加民间大使的美称。2013年2月，胡子修被加拿大总理哈珀任命为加拿大联邦参议员，这是继利德惠之后第二位出任参议员的华裔。2月17日，有逾千人群集于加拿大宾顿市文华餐厅为他庆贺，华社代表赠送他"移民楷模、华人之光"纪念牌一面。

胡子修诠释说，人类社会的普世价值是全世界普遍适用的、造福于人类社会的最好的价值。普世价值不分地域，超越宗教、国家、民族，建立起人和人、国家和国家相处的办法。《孙子兵法》蕴含着崇尚和谐的思想光辉，被东西方普遍接受，普世价值日益显现。孙子"和合"思想对我们海外华侨华人思考如何融汇多元文化，融入当地主流社会，与当地公平竞争和谐发展，具有多方面的启示意义。

移居加拿大几十年的胡子修，堪称与当地社会和谐共存、共谋发展的楷模。他1978年移民加拿大，开始定居在密西沙加市，从事房地产投资和开发。他以卓越的商业奇才，创建了密市的地标式建筑——密市最大的华人商业及小区中心黄金广场。他连续两届当选为密西沙加市华商会会长，目前仍是该商会的荣誉会长。

他带领华商会融入当地主流社会，帮助新移民在密市发展事业，与当地多个机构开展交流项目。2005年，胡子修率华商会与皮尔郡警方合办"警民联谊日"活动，通过多种方式向华人移民进行灭罪防罪的教育，吸引了万人参加，甚是轰动。2009年胡子修获得移民部颁发的"杰出新移民奖"，是当年全国11名获奖者中唯一的华人。

胡子修出任中加商贸促进委员会会长后，更致力中加两国企业的交流合作，积极地协助属下会员在中加两国创业和发展，帮助中国企业在加拿大拓展业务，融入当地的商业领域，并协助两国很多知名的企业在当地成功地开设了分公司，如中国银行加拿大密西沙加市分行设立，中国海南航空公司多伦多航线的开通以及新奥能源在加拿大设立分公司等，在中海油收购尼克森过程中也积极推动。

胡子修指出，在加拿大的华人，有来自中国大陆、中国香港地区、中国台湾地区的，也有来自东南亚的，还有的是从中国大陆出去到第三国后再来加拿大的。多年来形成了许许多多的华人社团圈子，但相互之间不相往来，这大大地分散了我们华人的力量。孙子提出的"同舟共济"是逆境中相处的智慧，当今世界危机不断，竞争不息，孙子的这一理念对海外华侨华人尤具启发性。

胡子修认为，能够移民来加拿大的华人，大多数非常聪明、努力、优秀，原先在各界都是精英人才，都熟悉中国的传统文化。中国人最大的优势就是老祖宗传下的中华文化，是中国古圣先贤几千年经验、智慧的结晶。中国的《孙子兵法》，已超越中华文化圈在世界范围产生了广泛而深刻的影响，全世界都在应用，我们华侨华人更要传承好，应用好。

胡子修鼓励每一个移居加拿大的海外移民在这块土地上努力奋斗，用自己的聪明才智，追寻和实现自己的梦想。在获选联邦参议员后，他多次组织接待加拿大年轻华裔参观国会，鼓励年轻一代的华裔积极参政，从而在加国政坛上发挥影响力。

邱立本：弘扬孙子文化具有世界价值

"《孙子兵法》是全人类的共同财富，在当今世界很有价值，弘扬孙子文化和智慧具有世界意义。中国和平发展，不能靠飞机大炮，要靠输出经典文化，输出有世界价值的软实力。"《亚洲周刊》总编辑邱立本在接受记者专访时表示，现代中国不仅要梳理好老祖宗留下的智慧宝库，还需要提炼出令世人惊奇、为世人所用的现代智慧。

邱立本有着几十年新闻生涯，是香港资深媒体人。他认为，中国现在不再关起门来而是面向全球做事情，做有价值的事情。他看到目前孔子学院在全球遍地"开花"，认为中国有5000年文化，《论语》《孙子兵法》《三国》等优秀传统文化精髓信手拈来，中华文化是很强的"软实力"。

但他同时认为，除了输出汉语教学、太极拳等老祖宗的东西外，还要将老祖宗留下的中华文化重新整理，创造性转化为让世人共享的大智大慧，这才是最重要的。

《孙子兵法》作为经典在全世界畅销，孙子的智慧受到全世界的尊敬。邱立本对记者说，近代中国运用孙子思想赢得巨大的成功，提升了国际地位。老祖宗留下的智慧，体现在国际关系上也发挥了最佳效能。如中美关系的正常化，改变了中国在世界上的格局，实现了"和平崛起""和平与发展"的大战略，这是孙子战略思想的最有效的实践。

邱立本说，没有实力就没有尊严，这是孙子的思想。中国增强了经济实力，变强大了，但《孙子兵法》还有一个很重要思想，就是互惠、和谐、双赢、多赢。中国要长期和平，持续发展，就要运用孙子的思想，争取多赢局面，通过争取和平的国际环境来发展自己，又以自己的发展来维护世界和平，促进共同发展，坚持互利共赢的开放战略。

中国提升"软实力"，符合孙子之道。邱立本关注到，中国的经济发展了，综合国力上去了，开始注重建设和输出"软实力"，走出了过去的模式，重视让中国的优秀文化走向世界。面对经济全球化大潮，中国在文化层面上进入全球化体系，正在显示孙子"不战而屈人之兵"最高境界的微妙力量。

邱立本坦言，过去中国之所以没有在全球大张旗鼓地打《孙子兵法》"牌"，因为它是一部兵书，怕人家误解，一听到兵法就毛骨悚然，认为是要打仗。随着《孙子兵法》在全球自发传播，许多人都明白，《孙子兵法》与西方的《战争论》不同，其实是一部讲和平的书，孙子不是让人对抗，而是教人圆融。

"孙子文化是一个很有世界价值的交流平台，可以平等对话，自行应用。进行有文化价值的交流，让人从心底里尊敬你，佩服你，与你交朋友。"邱立本如是说。

从"中国崩溃论"到"中国威胁论"，从"中国机遇论"到"同舟共济论"，西方世界对中国的"论述"几经变异。邱立本认为，如今中国越来越有机会输出"软实力"，对全球做出贡献。中国遵循孙子"同舟共济"的教诲，踏上了跟全球各国文化密切接触的路上，这是过去历史未曾有过的机遇。整理和输出中国人传统的经典，这是中国目前的优势。

邱立本表示，中华文化几千年智慧的整理，为中华民族的"软实力"打下重要的基础。对中国传统智慧，如今有机会做出一个创造性转化，这不只是重新回去整理故纸堆，而是把老祖宗的智慧发扬光大，包括我们的《孙子》。如果讲"软实力"，对自己的《孙子兵法》都不懂，那怎样去谈"软实力"？

全球有25亿人热衷《孙子兵法》

原香港理工大学博士生导师、香港国际孙子研究学院院长庐明德在接受记者采访时宣称，全球约有25亿人直接或间接在学习《孙子兵法》。

庐明德告诉记者，这个数字并不是他统计出来的，而是西方学者先提出的，说古今中外有25亿人学习《孙子兵法》，引起他的兴趣和关注。他经过潜心研究，查阅了中西方学者的对《孙子兵法》研究、出版、传播、应用的大量资料和相关数据，综合分析论证，认为这个结论能站得住脚。这虽然不是一个精确数字，但也许还是个保守数字。

庐明德说，《孙子兵法》是中国古籍在世界影响最大、应用最为广泛的著作之一，不仅是中华民族传统文化的瑰宝，也是世界级别的智慧宝库。它博大精深，影响了世界2500多年的智慧与谋略，古今中外推崇备至。它所阐述的谋略和哲学思想，至今仍被广泛地运用于全世界各个领域，在当代世界范围内兴起新一轮《孙子兵法》热。

目前全世界《孙子兵法》的译本已有数百种之多，被译成日、法、英、德、俄、朝鲜、越南、泰国、马来、印尼、缅甸、捷克、西班牙、希伯来、波斯语等近30种语言版本，出版的《孙子兵法》研究专著逾万部，地域涵盖世界各大洲。庐明德做了一道简单的算术题：出版一部兵书发行量至少有1000册，1万部兵书就是千万册，一册兵书十个人读，就有1亿人读。

庐明德和黄炽雄于2006年创立香港国际孙子研究学院，致力孙子文化的研究与传播。他说，《孙子兵法》研究机构遍布全球，世界著名的商学院、军事学院都有研究，专业或业余的研究人员数不胜数。近年来，《孙子兵法》越来越受中外政治家、军事家、思想家和企业家的重视，已融入现代军事学、管理学、经济学、社会学、教育学、情报学、行为学等诸多学科之中。全球孙子研究学者的学术论文数以万计，开设的课程和讲座不计其数，直接或间接来学习《孙子兵法》的恐怕都是上亿的。

如今网络资讯、电视传媒发达，《孙子兵法》的影视剧、动漫收视率非常高，全球的观众也是上亿的。卢明德举例说，胡锦涛赠送给小布什《孙子兵法》，仅美国电视台播出就有3亿美国民众知道，这还不包括全球的观众。温家宝与希拉里谈《孙子兵法》，道明同舟共济的真正来历和含义，这条新闻在全球各大媒体和互联网显著位置出现，亿万受众关注。

谈到全球许多企业在应用《孙子兵法》时，卢明德分析说，日本、韩国、中国香港地区、中国台湾地区及世界各地，应用《孙子兵法》从世界500强企业发展到中小企业，有万人企业，也有数十万人的特大型企业，华人社会估计在全世界有14亿人，把这些数字加起来，热衷于研究、应用孙子思想的数量在全球相当可观。

卢明德指出，中共十六届七中全会提出要"弘扬中华文化"，实施推动中华文化走出去工程，增强国家文化软实力、中华文化国际影响力。文化是一个民族的精神和灵魂，是一个国家立于不败之地的决定性因素。包括兵家文化在内的中国优秀的传统文化，是中华民族的重要凝聚力，是祖先留给炎黄子孙最好的智慧之源。

《孙子兵法》作为最优秀的中国传统文化之一，所蕴含的深刻哲理和丰富智慧，对维护世界和平有重大的贡献。卢明德表示，其中一个高层次的智慧，是"不战而屈人之兵，善之善者也"，其中一个例子，是大国以软实力及硬实力和小国和平相处，使小国心悦诚服地敬服大国，对促进世界发展及和平具有十分重要的参考价值，已越来越多地被世界所认同、所接受、所传承。

卢明德预示，《孙子兵法》将是继孔子学院遍布全球后，又一个在全球有重大影响力的中华文化品牌，必将在全球研究越来越浓，传播越来越热，应用越来越广，影响越来越大。

孙子文化传承是一种星火传递

"就像火炬传递一样，对《孙子兵法》的研究和传承是一种星火传递。"香港国际孙子兵法应用协会会长孙重贵在接受记者采访时说，2500多年前的《孙子兵法》流传至今，经久不衰，证明它是人类智慧的宝典，全球许多500强企业都在应用，全世界再次兴起"孙子热"。

继承和弘扬先祖孙武的精神

孙重贵自豪地说，胡锦涛赠送给小布什《孙子兵法》，孙子成了国家的"名片"，是我们中华民族的宝贵遗产。有传承才有发展。如果能够把中国古老的文明发扬光大，我们这个民族是大有希望的。

作为孙武后裔，孙重贵一直在为弘扬孙子文化而忙碌着，他对先祖的名著《孙子兵法》颇有研究。他对记者说，我们老祖宗孙武这个"武"字很巧妙，把它拆开正好是"止"和"戈"，就是"止戈为武"，停止战争，推崇和平，这是《孙子兵法》的核心思想，在当今世界仍具有重大的指导意义。

孙重贵表示，受到世界人民赞赏的中国和平复兴之路，极好地体现了《孙子兵法》的精髓。先祖孙武撰写的《孙子兵法》昭告世人："百战百胜，非善之善者也；不战而屈人之兵，善之善者也"，显示其推崇和平的独到之处。

2010年10月，100多位孙氏后裔还在《孙子兵法》诞生地苏州穹窿山举行了中华孙氏庚寅年孙武祭祀大典仪式，孙重贵在致辞中说，先祖孙武在穹窿山中写下了震古烁今的《孙子兵法》，西破强楚，北威齐晋，南服越人，为吴国立下了不朽功勋。如今，《孙子兵法》已成为全世界尊崇的智慧宝典，这是孙氏的骄傲，也是苏州的骄傲，更是中国的骄傲。

孙重贵自豪地对记者说，中华孙氏源远流长，薪火相传，开枝散叶，蔚为大族。如今孙氏人口号称2000万，为中国第十二大姓。孙氏族人，人才辈出。我们孙武后裔要为共同继承和弘扬先祖孙武的精神，推动孙武文化的发扬光大，实现中华民族的伟大复兴做出新的贡献。

孙重贵称，《孙子兵法》可以为王者之师、将者之师，也可为学者之师、商者之师。目前海内外越来越多的专家、学者和有识之士在潜心研究孙子，不仅将军、士兵在学习，企业家、营销商在学习，政府官员在学习，在校的学生也在学习。更可喜的是，有一批专业、正规的《孙子兵法》培训机构应运而生，在香港有国际孙子研究学院、国际孙子兵法应用协会，在互联网上有香港孙子兵法商学苑。

近年来，孙重贵致力孙子文化的研究、传播和应用，出版的《香港寓言选》，就是运用孙子思想观察社会百态后总结出的警世益人的箴言。他说，面对这本祖先留下的瑰宝，除了要研究它的意义，还要把它运用到现实生活中去。他主编的《华夏经济文化》重点宣传和普及了《孙子兵法》和研究成果，还拟推出《孙子兵法与香港商战》等知识经济丛书，从古代兵法中体悟现代商法。

孙中山与《孙子兵法》

孙重贵出版了《共和之父孙中山》，该书是他为纪念辛亥革命100周年而编写的一部大型文史作品，浓墨重彩地反映了孙中山传奇的一生与辛亥革命这一重大的历史事件，书中还披露了孙中山在领导辛亥革命推翻清朝中运用《孙子兵法》等鲜为人知的历史。

《共和之父孙中山》全书共10余万字、400余幅珍贵的历史图片，图文并茂，精彩纷呈，翔实地描绘了孙中山从事革命活动一生中可歌可泣的历史画卷，清晰地勾勒出孙中山领导的辛亥革命波澜壮阔的发展历程。

孙重贵对记者说，无论是作为孙子的后裔还是辛亥革命的领导者，孙中山都非常崇尚古代兵家的军事思想，多次研读《孙子兵法》。他对《孙子兵法》给予了高度评价，他说："就中国历史来考究，2000多年的兵书，有十三篇，那十三篇兵书，便成立中国的军事哲学。所以照那十三篇兵书讲，是先有战斗的事实，然后才成那本兵书。"

孙重贵在这本书中，特别描述了孙中山在革命生涯中多次运用《孙子兵法》的事例。如1911年10月10日，当武昌起义第一枪打响时，孙中山正在前往美国科罗拉多州的旅途中。10月12日上午，他在丹佛市购买报纸时读到"武昌为革命党占领"消息，不由得惊喜交集。不几日，国内革命党人多次来电催促他回国主政。孙中山经过一番思考，决定暂时还是留在国外，走访美、英、法三国政府，争取国际上对新政权的支持。

孙中山认为，"当尽力于革命事业者，不在疆场之上，而在樽俎之间，所得效力为更大也"。因为孙中山长期流亡海外，与各国政要接触较多且建立了一些关系，这一优势是任何革命党人都无法相比的。他认为上兵伐谋，其次伐交，革命政权若能通过"伐交"取得列强支持，就能站稳脚跟，彻底推翻清王朝。在这关键时刻，外交活动是"可以举足轻重为我成败存亡所系者"，于革命成功更有裨益。

他决定先从外交方面做出努力，协调革命党与欧美各国的关系，筹措借款，然后再回国。孙中山从与各国政要的接触、磋商中，争取到列强对中国反清起义后的新政权，采取暂不干涉、观望和"中立"政策，这使他赢得列强暂时中立的有利时机，立即回国部署革命政权的成立。

孙重贵称，辛亥革命成功的一个重要因素是应用了《孙子兵法》的"势"。孙子说："故善战者，求之于势，不责于人，故能择人而任势。"这就是说，善于指挥全局的人可造就大"势"。辛亥革命的成功正是以孙中山为代表的革命党人审时度势，顺势而为，因时而变，才成就了一番大业，改变了历史发展的方向和进程。

孙子的价值贵在应用

作为香港国际孙子兵法应用协会会长的孙重贵，在接受记者采访时三句话不离"应用"：《孙子兵法》的价值就在于应用，它千古流传至今仍在全球普遍适用其价值也在于应用，不应用就失去了它应有的宝贵价值。"

香港国际孙子兵法应用协会成立于2004年，是经香港特区政府批准的具有法定地位的社会团体。该协会由孙武第79代子孙孙重贵和香港九龙总商会理事长黄炽雄等人发起成立，宗旨是在香港传承和弘扬孙子文化，应用到现代商战中指导商家经营和发展。

孙重贵介绍说，该协会经过六年多的发展，已吸纳了香港商界精英近百人，还吸纳美国、澳大利亚、菲律宾等国的会员，开展各种交流活动，致力实践能力，贵在具体应用，多次成功将《孙子兵法》应用于商战，取得明显的成果。

《孙子兵法》在香港是很受欢迎的，很有号召力和影响力。孙重贵告诉记者，不管是在一些大学、民间组织和个人，尤其是香港知名企业家，都在研究和应用，不少人还写了专著，香港各社会阶层对《孙子兵法》都很欣赏。他组织香港第一届孙子国际文化节时，告诉了时任香港立法会主席范徐丽泰和香港民政事务局长何志平，他们都十分支持，专门为孙子国际文化节题了词。

孙重贵对记者说，香港是个商业社会，是国际金融、贸易和航运中心，《孙子兵法》在香港不是用来打仗的，而主要是用来商战的，把孙子的谋略用于香港的商业发展和经济繁荣，为香港创造财富，因此受到香港人的青睐。香港作为一个国际大都市，很多人都会受中国传统文化的影响，在有形或无形之中应用《孙子兵法》。

作为兵圣孙武的后人和孙子兵法应用协会会长，当然对弘扬和应用《孙子兵法》义不容辞。孙重贵说，我们协会的主要任务是出版孙子香港刊物，组织孙子文化交流，在香港宣传和普及中国兵家文化，反映研究和应用成果，还准备在香港率先承办孙子兵法研讨会。

孙重贵向记者透露，他现在刚出版《孙中山与辛亥革命》一书，孙中山也是孙子后裔，他领导辛亥革命推翻清朝，应用了孙子的大智大慧。他现在正在写一本新书，主要是总结《孙子兵法》应用于现代商战。他还拟推出《孙子兵法与香港商战》等知识经济丛书，通过身边的故事，让读者明白在和平年代下如何应用孙子"计谋"，进一步丰富它在这个时代的内涵。

孙重贵表示，我们的协会叫国际孙子兵法应用协会，就是希望把《孙子兵法》变成活的东西，如果只停留在书本上那只能是纸上谈兵，就失去了原有的价值。因此，《孙子兵法》真正的价值还是在于应用，不应用就不会有生命力。

香港高级讲师解答宋代兵学疑案

香港学者邱逸在孙子研究中提出一个为历代所忽视的问题：宋廷既有着明显的"崇文抑武"倾向，但宋人著述兵书的数目却较前朝有大幅度增加，如何解释"崇文抑武"和"兵学兴盛"两个看似矛盾的现象共存呢？

邱逸研究后认为，"抑武"和"崇文"两项都影响着宋代兵书的撰述，前者规范了宋人撰述兵书的领域，使兵书在宋廷许可的范围内撰述；后者则通过武举文试等方法，引导兵书的发展，特别是《孙子兵法》诠释方向。

宋廷"崇文"的一面，却对"兵学兴盛"有重大影响。宋太宗朝始，文人渐成兵书著述的主流，文人论兵现象在宋仁宗时到达一个高潮，这除了因为外患深重，人热心国是外，文人长于文字而短于领兵的特点，也是因素之一，因此，武风炽烈的五代，其兵书数目反远不如"崇文"的宋代。

另外，武举制度和官定兵书对"兵学兴盛"也起了推波助澜的作用。和前代不同，宋武举重文轻武，"墨义试"，主要环绕《孙子兵法》内容、注文作题，有助《孙子兵法》合注体的形成和丰富；"策问"以《孙子兵法》用兵原则为试题，催生了以《孙子兵法》理论来讨论史事的兵书，两宋的"以史论兵"的兵书与武学讲义书的出现，实有着武举的影子。

对"兵学兴盛"影响极大的武举也深受赵宋"崇文抑武"心态影响。武人地位低微，试生多视武举为终南快捷方式，目标仍是置身文官之列，武举生及第后其档案多放于吏部而非兵部，多以锁厅试换文，形成了两宋特有的"武举及第——锁厅换文"的致仕之法。

邱逸现为香港岭南大学持续进修学院学务主任及高级讲师，据他介绍，其研究另一重点是梳爬宋人对《孙子兵法》的贡献，主要包括：

首先，宋代是兵学合流的时期。这合流有两条脉络：一方面是《孙子兵法》体系内的合流，另一方面则是古兵书合流。前者指的是《孙子兵法》是合注体的合辑，北宋由"五家注"到末年的《十家孙子会注》，再发展至南宋的《十一家注孙子》，注家越收越多，内容则愈见丰富。后者则是从北宋初年《兵法七书》、宋太宗时的《太平御览·兵部》到宋神宗时校定"武经七书"。另外，据邱逸考证，《十一家注孙子》和"武经七书"有着"注"和"经"的关系。

其次，北宋《何博士备论》成书开创了注《孙子兵法》的新体例——"以史论兵"，此补充了唐"以史注兵"的不足，通过对人物事迹的评论，带出兵法原则的讨论，史事在兵书的诠释作用上不再是条条的"死资料"，而能发挥更大的作用，集中一人或一事论兵，条理清晰，重点突出，且灵活多变。史书和兵书互通，史例不再只是兵书的注释，而兵法也可反过来解释历史上的治乱兴衰。

最后，《孙子兵法》作为武举试书、武学教授书，又进一步使冀以武试进仕的考生对《孙子兵法》投入更多的关注，大大有助于对《孙子兵法》的研究，更为集注本《十家孙子会注》的面世提供氛围，形成了以"武经七书"及《十一家注孙子》两大存世版本，此两本迄今仍是研究《孙子兵法》的经典。

香港学者称太史公是孙子首研者

香港学者曾志雄考证，最早把孙武当作历史人物而记述他的生平事迹的是《史记》中的《孙子吴起列传》，这个记载具有广泛的历史事实基础。《史记》中多处评价孙武之功业。可以说，司马迁是研究孙武的首创者，也是为中国古代最伟大的军事家孙武立传的第一人。

曾志雄是广东中山人，两岁就到香港。现在香港城市大学中文翻译语言系担任讲座教授，研究《孙子兵法》20多年。他利用研读古书的经验，看《史纪》、孙子注释、司马兵法、曹操兵法。他对记者说，孙武是世界军事史上的显赫人物，可是历史上有关他的生平资料却十分模糊，也不完整。汉以前典籍中，孙武的记载很少，只有《尉缭子》《荀子》和《吕氏春秋》提到孙武，但都只是只言片语。

曾志雄告诉记者，《尉缭子·制谈》"有提三万之众而天下莫当者谁曰：孙武子也"。《荀子·议兵》"孙武、吴起用之无敌于天下"。《吕氏春秋·上德》"阖闾之教，孙、吴之兵，不能当矣"。因《尉缭子》中和吴起对举的武子是孙武，所以人们把先秦常见的"孙、吴"理解为"孙武、吴起"的定式，特别是阖闾和孙武有密切关系，所以《吕氏春秋》中的"孙、吴"因出现"阖闾"也理解为"孙武、吴起"。

最早把孙武当作历史人物而记述他的生平事迹的是《史记·孙子吴起列传》。曾志雄说，司马迁根据文献记载，并到吴国古战场实地考察和社会调查，第一个在《史记》中为孙武作了传记，以生动形象的笔法，详细描写了"吴宫教战"等重要场面。该传记通过对这篇原始资料重新考辨，可以进一步地厘清孙武宫廷勒兵、仕吴时间、孙武和孙膑之关系等几个基本问题。

根据这篇最早的传记，可见孙武原为齐人，而到吴国发展，与吴王阖闾同时代。阖闾公元前514年至前496年在位，属于春秋末年。此外，孙武与孙膑在历史上是两个人，后者晚于前者100多年，是前者的子孙。曾志雄认为，这是《史记·孙子吴起列传》有关孙武资料的重要内容。

曾志雄考证，孙子"以兵法见于吴王阖闾"此句，说明孙子不是自己主动献兵书给吴王的。司马迁用"以兵法见于吴王阖闾"而不写作"以兵法见吴王阖闾"，相差一个"于"字，是两个不同的意思，前者是被动句，后者是主动句；当中的"于"字是个被动记号，是略懂古代汉语的人都认同的。

他接着阐述说，原句的被动意思就是"因为他的兵法著作而被吴王召见"，没有"于"字的主动句的意思是"他拿兵法求见吴王阖闾"，两者所显示的孙武进见阖闾的态度和身份截然不同。前者是吴王对孙武优渥宠召，后者是孙武干禄求见；荣辱贵贱，并不相同。也只有在阖闾慕名召见之下，孙武才不用先行推荐自己的兵法，而吴王劈头向孙武探询兵法的实效，也就自然不过了。

中国《史记》研究会常务副会长张大可对曾志雄的考证给予充分肯定，称找到他多年想找但没找到的证据。

解读华人兵法

香港学者论孙子杀姬与吴王爱才

香港城市大学中文翻译语言系讲座教授曾志雄向记者介绍说，孙子"吴宫教战"杀了吴王两名宠姬，一直成为中国古代兵家严格治军的经典案例，成语"三令五申"最早也出自《史记·孙子吴起列传》。

据《史记》记载，公元前512年，吴王阖闾仔细阅读了孙武进献的兵法十三篇，又召见他进行了广泛地交谈，内心非常敬佩，但又心生疑窦，在诸侯国间雄辩善谈的说客很多，他们往往缺乏真才实学。为了试探孙武的军事才能，吴王从后宫挑选宫女180名，领到练兵场上，交给孙武演练。孙武将她们分为两队，指定两名吴王宠妃为队长，执黄旗前导。

演练开始，队伍一片混乱。孙武为严肃军纪，要求处斩两名队长，吴王为两名妃子求情，孙子不许，坚持将两位妃子处斩。另选两人为队长，在演练时，所有动作完全符合要求。孙武向吴王禀报后，吴王传旨"就馆舍"，自己却沉浸在痛失爱妃的伤悲之中。

在整个勒兵过程中，孙武以军法当众斩杀吴王宠姬之时，吴王阖闾下令禁止也不留手；阖闾既舍不得失去爱姬，但爱姬被孙武处死后却又不加追究，最后还被孙武批评为"徒好其言"。司马迁正是利用这几处行文流露他史笔的朴实凝练，浑然一体，并以此勾勒出孙武在吴国享有的地位和敬意。

曾志雄认为，试想，身为外来人，如果没有吴王的优尊礼遇，孙武即便想刻意一露兵家本色，谅也不敢在吴王下令"寡人非此二姬，食不甘味，愿勿斩也"之后，不顾自身安危而贸然杀姬。况且吴王"愿勿斩也"的请求，语气也表露出相当给他面子的样子。传文描述孙武所受到特殊待遇贯穿全篇：

其一，吴王在不加追究之余，还以"子罢休就舍"一语结束这次演兵，颇有慰解孙武之意。句中的"就舍"在《史记》中又作"就馆舍"，是君王礼遇宾客的用语，如果吴王不把孙武当作贵宾，何以说"就舍"。东汉袁康、吴平的《越绝书》卷二记载："巫门外大冢，吴王客，齐孙武冢也。"更清楚说明孙武为吴王客。

其二，"就舍"也表示了留用之意，似乎吴王生怕孙武一走会被他国挖走。因此，孙武在宫廷勒兵中演出斩美情节，虽然有点超出人情之常，但只要注意到这几个重点细节环环相扣，互相呼应，就看到这是严密的历史笔法而不是文学的浮夸。

其三，孙武是兵家第一人，前所未有。吴王因看过孙武的著作而召见孙武，叫他在自己眼前小试勒兵，此乃人之常情。相反，对于战将来说，胜败本乃兵家常事。《银雀山汉墓竹简》中，又有《吴问》一篇残简，记载吴王和孙武的问答。如果说孙武宫廷勒兵是初见吴王时小试牛刀的话，那么吴问便应该是勒兵之后"卒以为将"的后续对话。《见吴王》《吴问》和"勒兵斩美"同样显示了吴王阖闾对孙武的尊崇和重视。

据此，曾志雄认为，司马迁如果光从战事的胜败来描写这样的一位兵法奇才，未必能够显出他的英雄本色；况且孙武这个兵圣早已在十三篇兵法中明言"百战百胜，非善之善者也"。以胜负论孙武，实不足道，只有借助这次宫廷勒兵的表现和所受待遇的殊荣，才能突出这样罕有的历史军事人物，同时显出太史公独特的撰史笔法。

杨义澳门大学论孙武

记者见到中国社会科学院学部委员杨义是在澳门大学，他刚刚卸任社科院文学研究所所长之职，受邀前往澳门特别行政区，担任该大学社会科学及人文学院中国文学讲座教授、博士生导师，讲《史记》、先秦诸子中的《老子》《庄子》，接下来打算开讲孙子。

杨义在海内外出版学术著作40余种，前些年在北京中华书局出版了"先秦诸子还原"四部专著，即《老子还原》《庄子还原》《墨子还原》《韩非子还原》。他对先秦诸子进行富有创造性的研究，破解诸子学中的关键性难题共有38个之多，尤其是《老子还原》对诸多谜团一一破解。

有血有肉还原孙武创造的智慧

杨义在接受记者采访时津津乐道地"还原孙子"。他告诉记者，春秋末年，只有老子和孙子两本书，孔子的《论语》到了战国时期才有。他认为诸子学必须参照文献文本、考古资料与诸子身世，对之作为一个有血有肉的人所创造的智慧进行生命还原，这是诸子发生学的基本命题。

杨义考证，孙武是田完家族的七世孙，出身将门巨族。根据族谱记载，这个家族还出过一个重要的人物孙权，是孙武的后代。孙武著述兵书的原始体制，作于公元前506年"西破强楚，入郢"之前的春秋晚期。

《史记·孙子列传》记载："孙子武者，齐人也。以兵法见吴王阖闾"，成语"三令五申"也出自孙武训练宫娥。尽管阖闾自称"尽观"十三篇，但他浑然以游戏态度对待宫娥练兵，并没有把十三篇开宗明义的"兵者，国之大事，死生之地，存亡之道，不可不察也"的战争严峻性存乎心中。

孙武作为"客卿"不同于伍子胥，初见吴王时不能不以血的代价，以确知吴王是否对自己竭诚信任。对此，十三篇中已有明言："将听吾计，用之必胜，留之；将不听吾计，用之必败，去之。"在孙武看来，君臣嫌隙是用兵的大患，唯有"上下同欲者胜"。本是阖闾用练女兵试孙武，孙武却反而用练女兵试阖闾。如果阖闾过不了这一关，孙武是会拂袖而去的。

杨义认为，《孙子兵法》的大智慧，是蘸着血写出来的，并非空泛的纸上谈兵。据先秦子史典籍记载，春秋时代大国兼并小国的战争频繁，出身将门的兵学天才孙武，在祖父孙书伐莒时已是十余岁的少年，家学承传，堂前商讨，案前凝思，列国杀伐和将门论学的交织，给兵学经典的形成注入丰厚的经验和博大的智慧。

杨义举例说，比如孙武以前百余年的齐鲁长勺之战，在《孙子兵法·军事篇》中可以发现某些投影。《左传》记载的伐莒之役，是可以作为《孙子兵法·军争篇》所说的"兵以诈立"，"其疾如风"，"动如雷震"的战例的。"九地篇"所说"去国越境而师者，绝地也"，以及"军事篇"所说"倍道兼行，百里而争利，则擒三将军"，就会让人联想到离孙武百年的秦晋崤之战。

还有晋楚争雄，屡开战端而胜负轮替，也是兵家不会轻易放过的话题。"计篇"所说"攻其无备，出其不意"，这些原则可以在城濮之战晋大胜楚之后，疏于防备，而在邲之战中败于楚；楚在鄢陵之战中，又因将帅醉酒误事，惨败于晋这一系列的战争教训中得到印证。

杨义说，在考量《孙子兵法》的家族记忆时，绝不能忘记另一位与孙武祖父孙书同辈的大军事家司马穰苴，他也是田完之苗裔，因抗击晋、燕的侵伐立有大功，被齐景公尊为大司马。根据《史记·司马穰苴列传》记载，齐威王使大夫追论古者司马兵法而附穰苴于其中因号曰《司马穰苴兵法》。

杨义论证，穰苴"将在军，军令有所不受"深刻地影响了孙武的治军作风；"文能附众，武能威敌"也被"行军篇"演绎为"令之以文，齐之以武"的治军原则;"士卒次舍、井灶饮食、问疾医药"与"地形篇"中"视卒如婴儿"、"视卒如爱子"如出一辙;"必取于人"的实践性"先知观",与"谋攻篇"的至理名言"知彼知己,百战不殆"相互映照,使整部《孙子兵法》摒弃了巫风迷思的纠缠,闪耀着深刻的实践理性的光彩。

进入生命本质触摸"孙武体温"

"破解千古之谜的重要方法,致力于破解空白的深层意义,这应该看作是我们的哲学的文献学的妙用。"杨义在接受记者采访时说,要尽可能地从文献的蛛丝马迹上,进入先秦诸子的生命本质,接触到诸子的生命的密码,对孙武就要触摸他的"体温"。

杨义说,《左传》中没有记载孙武。在吴国和楚国的"柏举之战",《左传》只记载伍子胥、吴王阖闾,却没有孙武的影子,所以疑古派的学者就怀疑历史上有没有孙武这个人。实际上,历史记载的事情不一定全是真实,没有记载的事情不一定不存在。《左传》所采用的材料,是官方的材料,官方材料记载有官方的规矩,一切成绩和荣耀都归于国王、重臣,还有国王的弟弟。至于孙武,只是一个客卿,一个高级的军事参谋,谈不上有什么爵位,官居几品,所以官方文献就称不准他的分量,也就忽略不计。

但是先秦的兵家文献记载了,《尉缭子》说,有提三万之众,而天下莫敢当者,是谁呢?是孙武子。《韩非子·五蠹篇》里面也讲,"境内皆言兵",国家里到处都在讲兵,"藏孙、吴之书者家有之",孙武、吴起成了兵家的标志性人物。这说明同一件事情,官方记载和民间专业书的记载,因为价值标准不同,关注的重点人物就大不一样。

先秦史书中都没好好记载孙子,那么我们研究《孙子兵法》,怎样触摸到孙武的"体温"呢?杨义考证,《史记》卷六十五,是《孙子吴起列传》,身世记载简略,也没有认真交代孙武的祖宗脉络,只说到孙武是齐国人,他遇见吴王阖闾,就拿出了十三篇,使现在的《孙子兵法》十三篇有了着落。

杨义指出，问题在于此时大概只有30余岁的孙武，在这之前并没有作战的记录，但是他一出手就是十三篇，而且竟然成为千古兵家的圣典，这样的奇迹怎么产生的？先秦材料并没有提供奇迹产生的足够资料，我们只能从先秦以来的可能留下来的有限而零碎的材料中，寻找蛛丝马迹，去弥补和破解这个"空白"。

杨义讲述说，清代学者孙星衍说自己是孙武的后代，指认出孙武的祖父叫作陈书。《左传》记载的齐国将领陈书，就是孙武的祖父，他曾经率领军队去讨伐一个东夷国家叫莒国，就是现在临沂东北部的莒县。陈书攻打莒国的纪鄣城，城墙很高，难以攀越。城里有个老太太天天纺织麻绳，当陈书率领军队攻城的时候，她夜里从城上把麻绳垂下来，陈书的军队抓着麻绳就登上城楼，上了60人，麻绳断了。

这60人在城楼上大声鼓噪，外面军队也鸣鼓攻城。莒国的国君被搞蒙了，不知进来多少人了，看到声势不妙，就逃跑了，齐军就拿下了这座城。因为这个战功，齐景公恩赐陈书姓孙，孙是公子王孙，是个贵族的姓。孙武后来写成的《孙子兵法》讲兵不厌诈，可以看到这个战例一些影子。

《孙子兵法》专设"用间篇"为压卷，而以乡间居首，"因其乡人而用之"，还写了个反间计，认为内奸，或者"暗线"，对于打仗能够知己知彼、里应外合非常重要。哪部兵书专门为"反间计"写上一章呢？就是《孙子兵法》。这跟孙武的祖父讨伐莒国小城，得到城内那个老太太作为内线的支援，是有关系的。《孙子兵法》反映和升华了孙武祖父辈的战争经验。

孙子家族对一场与齐国有关的战争的讨论总结，注入《孙子兵法》的理论思考之中。如齐鲁长勺之战中曹刿论战"一鼓作气"，对孙武影响很大，他在兵法中讲战争非常重视气："三军可以夺气，将军可以夺心"，"是故朝气锐，昼气惰，暮气归。故善用兵者，避其锐气，击其惰归，此

458

治气者也"。

杨义称,《孙子兵法》实际上是他的政治军事家族的经验和智慧的结晶,也是春秋列国重要战争经验的哲学性的升华。对《孙子兵法》的这些认识,都离不开"从文献处入手,在空白处运思"这种诸子生命还原的学术方法。

孙氏家族与兵学传家

杨义说,孙武出生在齐国的一个军事世家,祖父、伯祖父军事思想和作战经验,都深刻地影响着当时只有十几岁的孙武。这个政治军事家族平时的家教,厅堂上的谈论、辩论、争论,都直接成为孙武军事思想形成的催化剂。家族的记忆,长辈成功的典范,已经成了《孙子兵法》字里行间里的精神气脉。

杨义对记者说,尚应探索的是,家庭文化是古代中国文化承传的重要机制。孙武的祖父孙书同辈的大军事家,叫司马穰苴,《司马穰苴列传》见之于《史记》卷64,他以《司马兵法》闻名于世,他的军事思想、军事行为,对孙武影响极深。

当时,齐国受到晋国和燕国的威胁,经常打败仗,齐景公任命他当大将军,派一个宠臣来做监军。这个宠臣倚宠卖宠,到处应酬酒席,接受礼品,耽误军机,司马穰苴要杀他,齐景公马上派使者来制止,说不能杀。司马穰苴说了一句"将在军,君命有所不受",就把他杀掉了。这句话跟孙武杀掉吴王的两个宠姬的话是一模一样的。

在孙武南迁百余年后,孙氏家族又诞生了一位兵学天才孙膑。杨义考证,《史记》称"膑亦孙武之后世子孙也",这里的"孙武"后面似应加上"本族"二字。《史记》又称"世传其(孙膑)兵法",但《隋书·经籍志》已不著录《孙膑兵法》,曹操注《孙子兵法》不及孙膑,可见此书失传已久。宋以来直至近代,疑《孙子兵法》乃孙膑所著者颇有其人。到1972年银雀山竹简同时出土《孙子兵法》和《孙膑兵法》,才算了却这桩聚讼纷纭的公案。

　　杨义认为，既成公案就又从另一角度催人反思：孙膑是把《孙子兵法》作为家族文化承传的，对之烂熟于心，运用自如。比如《史记》叙写孙膑以军师身份为主将田忌谋划围魏救赵战役，采取"批亢捣虚"的策略，分析"今梁、赵相攻，轻兵锐卒必竭于外，老弱罢于内。君不若引兵疾走大梁，据其街路，冲其方虚，彼必释赵而自救。是我一举解赵之围而收弊于魏也"。

　　这种谋略实践了银雀山汉墓竹简《孙膑兵法》中"攻其无备，出其不意"，"必攻不守，兵之争者也"的思想，而且与《孙子兵法·计篇》之"攻其无备，出其不意，此兵家之胜，不可先传也"，以及"虚实篇"之"攻其所不守"、"攻其所必救"若合符契，并且运用得更加出彩。

　　由此引发的桂陵之战，竹简本《孙膑兵法》明言庞涓和田忌各"带甲八万"，可补《史记》《战国策》之不及载。在兵力相敌的情形下，孙膑遵循《孙子兵法》"敌则能分之"的原则，避实击虚，以逸待劳，在运动之中"先为不可胜，以待敌之可胜"，相机破敌。

　　《孙膑兵法》竹简尚存的《威王问》篇中，孙膑回答了齐威王问用兵的三个问题和若干小问题，回答了田忌的五组问题。其中提出的"让威"，诱敌、轻兵试敌一类计谋，在马陵之战中都在运用中有所变通。《史记》记载这场战役中孙膑对田忌说，"彼三晋之兵素悍勇而轻齐，齐号为怯，善战者因其势而利导之。兵法，百里而趣利者蹶上将，五十里而趣利者军半至"。这种让威诱敌的计谋，使魏军骄躁轻进，在马陵狭道为伏兵重创。

　　孙膑节引《孙子兵法·军争篇》的"百里而争利，则擒三将军，……五十里而争利，则蹶上将军，其法半至"，而只称"兵法"不称全书之名，既存尊崇本族先祖之意，又表明兵法已成其家传之学。

　　杨义评价说，从柏举之战到桂陵之战、马陵之战，《孙子兵法》及齐国孙氏兵法传家，给中国古代兵学的理论和实践增添了智慧、文采和光彩，改写了春秋晚期到战国中期吴、楚、齐、魏等大国的历史，也丰富了人类聪明才智深远的构成。

妙语连珠话"老子与孙子"

杨义评价说,《孙子兵法》十三篇的行文不过6000余言,略长于《老子》,而化韵体为散体。如果说《老子》言道妙以机趣,那么《孙子兵法》则述"诡道"以精诚。

杨义说,春秋战国之世,中国社会发生了长久、全面、激烈的震荡和变动,催化了整个民族的思想创造能力,中国文化在突破和超越中出现思想原创,裂变为百家之学。率先开宗的堪称"春秋三始":一是老子言道德五千言,开道家之宗;二是孔子聚徒讲学,开儒家之宗;三是孙武以《兵法》见吴王阖闾,开兵家之宗。

孙子把老子的"道"引进兵家,"道"是春秋时期的一个"关键词"。杨义说起老子与孙子来,妙语连珠,令人耳目一新——

《老子》提出"人法地,地法天,天法道,道法自然"的纲领。《孙子》提出"道、天、将、地、法",把"道"放在五事之首,成为整部兵法的核心思想"全胜之道",这与《老子》五千言用了73个"道"字后先辉映。

《老子》突出了以柔弱胜刚强的智谋方针,"将欲翕之,必故张之;将欲弱之,必故强之;将欲废之,必固兴之;将欲夺之,必固与之。是谓微明;柔胜刚,弱胜强"。《孙子》说"故善用兵者,避其锐气,击其惰归,此治气者也。以治待乱,以静待哗,此治心者也。以近待远,以逸待劳,以饱待饥,此治力者也","乱生于治,怯生于勇,弱生于强"。

论道重虚实相生,是《老子》为中国哲学和美学发明的一条重要的原理,用了古时冶炼业使用的风箱设喻"虚而不屈,动而愈出"。《孙子》奇正虚实之论,是中国古代兵学精华所在:"凡战者,以正合,以奇胜。""避实就虚","攻其所必救"。

《老子》是从水中体验道体、道性的。所谓"上善若水","譬道在天下,犹川谷之于江海","天下莫柔弱于水,而攻坚强者莫之能胜",全书散发着水文化的气息。《孙子》"兵无常势，水无常形"，"若决积水于千仞之者，形也"。以水形喻兵势，极具神韵。

《老子》婴儿喻道："载营魄抱一，能无离乎？专气致柔，能如婴儿乎？"《孙子》说："视卒如婴儿，故可与之赴深谷，视卒如爱子，故可与之俱死。"

担任过《文学评论》主编的杨义评论说，在述学方式中《老子》堪称独特的，是写成韵散交错，时或句式整齐、时或长短不拘的道术思想性的诗，或哲学诗，行文律动着一种抑扬顿挫的节奏之美。孙子不是文章家，胜似文章家。《孙子兵法》是一流文章，一锤定音，落地有声，文字功夫已达到无意为文而文采自见，高明而精微的境界。

杨义还评论说，《孙子兵法》还善用联喻，"九地篇"又说"将军之事，静以幽，正以治"，在比喻等待和把握战争机遇时还说"是故始如处女，敌人开户，后如脱兔，敌不及拒"。这些比喻或意蕴饱满，或辞采飞扬，说理多有力度，组合常语而能开拓深刻的意义，以简练的文句包容宏富的内涵，同时著述大概只有《老子》能与之比肩。

《孙子》是人类竞争发展智慧学

"《孙子兵法》首先是兵学圣典，但不仅仅属于兵学，而以其精辟的思想成为人类竞争发展各个领域都可受启迪的智慧学。"杨义说，此兵书词约理辟，不须浮辞而直指本原，务实之论多成智慧名言，以独到的思维方式和术语措辞使思想魅力得以千古保存。

杨义评价说，孙子十三篇，是精心结撰之杰构，无随意述录之芜杂，得智慧运思之经典。先以兵道笼罩全书，再述战前的庙算以及物质、编制的准备，继之以战争中攻守、奇正、虚实、形势诸端的运用，其后为地形、战区、火攻、用间等具体战术，形成一个相当周圆有序的篇章学结构。正如曹操《注孙子序》所云："吾观兵书战策多矣，孙武所著深矣，审计重举，明画深图，不可相诬。"刘勰《文心雕龙·程器》也说："孙武兵经，辞如珠玉，岂以习武而不晓文也？"

孙子把智慧放在第一位，把勇放在第四位，是有别于其他兵家的。《孙子兵法》不是罗列战例，而是抽象地变成一个世人生存的智慧。《孙子兵法》是最抽象的，也是最实用的。它能触动各种各样的思考，能穿透人类智慧，是启动人的智慧"发条"。杨义说起孙子的智慧，话匣子打开，就滔滔不绝——

孙武是"中国式"的兵学智慧，其武道是"止戈为武"。由于立足历史实践和历史理性，《孙子兵法》往往能够简捷地揭示战争的本质特征和实质性的规律。它坦诚地告示："兵者，诡道也。"战争面对的对手是一个活动着的甚至是诡异莫测的变数。因此战争的过程，是一种以诡道破诡道的智谋和实力的较量，这就难怪曹操注解说"兵无常形，以诡作为道"了。

但通观《孙子兵法》，诡中有正，以正制诡，意在充分发挥以敌情为根据的自由精神的优势。因而这种诡道并非神秘主义的，而是全面地多维度地论述和掌握兵学的"五事""七计"，即俗称"诡道十二法"。

探究兵道于兵事之外，有利于把兵事纳入人类生存的更深广的时空框架来思考，在血与火的学问中化生出智慧与谋略的学问。《孙子兵法》之所以受到普世的尊崇，一个基本性的原因是它在透彻的言兵中，蕴含着深厚的人类生存的关怀。既然以"诡道"概括兵学的本质特征，兵法也就以智为先，具有浓郁的众智色彩，这就使《孙子兵法》成为举世瞩目的智慧启示录。

孙子的奇正虚实之论，展现了活泼的中国智慧的辩证法神采，是中国很高的智慧。后世兵书记载，唐太宗曾俯首赞同李靖这番话："若非正兵变为奇，奇兵变为正，则安能胜哉？故善用兵者，奇正在人而已。变而神之，所以推乎天也。"唐太宗本人则说："朕观诸兵书，无出孙武。孙武十三篇，无出虚实。夫用兵，识虚实之势则无不胜焉。"

澳门孙子兵法学会会长谈"用药如用兵"

"防病如防敌，用药如用兵，选方如选将。疾病重在防御，医者用药善于调兵遣将；药用错了要死人，兵用错了要伤亡。"说这番话的澳门孙子兵法学会会长孙保平，他竟然是澳门协和医疗中心主席、西医教授，这是笔者"孙子兵法全球行"采访所见到的"医生兵学会长"第一人。

孙保平是孙武第79代子孙，十几岁就对老祖宗的兵家文化有兴趣，上小学开始读《三国》和《孙子兵法》。他从医近40年，把《孙子兵法》运用到临床医学上；他花费了数十年时间，查阅了数百本书籍，在澳门出版了包括兵家文化在内的《中华至理名言》一书；他写了许多孙子警句的书法，在澳门广为流传。

孙保平说，《孙子兵法》是人类历史上智慧的最伟大结晶，是一部思想深邃、体系完整、文采斑斓、说理精微、词约义丰、结构谨严、空前绝后之军事巨著，是中华文化之瑰宝，亦是世界人民之共同精神财富，被广泛应用于军事、外交、商业、文化、体育、生活等各个领域，也同样适用于医学领域。

孙子非常重视军队的卫生防病，他在"行军篇"指出："凡军喜高而恶下，贵阳而贱阴，养生而处实，军无百疾，是谓必胜。"孙子还特别强调"三军足食"、"并气积力"、"谨养而无劳"。

乾隆年间，太医徐大椿，又名大业，字灵胎，晚号洄溪老人，江苏吴江县人。他撰写的《医学原流论》专辟"用药如用兵"一章，全面阐述了"防病如防敌""治病如治寇""用药如用兵""择医如择将"等医学理论，并提出"以寡胜众"的十种方法，其结论是："《孙武子》十三篇，治病之法尽知之矣。"

孙保平根据他的临床经验列举——

《孙子兵法·谋攻》提出"知彼知己，百战不殆"，体现在医学上就是"对症下药，治病如神"。大凡高明的医者都懂得"知彼"，始见患者必先经望、闻、问、切之四诊而准确掌握病之来由，邪（病原体）之性质、数量及其特征，然后施以有效之药处之；高明的医者知也都懂得"知己"：必先清楚患者自身之抗病免疫力，若抗病能力强盛，则以祛邪（抗病原体）为主，若抗病能力弱，则宜扶正，增强肌体抵抗力，亦称之为支持疗法为主，祛邪为辅。

《孙子兵法·用间》提出，"明君贤将，所以动而胜人，成功出于众者，先知也"。医术精湛者，必先明确诊断，而后方能手到病除，事半而功倍。孙子又云，"先知者，不可取于鬼神，不可象于事，不可验于度，必取于人，知敌知情者也"。这就是说，必须依靠科学的多来明确诊断病情，不可求神问鬼，亦不可以类似患者类推，更不可靠观测天象度数来论证病之性质。《黄帝内经》有"拘于鬼神者，不可与言至德"其理相通。所以我们要信科学而不能信巫师的胡言乱语。

《孙子兵法·火攻》提出，"夫战胜攻取，而不修其功者凶，命曰费留。故曰：明主虑之，良将修之"。"合于利而动，不合于利而止……此安国全军之道也。"在医学上，具有聪明睿智的医生治愈患者疾病后，必定会告诫患者必须做到的几项措施，以防旧病复发。聪明的患者也会总结经验教训，有益身心事多做，无益健康事莫为。此乃养生健康之善道者也。

《孙子兵法·军形》提出，"善战者，立于不败之地"。"故能自保而全胜也。"这与《黄帝内经》之"精神内守，病安从来"、"得神者昌，失神者亡"、"德全不危"其旨相融，大有异曲同工之妙。我们知道防病之功甚于治病，欲远离疾病者，必须要注意劳逸结合，保持良好心态，增强体质。所谓正气内存，邪不入侵，自然之理也。

《孙子兵法·兵势篇》提出，"声不过五,五声之变,不可胜听也；色不过五,五色之变,不可胜观也；味不过五,五味之变,不可胜尝也"。五音、五色、五味等皆是人之本能所必需，但若纵情于声色犬马，必然耗伤精气神而损及年寿。

　　孙保平表示，孙子十三篇每篇都贯穿了"用药如用兵"的哲理。用兵靠良将，用药靠良医；用兵瞬息万变，用药千变万化。深谙兵法，灵活运用，才能克敌制胜，化险为夷。《孙子兵法》在临床医学上的精彩应用还很多，冀望对孙子有研究的高人良医共同探讨，发掘利用，造福人类，则社会幸甚，世界幸甚者也。

解读华人兵法

钮先钟和他的《孙子三论》

"在中国研究古代战略一定要提孙子，研究现代战略就不能不提钮先钟。"原台湾淡江大学国际战略研究所教授兼所长李子弋在接受记者采访时评价说。

钮先钟生于1913年，金陵大学学生。曾任《台湾新生报》总编辑、《军事译粹》杂志社总编辑、台湾淡江大学欧洲研究所教授、淡江大学国际事务与战略研究所荣誉教授等职。2004年9月病逝于台湾，享年91岁。他被誉为20世纪台湾引进西方战略理论及研究中国战略思想的第一人，出版译著及著作近百种。

李子弋介绍说，钮先钟曾在十年之内写了《现代战略思潮》《中国战略思想史》《西方战略思想史》三本书，试图概括论述中西战略思想的演进及其因果关系。在写《中国战略思想史》时突然感觉到，以孙子这样伟大的思想家只给他一章的篇幅，实在无法反映其思想的全貌。于是，他许下一个心愿，准备再以孙子为研究主题，写一本比较深入的专著。这就是《孙子三论》。

钮先钟通过还原、比较以及创新的观点三论《孙子》，借由对古兵书的探讨，提出适应时代需要的新战略，可谓孙子研究中的上乘之作。李子弋归纳了钮先钟的战略研究成就：先钟先生博古通今，融贯中西。晚年，他在中国战略研究的学域中，寻根探源，从中国"长治久安"的大战略思想发展长河源流中，建立起战略的史观。他临终前还完成了《中国战略思想新论》。遗憾的是，1990年第二届孙子兵法国际研讨会在北京召开，邀请钮先钟与会，他因故未能成行。

李子弋叹称，钮先钟的《孙子三论》言人未言，他在书中的自序坦言

"这一本书又还是可以代表许多年来深入思考的成果"。所谓"三论"，是指"原论、较论、新论"。原论是还原孙子原意，较论则比较古今中外战略思想与孙子的异同，新论除分析孙子理论在现代的应用，并在最后指出孙子的缺失外，最重要的是，他企图发展符合时代与环境需要的战略理论，为中国现代战略思想的发展奠定理论基础。

钮先钟特别强调，孙子遂提出的三句警语是千古不易的真理："兵闻拙速，未睹巧之久也；兵久而国利者，未之有也；不尽知用兵之害者，则不能尽知用兵之利也。"他解释说：战争不打是最好，打起来就必须速战速决，即便结果不太理想，甚或有一点得不偿失，但仍然必须速决，而不可以由于追求较多的利益而故意拖延不决。简言之，宁可拙速而不可巧久。战争结束得越快，则国家元气损失越小，对战后的和平发展也越有利。

钮先钟归纳"孙子四求"研究方法：求知、求先、求全、求善，这八字箴言，道尽战略研究的方法、目标与原则，是一种中国独有的战略研究方法论，并赋予《孙子兵法》一种永恒的价值。他指出，研究孙子，能掌握这"四求"之要，才能算是得窥战略堂奥，进一步作战略研究，才有可能臻于"善之善者"的境界。

李子弋表示，钮先钟在孙子研究上为我们留下了宝贵的资产，在古今中外研究孙子的领域内，他就算不是第一，也是最好中的一个。《孙子三论》一书的副标题是"从古兵法到新战略"。他希望借由自己的思想，为目前纷乱的世界寻找出一条长治久安之道。

孙子"道胜"是最高境界

"一个社会要是讲'道',那就是一个和谐社会;一个世界要是讲'道',那就是一个和谐世界。"原台湾淡江大学国际战略研究所教授兼所长李子弋在接受记者采访时说,孙子"道、天、将、地、法"把"道"放在首位,可见"道"的重要。"道"是中国人的核心价值,也是《孙子兵法》的最高境界,只有中国人真正懂这个"道"。

一般人都认为战略的研究是研究如何通过战争暴力赢取胜利,尤其是西方国家。李子弋认为,这不是中国战略文化,也不是中国兵家哲学。中国的战略文化是"道胜",绝不争霸,更不称霸。中国五千年的历史文化就是一部五千年的战略思想的记录,从中华文化到中国战略,应该是这样的一个"道"的体系。

李子弋说,中国所有的兵学都来自齐国,最早来自姜太公,兵学是此公的特长,他最早提出"全胜不斗",对孙子影响很大。孙子还汲取了老子的道家思想,从而形成了《孙子兵法》的基本理念,奠定了中国人自己的战略文化思想,如中国汉唐时期,追求的是"长治久安"。

李子弋认为,国家的大战略在于追求持久的和平,战略思想家要全面性思考建构全体人类共同的生命延续、生存和谐、生活幸福在宇宙间"安身立命"的大战略,这一战略绝对不是仅仅关于暴力的,而是关乎怎么才能"长治久安"。

在我们中国文化中所谓的"长治久安",在个人的生命、生存和生活中则求如何"安身立命",这都离不开"道"。孙子的基本思想是只有"道胜",才能"立于不败之地"。扩展到更为高远的境界上,就是人类不仅要发展,更要长存。

李子弋介绍说，魏缭子在一篇文章里把战争的胜利分成三种：第一种是"力胜"，力量对力量，现在的国际关系就是力胜的模式，我的力量比你强大，我就赢你；第二种是"威胜"，现在大部分的人都喜欢用威慑，恐吓对方，这在国际关系上称为恐怖平衡，比如现在用核子武器来恐吓对方。到目前为止，西方国家都在用这两种方式，其战略不是"力胜"就是"威胜"。

而最后一种是"道胜"，这是最高境界的一种胜利。什么是"道胜"？李子弋用四个字来解释，那就是"柔性攻势"。他说，"力胜""威胜"是刚性攻势，而"道胜"是柔性攻势，不使用武力，柔性攻势最能解决问题。柔弱胜刚强，这是孙子的"道胜"哲学。

2011年3月，李子弋应西北大学的邀请，在所作的"中国传统文化与世界未来走向"的讲演中，他解释道，《孙子兵法》受先秦道家影响，书内所诠之战略方法着眼于更为广阔的角度，也就是从天的高度来分析的。世人常道《孙子兵法》中最高境界"不战而屈人之兵"，其实不然，还有更高的境界，就是孙子讲的"道胜"，才是最高境界。

经济全球化是一场空前的"伐谋"

台湾经济学界元老级人物于宗先是这样评价孙子和他的兵法的：在古代，面对一个王朝的挑战，就是外人的挑战，《孙子兵法》被尊为"兵家圭臬"；到了现代，面临日趋激烈的商业挑战，《孙子兵法》被誉为"商战法宝"；如今，当我们面临经济全球化挑战，《孙子兵法》又被奉为"智慧宝典"。

于宗先祖籍山东平度，他是台湾中国经济企业研究所所长，台湾经济研究所的第一位博士，也是系统研究并撰写台湾经济书籍的第一人。他编著及主编的中英文专著20多部，发表学术论文100多篇，见证并推动了台湾经济的高速发展。他用毕生所学致力两岸经济的交流与发展，对包括《孙子兵法》在内的中华文化也颇有研究。

于宗先认为，我们所面临的经济全球化挑战，不是一场"伐兵"的战争，而是一场空前的"伐谋""伐交"的经济大战略，是使经济持续成长、立于不败之地的大挑战，也是运用"役诸侯者以业，趋诸侯者以利"、"因利而制权"等孙子智慧的"大检阅"。

经济全球化是指商品、劳力、资本、咨询都可以在世界各地自由流动。因此，也使世界经济竞争更加激烈。于宗先说，经济持续成长所面临的挑战，包括自然环境恶化的挑战、经济的挑战和社会的挑战。而经济的挑战又分内在经济的挑战和外在经济的挑战，后者也就是国际竞争力。

为了赢得国际竞争与挑战，孙子的竞争战略思想和原则可加以运用。对此，于宗先作了深入的诠释——

在国际竞争力挑战上，"适者生存"。孙子很重视对环境和敌情的适应，因为只有适应了敌人，才能真正做到掌握敌人，战胜敌人。尽管全球化的趋势使世界变得和平，但国际的竞争越来越激烈。就一个国家而言，国际竞争力的高低仍是国际挑战决定胜负的主要因素。在国际竞争中，如何知彼、知己、妙算、用谋、伐交、握机，是赢得竞争力的制胜秘诀。

在金融危机挑战上，要牢记孙子"智者之虑，必杂于利害"的教诲。到了20世纪末期，世界进入金融经济时代。由于经济全球化，各国间的金融关系越来越密切，当一个国家发生金融危机时，瞬间感染到附近的国家乃至整个地区，几乎没有一个国家幸免于难。这残酷的教训使人们意识到，金融危机比其他危机更可怕。因此，要趋利避害，在利思害，在害思利，始终保持清醒头脑。

在产业竞争挑战上，不能忽视传统产业的更新与发展，创造出无限的内需，其前途也是无限量的。孙子提出，阴阳五行，相生相克，没有哪一种永远占优势。应遵循孙子"致人而不致于人"的原则，正确处理内需与外销的关系。庞大的内需是经济成长的稳定力量，如果生产主要靠外销，则容易受制于人。

在人才竞争挑战上，要学孙子"择人任势"。自古以来，谁能掌握人才，谁就稳操胜券。21世纪的竞争归根结底更是人才竞争。台湾优良教授，不但被香港、新加坡大学挖走，也被北大、清华挖去。近年来，新加坡以高薪到台湾争聘优良医师，在不久的将来，中国大陆也会到台湾争聘良医。

于宗先表示，全球化的趋势是不能避免，也无法抗拒的国际潮流。为顺应这个潮流，我们对经济的持续成长必须有新的战略。要运用孙子的大智慧，因时代的变化而变，因环境的变化而变化，在变中求生存，在变中求发展。今后无论个人或国家都不能"独善其身"，而是要"兼济天下"。

台湾退役上将谈活学活用兵法

"在我心目中,《孙子兵法》不是兵书",这番话居然出自台湾退役上将朱凯生之口,震惊四座。他在演讲时话锋一转说,《孙子兵法》当然是兵书,连小孩都知道,但它已远远超越军事范畴,不能纯粹把它当兵书来学,而应把它当作启迪智能的宝典,研究智略的良师,思维逻辑的范本,意深用广的显学。

朱凯生祖籍江苏武进,曾任金门防卫司令部"司令"、台湾"陆军总司令"。2007年台湾岛内一场家喻户晓的"智测风波",把他的名字与孙子连得更紧。那年4月,民进党"立委"薛凌在"立法院国防委员会"质询过程中,拿出军中智力测验的语文推理题目,要求时任防务部门负责人之一的朱凯生现场答题。朱凯生认为此举与他专业职能不合,拒绝回答,反过来要求说,要考就考他《孙子兵法》,他连翻书都不用翻就会答。

确实,研究《孙子兵法》50年的朱凯生,对这本兵书早就滚瓜烂熟了,在演讲时,孙子十三篇在他口中就像竹桶倒豆子,是完全经得起"考"的。记者看到,他手中的一本自己编印的《孙子》缩印本已被他翻烂了。更重要的是,朱凯生对这本兵书情有独钟,研究进入一种出神入化的境界。他退役后,经常在台湾各地开课讲《孙子兵法》,重点讲如何活学活用《孙子兵法》。

朱凯生对记者说,《孙子兵法》6000字出头,言简意赅,体用兼备,崇智尚谋,达变图全,其弦外之音,不是所有人都能读得懂听得明的。唯有跳出兵书学兵书,活学活用兵书,才能使2500多年前的《孙子兵法》"活"起来,否则只能是一本"死"书。

中国大陆在《孙子兵法》的活学活用上做得好。朱凯生说,2009年,第八届孙子兵法国际研讨会在北京举行，贾庆林出席会议并发表讲话。他提出要紧密联系新的实际，创造性地应用《孙子兵法》解决今天遇到的各种问题，积极向世界介绍、推广《孙子兵法》研究成果，使以《孙子兵法》为代表的中国兵学文化更好地为中国的国防现代化服务，为世界的和平与发展服务。

贾庆林认为《孙子兵法》中的科学精髓应该汲取，特别是把兵法理论应用于构建和谐世界中。他还强调了《孙子兵法》作为两岸共同的精神财富，在新的形势下，两岸同胞为维护台海稳定、促进交流合作、发展两岸关系的愿望更加强烈，因此如何运用中华民族的历史精神遗产来解决今天遇到的问题也是需要军界、学界思考的。

朱凯生很赞同贾庆林的看法，他认为，台湾也要活学活用《孙子兵法》，不仅要在商战、社会文化生活领域活学活用，而且要在两岸经贸文化交流合作上活学活用。

朱凯生在演讲中说，求"和"之道，以"慎"为先。《孙子兵法》所追求的最大目标是人类的和平，其"始计篇"是总纲，开宗明义提出"兵者，国之大事也，死生之地，存亡之理，不可不察也"。世上有许多事情都可弥补，唯独战争造成的创伤不可弥补，所谓"亡国不可以复存，死者不可以复生"。

中国兵法研究应用蔚为世界潮流

"《孙子兵法》的研究传播和应用,蔚为世界的潮流。因此,中国古代的战略文化,亦将成为世界的战略文化,这是世界华人的骄傲。"台湾中华战略学会特约研究员刘达材说,面对全球化的浪潮,中华文化正向世界散发出巨大的影响力。

1929年生于江西都昌的刘达材是退役海军中将,曾任台湾联勤"副总司令",现任中华战略学会常务理事兼特约研究员。记者在2005年纪念郑和下西洋600周年时就采访过刘达材,他退役后潜心研究郑和、孙子及历代中国军事名人,对推动两岸学术交流不遗余力,多次率团参加两岸郑和与孙子国际研讨会,并发表论文与专题演讲。

刘达材说,古代中国的兵书卷帙浩繁,数量之巨,如《孙子》《吴子》《司马法》《李卫公问对》《尉缭子》《三略》《六韬》等,多得难以胜计。这是中国历代的治乱兴衰所产生的兵家(文武将才)和兵学(兵著兵说),是中华民族历代战争实践经验得来的智慧,是和中国的历史文化密切相扣,它不仅形成中国古代的战略文化,也世代相传影响到中国的历史与国运。

中国兵学武经,孙子集其大成。刘达材评价说,中国文化的兵学思想,时下称之"战略文化"。一部《孙子兵法》,西方学者直译为"战略学"。从战略观点来看,这部世界公认的兵学经典,内中著述的战略理论、原则和思想与观念,是众所公认博大精深,言简意赅,当今更是受到全世界的推崇与尊敬。

刘达材认为,战略本身就是一种文化,观察一个国家,从治军传统狭义的"战略"观念,到治国宏观广义的"大战略"作为,均体现了一个国家的"战略文化"。代表中国战略文化的《孙子兵法》开宗明义地强调："兵者，国之大事，死生之地，存亡之道，不可不察也。"所谓"战争思维"和"战略思想"，实际上就是一个国家的战略思想，代表一个国家的战略文化。中国的兵学思想，根深蒂固形成了中国的战略文化。

刘达材还认为，孙子的兵学思想，代表中华正统的战略文化，无人能出其右。以孙子为首的中国兵学思想，提出了"义战、守战、慎战、谋战"四大观念，这是两岸双方面对的最严峻的课题，是未来两岸"和平之道""发展之道""生存之道""存亡之道"，同时是世界和平与发展之道。当今"战略研究"已然形成确保国家安全的显学，而受到极端的重视，也因此兴起世界各国的战略文化，这是一个国家"生存之道"，我们不可不察。

刘达材分析说，后冷战期，进入21世纪，世界各国由武力对抗逐步走向和平对话。为了应付对话，各国官方的或非政府组织（NGO）的第二轨道智库大行其道。这是一场智库对智库、战略对战略的长期斗争。各国的战略文化，互别苗头。因此，世界的趋势，未来各国对战略文化的培养必然十分重视。

刘达材称，中国的兵书武经，一部《孙子兵法》历经2500多年，仍能受到世界的肯定。今朝顺应时代的潮流，我们深知中国先民所遗留中华战略文化的光芒，未来更必能铺洒海峡两岸，并普照在全球各国和平与发展的大道上。

台湾学者论孙中山与《孙子兵法》

在纪念辛亥革命百年之际，记者采访了一些台湾兵法研究专家学者。他们认为，无论是作为孙子的后裔还是辛亥革命的领导者，孙中山都非常崇尚古代兵家的军事思想，将孙子尊为军事智谋的理论源泉，多次研读《孙子兵法》。他领导辛亥革命推翻清朝，汲取了中国兵家文化的大智大慧。

台湾中华孙子兵法研究会学会会长傅慰孤对记者说，孙中山领导的辛亥革命，不仅在革命实践中运用了《孙子兵法》，而且在引发的新文化运动中弘扬了《孙子兵法》。在这面新文化运动的旗帜下，孙子兵学文化也独树一帜。在这个时期，对孙子其人其书的评价，对孙子文化现实价值的研究，高论巨著层出不穷，蔚为壮观。

台湾中华战略学会孙子组召集人李启明说，孙中山对《孙子兵法》为代表的传统兵学文化有着深刻的理解，给予了高度评价。他说："就中国历史来考究，两千多年的兵书，有十三篇，那十三篇兵书，便成为中国的军事哲学。所以照那十三篇兵书讲，是先有战斗的事实，然后才成那本兵书。"

台湾中华战略学会的王荣庆认为，纵观辛亥革命武昌首义，其乘势"伐谋"，及夜战"火攻"，以寡胜众及小兵夜战破大兵，这都能契合《孙子兵法》用战之妙。加上革命军上下同心，置之死地而后生，攻势的英勇，尽合兵法之道理。辛亥革命的成功正是以孙中山为代表的革命党人审时度势，顺势而为，因时而变，才成就了一番大业，改变了历史发展的方向和进程。

孙中山的一些著作反映出，他受到中国传统兵家思想的影响。台湾学者告诉记者，内战连绵和军事力量薄弱的历史环境，使孙中山在《建国方略》中强调，国家如要继续生存，军事起着非常重要的作用。这番话听上去很平常，却很容易使人联想起《司马法·仁本篇》里的话："天下虽安，忘战必危"；还有《孙子·计篇》说的："兵者，国之大事也。死生之地，存亡之道，不可不察也。"

台湾学者还认为，孙中山十分重视民生和国防的联系，这源自"武经七书"和诸子百家。人民的幸福是一种力量的源泉。1932年5月南京军用图书社铅印袖珍本《孙吴司马兵法》，首页为孙中山遗像和遗嘱，其正文《孙子兵法》与《吴子》《司马法》合为一编，这也从一个侧面说明孙中山思想与中国兵家文化的渊源。

有台湾学者称，三民主义与孙子思想也存在一定相通之处。孙中山最重要的战略论著《军人之精神培育》，强调精神或训导重于物质；有必要通过三民主义的思想教育来鼓舞士气。这些思想源自《孙子》。孙中山还详细阐明了军人应培养的品质——智、仁、勇。对任何了解"武经七书"的人而言，这些恐怕并不陌生。精神力量的重要性，还包括用谋略和诡道制服敌人。

台湾中华企业研究院副研究员张建华表示，在辛亥革命百年纪念的今天，我们从中华文化的经典智慧中，看到孙中山以《孙子兵法》的道胜为核心，以全胜为目标，知彼知己的知胜，同心合力的合胜，掌握趋势先立不败的胜势，建立共识众心共信的意胜，在天时地利人和中，乘势转机，出奇制胜。

孙子精髓符合两岸和平共赢主旋律

"《孙子兵法》不仅是一部指导战争的兵法，也是一部指导和平的兵法，符合海峡两岸和平共赢主旋律，是解决两岸问题的宝典。"台湾中华孙子兵法研究会学会会长、退役中将傅慰孤在接受记者采访时说，《孙子兵法》的内涵博大精深，海峡两岸同根同脉，一道携手领略中华传统文化的非凡魅力，挖掘其当代价值，对于两岸实现共利双赢具有积极意义。

傅慰孤是浙江镇海人，几十年前，他母亲得知镇守上海四行仓库的八百壮士被日军俘虏，押往南京做苦役，身怀六甲的她冒险从上海到南京传递情报，孤军终得以营救，轰动全国。为纪念这段抗战故事，将他取名"慰孤"。

傅慰孤说，中华文化是海峡两岸共同的宝贵财富，两岸同胞都要做中华文化的传人。而《孙子兵法》作为炎黄子孙的智慧结晶，其内涵是王道与民本思想，全篇贯彻"慎战不战、全胜而无杀"主张，崇尚和平、理性、人道主义，将作战牺牲视为极大痛苦的理念，永远符合时代要求，也正代表了海峡两岸民众期待两岸和平发展的诉求。

傅慰孤表示，《孙子兵法》已超越了战争和有限空间的对抗形式，思维的哲学意涵已经超越了军事范畴，被海峡两岸的各个层面广为运用。对于如今的两岸关系，我们完全可以从《孙子兵法》中找到解决的答案。对孙子思想的正确解读和在台湾的广泛传播，也将有助于运用孙子的智慧去促进两岸和平、稳定与繁荣。

"自古知兵非好战。"杀敌一万自损八千是"惨胜"，不值得夸耀，斩尽杀绝赢得战争却赢不了和平。傅慰孤说，孙子的军事理论可以上升为一种战争哲学，并更加广泛地应用于外交、经济等多个方面。他认为，对当前两岸的景况,《孙子兵法》早就有可以提供我们借鉴的方策。

首先,《孙子兵法》开宗明义指出"兵者,国之大事,死生之地,存亡之道,不可不察也"。这一"慎战"的主轴思想,正是给两岸最终"不要轻启战端"的思维。战争不是解决纷争的唯一办法,事实上,两岸的纷争是可以透过文化交流、经贸合作等,获得双方共利、互赢的圆满解决。

其次,《孙子兵法》以"全胜之道"为核心思想,这一双赢互利的"全胜"和顺应天意、民心的"道胜",是解决冲突的关键所在。因此,发扬《孙子兵法》精髓与全胜思想,可以根本地解决与弭平世界的纷扰与不安。两岸如能以孙子的全胜之道,消弭双方现存的歧见,成为两岸人民一致的共同理念,就能朝"共利双赢"的"全胜"方向迈进。

最后,观诸世界发展趋势,21世纪俨然已进展到以大中华圈为中心的世界潮流。诚挚地期盼两岸应善用这有利的"天时""地利""人和",共创中华民族的辉煌未来。

孙子辩证思想与两岸"双赢"方略

台湾中华战略学会孙子兵法研究组召集人李启明，操着一口浓厚的山东话对记者说，孙子辩证哲学思想是解决冲突、维持和平的经典，是推动两岸和平发展的重要思想。

陷于僵化的两岸对立关系，从热战到冷战，从冷战到半开放，如今进入和平发展时期，局面来之不易，这是两岸"双赢"方略的结果。李启明不无感慨地说。

李启明告诉记者，"小三通"后他从金门乘船至厦门回中国大陆参访，后多次赴孙子故里山东参加孙子兵法与和平发展论坛及国际研讨会。在中国大陆期间，有机会拜读几种有关孙子辩证哲学的著作，书中都一致提到孙子的辩证哲学为中国古代"朴素辩证法"。这个名词未见过词典，应该是古代原始的辩证法，未经粉饰，不带"颜色"，既非唯物辩证法，亦非唯心辩证法。虽然朴素，仍闪耀着古代哲学思想的光芒。

数十年来，台湾内部与两岸之间存在三大矛盾，即两岸矛盾、统独矛盾和族群矛盾。李启明指出，这三大矛盾又以两岸矛盾总其成，两岸问题能解决，其他问题也就迎刃而解了。而孙子的战争与和平的辩证哲学是解决两岸问题的宝典。

李启明说，孙子崇尚和平，制止战争，主张伐交，反对消耗，倡导人道，减少灾难。孙子把作战牺牲视为极大痛苦的理念，正代表了海峡两岸民众期待两岸和平发展的诉求。对于如今的两岸关系，我们完全可以从孙子的辩证哲学中找到解决的方略。

李启明认为，按孙子的辩证哲学思想，所谓"双赢"，应该是对双方都有利，双方都能接受的方案。所谓"共创双赢"，应该是双赢方案经过谈判双方共同创造的。李启明说，"共创双赢"必须权衡利害、轻重、缓急，用谈判方式融合双方矛盾，解决争议化解冲突，建立互信，如"九二共识、一中各表"的形成，只要双方认可，一样可以创造和平共处的环境，甚至收到双赢的效果。

作为战略学家和孙子兵法研究专家的李启明表示，"双赢"对两岸都有好处，"台独"这条路绝对走不通，和平是民之所望，大势所趋，但需水到渠成。

他说，马英九就职以来，积极推动两岸关系之和平发展，首先是海空直航，继之致力文化、经贸、金融的合作交流。凡是有远见的政治家，应该用孙子辩证哲学体悟两岸问题不是武力能解决的。两岸同胞都相信孙子辩证哲学能推动两岸和平发展，只要这种信念在两岸同胞中扎根，两岸的和平发展是决不会终止和退缩的。

李启明最后用一首充满"朴素辩证法"的打油诗表达他的心声："海峡和平要发展，融和矛盾利两岸；融和矛盾靠双赢，共创双赢依辩证；孙子哲学同运用，中华文化建奇功。"

易学与兵法的神奇结合渊源深厚

"战国时代的奇人鬼谷子聚徒讲学，据说苏秦、张仪、孙膑、庞涓都是他的弟子。苏秦和张仪是倡导纵横的外交家，而孙膑和庞涓为著名的兵法家，皆出鬼谷一门，显示伐交与伐兵的关系之密切，也印证兵法与易学渊源之深厚。"台湾周易文化研究会创会理事长刘祖君将易学与兵法融会贯通，娓娓道来，奇妙无穷。

刘祖君为台湾著名易学大师，研究易学几十年，出版16本易学著作和相关音像作品。其讲授的《大易兵法》《易解三十六计》等课程，充满兵法的奥妙与易学的神奇，吸引众多听者。他一年至少讲500小时，讲了20多年。

刘祖君说，《易经》是中国文化最古老的典籍之一，是中国人文文化的基础，其内容涵盖广泛，涉及社会生活的方方面面。其中，军事学说占有相当大的比重。以易经卦象来说，师卦劳师动众，行险而顾，讲的是军事抗争；比卦比附结盟，建国亲侯，讲的则是外交，可见军事与外交实为一体。用于商业竞争，师卦代表激烈竞争，比卦有助合作双赢，称作竞合，相得益彰。

其他许多卦象也与兵法有密切的联系。刘祖君告诉记者，经典与经典都有联系。易经的智慧学理的阴阳变化、虚实法则，影响并运用于兵法。《易经》与《孙子兵法》均主张巧用天时地利、为将之道、集中兵力、奇正并用、速战速决；易经与孙子均贯穿兵以诈立、避实击虚、因敌制胜的战略战术。

刘祖君把易学与兵法神奇结合，发表了一系列见解独特之作。1998年，在台北举办的第14届国际易学大会上，他发表了《震用伐鬼方——大易兵法初探》。2006年，他应邀赴河南鹤壁云梦山，那里有八卦庙，以中国古代最早的军事院校著称，他在鹤壁第三届世纪周易论坛上作专题报告，论题为《鬼变机神——大易纵横初探》；同年台湾举办孙子"全胜论坛"，他以《大易兵法》为纲，发表《诡中之诡——由易经析论孙子用间思想》。2008年，他应邀赴《孙子兵法》诞生地苏州，作了《大道无行——由易经析论孙子形势虚实之思想》的报告。

刘祖君表示，以易研兵，可站在中华文化哲学的制高点上，大到透彻世事沧桑，小到领悟人生经验。师、比两卦相综一体，伐谋伐交不可偏废，霸道王道孰是孰非。

主张和平也是易经的思想，呼吁不流血冲突是"上上之道"，与孙子"上兵伐谋"的和平思想一脉相承。刘祖君称，中国日益强大，崛起已成必然，却始终坚持和平与发展，绝不称霸，这正是易学与兵法完美结合的中国文化的大智慧。

刘君祖诠释孙子"全胜"智慧

"孙子的全胜思想发扬光大，其实可以称之为全己全敌，全天全地全鬼神。人死曰鬼，有遗爱在人者曰神，尊重维护世界各地人文古迹及历史文物的完整，就是全鬼神。"台湾中华孙子兵法研究学会副会长刘君祖，还担任台湾周易文化研究会创会理事长，是一位易学大师，他在接受记者采访时谈兵学也不免带有易学的深刻义理及思维方式。

刘君祖祖籍湖南，研究易学和兵学已有几十年。他认为，号称是世界第一兵书的《孙子兵法》，之所以享誉2500多年，在当今之世还愈渐红火之势，其奥妙就在于其光辉的哲学思想，而其精髓是"全胜"思维。

刘君祖说，孙子十三篇体大思精，结构严谨，以"始计"为首，"用间"为终，首尾呼应，息息相关。孙子行文也有高超的技巧，十三篇所言皆可互证，层层推演，步步为营，深入体会后，确实益人神智，可以清晰建构起高明卓绝的"全胜"思想。

刘君祖列举说，孙子在其"九地篇"中举恒山之蛇率然为喻，说善用兵者调度快速灵活，击其首则尾至，击其尾则首至，击其中则首尾俱至。又举吴人与越人同舟共济，相救如左右手。"谋攻篇"讲"全"与"破"，显然是保全而不破坏之意，而且不仅全己，还全敌，从全国到全伍，尽可能贯彻实行。敌人的各种资源均可转为我用，何必摧毁破坏？若能威慑服敌或化敌为友，直接间接分享资源，岂不更佳？

还有"作战篇"的"因粮于敌"，"形篇"的"自保而全胜"，"用间篇""因间于敌"，"九变篇"的"以弱胜强"，等等，都触及"全胜"的思维。孙子"全胜"概念确切含义是指最大限度地减少牺牲而获得全局性胜利，达到"不战而屈人之兵"、"胜于易胜"的最高境界。

孙子主张"全胜",需知彼知己,知天知地,以求全己全敌。刘君祖认为,我们身处21世纪自然生态破坏严重的情境,还应全天全地,做好自然保育的工作,其实全天全地,才能真正全己全敌;破天破地,迟早会招致大自然的反扑及吞噬。不同国家民族即便发生战争,也不宜毁人宗庙坏其文物,造成冤冤相报,仇怨越结越深。因此,将《孙子兵法》追求"全胜"的智慧活学活用,对未来这些竞争及合作仍非常重要。

刘君祖表示,在求全不求破的思维下,当然得尽量避免硬碰硬的武装冲突,多用政治协商、外交谈判解决纷争。解决两岸关系问题也同样需要运用孙子的"全胜"思想。中国思想一向以天地人为三才,重视三者间的互动关系,所谓天时地利人和,孙子"全胜"的理想是和平解决,正是人和,要想圆满达成必须将天时地利统合考虑,所以知天知地,胜乃可全。

王长河解密《孙子兵法》"密码"

中评社曾发表评论：谁读懂了《孙子兵法》？中国人。这样回答其实只是答对了一半。为什么？因为对中华文化与中华智慧还不大了解或者了解不够。那么如何才能破译中华文化与中华智慧的密码呢？第一个条件是破译汉字密码；第二个条件是破译想象力的密码；第三个条件是与古人对话；第四个条件是站在中华文化与中华智慧的整体，来审视和再现孙子的大智慧。

台湾中华孙子兵法研究学会研究员王长河试图解密《孙子兵法》的"密码"。他对记者说，由于东西方文化的差异，致使西方战略家之论述往往多达数十万言，仍不及《孙子兵法》6000余字，言简意赅。中国的智慧远非西方比拟，先人遗作历经千古流传，至今仍能传世者，代表经得起时代的验证与考验，时至资讯时代的今日仍在全球适用，其奥秘究竟何在？

《孙子兵法》为中国"武经七书"之首，表示其价值不菲。王长河指出，《孙子》集中国兵法之大成，并汲取了诸子百家之精华，其思想内涵超越了军事范畴，成为人类智慧的宝库。只有跳出兵法读兵法，把兵学、易学、哲学乃至自然科学结合起来，窥视中国古代兵家思维与智慧，方能体会其中之奥秘。

王长河介绍说，《孙子兵法》以象形文字书写，篇章排列需具象化思维者方能悟透。各篇依道、天、地、将、法五段式逻辑陈述，有如西方学术之命题、外环境、内环境、领导者、法理应用等，适用于商界、管理、人生处世各门类，实非西方兵学论述所能及。

王长河说，中国以象形文字为思想意识的传递媒介，造字用"六书"，即象形、指示、会意、形声、转注、假借之模式，师法自然的结果，产生

"象化"思维，并以"取象比类""合理外推"方式推理延伸。因此研究中国古代兵书，应循"义释→揣摩→触类旁通"途径来体会与领悟，将其内容去掉介系词与连接词后，用图（字）像方式来看，进而洞悉其精义——

《孙子兵法》十三篇中，习用数字九、五，九为阳数的极数，即单数最大的数，五代表阴阳"五行"，帝王称"九五之尊"。

而13是中国的"极数"，取自日月运行的结果。因月亮周期的变化为月，搭配太阳的运转，每月计时30天，致使每六年需增加一个闰月，衍生中国极数为13的思维理则。因此，读《孙子兵法》十三篇时，应随时不忘其与历法间的对价关系，并将第十三篇"用间"蚀为"闰月"，置于12篇之中，也就是与其余12篇都有关联之意。

如第一篇为年的开始，因此篇名为"计"；第七篇为午时，谈的是太阳问题，也就是"军争"的目标；第十一篇接近年尾，是前十篇的总结论述；第十二篇为12月属寒，是动植物的杀手，因此第十二篇谈的是火攻的运用与杀戮问题，是战争最终的法宝。

中国兵书以"兵＋道"为研究途径，非仅适用于战争范畴，实涵括生物生长的哲学，阐释生物进化竞争的策略，《孙子兵法》十三篇中，处处展现此一哲理。孙子在"计篇"即说明采用"道、天、地、将、法"五个层次来分析、论证，严谨度不让于现代科学。读者亦应将其区分为五个段落来读，因此，无"错简"之说。

王长河认为，《孙子兵法》融通中国易理学说，是兵家对国家生长哲学的论述，各篇所提出的法则，可适用于生活中的各类职场与处世哲学，要了解其精义，应具备象化思维，并向自然界中取经。欠缺人生经验、历练与中国古智慧"天、地、人"一体之"易"的道理，较难发掘《孙子兵法》的奥秘。

台湾女学者眼中的孙子哲学观

2009年，海峡两岸名师论道《孙子兵法》在北京举行，华人世界中第一位将兵法用于生活中的台湾女性学者严定暹，优雅端庄地站在世界政商领袖国学博士课程高级研修班的讲坛上，本身已够引人注目，而她演讲的题目《格局决定结局：活用〈孙子兵法〉》，更令人眼睛为之一亮。

严定暹祖籍湖南，台湾师范大学国文研究所硕士，现任台湾科学委员会研究员，是全球凤毛麟角的女性孙子兵法研究学者。她告诉记者，"格局决定结局"最初是应台湾《远见杂志》"孙子兵法手记"专栏之邀，以信手拈来的方式介绍孙子的哲学观念。因为中国的哲学旨在指导生活，所以很贴近大众生活。

专栏刊登之后，颇获各方热烈回响，后来就结集成书，书名为《山重水复必有路——活用孙子兵法》，由台湾天下文化出版有限公司出版。约一年后，北京爱知堂文化出版社与她接洽，随后即在中国大陆出版发行，书名改为《格局决定结局》，十分畅销。

"我个人极喜爱这个书名，因为能全方位且深入地表达《孙子兵法》的哲学思想。"严定暹对记者说，《孙子兵法》在中国文化领域中不仅是作战的方法，更是解决冲突的方法，而且强调在降低伤害、降低损失的前提下化解冲突，其最高目标就是"不战而屈人之兵"，所以是"全胜"哲学思想的体现。

严定暹说，《格局决定结局》也是中国文化中哲学思考的基准。《唐太宗李卫公问对》，又称《李卫公问对》，简称《唐李问对》。现在一般认为，此书是熟悉唐太宗李世民、卫国公李靖思想的人，根据他们的言论所编写的二人多次谈兵的言论辑录。唐太宗本是一位娴于骑射、富有疆场战斗经验的马上君主，而李靖又是满腹韬略的军事家，他们之间的问对，往往能相互引发，启迪哲学思维。

《唐李问对》被后人评价为：继承并发展了春秋战国以来的战略思想，并提出一些新的战略理论，历代备受重视。北宋元丰年间被收入"武经七书"中，作为武学科举的必读教材；南宋戴少望"将鉴论断"称其"兴废得失，事宜情实，兵家术法，灿然毕举，皆可垂范将来"。

《唐李问对》另一重要贡献在于对《孙子兵法》哲学思想的进一步发挥和阐述。其中对于战略规划有一提点："善弈者，谋势；善谋者，顾全局；不谋全局者，不足以谋一域"——思考的格局大，自然能全方位布局，也必然能有效解决问题；思考的格局局限于一隅，只执着于自己的想法，如何能解决问题呢？

严定暹在受《唐李问对》影响的同时，以前台湾一位外科名医的"神刀故事"也启发了她：很多肚破肠流的患者他往往一刀就能处理，当时有一种说法"只要有命进得了这医院的门，就一定活着出得了院"。而这位医生对于自己的一刀神功有一个说法，因为他是学国画的，画画要先有构图，而外科手术之先亦须先有整体的规划，虽然是一刀，但是相关的部位借由这一刀全都能处理，所以得毕其功于一刀。

严定暹认为，"格局决定结局"诠释了《孙子兵法》的哲学思想，是一个放诸四海皆准的理念，适用于文学写作、绘画、外科手术；也适合商战，企业家的格局决定企业的结局；还同样适合生活领域，有什么样的生活格局，就有什么样的人生结局。

孙子思想有益于两岸对话与谈判

　　《孙子兵法》主和不主战，重视谈判主张慎战的思想，有益于两岸的对话与谈判。"台湾商务印书馆总编辑、谈判研究学者方鹏程在接受记者采访时表示，两岸关系经历了长期的隔绝紧张对抗，1996年的台海危机，1998年的汪辜会谈、江辜对话，2000年提出的"九二共识"概念，2004年的两岸关系持续震荡，2008年以来的两岸进入和平发展期，这与和平谈判都不无关系。

　　满头白发、精神饱满的方鹏程，毕业于台湾政治大学新闻系，曾在台湾"中央社"度过了25年记者生涯，主要从事两岸新闻，他是第一批到中国大陆采访的台湾记者之一，经常撰写两岸的有关新闻，亲身经历了中国大陆的改革开放和发展变化。

　　由于熟悉两岸事务，1993年，方鹏程被派到海基会文化服务处、综合服务处、经贸服务处轮流出任副处长，前后十年时间。担任过新闻组组长、报道两岸政策的《交流》杂志副总编辑及"汪辜会谈"的台湾方面幕僚，编辑两岸大事记，主持两岸经贸讲座，参与"小三通"的通航事务，又亲身经历了两岸的开放交流和合作，对两岸事务有了完整地了解。

　　方鹏程回忆说，1998年10月随海基会代表团访问上海、北京，亲身了解两岸会谈的情形，观察两岸谈判的说服策略与技巧，给他留下深刻的印象。他感觉中国大陆谈判有一套，无论是国际谈判还是两岸谈判，都游刃有余。于是，他开始研究《孙子兵法》《鬼谷子》这两部古典书籍，都是谈判的经典，充满中国人的智慧与谋略。孙子主张"伐交"即谈判，鬼谷子的两个弟子苏秦和张仪是倡导纵横的外交家。他还研究周恩来的谈判艺术，并将两岸谈判与东西方文化比较研究。

方鹏程退休回到台湾后，他专心写书，出版了《台湾海基会的故事》《孙子：谈判说服的策略》《鬼谷子：谈判说服的艺术》三本书。他从孙子的理论，推演到谈判说服力的策略，并以中国大陆对美国谈判、对台湾谈判为实例，分析中国大陆谈判说服策略与技巧，提供给有志于谈判的人士。

《孙子》十三篇已成为海内外研究的显学，他在2500多年前所提出的战略、战术，不但在军事方面获得广泛的应用，在企业界也获得有效的转借，在谈判说服方面也可以适应。"两岸不断的谈判，不断的争论，是不可避免的事。两岸的谈判与对话，不论是事务性的或是政治性的，都对两岸人民的权益有很大的影响。"方鹏程如是说。

方鹏程对记者说，《孙子兵法》对两岸的和平有重要的指导作用。两岸最圆满的方式是交流融通，通过广泛深入交流，彼此互相认识，互相信任，等到一定的时机，许多问题自然会得到解决。而两岸加强交流融通、解决两岸问题的唯一途径是谈判，海协会、海基会是谈判的最好"桥梁"。

方鹏程表示，三年来，海协会与海基会在"九二共识"的基础上恢复两岸两会的制度性平等协商，迄今已经举行七次会谈，签署了16项协议，对两岸交流衍生的各项事务都进行了妥善处理。但愿两岸能经由对话与谈判，处理两岸的纷争，共臻和平与繁荣。

兵法神机与太极神功的完美结合

台湾中华国际薪传郑子太极拳总会秘书长林焕章在接受记者采访时说，《孙子兵法》是中华智慧的瑰宝，太极拳是中华文化的结晶。太极拳退可以独善其身，进可以淑世以道，与孙子的"自保而全胜"有相通之处，两者完美结合，珠联璧合。

林焕章是台湾义守大学工业管理学系与创意商品设计学系副教授，具有太极拳国际级教练资格，专习郑子太极拳，多次参加世界杯太极拳锦标赛，获得37式太极拳第二名、第五名及太极剑第三名。

近年来，经过多年潜心研究的林焕章，在大学开授通识课程讲授《孙子兵法》与太极拳理论结合，并扩展于管理智慧和生活修炼之应用。他对兵法神机与太极神功的完美结合作了诠释——

拳法和兵法，同根同源，自古一家。以往习武者，文学兵法，武练拳术。校场比武是十八般兵器，而理论考试则是"武经七书"。《孙子兵法》位列武经之首，堪称大拳理，是主要考试内容。

武当派开山祖师张三丰是这样论太极拳的："一举动周身俱要轻灵，尤须贯串，气宜鼓荡，神宜内敛"，"向前退后乃能得机得势"，"虚实宜分清楚，一处有一处虚实，处处总此一虚实，周身节节贯串，无令丝毫间端耳"。这与孙子所说的善于借势、避虚击实等兵家哲理如出一辙。

《孙子兵法》与太极拳都是武学，共通的哲理是取法自然，有法而无定法，透过拳架锻炼松柔，拳架是"有"，而松柔是"无"，能够松柔才能形塑内在天地形势，呼应外在形势，因而"引进落空合即出"，这个过程就是"自保"。

太极拳汲取孙子"致人而不致于人"的理念，而这也是太极拳所追求的，只有太极功夫非常高超的人才能达到。太极拳把达到这一目的、方法具体到每一个技术细节上，可见《孙子兵法》对太极拳的影响。孙子"因敌制胜"的思想在太极拳理论中体现的特别充分，《太极拳十三势歌诀》中说"静中触动动犹静，因敌变化亦神奇"。为了做到"因敌制胜"，太极拳强调"舍己从人"。

太极拳最显著的特点是"柔"，以柔克刚。太极拳讲松柔是要消除紧张，减少内耗，先求自保再获全胜。此外，知彼知己，立于不败，顺应形势，把握机会，在全胜思维的指导下求取胜利，等等，均符合孙子的哲理。

太极拳的"体用"有广、狭两义，狭义的"体用"为个人层次，以生理的松柔中定为本，"体"为健身、延年益寿，"用"为保身、攻防技击；广义的"体用"为群体层次，以心智的松柔中定为本，"体"为中华文化内涵的太极拳原理，"用"为社群的竞争合作行为。"现在一般习拳者大都局限在狭义的范畴，还未达到广义范畴的境界，有待于进一步推广。"林焕章说。

林焕章认为，中国兵法和中国太极拳影响到整个21世纪。太极拳最能展现"自保而全胜"的兵法哲理，一方面能够建立健康的基础，奠定人生活的长期的竞争优势，足以自保；另一方面能奠立人格特质的竞争优势，把《孙子兵法》的神机与太极神功完美结合，融会贯通，用心揣摩，在人生经营上也能取得成功。

第六章　唐人街兵法

唐人街成传播中国国粹"窗口"

曼哈顿唐人街成为中华文化在纽约的一座"桥头堡",旧金山唐人街"以不变应万变"的气场弘扬孙子文化,蒙特利尔唐人街的墙壁上绘有"吴宫教战"的巨幅壁画,维多利亚唐人街牌楼上醒目地刻着语出《孙子兵法》"同济门"三个镏金大字,温哥华唐人街是华人在北美奋斗百年历史的活化石,充分彰显了《孙子兵法》"合利而动"的战略思想……

欧美华侨华人称,中国人走出去了,中国文化走出去了,但是没有走出唐人街,包括儒家学说、兵家文化在内的中国传统文化还是在华人中间流行。唐人街是延续着中华文化的"小中国",是传播中国国粹的"窗口"。可以说,在海外,唐人街代表着中华文明、中华传统。

纽约唐人街有孔子大厦、林则徐铜像、华裔军人忠烈牌坊、华人博物馆。在这个华人世界里,开车可以听到中文广播,晚间看的电视是中文电视,餐馆里播放的音乐是中国的,无处不在传播中国的文化、中国的形象、中国的声音。唐人街许多街口书店和报摊,出售来自中国各种书籍和报刊,《孙子兵法》等各类中文书籍琳琅满目,甚至有中国老版图书。

在西方人眼里,中国兵马俑就代表孙子的形象,欧美翻译出版的《孙子兵法》各种版本封面上常常见到中国兵马俑的图案,原因就在于此。2012年,由30多个当地艺术家制作的34座彩绘兵马俑"驻"在温哥华唐人街中山公园。在温哥华一家豪华酒店的大堂里,彩色的中国兵马俑巍然屹立在正中,吸引无数外国客人观赏,拍照留念。

蒙特利尔唐人街中华文化宫设有图书室藏有上千册儒家、兵家等中华文化书籍，橱窗里陈列着兵马俑，美术馆里展出"运筹帷幄"等《孙子兵法》的书法。有人赞美说，蒙特利尔唐人街，到处都是浓厚的中国情趣，充满了浓厚的中国文化气息。它就像一座中国文化博物馆，宣传和继承着中华优秀文化，是西方人认识中国文化的"窗口"。

巴黎唐人街的华侨华人自豪地说，数千年间，《孙子兵法》在东土世界历经朝代更迭，从东方传至西方，《孙子兵法》的影响力也从军事延伸到政治、经济、商业、哲学、生活等各种领域。而孙武则被后人尊为兵圣，其《孙子兵法》被奉为世界第一兵典。在孙子与他的《孙子兵法》身后，仍然带给世人太多的神秘与故事：《孙子兵法》为何如此神秘伟大，成为宇宙间的旷世奇书？

伦敦唐人街区里汇聚了80多家中餐馆，还有食品超市、书店、理发店、华文媒体、华人咨询机构、中医诊所、旅行社等，形成一个完整的华人小经济产业链。而庞大的中国留学生队伍的加盟，使这个产业链越来越大，越来越坚固。两者亲密无间，互相依存，相救相助，正如孙子在《九地篇》中说："当其同舟而济，遇风，其相救也如左右手。"

兵法、易经、八卦、太极、武术、围棋，澳洲学者更愿意从包括兵家文化在内的中国传统文化角度来解读澳洲唐人街。澳大利亚学者称，《孙子兵法》作为兵学圣典，二元结构的圆融和谐的统一思想通贯全书，揭示了矛盾双方相互对立、相互依存、相互转换的关系，形成独特而丰富的和而不同的哲理。而孙子的这一哲学思想在澳洲唐人街得到完美的诠释。

旧金山孙子研究学者认为，《孙子兵法·军争篇》提出从事战争的目的是为了"掠乡分众，廓地分利"，就是要保全本国民众的利益。华侨华人在海外开土拓境，则需分兵扼守。要权衡利害得失，懂得正确运用变迂远为近直的策略者就能胜利，这就是军争所应遵循的原则。唐人街的变化似乎不能避免，但旧金山唐人街以不变应万变，固守阵地，坚守传统，延续文化，充分体现了孙子的这一战略原则。

一位在曼哈顿唐人街长大的华裔女孩说，唐人街有着不容替代的重要作用：保留中华文化，中华文化的基础是汉语和汉字。中华文化怎样才能够代代相传？是唐人街解决这个难题。唐人街坚持讲中文，看中文，让他们的子女在家里说中文。可以说，唐人街既是中华民族在海外的落脚点，也是中华文化在海外的保留地和生长点，而靠居住在美国人社区的华人家庭来传承中华文化是很难的。

横滨中华街彰显"中华之势"

走进横滨中华街,感觉到一股浓郁的"中华之势"扑面而来。该条街是日本乃至亚洲最大的唐人街,与神户南京町、长崎新地中华街一起并称为日本三大中华街。而能够成为外国城市象征的恐怕除此之外,绝无仅有。

《孙子兵法》云:"善战人之势,如转圆石于千仞之山者。"横滨中华街的创立在于"寻势而发",成功在于"乘势而上",充分显示了华侨华人的"审时度势",也集中体现了中华兵家文化的"善于谋势"。作为横滨第四代华侨,横滨华侨银行副理事长李肇臻见证了此街的发展"态势"——从"弱势"到"强势"。

港口城市"地势独特"。1859年横滨港开港,当横滨与上海、香港之间开设了定期的船路航班之后,中华街应运而生。各条街道,斜向海岸,居家之地,坐北朝南,东西走向,纵横交错,成为华侨聚居的极佳风水宝地。如今,中华街附近居住了100多个国家的人,居住的华侨华人4000多人。

中华牌楼"气势磅礴"。全长300多米的中华街,东西南北门各竖着七座款色不同的牌楼,红柱绿瓦,雕梁画栋,成为中华街的标志。按照中国明清时代的样式建造,以五行风水命名各门。东为朝阳门,青龙守护;西为延平门,白虎守护;南为朱雀门,朱雀守护;北为玄武门,玄武守护。各门牌楼之柱按五行之对应,西为白虎,柱漆白色,南属朱雀,柱漆红色,富丽堂皇,光彩夺目,彰显泱泱中华之雄风。

中华美食"识势称雄"。记者徜徉在雕龙画凤的店铺前,里面飘出正宗中国料理的香味。这里仅中国餐馆就有200多家,被誉为"中国名菜饭馆街"。饭馆有以省市区命名的如北京、广东、江苏、上海、四川、山东、海南、重庆、青海、扬州、景德镇、台湾、香港、九龙等；也有以江河湖海命名的如珠江饭店、太湖饭店等；还有以人文景观命名的如豫园别馆、新天地等，集中华之"气势"与"优势"于一街。

传统工艺"借势兴旺"。中华街共有624家华侨华人店铺，除此之外，还开设杂货店、药店、服装店、手工艺品店等。其中中华食品等38家，中华工艺杂货店铺52家，生鲜食品及其他店铺60多家，土产店铺31家。这些店铺的名称都善于"借势"：如三国志、西游记、悟空1号、杨贵妃、武松、状元楼、牡丹园、香格里拉等，与饭馆"势均力敌"。

中华文化"贵在造势"。关帝庙内红脸关公像前香火正旺，中华会馆、中华学校声名大振。横滨中华街常在电视、报纸、杂志、电视露面，"美食天堂"之名不胫而走。近年来，该街先后举办春节灯会、元宵灯会、展览会、关帝诞、妈祖诞、美食节、狮子竞舞、祝舞游行、子贡绘画展、采青等文化活动，年年有创新，月月有活动，可谓"大张声势"。

旅游观光"势不可挡"。"小老板做事，中老板做市，大老板做势。"横滨中华街做的就是"势"，成为"声势浩大"的著名旅游名地。记者看到，街上人潮涌动，"势如破竹"，万人云集，蔚为大观。该街年均游客达2000万人次，95%的客人是日本人，尤其是日本的学生居多，经常组织休学游，而东京迪斯尼乐园每年吸引的游客也不过1600万人次。当地华侨自豪地说，这里绝对是全世界最气派、观光客最多的唐人街。

以新华侨为主体的"池袋唐人街"

记者在东京丰岛区池袋车站北口看到，这一带的繁华街区聚集了220多家为华人服务的饭店、网吧、书店、旅行社，已成为新华侨为主体的"池袋唐人街"，有"东京中华街"之称，标志着一个日益庞大的日本新华侨群体正在浮出水面。

《日本新华报》总编辑蒋丰介绍说，日本新华侨是20世纪80年代中期以后到日本并长期居留，许多人取得硕士或博士学位后留在日本，其中不乏高素质的人才，逐步摆脱了传统中国人到海外只从事餐饮、服务等行业，跻身科教、文化、商业等领域。目前新华侨在日本大概有400多位教授级的人物，工程师也在近千名，已有五个华人企业在日本上市。日本新华侨对中国的传统文化造诣更深，在善用《孙子兵法》方面比老华侨更娴熟。

知己知彼，百战不殆。日本湖南人会会长段跃中告诉记者，在以视情报为生命的日本东京，这里成为华人的信息发源地和集散地，十多份中文免费报纸在这里发行。段跃中早年在经济拮据时就靠骑自行车收集信息，常来池袋。如今他在池袋附近公园组织了"汉语角"，从2007年8月5日至今已举办190多次交流活动，为在日华人提供信息交流机会。蒋丰认为，新华侨选择交通发达、商业繁荣的池袋是经过充分调查的，是"知己知彼"的结果。

凡用兵贵先知地形。作为东京第二大站的池袋站，每天的人流量为260万人次，是东京著名商业区和交通枢纽站，池袋最繁华的街道从车站向东西延伸，每天大约有100万人流量，商业潜力巨大。日本新华侨抢先占领有利"地形"。2007年11月，池袋地区的十多位中国人经营者成立了

"东京中华街"筹备委员会，计划将分散在池袋车站周边500米范围内的各家中国店铺，联合形成网络式的"东京中华街"品牌。

善战者，求之于势。日本新华侨制作统一的网站，以整体形象在各种媒体统一进行广告、宣传，把"东京中华街"品牌树立起来；开设介绍中华料理店主页，介绍各家店铺、制作会员卡、组织各种活动等；成立中国菜教室、中文教室，建立起"互惠环境"，产生"相乘效果"，让池袋成为中国商品、中国服务、中国文化的发祥地，创写日本乃至世界华侨和中华街的新历史。

以弱击强，以众击寡。"地球饭店""东明龙凤"等老铺数十年前已立足池袋，以"阳光""知音"等物产店，"大福来""永利""大宝"料理店为中心雏形已开始形成，中国书店、中国食品、中国旅行社等"国字号"中华企业集中优势兵力，抱团作战。中国餐饮业大户小尾羊进入池袋，斯楼的食品店内，二锅头、青岛啤酒、老干妈辣酱、水果罐头，应有尽有。"东京中华街"将形成一个以中华美食、中国物产、中国文化及旅游、娱乐等极具中国特色的综合性商业街区。

凡战者，以正合，以奇胜。"东京中华街"构想独辟蹊径，与横滨中华街截然不同，以池袋车站为中心，半径500米，或步行五六分钟的"网络型"圈子；以餐饮业为主，有物产家电、华文媒体、旅行社、美容院、学校、文化娱乐、不动产、通信、IT业等"多业态"产业。从事华侨华人研究的筑波大学大学院山下清海认为，这里是可以了解当今中国的街巷，不用说在日本，即使放眼全世界来看，也可以说是一种全新的唐人街模式。

仁川中华街演绎"五变兵法"

中华音符，五音六律；中华色彩，五彩斑斓；中华美食，五味俱全……走进韩国仁川港古香古色的中华街，领略中华文化的无穷魅力，"韩流"与"汉风"在此交汇。记者感觉到，韩国华侨华人《孙子兵法》——"兵势篇"在这里演绎得缤纷多彩。

五声之变不可胜听

孙子云："声不过五，五声之变，不可胜听也。"仁川是华侨华人聚居地之一，与中国隔海相望，历来具有中韩文化交流的传统。仁川中华街是华侨华人经商和进行文化交流的"窗口"，在这里，能听到中华文化组合的美妙"音符"。

在中华街与仁川市政府联合投资建立了韩中文化展览馆里，全面介绍中国文化和韩国文化。馆里有一块制作精致的展板，将韩国历经的旧石器、新石器、青铜器、三国时代、高丽、朝鲜时代与中国的历史朝代一一对应，仿佛奏响了中国编钟那清脆明亮、悠扬动听的旋律。

展馆的友好交流都市宣传室里，通过山东、浙江、云南等八个省市赠送的393件实物，展示中国文化不同的地域特色：杭州精美的丝织坐垫、丝织书籍，青岛的贝壳工艺品，云南大理石瓷器，大红色的中国结、京剧脸谱等，仿佛聆听到婉约缠绵的江南丝竹和脍炙人口的京剧唱腔。

在仁川中华街，还可听到"糖人""剪纸""微雕""葫芦"艺人的吆喝声，在这里定居了几十年的山东籍老华侨浓重的山东方言和山东妇女的沂蒙山小调，以及店铺里不时传出的中国民歌音乐，传递着炎黄子孙发自肺腑的心声……

五色之变不可胜观

孙子云："色不过五,五色之变,不可胜观也。"中华街入口处标志性的牌楼是中国威海市政府2002年赠送的,上书"中华街"三个镏金大字。漫步在中华街,最具代表颜色自然是红色,餐馆、商铺门前大红灯笼轻轻飘动,走在这里感觉眼前一片红。题有各种字样的牌匾五光十色,耀眼夺目。

沿中华街西侧拾级而上,一座汉白玉孔子雕像映入眼帘。中华街两旁,中国食品、中餐馆、旗袍店、古董店、字画店林立,不少已是百年的老字号。旗袍店的中国旗袍多姿多彩。

在这条街上,有一堵十分漂亮的瓷砖砌成的墙十分引人注目。墙上贴满了用陶瓷烧制成的各种中国传统戏曲宣传画,还有绘制刘备、关羽、张飞的150米长的《三国志》壁画,为中华街平添了几分色彩,吸引了许多韩国人和各国游客的目光,加深了对中国传统文化的了解。

五味之变不可胜尝

孙子云："味不过五,五味之变,不可胜尝也。"在中华街上,美食世界、中华料理、火锅大王、北京庄、紫金城、共和春、青馆等中国餐馆遍布满街,汇聚了中国南北各地风味的餐馆,可谓酸甜苦辣,五味俱全。

太和园餐馆的炸酱面排起"长龙",据说,炸酱面当年是最受仁川码头工人欢迎的廉价便餐,后逐步成为韩国民间喜爱的食品,每年10月中华街都要举办炸酱面庆典。炸酱面也被称为"炒酱面",将炒好的中国酱盖在面条上。韩国华侨进行了改良,在面条上放了蔬菜和肉,又在春酱里加了焦糖,做出符合韩国人口味的炸酱面。

几十年过去了,在仁川中华街炸酱面成了中国饮食文化的符号,来一碗炸酱面,喝上一瓶山东烟台产的白酒,有滋有味,深受韩国人的喜爱。

探访首尔大林洞唐人街

有海水的地方就有华人，有华人的地方就有唐人街。长期例外的韩国如今也不例外了，这里正在迅速成长为首尔首条唐人街。《韩中商报》社长李永汉自豪地对记者说，这是中国发展在韩国的体现，也是韩国华侨应用《孙子兵法》"弱生于强"的成果。

韩中交流株式会社营销总监李星向记者介绍说，2002年，在位于韩国首尔九老区大林二洞中央市场，长200米的市场胡同里有名为"包子铺""好再来饭店""一元一饺子馆"等20多家中国餐馆、食品店挂上了大红灯笼，形成首尔首条"唐人街"的雏形。

记者在大林洞看到，在以中央市场为中心，横跨大林一洞和大林二洞的地区居住着50万左右华侨华人，其中朝鲜族占了大部分，还有来自中国东北的新华侨。华侨兴办的企业300多家，中国餐馆、海鲜店面、食品店100多家，房地产、旅行社、国际电话亭、家电维修、换钱所应有尽有。中华料理店集韩国人喜爱的14种中国菜肴的韩国语菜谱，来这里消费的韩国人络绎不绝。

据此间媒体人介绍，战后韩国多届政府一直对华侨实行限制排斥政策，朴正熙时期更是限制华侨营业和居住面积，强行拆迁中国城，甚至以粮食紧张为由不许中国餐馆卖米饭。许多华侨在韩国连生存都困难重重，还谈什么发展。因此，世界无所不在的唐人街，在韩国竟然销声匿迹。

朝鲜半岛的华侨华人曾有强盛的历史。1945年朝鲜从日本殖民统治中获得解放，华人利用国内外的网络，一时成了朝鲜经济活动不可缺的支柱。有统计资料显示，1946年朝鲜半岛的贸易有82%就掌握在华人手中。而到了20世纪70年代初，原本有12万人口的华商锐减到只剩下区区2

万人。

正在韩国调研的外交部中日韩经济发展协会副会长张海勇告诉记者，直到中韩建交以后，韩国华侨社会的发展才有了良好的环境，为华侨经济的发展提供了新的机遇。目前华侨已经拥有在韩永久居留权、地方选举权，华侨也能在韩购置土地，华侨的生存条件有较大改善，社会地位有所提高。

近年来，韩国政府考虑在各大旅游景点开设中国游客专业餐厅，济州岛的首家中国游客专业餐厅"中文海滩烧烤"已正式开业。张海勇认为，这表明韩国华侨改善之势已成。韩国华侨人数虽然不多，但支撑华侨社会的华侨社团、学校和报刊三大支柱都存在。韩国有100多个华侨社团、40多所华文学校，华侨先后发行过《韩中日报》《华侨新报》《正声日报》等报纸，向韩国人民展示中华民族的优秀文化。

李永汉办的《韩中商报》，在大林洞华侨圈里传播中华文化，传递各类信息，很有名声。他还开办了韩中人才开发中心，为华侨企业找合适人才，以图发展。这里的新老华侨都认识他，大事小事都来找他，李永汉也热心为新老华侨办事。他认为，韩国华侨的团结比什么都重要，只有拧成一股绳，才能以弱变强。

李永汉向记者表示，《孙子兵法》说得好："怯生于勇，弱生于强"，弱小的态势也可以转化为强大的态势。如今，仍处于"弱势群体"的韩国华侨，在韩国这样一个充满竞争的社会中，要做中华文化的传播者、中华民族良好形象的展示者，走出中国人的圈子，积极融入当地社会，学会使用合法的手段去维护和争取权益，只有这样才能再创强盛。

越南唐人街流淌兵法神韵

孔子大道、孟子街、老子街、水兵街、关帝庙、中式屋宇、华文学校、华文书店、孙子读物、精武会馆、中医门诊……东方文化依然在深刻影响着胡志明市。

记者徜徉在"最中国化"的堤岸唐人街，感觉这里处处流淌着迷人的东方神韵，也处处闪烁着神奇的东方兵法的智慧。

这里的中国餐厅、糕饼店、杂货铺、理发店，招牌几乎都是中越文对照，华人住宅区的街道里弄至今仍有中文名字，形形色色的华人店铺，如中药店、元宝蜡烛店、豆浆油条店、饺子云吞面店、凉茶铺等更是充满了"东方风情"。

在东方影像制品店里，记者看到两名华人女孩忙得不亦乐乎。这里出售的音像制品大多是中国大陆和港台地区的文艺作品，《孙子兵法》《三十六计》《三国演义》《水浒》等中国古典文化光碟，都放在显著位置。记者指着一张《孙子兵法》光碟，问一位华人女孩是否有其他版本，那女孩一下子从柜台里取出十多张光碟任记者挑选。她对记者说，这光碟最好卖了，华人喜欢，越南人也偏爱，所以进得多。

陪同记者的第二代华人谢先生向记者介绍说，在胡志明市，不管是华人还是越南人，没有人不知道《孙子兵法》的，没有人不会说"知己知彼"的，特别是华人，一是推崇孔子的"礼"，二是崇拜孙子的"兵"。"礼"和"兵"成为华人经商的两件武器；"先礼后兵"成为华人的经商之道。

在非常咖啡店，电视机的银幕上正在放映中国的电视连续剧，对白是原版汉语，加上越语翻译。喝咖啡的大多是越南人，也有华人，有的在用手提电脑上网，有的在下中国象棋。几对年轻的越南男子，下棋聚精会神；而靠近吧台的两位美丽的西贡小姐，下起中国象棋来有模有样。谢先生告诉记者，许多越南人都喜欢中国象棋，因为象棋中两军对弈，斗的是兵法和智慧。

堤岸唐人街上，最能体现华人兵法和智慧的是，吹响了中国传统文化的"集结号"。华人把中国优秀的文化产品在这里集中展示，如中医文化、木雕文化、顾绣文化、灯饰文化、丝绸文化、珍珠文化、钟表文化、鞋文化、舞龙舞狮等民俗文化，集优质资源、优势兵力于一街，很吸引人。

在堤岸唐人街要数华人开的医院和中药店最多，有名的是福建福善医院、潮州六邑医院、中正医院、广东医院、海南医院等，在这里从事中医药业的大多是广东潮州人。

出身中医世家的潮州医生认为，中医理论与《孙子兵法》都在春秋战国时期形成。中医学以阴阳五行作为理论基础，将人体看成是气、形、神的统一体，讲究阴阳、表里、虚实、寒热，还有养生气功"五禽戏"等。可见医学与兵学、医道与兵道有相通之处，故有"用药如用兵"之说。

曼谷唐人街的"黄金兵法"

　　曼谷唐人街有座黄金佛寺，所供奉的纯金佛像高近四米，总重为5.5吨，为泰国三大国宝之一。而曼谷唐人街更是流淌真金白银的地方，是泰国最大的黄金交易中心，影响着泰国的黄金市场，这里还是全球唐人街中"黄金兵法"应用最神奇的地方。《孙子兵法》黄金版一面世，很快就被泰国华商全部买光，泰国华文媒体老总也证实了这一点，华商笑称"书中自有黄金屋"。

　　位于曼谷湄南河畔繁华的唐人街最多的是金店，门面虽不大，但装饰得富丽堂皇，据说曼谷金店的70%分布在唐人街。在全长不到两千米的耀华力路上，记者看到有上百家大大小小的金店，都是华人开的，有经营140多年以上的老字号金店，也有经营规模现代化的新式金店。金店门口竖着巨大的金字招牌，柜台里陈列着金光闪闪的首饰和黄金制品。这些黄金饰品花色品种繁多、做工精细、设计美观、价格便宜，常年吸引着大量国内外尤其是华人买家。

　　此间从业黄金生意的华商说，《孙子兵法》比黄金还值钱，充满了"金点子"。作为现代金融交易的黄金期货投资，激烈对抗程度丝毫不亚于残酷的战争，其精髓要义完全涵盖黄金投资的操作策略。

　　记者来到泰国金业公会主席陈振治开的和成兴金行，这是曼谷唐人街最大的金行，金饰的出口量占全泰国出口量的四成。店经理告诉记者，在黄金情报方面，要数陈振治最懂孙子的"用间"。他是潮籍后裔，从小就被父亲送回祖籍地潮州接受中华文化教育，返回泰国后在黄金行业摸爬滚打了几十年。他每天按时收听国际黄金报价，分析伦敦、香港的黄金价，计算出泰国是日的黄金价格，带动整个唐人街大金行的当天黄金价。如今，陈振治每周都要在泰国电视第三台和第七台出镜，成为泰国媒体公认的金价发言人。

在交易计划方面，陈振治学会孙子的"妙算"，一直以来黄金到高价时就出售，低价时就买进，由于黄金价格不断上升，该金行推出50两也就是两钱的款，非常受欢迎；在资金管理方面，他遵循孙子"不可胜者，守也；可胜者，攻也"，不亏损是防守，盈利需要进行交易；在应对黄金行情的演变方面，他信奉孙子"故兵无常势，水无常形"的教诲，黄金行情演变是没有定法的，唯一不变的就是变化，如果能够在变化的行情中取胜，谓之高手也。

和成兴金行经理说，近年来黄金价格波动厉害，有下降趋势，加上在通货膨胀的压力下，开始出现了排队抢购金条的现象，这是历史上罕见的，几百块加班出来的金条一到店里，还没上柜台，就被登门等候的熟人顾客从办公室买走。人们从习惯购买金饰成品到突然抢购金条，这里面奥妙无穷，充满了兵法的神奇。

泰国孙子研究学者评价说，陈振治有很浓厚的中华文化底蕴，他的智慧在于很好地运用了中国古哲学的兵家思想，他既有将帅之气，又有经商智慧，懂得"不可胜在己，可胜在敌"。不亏损在己，而盈利多少在于行情的演变，只有真正懂得演变并驾驭演变的谓之神。

在陈振治的带领下，曼谷唐人街的金店都学会"黄金兵法"，就连金店门口的工艺品摊位也把《三国演义》的兵家人物形象都镀上了金。

马六甲唐人街重振郑和雄风

春节期间，记者漫步在马六甲唐人街上，这里是一派中国的风情，华夏的喜庆。大红灯笼连成灯的世界，店门口大红布贯穿店堂，大红对联写着中国春联，餐桌上的大红碗全是中国式的，华人过的是红红火火的中国年。

马六甲唐人街也叫鸡场街，是一条集古迹、文化、休闲三体合一的古老街道。早在600多年前中国明代著名外交使节郑和七次远洋航海，并且六次驻节马六甲时，在当地设立"官厂"。华人由此踏上这片陌生的土地，并在通向大海的河口往来经贸，繁衍生息。不知过了多少年，这片最初的"官厂"旧址周边20多条周边街巷，成为当时华人迁居南洋最早的集中聚居地区，并且有了一个充满闽南味的名字——"鸡场街"。

在马六甲的河口，发现了几百只"郑和瓮"。当地华人对郑和顶礼膜拜，郑和在马六甲的事迹家喻户晓，如郑和发挥他军事家的才能，组织当地军民筑起了古城墙，建了东南西北四座城门，晚上派人昼夜巡逻，制定一整套警卫制度，不仅扫除了城内的不安定因素，也利于都城的保卫。郑和不仅在这里设立官厂，囤放粮食、货物，还挖了"三宝井"，消灭了海盗陈祖义的侵扰，使马六甲成为当时东西贸易活动的主要商港。

此后，马六甲留下郑和和平文化交融的"种子"，100多年来人们过着安居乐业的美好日子。正如李克强在访问马六甲时所说，郑和的"和"字代表了和平、和谐、以和为贵，是中华民族崇尚和平、亲仁善邻的生动写照。

陪同记者逛唐人街的马六甲大众银行创始人林先生说，朱元璋建立明朝后，中国出现了强盛时期，并在明成祖手里达到极点。因此，真正的唐人街的出现是在明代，这和郑和七次下西洋有着密切的关系。

林先生自豪地说，郑和七下西洋为华人的海外贸易提供了中国货的品牌，这为唐人街形成奠定了坚实的物质基础。就拿马六甲来说，通过直接从中国进货，使得马六甲很快成为东南亚重要的经济、商业、贸易中心，当时马六甲的唐人街十分兴隆。

汤再民是马六甲民间郑和研究者，他告诉记者，马六甲市的华侨和中国血统的马来西亚籍人，占全市人口的百分之七十五，这里华人过春节的气氛比中国内地还浓，这是郑和到马六甲的遗风。这里的人对郑和也最为崇拜，在马六甲处处可看到郑和的影子，领略郑和当年的雄风。

其实，郑和文化交融的"种子"，早在600多年前就已在这片土地落地生根。记者来到峇峇娘惹古迹博物馆，一整排19世纪海峡华人的店屋及古老屋子，留下了峇峇娘惹、华裔贵族后裔的印记。

汤再民指着一家大门敞开的富贵家庭对记者说，这就是峇峇娘惹的家。

"什么叫峇峇娘惹？"记者不解地问道。

汤再民回答说，他们是郑和下西洋时默许士卒与西洋妇女通婚的结晶，生下的男性后代就称为"峇峇"，女性后代则称"娘惹"。

汤再民告诉记者，郑和自己是太监，不能结婚成家，但他对船队的士卒婚姻十分关心。在七下西洋中，郑和采取默许士卒与西洋妇女通婚的政策，也默许他们永远留在那里居住。

为什么默许而不是同意呢？因为中国大明法律不允许，郑和不能公然违抗，只能采取默许的办法。在郑和的默许下，这些士卒成为西洋早期的华侨，在那里繁衍后代，并为以后来到西洋谋生的中国人创造了有利的条件。所以，郑和及其船队在东南亚一带的影响不仅有物为证，而且留下了后人。"峇峇娘惹"就是最著名的族群，有人称他们为"土生华人"或"海峡华人"。

据汤再民考证，郑和率船队下西洋与马六甲王国成功地建立起政治和经济的联系，他的一部分随行人员留在了当地，这些人定居后与当地的马来族或其他民族的妇女通婚，为马六甲塑造了"峇峇娘惹"新生代。如今，峇峇娘惹的聚集区主要集中在马来西亚的马六甲、槟城以及新加坡。

记者看到，峇峇娘惹的长相与华人有所不同，皮肤较黑，但穿着都很考究，住宅也很豪华，家里摆设中西结合，有老式红木镶玳瑁或贝壳的家具，也有中式传统的雕花大床。

汤再民介绍说，峇峇娘惹虽然远离中国本土，却继承了中华民族的文化传统，注重仁义孝道，讲究长幼有序，在文化习俗方面十分"中国化"，婚丧嫁娶的风俗和中国传统的礼仪也很相似。

马六甲最高等级的庙是青云亭，在市中心的唐人街上。青云亭里有一座碑铭，为纪念郑和第一次到访马六甲而建。庭院里可看到佛教、儒家和道家的教义，这座庙宇的建筑材料都是来自中国。

新加坡和马来西亚的华侨华人出资3000万元人民币，在马六甲红屋区郑和官仓遗址建一个郑和文化馆。总面积8000平方米，共三个楼层，分郑和在中国、郑和在马六甲、郑和宝船三大部分，展出郑和下西洋所带的数百件瓷器、海产品、宝船模型等，还展示船员生活场景，在古老的中国馆里开设了茶馆与郑和纪念品中心。

离红屋区几尺之遥，正是曾经繁华忙碌的马六甲河口。滔滔河水从不间断地流向马六甲海峡。遥想当年，郑和的船队带着和平、友谊来到这里，开展互利的商业文化交流，并帮助维系当地的和平与安宁，是和平交往、互利友好的使者，践行了《孙子兵法》和平外交的思想。

从丘牛大车时代走来的牛车水

从丘牛大车时代走来的牛车水，坚守了中华传统文化；从丘牛大车时代走来的《孙子兵法》，在高科技、信息化的原子时代、电子时代仍然放射出中华传统文化的光芒，照耀着牛车水。

真正的高手，隐匿于市井之中，那里才是藏龙卧虎之地，牛车水的华人正是这样的高手。

牛车水是新加坡的唐人街，位于新加坡河南畔，是1821年以来华人漂洋过海至此逐渐形成的聚居地。据说以前这一带的华人均用牛车拉水，因此得名。

1819年英国人莱佛士登陆新加坡之后，从中国南部来的华人越来越多，大部分人就住在现在的牛车水区。于是，几年之后，莱佛士索性把这个区划为华人居住区。现在这里成为新加坡最大的遗产保护区，拥有许多文化宝藏和建筑瑰宝。

牛车水面积不大，众多街巷纵横交错。街上的民房多是两层高的中国南方建筑，屋墙处处可见中国传统民间雕饰，如彩龙、二十四孝故事等。

漫步在牛车水的街巷，仿佛置身中国东南沿海的某个繁华小镇。与新加坡的其他地方不同，这里的街巷没有浓郁的西方文化的影子。在这里，让人感觉不到身在国外。店铺的名称全是中文，各种标示也用中文书写。

在这个华人世界里，吃饭可以听到"丽的呼声"华语广播，晚间看的电视是中文电视，餐馆里播放的是华语歌曲，无处不在传播中华文化。中国的传统文化儒家、道家、兵家，无不在牛车水留下历史印痕。

牛车水又是包容的，颇具规模的华族天福宫、印度马里安神庙、詹美清真寺、阿尔阿布拉印度回教堂，各大种族的庙宇建筑兼收并容。佛牙寺龙华院内有佛教文化博物馆、僧伽纪念馆、三藏殿，定期举办相关表演、讲座和展览。

牛车水一带的书店和报摊，出售来自中国各种书籍和报刊，《孙子兵法》等各类中文书籍琳琅满目，甚至有中国老版兵学图书。

根据1941年的调查，牛车水曾书店林立，新加坡的华文书店有21家，全都落户在牛车水的大坡。旧式小型书局包括志成书局、永成书庄、东璧书肆、通志书局、合强书店、和记书店、文光书局等。在日本人的高压统治下，也没有摧毁华人经营和传播中华文化的意志。

20世纪50年代，商务与中华这两大来自中国系统的大书店，始终是本地华校教科书出版的"龙头"，是二战前华校教科书的主要供应者。包括孔子、老子、庄子、孙子在内的中华传统文化书籍，在这里薪火相传，《孙子兵法》成了那年代华人的经典教科书。

如今，珍珠大厦三楼有一间叫"汉舟"的书店，是牛车水最大的中国书店，专营中国大陆图书，有很多华文和英文的书籍，中国兵家文化的书籍和《孙子兵法》英文版长年不断。

位于牛车水万达街第五座楼下的利记书店，开业已超过半个世纪，恐怕是毗邻中央商业区唯一出租漫画书和小说的书店。书架上排满漫画书，如金庸的《天龙八部》和《神雕侠侣》，香港黄玉郎的《龙虎门》等，最热门的当数《孙子兵法》《三国演义》改编的漫画。

吴国坚的岳母负责书店生意20多年，由于身体欠佳，把书店交给女婿帮忙打理，主要让他负责租书业务。店里还摆了一些供租书顾客坐下来看书的椅子。租看漫画书收费是每本八角钱，小说是每本一元，书店的顾客以熟客占多数。

吴国坚说，早年最受读者欢迎的是武侠小说，大多与兵家文化内容有关。

牛车水禅山六合体育会设有武术组，是传播中华武术的佼佼者。李光耀出席过体育会的庆典活动，当时新加坡独立不久，李光耀不放弃任何机会，在各武术团体发表演说，鼓励学武的年轻人参军，保卫国土，果然召到一群义务的人民卫国军。

如今，牛车水不仅有华人开办的武馆、拳馆，夜市有中华武术表演，华人还开办了传统风貌的中药店，一些中药店还会配有自制的凉茶、中药茶。而在牛车水居然能看到黄飞鸿当年的宝芝林，多少让人感到有些意外。

宝芝林是一个药店，是黄飞鸿一生中行医济世、广收门徒的重要场所。宝芝林是取宝剑出鞘，芝草成林之意。

一代宗师黄飞鸿，是武林中一位传奇性的历史人物。他从小习武卖药，在父亲黄麒英的影响下，不仅武功高强，医术也很是了得。1882年，也就是黄飞鸿35岁那年，因治好了黑旗军首领刘永福多年的脚疾，被授予"医艺精通"的木匾，加上武艺精湛，深得刘永福赏识，特聘请他为军医官和福字军技击总教练。

1886年，由于父亲去世，黄飞鸿继承了父亲在广州仁安街的跌打医馆，这就是他一生中行医济世、广收门徒的重要场所宝芝林。后人在新加坡建立黄飞鸿武馆和宝芝林。

牛车水梨春园是华人熟悉的地标，二战前上演广东大戏，因此俗称戏院街。二战时梨春园被日本轰炸机摧毁，战后重建。

新加坡有"粤剧第二故乡"之称，省港的粤剧团体多次前来新加坡演出《昭君出塞》《洛水情梦》《凤仪亭》等兵家文化经典剧目，场面轰动。

在恭锡街落户的八和会馆为人们掀开这段被淡忘的史迹。1850年前后，粤剧已经随着移民传到本地了。当时广东发生"红巾起义"，有些艺人参与反清复明，清政府重拳出击，关闭所有粤剧戏班，新加坡成为一些粤剧演员逃难与谋生的出路。

1857年，广东梨园子弟在新加坡创建了梨园堂，后来取名八和会馆。粤剧团分八个堂号，例如兆和堂（小生）、福和堂（花旦）等。八和取义"八堂和合，和衷共济"，期望各专业人士和睦共处，将欢乐带给民众，符合《孙子兵法》"同舟共济"的思想。著名的演员如红线女、新马仔、汪明荃等人来新加坡演大戏，都例行拜访八和会馆。

牛车水有一些老唱片铺，在里面可以淘到很多绝版的黑胶唱片，偶尔还能找到一些在中国本土已经消失的反映中国传统兵家文化的戏曲唱片。

如今，牛车水正迎来越来越多的中国新移民。这些来到牛车水的新移民在国内接受的是传统教育。受优秀中华文化的熏陶，他们虽身在异国却对中华文化仍具有强烈需求。因此，他们大力弘扬中华文化，推动了中华文化在新加坡的传承。

巴黎13区唐人街与兵法13篇

"中国文化真的很有魅力，巴黎华商靠中国人的智慧取得成功，站稳脚跟，就连法国人也很热衷中国文化。"高大的身材，憨厚的笑容，长着一张标准的中国脸，讲得一口流利的汉语，发亮的脑门上闪烁着中国人的睿智，他就是巴黎13区唐人街华裔副区长陈文雄，也是巴黎首位华裔副区长，是他改写了法国华人移民史。

祖籍广东的陈文雄，1967年出生在柬埔寨，1975年随父移民到法国，后取得巴黎商业管理硕士文凭。他因继承父业经营中国茶叶生意，被称为华人新一代"茶王"。多年来，无论是经商还是从政，他都在积极服务当地社会的同时，成功地将中华文化播种西方。

陈文雄介绍说，巴黎13区在法国相当于一个中级城市，人口18.6万，在巴黎市区中排名第五，在全法国所有市镇中排名第十二，华裔人数约有5.8万，大部分为东南亚华人。该区高楼林立，街道宽阔，这里注册华人公司1200多家，巴黎士多、陈氏商场闻名遐迩，是巴黎华人最多的聚居地区。

陈文雄在接受记者采访中所流露出对中国传统文化的痴迷，列举的一个个充满神奇的经典案例，让记者感觉到，《孙子兵法》13篇闪耀的中华智慧的光芒，正照亮着巴黎13区唐人街：计划妙算，动员华人，全争天下，自保全胜，奇正相生，避实击虚，变患为利，变中取胜，商场机变，择地而蹈，适应环境，重兵出击，掌握信息。

孙子把"始计篇"排在第一，可见计划妙算的重要。中医、中药、中秋节、春节文化周、茶文化周、音乐节、中国油画与法国油画的鉴赏活动，成立华人托儿所与华人老人院，全力推动法国医院与中国中医体系合作……陈文雄就任巴黎13区唐人街华裔副区长后，定下了六年计划。

孙子在"地形篇"中告诫说，"通形者，先居高阳，利粮道，以战则利"。巴黎13区唐人街在地形上主要集中在由绍瓦西、伊夫利和马塞纳三条大街构成的一个三角区域，有着独特的优势。这个区域位于巴黎塞纳河左岸，是保留巴黎历史风貌最好的一个区，不仅旧式的街道建筑基本保留完好，充满东方文化气息，被誉为"塞纳河的香港"。这个三角地带还便于延伸，如今呈饱和趋势时，华人企业正在向周边地区扩展。

孙子在"九地篇"中指出，根据用兵的原则，战地有多种，而先得到便容易取得天下支持的为"衢地"。巴黎13区就是这样一块"衢地"。早在17世纪，就有中国人辗转来到这里，第一次世界大战期间有14万中国劳工到达法国，有近1万人牺牲，永远留在这片土地上。一战结束后，有少数人留下来做了侨民。1998年，法国政府在巴黎13区华人社区竖起了一块两吨重的花岗岩石碑，碑上镶刻着镏金字："纪念在第一次世界大战中为法国捐躯的中国劳工和战士。"可以说，这里与中国有着深厚的渊源关系。

孙子的"军争篇"中认为，军争之难者，以迂为直，以患为利，要把看似不利的条件变为有利的条件。巴黎13区唐人街原为废弃的火车站和旧仓库区，是典型的贫困区。20世纪70年代，法国的一些房地产开发商买下地皮，兴建了多座高楼大厦。但适逢世界经济危机，房屋长期空置，鲜有租赁入住者。当时，许多来自越南、柬埔寨、老挝的难民来到法国，他们当中有80%以上是华裔。华人发现这里的潜力和商机，纷纷在此租房开店，继而落地生根，化腐朽为神奇，铸造了巴黎13区唐人街的今日辉煌。

孙子在"兵势篇"提出，"凡战者，以正合，以奇胜"。只有先守住了"正"，才能够出"奇"。巴黎13区唐人街一方面在苦苦坚守，另一方面在图谋发展。目前，两条大街沿街的商店都被华人买了下来，华人商业的经营范围也不停留于餐馆、商场，而扩展到房地产公司、旅行社、金融兑换店、金行、印刷厂和出版社等各行各业，还有各种进出口业务、保险、会计事务所、专卖店、免税店、影视商店等。

陈文雄雄心勃勃，还有一个更大的计划，就是在未来的13区建一座充满中国味的新唐人街。他计划在该区新建一个大学城，在所有学校推行中文教育。利用人才优势把大型企业吸引到13区，届时这里将成为巴黎一个新的文化中心和经济中心。陈文雄透露，目前该区已与巴黎中国文化中心和《欧洲时报》合作，让中国文化在13区唐人街得到更好的传承与发展。

巴黎唐人街中西结合"变中取胜"

    中国的方块字与法文招牌并行，新古典主义的建筑风格与中式风格门面并立，法式面包吐司与中国火锅并存，浪漫的西方情调与古老的东方文化并融……走在全欧洲最大的巴黎13区唐人街上，记者感觉这里与东南亚的唐人街有很大的不同，尽管不像传统意义上的唐人街，却胜似唐人街，是巴黎最地道的中国城。

    巴黎这座世界级的时尚浪漫之都，处处洋溢着西方的味道。而这里有三个唐人街——13区唐人街、19区美丽城、3区和4区的温州街，在东西方文化交汇中也变得与众不同。《孙子兵法》"虚实篇"说，"兵无常势，水无常形；能因敌变化而取胜者，谓之神"。巴黎唐人街的华商就是这样的"神"。

    记者看到，在华人居住的高楼大厦环抱中，在法国梧桐树成荫的法式风情街道上，没有古典的中国式牌楼，没有传统的中国红气氛。时代变了，唐人街也在变。随着中西方文化的交融以及华侨华人在法国的落地生根，巴黎唐人街正在也必将继续发生变化。

    唐人街以往一直被认为是中低层人群聚居的生活区。随着巴黎13区一系列高档公寓落成，32层的高楼有20多栋，唐人街的形象也在发生巨大改变。这种变化还不仅如此，从最初的单纯的居住区，到繁华的旅游区和商业中心，巴黎13区唐人街的功能也在发生变化。

    陈氏兄弟公司和巴黎士多先后在这里开起多家专门经营亚洲特色商品的大型超市，获得巨大成功。这两个企业的兴盛起到示范效应，带动了整个地区华人商业的发展。短短的十余年间，华人商家如雨后春笋般崛起，几条大街的沿街商店都被华人买了下来，华人商业的经营范围也不局限于餐馆、商场，还扩展到房地产公司、旅行社、金融机构等。

美丽城唐人街当时是巴黎中餐业最为集中的地区之一，档次和规模不断地提高和扩大，规模初显。1985年以后，美丽城开始"美丽转身"，尤其是20世纪90年代后，越来越多的浙江籍华人来此买房置业，为美丽城的发展不断注入新的活力。他们除了经营传统的制衣制革、餐厅外卖店、理发店、金饰店外，还开创了许多诸如中药店、豆腐店、网吧等新兴行业。"巴黎士多"等华人超市共有20多家。

温州街位于巴黎第三区，由几小段狭窄的街巷组成，其中重要的一条法文名叫Rueaum苗比，是条由卵石铺砌成的典型法国小街，这里原先是犹太人的领地，多是皮货批发商。如今成了被誉为"中国的犹太人"的温州人的天下，目前温州街上的温州人已达到8万人之多。温州人从最初加工小皮具、开餐馆、摆地摊，到如今在昔日犹太人集聚的服装区，形成小有名气的温州街。

功能的变化，使得巴黎唐人街的人群结构也在悄然发生变化，一方面在唐人街出生、长大的华侨华人走出唐人街，融入当地社会；另一方面华人以外的消费群体逐步走进唐人街。居住人群的变化必然会对原有的区域生态产生影响，对消费结构自然带来新的变化，要不断满足华人以外的不同类型的消费者和社会集团。

于是，华人新创的行业越来越多，做外卖店的，做日本餐的，经营咖啡吧的多了，发展的范围在不断拓展。一批旅法华商纷纷从唐人街走出来，从皮包店、中餐馆走出来，转行从事国际贸易，在中欧之间穿梭，真正走向市场。巴黎北郊的欧贝维利耶市因此在短短几年内发展成为欧洲最大的中国商品批发市场。随着欧华集团的上市，"股票"一词成为巴黎唐人街上的热门话题。

与此同时，生活或是曾经生活在唐人街上的华侨华人也在以不同的方式，在东西方文化交汇中保持着自己特有的文化特色，在延续着唐人街历史文脉的同时，融入当地的文化和生活。

巴黎13区唐人街华裔副区长陈文雄告诉记者，该唐人街华人的平均生活水平高于当地人，华人子女和法国孩子一起上学，一起玩耍，与法国孩子没什么区别，学习成绩普遍好于法国孩子。春节文化周，20万华人和法国人一起参加，融为一体。

在巴黎近60%获得永久居留权的温州人已享有当地中产阶级的生活水准，他们中甚至有人能在地价昂贵的香榭立舍大街购买数间不动产。欧华集团总裁、温州人黄学胜在大巴黎地区买下数十万平方米物业，收购了两家公司、一家珠宝公司和价值4000万欧元的化妆品公司，登上法国《大都市》杂志封面。

唐人街的变化似乎不可避免，在巴黎13区唐人街上负责经营《欧洲时报》的刘勇认为，唐人街不可能只是一个封闭的、与当地社会完全隔绝的小圈子，它必然要受到西方文明和现代文明的冲击，唐人街从社会文化的边缘移向主流，发生的种种变化都是不足为奇的。

用兵法谋略铺就的巴黎温州街

被誉为"中国的犹太人"的温州人，在浪漫的世界服装之都巴黎与犹太人博弈，从最初加工小皮具、开餐馆、摆地摊，到如今占领了昔日犹太人集聚的服装区，形成了让犹太人汗颜让中国人自豪的温州街，而这条街是用中国兵法谋略铺就的。

温州街位于巴黎第三区，是由几小段狭窄的街巷组成、由卵石铺砌成的典型法国小街。在这条温州街上，遍布具有浙江特色的土特产商场和温州风味的小吃店、中餐馆、超市，更多的则是搞批发零售的皮包、手袋、皮带、钱包的皮革厂商。

有人说，温州人的骨子里，似乎天生就有一种博弈精神，这种博弈精神源于中国古代的《孙子兵法》，它是最早的一部博弈论著作。温州人博弈精神叫"开疆拓土"：哪里有市场，哪里就有温州人；哪里没有市场，哪里就有温州人在开拓市场。

《孙子兵法》博弈思想之一，"先知"，是博弈决策的前提和依据。在博弈活动中尽可能多地获取信息情报，"知彼知己，胜乃不殆；知天知地，胜乃可全"。"未战而庙算胜者"，"多算胜，少算不胜"。温州人的商业头脑特别灵光，善于获取信息，抓住机遇。在温州人眼里，到处都是钱，关键在于你如何去发现与赚钱，温州人很善于从旁人漫不经心的事儿中挖掘出赚钱的契机。

《孙子兵法》博弈思想之二，"集兵"，"并敌一向，千里杀将"。集中兵力打击博弈对手，已被证明是最有效的博弈方法。目前，侨居在法国巴黎的温州人已达10多万之众，而巴黎3区和4区的华人以来自浙江的温州人和青田人为主，那里原本是犹太人的天下，但温州人凭着集团军作战，

525

集中优势兵力打歼灭战，硬是在这里落地生根，站稳脚跟。

《孙子兵法》博弈思想之三，"击弱"，"以小博大"，"以弱胜强"。温州人走的是小商品、大市场的路。温州人做生意，注重从小处着手。温州人务实苦干，只要有一分钱赚，温州人都会不遗余力地去干，从不好高骛远，从不好大喜功。温州人赚钱，从零做起，一步一个脚印，踏踏实实，一丝不苟。

《孙子兵法》博弈思想之四，"主动"，"善战者，致人而不致于人"。温州人善于"四处出击，八面埋伏"，"八仙过海，各显神通"，牢牢掌握主动权。目前，温州街除龙头产业皮件业和服装业外，还经营旅店、各种进出口业务、保险、照相、会计事务所、专卖店、免税店、影视商店和超市等形形色色、门类齐全的各项业务。

《孙子兵法》博弈思想之五，"应变"，"践墨随敌，以决战事"，灵活机动的应变力是获得博弈成功的关键。巴黎的外国人追求自由，大多喜欢租房，这种观念给当地楼市留出了"空白"，温州人正好填补。在法温州人房地产投资最集中的巴黎市中心第三区的庙街上，与别的唐人街不同，这里的店铺招牌都是法文，顾客也都是法国人，而商铺的老板、雇员却是清一色的华人。巴黎人将其称为温州街，因为出租的房子和商铺起码有九成以上是租自温州人的。

此外，温州人博弈还善于"造势"，人为地创造出有利于我必胜的博弈环境；"动敌"，调动博弈对手按我方意志行事；"拙速"，抓住博弈活动中出现的转瞬即逝的胜机进行博弈；"出奇"，出奇制胜是博弈活动的绝招；"用地"，利用有利地形开展博弈。温州人在巴黎的博弈既惊心动魄，又多姿多彩。

伦敦唐人街与留学生相互依存

伦敦唐人街坐落于威斯敏斯特市的苏活区，是伦敦市中心繁华、正宗的黄金地段，距女王住的白金汉宫、首相官邸所在的唐宁街以及鸽子广场都不远，又紧挨在娱乐和夜生活中心SOHO区的旁边，周围是著名的休闲旅游景点，常年都吸引着来自世界各地的游客。

正因为唐人街是伦敦最繁忙的区域之一，也是最受游客欢迎的区域之一，所以也是伦敦租金最贵的地段之一。再加上日渐上涨的物价，房租也在不断上涨，让这里的华人苦不堪言，忧心忡忡。据英国BBC报道，一名中餐馆业者称，他的餐馆的租金由1980年的年租8000英镑涨到2003年的9万英镑，涨幅达10.25倍。

而中国留学生的大批涌入，无疑给本来已陷入"泥潭"开始"枯干"的伦敦唐人街注入一汪"活水"。近年来，大量的中国留学生进入英国留学，成为英国最大的海外留学生来源，总数突破6万。这些留学生在生活上极其依赖于唐人街。用苏州来伦敦留学的张勇的话说，唐人街简直成了他"英国的家"，每周必来。

唐人街是华人的商业和服务业中心，是华人立足之地、生财之地，也是就业的主要基地。15分钟就能走完的伦敦唐人街区里汇聚了80多家中餐馆，还有食品超市、书店、理发店、华文媒体、华人咨询机构、中医诊所、旅行社等，形成一个完整的华人小经济产业链。而庞大的中国留学生队伍的加盟，使这个产业链越来越大，越来越坚固。

据介绍，原来的伦敦唐人街住的大多是20世纪60年代后从香港来的华人，从事的也是传统行业，如餐馆和洗衣店等。由于语言和历史的原因，唐人街成了一个独立于英国社会的文化"孤岛"。

如今，伦敦唐人街已经是一派"海纳百川"的繁华景象，范围也扩大到周围的几个街区。不仅有传统的餐饮行业，还有涵盖华人生活各个方面的行业，如银行、律师楼、会计师楼、图书馆等设施，可以说是应有尽有。许多餐馆老服务员，纷纷被年轻、懂英文的留学生取代。而一些新行业，如银行、旅游、中医、留学咨询业，更是新移民的天下。

中国留学生现在成了伦敦唐人街经济来源的主要有生力量，餐饮、零售、服务业都被这些留学生的消费力量带动。有媒体推断，伦敦唐人街的扩大、发展，都是和中国留学生增多密切相关的。

这里的华文报纸大多是免费的，给当地华人和留学生提供大量的生活、工作信息。英国《华商报》也设在伦敦唐人街，社长薛平告诉记者，来此间消费的中国留学生占了六成以上，如果没有留学生，伦敦唐人街发展不会是现在这个样子；而正因为有了留学生，伦敦唐人街规模经营了，也形成了华人就业上的相对优势。目前在这里打工的，留学生至少占四分之一，真所谓"皮之不存，毛将焉附"。

记者看到，欧美嘉、王朝、欧亚、远东、阳光、益川等众多华人旅行社，遍布伦敦唐人街各个角落，向华人特别是留学生及其亲属提供一日至五日游的常规旅游线路，价格优惠，生意兴隆。留学签证、办理机票一条龙服务，伦敦往返北京、上海、广州的机票授权代理的优惠价在500英镑至600英镑，受到留学生的欢迎。

伦敦唐人街光华书店，成为留学生购书阅览的好去处。书柜里摆放的大多是中国传统文化书籍，《孙子兵法》双语版放在醒目位置。书店老板对记者说，伦敦唐人街与中国留学生的亲密无间，互相依存，相守相助，正如孙子在"九地篇"中说："当其同舟而济，遇风，其相救也如左右手。"

约翰内斯堡唐人街"自保而全胜"

从约翰内斯堡世界杯主球场驱车一路向北，穿过铁皮屋连片的索韦托黑人区，来到邻近布鲁玛湖的地方，就见到世界上最年轻的约翰内斯堡唐人街。这里有五条街道，每条街道长度约700米，连同周边店铺超过120家，有中国各地风味餐厅、华人旅行社、美容院、超市、书店、网吧、手机店、音像店、面包店、修车行、寄卖行等，林林总总，应有尽有。

陪同记者的当地华人张先生说，没有准确的数字知道南非有多少中国人，一般估计在50万左右，以福建、广东为多，约翰内斯堡占了绝大部分，居住在唐人街周边社区的中国人号称10万。

"约堡是彩虹之城，黄金之城，也是犯罪之城，危险之城。"张先生感叹地说，约堡城这座财富之都，也是世界上犯罪率最高的恐怖之都。有媒体称，在约翰内斯堡即便是富人区，也家家户户铁门紧闭，电网林立。约堡每日犯罪频发，与枪杀、绑架、强奸相比，抢劫就算是小儿科了。值得一提的是，抢劫的实施者不见得就是劫匪，也可能是警察。

张先生介绍说，约堡也是华人经商最多的城市，华人在南非当地人中的印象是"黄皮肤的犹太人"，是"会挣钱的机器人"。因此，华人成为匪徒抢劫的主要对象，抢劫华人好过抢运钞车。华人在南非被抢劫不是新闻，几乎无人幸免。"如果没被抢过，就不是南非华侨"，这是在南非华人圈里听得最多的一句话。

南非虽然遍地是金矿，但只是冒险家的乐园，在南非的华人确实很有钱，但身家性命难保，这绝不是危言耸听。但凡在南非开店经营三年以上的华商大多遭遇过抢劫，甚至还发生过枪战。近年来，每年都会发生多起华人老板被杀害事件。因此，有钱的华人在这里都十分低调，很注意保护自身的安全。张先生如是说。

"目前这条唐人街是整个约堡最安全的地方,恶性事件已基本得到控制,治安状况明显改善。"张先生告诉记者,这要归功于南非华侨华人应用中国老祖宗的智慧。"自保而全胜"是《孙子兵法》的重要战略原则,这一战略思想的核心是"己不可胜",即先要保住自己,然后再去求全胜。

为此,唐人街正式注册并成立管委会,雇了15名持枪保安维护治安,白天执勤者九人,夜间执勤者六人。记者看到,在这条唐人街的两头和中间位置,各设立了一个执勤岗楼。

华人保安公司也应运而生,可合法申请枪械保护平民的公司,类似中国古代的镖局。大型中国商品批发城非洲商贸城便有约40名武装保安24小时守卫,华人商户专门花钱雇用了保安公司维护秩序,每户视情况不等至少每月出1000兰特雇用保安,这使得遭抢劫的概率大大降低。

2004年1月,成立了南非华人警民合作中心,为旅南侨胞保驾护航,协助警方针对预防犯罪,维护侨胞的合法权益和保护人身财产安全。这些年来,警民中心为给侨胞创造一个相对安全、稳定的生活与工作环境等方面越来越发挥出积极的作用。据当地《华侨新闻报》报道,华人警民合作中心成立后,涉及华侨华人的案件发案率下降了30%至40%,南非华人小区的治安状况日益好转。

2012年6月22日,南非豪登省警察厅唐人街警务室揭牌,这是全球第一个唐人街华人与当地警方联合执勤维护华人社区治安的警务室。唐人街警务室不仅提供每周七天、每天24小时的中英文全天候咨询和救助,还可帮助警方及时了解华人社区安全动态,调整工作部署,快速打击侵犯华侨华人合法利益的违法犯罪活动,为唐人街撑起了一把强有力的"保护伞"。

"自保而全胜"是《孙子兵法》的核心和精髓,也是华侨华人立于不败之地的重要保证。南非唐人街组建华人保安公司,成立南非华人警民合作中心和唐人街警务室,是孙子"自保而全胜"思想在非洲的具体应用和有效实践。

从兵家文化角度解读澳洲唐人街

澳大利亚是一个移民国家，一个拥有世界260多个民族成员的多元文化社会，80多万华人是这个多元文化大家庭最重要的成员之一。中国城、中国人、中华文化已深深地植根于南太平洋这片沃土，融入南半球经济最发达国家多元文化的大潮中。而唐人街起到率先垂范的作用。

兵法、易经、八卦、太极、武术、围棋，澳洲学者更愿意从包括兵家文化在内的中国传统文化角度来解读澳洲唐人街。在澳洲，能触摸到中国传统文化的历史脉搏与博大精深，而唐人街几乎集大成。这里每一个城市都有中国城，每一条街道都有中国人，每一个角落都流淌着中国文化。中国建筑、中国园林、中国商铺、中国餐馆、中国武馆、中国书店、中医药行，都充满了神奇的中国传统文化元素。

然而，当今世界，纷争不休，冲突不停，危机不断。人类社会比历史上任何时候都更加需要和谐共存的理念。历时2500多年的《孙子兵法》作为战略圣典、竞争哲学，在解答战争问题的同时，也给了世界共生共存、共同发展提供了思想借鉴。不同的民族、国家和地域在差别中交汇融通，在矛盾中寻找平衡，在博弈中达到和谐，在竞争中共谋发展，在多元文化中兼收并蓄。

悉尼唐人街是多元文化兼收并蓄的楷模。走进唐人街，映入眼帘的是牌楼上"四海一家"四个金光闪闪的大字，内侧横匾是"澳中友善"。

据当地华人介绍，当时在牌坊上大书"四海一家"四字，得到多方赞同，其意义在于鼓励澳大利亚各民族团结，少数民族融入主流社会。牌楼两旁楹联为"德业维新万国衣冠行大道，信孚卓著中华文物贯全球"，向世人展示了中国人的和谐理念与博大胸怀。

悉尼唐人街和澳大利亚主流社会的交往这几年越来越密切，常有联邦、州、市三级政府高级官员应邀出席，和华人社区领袖把盏共饮；澳大利亚高官走入悉尼唐人街拜年，称赞中华传统文化丰富了澳大利亚多元文化的内涵；中餐馆和商店里，金发碧眼的顾客越来越多；悉尼一年一度的中国城嘉年华会和澳华公会也在此举办，澳洲各族民众欢聚一堂，各民族团结共融，和睦共处。

墨尔本唐人街是澳洲最古老的唐人街，也是西方国家中持续时间排名第二的中国移民居住地。墨尔本是一个非常注重发展多元文化的城市，更是为华人开放"绿灯"。唐人街上的澳华博物馆是为纪念维多利亚建州150周年建造的，馆舍地点由澳大利亚政府拨给。该唐人街还成立了协进会，20多年来，广泛团结当地华人，主动融入主流社会，华人在墨尔本政坛发出了声音，唐人街已成为交流和交汇多元文化的大本营。

当地华人自豪地说，墨尔本唐人街多元文化的融通，对华人具有凝聚力，对澳大利亚各民族具有吸引力。如今，这座古老的"中国城"正向世界人民展示多元文化的风采。每逢中国传统节日，庆祝活动不仅吸引了大批华人，还吸引了澳大利亚本地居民前来观赏。2012年，该唐人街被美国CNN评选为世界最佳唐人街之一。

布里斯班市唐人街是全世界为数不多的由当地政府出资建造的唐人街，街名和店名都用中英两种文字标出。这里云集了几十家中国餐馆和日本、韩国餐馆。每逢周末，唐人街中心的凉亭便成了公开表演的舞台，中国的太极拳、武术吸引着金发碧眼的外国人驻足欣赏。菲律宾的舞蹈、澳洲土著居民的表演、狂热的摇滚歌手、西方流行的现代舞，风格迥异，为这里平添了多元文化社会的风情。

最能体现和谐共存的是在唐人街举办的"入籍仪式"。圣贤阁上方悬挂着澳大利亚国旗，十多位政界要员端坐在主席台。随着中国舞狮队的锣鼓声，仪式正式开始，来自不同国家的数十位入籍人员依次起立宣誓后，在座的政府官员和旁观仪式的特邀代表也起立作为他们入籍的见证人。而后，政府官员按姓名一个个地颁发入籍证明，整个仪式简单而又隆重。

澳大利亚学者称，《孙子兵法》作为兵学圣典，二元结构的圆融和谐的统一思想通贯全书，揭示了矛盾双方相互对立、相互依存、相互转换的关系，形成了独特而丰富的和而不同的哲理。这一哲理作为不同民族、地区和国家间交流，促进共同健康合理发展的一条原则和思想，不仅是世界多元化发展的趋势，而且是人类历史发展的大势。而孙子的这一哲学思想在澳洲唐人街得到完美的诠释。

多伦多唐人街多元文化多姿多彩

多伦多竖起北美首个中英文高速公路唐人街指示牌，向全世界游人展示唐人街的繁荣景况及多伦多对多元文化的尊重。中国银行与CIBC守望相对，麦当劳与中国菜天涯比邻，黑皮肤与蓝眼睛交相辉映，华人与各民族移民共同繁荣，这是多伦多唐人街多元文化的真实写照。

多伦多唐人街普通话、英语与广东话、闽南话、上海话转换迅速，共同谱写优美和谐的华丽乐章。有来此地观光说普通话的中国大陆游客、移民在此说粤语的香港华裔、说闽南话的福建与台湾华裔，还有只会讲英语的华裔二代。而餐馆服务员通常会说多种语言，招呼声，吆喝声，浓重的家乡味夹杂着滑稽的洋味，煞是好听。

多伦多唐人街一旁是堆挤着旧洋房的DOWNTOWN小街巷，一旁则是高楼耸立的繁华商业中心，招牌都以中英两种文字写成，婀娜多姿的旗袍在温婉高雅的中国女子与金发碧眼的外国女子身上中西合璧，风情万种，大红的中国结、精致纤巧的小荷包与风格浑厚的彩色兵马俑相得益彰，英文版、法文版、大陆版、台湾版、香港版各种版本《孙子兵法》五颜六色，形成一道色彩斑斓的多元文化风景。

首先，多伦多唐人街餐饮美食店多。中菜馆、越南餐馆、日本餐馆和西餐馆并驾齐驱。正宗的中国菜，从上海的食府到北方的菜馆、四川的火锅，再到广东的烧腊，应有尽有，展示了多伦多唐人街品种繁多的美食文化。加拿大《环球邮报》餐饮专栏作家里奇勒称赞多伦多中区唐人街，是北美独一无二的购物天堂和美食胜地。

一位来自中国东北的大姐自豪地告诉记者，你知道多伦多什么最多？首先是华人最多，华人店铺最多。多伦多是加拿大华侨华人第一大聚居地，全加拿大100多万华侨华人，40%居于多伦多，成为最大的有色族裔群体。大多伦多地区共有六个中国城，其中四个是近15年内在郊区形成的。Spadina和Dundas街交会处附近有两个大型华人购物中心——文华中心和龙城商场，中国商品丰富多彩，顾客人多拥挤。

其次，是全世界移民的民族最多，多元文化亮点多多。多伦多是加拿大第一大城市，也是全世界文化最多元的城市之一。在这里，49%的居民是来自全球各国共100多个民族的移民，140多种语言汇集在这个北美大都市。多伦多深受加拿大多元文化政策的影响，深得多元文化的精髓，而多伦多的唐人街则把这些特点演绎得精彩纷呈。

最后，也是最重要的是，多伦多要数华人的智慧最多，谋略最多，成功华人最多。在这里，能感受到孙子所说的"战势不过奇正，奇正之变，不可胜穷也"。多伦多唐人街的华侨华人可谓足智多谋，多收并蓄。华人商场太古广场、城市广场和新近开张的锦绣中华市场，正在形成一个堪称金三角的商业旺地，并出现了多元文化的顾客群。

多伦多唐人街的成衣和鞋子未必是名牌，但花色和式样却毫不逊色，在这里，十元就可以买一条做工相当不错的牛仔裤，而儿童防寒手套只要区区一元，因此最受平民购物者的青睐。不少游客认为，除中国大陆之外，这里是全世界商品价格最便宜的地方。西方人在这里总能发现一些匪夷所思的"奇特货色"。有人说，在唐人街只有想不到的东西，没有买不到的食物。

有学者称，世界各国，无论大小、强弱、贫富，都能在互利互惠基础上共同发展、共同繁荣。这是缔造世界和平的基础，也是构建和谐世界的基础。唐人街厚重的历史不仅记录了海外华侨华人的屈辱与艰辛，更记载他们传承与传播中华传统文化并与其他族裔共同生存发展的和谐与美好。而多伦多唐人街是一个缩影，生动体现了《孙子兵法》崇尚和谐的思想。

枫叶旗下的蒙特利尔唐人街

　　记者探访了枫叶旗下的蒙特利尔唐人街，但见四座古典的红墙黄瓦中华牌楼，围成了东西南北四座城门，形成了一个微型的华人世界。该唐人街不仅见证了华侨华人的艰辛与奋斗，也见证着中华文化的传承与传播。

　　华人大厦旁的两棵引自中国的银杏树大约有200年的树龄，估计是最早的移民先辈在创建唐人街之初栽种的，至今仍枝叶繁茂，郁郁葱葱，象征着中国传统文化在这里落地生根。

　　唐人街中心的中山公园充满浓郁的中华文化气息。公园的树荫下，有几个圆形石桌，石桌的四周放着鼓形石凳，石桌上刻着中国象棋的棋盘。正在下象棋的老华侨说，象棋的鼻祖韩信也是著名兵家人物，象棋是中国特有的一种模拟古代战争形式的娱乐性文化表现艺术，可以说，兵法与象棋有着不可分割的联系。

　　中华文化宫设有图书室、华讯报社和枫华书店，橱窗里陈列着兵马俑。文化宫定期举办"汉字的舞步"汉字展览、中国文化专题演讲和中华文化特色活动，以增加加拿大民众对中国的了解和对博大精深中华文化的认知与兴趣。中国国务院侨办曾向该文化宫赠送上千册儒家、兵家等中华文化书籍，并充分肯定其在继承和弘扬中华优秀文化方面所做出的不懈努力。

　　一位蒙特利尔唐人街的华商告诉记者，在这片飘扬枫叶旗的土地上，求生存、图发展都不容易。我们都是华人，都是炎黄子孙，都希望唐人街生意兴隆、精诚团结，更希望留住中华传统文化的根。

　　一位华人撰文说，定居加拿大蒙特利尔，我最称心的是家住唐人街。一眼望去，中国字、中国店、中国人。唐人街滋润我的中国心，缠绵我的中国魂。

一位台湾同胞对记者说，不论是中国大陆来的、台湾来的、港澳来的，还是印尼、越南、泰国、马来西亚来的，只要是华人，总能找到共同语言，因为我们的传统文化是一致的。我们有共同的祖先，共同的历史，甚至有相同的崇拜偶像，孔夫子、孙武子、关云长、郑成功……

从1825年第一位中国移民出现在蒙特利尔人口统计资料中算起，华人移民蒙特利尔的历史与引自中国的银杏树一样已有近200年了。早在19世纪60年代，来这里铺设铁路和开采矿山的劳动力在此聚居，在异域他乡形成一个有着浓郁东方文化色彩的华人社会。

老移民靠着中华传统文化在这里坚守创下的家业，新移民靠传承与创新中华传统文化在这里开拓和改变世界。如今，中国大陆已经成为蒙特利尔第二大移民来源地，到目前至少有十万之众。

老移民殷切希望新移民不要数典忘祖，不要忘记自己是中国人，不要丢掉中华传统文化。许多新移民创办中文学校、华文媒体和中国功夫班，致力传承与传播中华传统文化。

记者看到，在蒙特利尔唐人街的墙壁上，绘有"吴宫教战"的巨幅壁画，演绎孙武杀姬、三令五申的带兵之道；中华文化宫图书馆里新一代移民正在阅读中国古代兵家书籍；在美术馆里展出"运筹帷幄"等《孙子兵法》的书法。而这些中华兵家文化艺术品大多出自中国新一代移民的手笔。

有人赞美说，蒙特利尔唐人街到处都是浓厚的中国情趣，充满了浓厚的中国文化气息。它就像一座中国文化博物馆，宣传和继承着中华优秀文化，是西方人认识中国文化的"窗口"。

温哥华唐人街为华人利益百年奋战

　　温哥华唐人街华人先侨纪念碑坐落在 Keefer 街和哥伦比亚街交会处，设计颇具中国特色。主体建筑为形如"中"字形石碑，正背面为对联："加华丰功光昭日月，先贤伟业志壮山河"；石碑两旁为太平洋铁路华工和二战华裔军人青铜塑像。

　　据当地华人介绍，选择参加修筑横加铁路的华裔工人和参加第二次世界大战的华裔军人为华裔先侨塑像，是因为这两个划时代的人物最能代表华裔先侨在加拿大 100 多年奋斗的历史。

　　温哥华中华会馆理事长、华埠纪念广场委员会主席茹容均表示，华裔先侨在 100 多年前漂洋过海来到加国，备受歧视和欺凌，但他们任劳任怨，以德报怨，不仅参与横加太平洋铁路的修筑，还志愿从军参与二战，与加拿大军人一起并肩作战，华裔先侨对加国的贡献值得我们去纪念。

　　温哥华洪门会馆"华人历史壁画"，正是温哥华唐人街为华人利益而奋战的百年历史生动呈现。19 世纪后半期，淘金潮兴起，华人从中国漂洋过海而来，寻找金山之梦。梳着长辫子的华人，来到人地生疏的北美，彼此依靠，在一片乡音中互相取暖，由此形成唐人街的雏形。

　　为了铺设加拿大太平洋铁路，又有更多的华人会聚于此。占市民人口 10% 的中国移民所集中的这片地区，凝聚着一股极强的力量，温哥华的唐人街开始兴旺起来。谁知，这条铁路的修建，却给唐人街带来百年难忘的苦难，也引发了华人百年不止的奋斗。

　　据介绍，1881 年太平洋铁路开工，共 1.7 万名华工先后参与，其中 3000 多人丧生，平均每一公里就倒下一名华人。1885 年铁路建成，联邦政府通过新华人移民法，对华人移民征收 50 加元的人头税。1900 年，人头税调高到100元。1903年，国会再次修订移民法，将人头税调高到500元。当时这笔钱等于一个华工两年的工资。1923年又制定了排华法，该法被废除后又经历了半个世纪，直到2006年6月22日，华人地位才获得历史性转折。

温哥华唐人街等待这个时刻，竟然花费了100年的时间。当然，这历史性时刻，不是靠别人恩赐而来，也不是天上掉下来的，而是加拿大华人通过几代人坚持不懈奋斗换来的。

在第二次世界大战中，华裔子弟为了表达对加拿大这片土地的热爱与认同，主动积极地加入加国军队，在反法西斯主义的战争中浴血奋战，立下显赫战功。战后，加拿大政府终于在1947年废除排华法案，让在太平洋两岸隔离几十年的亲人重新得以团聚。

到了20世纪80年代，华人开始掀起要求平反人头税的运动，当时还在世的人头税苦主尚有近万人。在华人社区力量不断壮大的情况下，人头税平反终于迎来历史性的契机。华人社区依靠自身的实力，开始形成令人难以再轻视的巨大力量。

加拿大祖裔部组织了一趟"平反之旅"，从温哥华唐人街出发，坐上加拿大国家铁路公司的列车，由西部横穿中部的温尼辟，到达多伦多，然后进京。这趟被中英文媒体称为"平反列车"的行程，正是当年被加拿大政府招募的年轻华工艰苦卓绝，以数千人生命代价参与修建的太平洋铁路的线路。一趟"平反列车"之旅，浓缩了华人在加拿大百年的血泪之路、辛酸之路、奋斗之路。

1998年，加华军事博物馆馆长李悦后在温哥华唐人街的中华文化中心创建了加拿大华裔军事博物馆，馆中陈列了大量华裔军人的老照片和文献资料，提醒新一代的加拿大人和华裔，在那场为加拿大存亡而战的战争中，许多中国人也把他们的鲜血甚至生命永远地留在战场上。

2003年2月，在温哥华中华会馆百年庆典时，加拿大卑诗省省督坎帕诺罗在致辞中特别提到有华裔的贡献才有卑诗省的今日，华裔的成就不仅值得卑诗省民为之骄傲，也为卑诗省民树立了楷模。温哥华市市长李建堡也指出，华人先侨纪念碑记载了温哥华的历史，如果没有先人建筑横加铁路，就没有今天的卑诗省；如果没有战士参与二战，就没有今天的加拿大。因为有华裔移民的贡献，温哥华才有现在这样繁荣的景象。

温哥华孙子研究学者认为，温哥华唐人街是华人在北美奋斗百年历史的活化石，充分彰显了《孙子兵法》"合利而动"的战略思想。"利"在《孙子兵法》中出现有51次之多，孙子十三篇，几乎篇篇讲"利"，可见孙子"利战"思想，在其兵法中占有举足轻重的地位。高明的将帅要善于"趋利避害"，因为战争的出发点就是要保全本国民众的利益，孙子明确提出从事战争的目的是"掠乡分众，廓地分利"。

仰光唐人街充满华人智慧传奇

位于中南半岛西部的"佛塔之国"缅甸，在人们的心目中至今仍然是一个神秘的国度，而仰光的唐人街自然与其他国家的迥然不同，尤其是到了夜晚，这个笼罩在神秘面纱之下的闹市，也许是全球最神秘的唐人街了。

据介绍，仰光唐人街的形成于17世纪前后，当时中国大商队以三四百头牛，或以2000匹马在中国与缅甸八莫之间驮运货物，也有以大船运送货物，输入缅甸的货物有铜器、铁锅、剪刀、丝绸、布匹、瓷器、烟茶等，对缅甸发展生产和商贸起到推动作用。于是，缅甸就在仰光的唐人街附近建造了码头，唐人街也就随之形成。

仰光的唐人街群集于市中心广东大道附近的21条纵横交错的大街小巷，华人总人口在15万上下。记者走在仰光唐人街上几乎听不见华人用汉语交谈，同是华人却都用缅语交谈，身穿纱笼裤，脚穿日本鞋，让人难以分辨出他们的真正身份。缅甸妇女头顶着货物在街上行走，不时有和尚、尼姑在街头徘徊，更增添了几分神秘色彩。

缅文版《孙子兵法》译者刘汉忠也在唐人街开了一家鸿福贸易公司，他告诉记者，华人与缅族人通婚在这里是十分平常的事。如今的缅甸老华人，没有淡忘汉语，新华人正在努力学习汉语，他们身上一直流淌着中华民族的血液。在这条的唐人街上，其所谓的神秘背后仍旧是中华民族的智慧、勤奋与打拼精神，中华文化得以彰显和弘扬。

刘汉忠说，与其说仰光唐人街充满神秘色彩，倒不如说充满中国兵法的神秘色彩。《孙子兵法》云："兵者，诡道也"，仰光唐人街的"诡道"，就是"神奇"，既神秘，又奇特。刘汉忠向记者讲述了缅甸华人在仰光唐

541

人街"菜篮子""皮鞋王""小家电"等神奇故事。

　　缅甸人亲切地称务农种菜的华人为"瑞苗胞波"，缅甸是一个农业资源丰富的国家，各种土产豆类、粮油和农产品众多。智慧的闽南籍华商看好缅甸这片冒油的神奇土地，在农产品经营者中占九成以上，并有几代人的历史。直到今日，他们仍把南北各地的农产品收购、储藏，运输到仰光的唐人街，各类海产品百分之百也都是华人经营，使这里形成"菜篮子"集市。此举关系民生民计，不仅功德无量，而且财源广进。

　　皮鞋业在缅甸的兴起，也充满了传奇色彩。华人的先辈把中国硝皮技术带到缅甸，掘池辟地晒制皮鞋，然后用一种红树皮制成燃料，染成红色皮鞋，颇受缅人的欢迎。后来皮鞋、皮箱、皮带等皮革制品应运而生，在仰光唐人街掀起一股"中国皮革风"。

　　缅甸有"免费停电"一说，仰光地区经常停电，缅甸的电子电器生产基础又非常薄弱，近几年铜价持续高涨，缅甸私人制造的电源稳压器、逆变器等产品都比中国制造的贵。华人看好这个潜在市场，在唐人街五十尺路形成了家电一条街，经营者大多为华人，给缅甸小家电和电子市场带来了繁荣，同时极大程度地解决了全缅各地停电所带来的不便。

解读华人兵法

加拿大唐人街似华人大家庭同舟而济

在维多利亚唐人街牌楼上，醒目地刻着"同济门"三个镏金大字，旨在表彰华侨华人与各民族人士"同心协力，和衷共济"，共同发展维多利亚和保存唐人街。进入同济门，唐人街的两旁有20多家华侨华人社团，其中不乏维多利亚中华会馆、加拿大洪门达权总社、中山福善总堂、铁城崇义会域多利支会等已经历时一个世纪的传统侨团。

维多利亚唐人街牌坊的"同济门"三字出自《孙子兵法》。孙子说："夫吴人与越人相恶也，当其同舟而济而遇风，其相救也如左右手。"意思是说，吴国人与越国人本来互相仇视，在遇到危难的时候却能捐弃前嫌、相互救助。在生存和安全威胁面前，不同的利益群体都可以团结合作，同舟共济，更何况同是炎黄子孙、同根同源的海外华侨华人。

维多利亚唐人街是加拿大第一个唐人街，形成于1858年。在建埠150周年的纪念铜牌上，刻有"岁有留痕"四个大字。当时，创办广利行的卢超凡兄弟在此建起一批棚屋，供华工在同一个屋檐下生活，使该唐人街逐步发展起来，形成华人社会。排华运动出现后，大批华工涌入唐人街，成为华裔移民的避难之所。

"同舟而济"是逆境中相处的智慧，它将个体安全建立在集体安全基础上，通过相互合作谋求共同安全。唐人街是华人的大家庭，从它刚形成起，华人喜欢聚居一起，依靠集体的力量，相濡以沫，相互照顾，共同生存，共谋发展，使唐人街不断兴旺发达，欣欣向荣，甚至成为城市中心。

加拿大魁北克省中山同乡会会长黄善康对记者说，加拿大的华侨华人，200年来携手打拼，之所以逐渐站稳脚跟，建起一条又一条唐人街并焕发出新的生机，靠的就是中国人的智慧谋略、吃苦耐劳、克勤克俭和同舟共济。

2003年4月，香港新界名门望族戴氏家庭，因为债务问题而将蒙特利尔唐人街东部一栋3.7万平方尺的地标建筑红砖屋出售给了一位英国人，使这一建筑内17个商户的命运发生了变化，加租三倍到五倍，同时华人在英国经济建树的象征之一的六角亭也要拆除。于是，唐人街的商号、华人发起一场救亡行动，团结起来拯救自己的家园。

华商会在蒙特利尔唐人街建中山公园时，为妥善管理这个华人活动的公共场所，多方奔走，组建了中山公园基金会。当时，该款项需经市议会大会投票决定后才予颁布。但第一轮投票后，此款项反而要被否决。市长在华商会的积极建议下，向参加投票的议员讲述了华工建设加拿大铁路的血泪历史，才改变了款项被否决的命运，让象征中国文化的牌楼竖立在远离中国的异国他乡。

已在蒙特利尔生活几十年的《华侨新报》总编辑张健说，如今，蒙特利尔的年味一年比一年浓。朋友们踊跃把年夜饭从自己的"小家"搬到唐人街的"大家"，反映了华侨华人憧憬唐人街大家庭的愿望。

渥太华唐人街规模较小，长约一千米，仅有3万多华人。渥太华大学、卡尔顿大学、亚岗昆学院等几所高校，吸引大量的中国留学生前来就读。随着大批中国新移民涌入，渥太华华人社区服务中心就成了他们的家。

渥太华华人社区服务中心不仅为学生培训面试技巧，提供工作机会，还为学员提供托儿服务，报销公交车票，提供茶水、咖啡和点心。来到这里接受培训的新移民，三个月内找到工作的占五成至六成，一年内就业的占八成。

温哥华唐人街的黄氏宗亲总会已成立100周年。一个世纪以来，该会在"同舟而济"上做出了标杆。1925年，该会创建了北美洲首个中文学校文疆学校，向青少年传授中华优良传统及伦理道德知识。目前，该会会员以家庭为单位超过800户，从事政府部门、律师、医生、大学教授等各领域职业并取得显著成绩。陈颖川总堂团结宗亲，发扬孝道，还设有一个奖学金，资助宗亲子女。

纽约唐人街地理优势有利华人发展

"当你走入纽约格兰街地铁站，乘扶梯上楼后看见街上景色，很可能会感觉穿越到异国了。这就是纽约唐人街的心腹地带，好像是远离曼哈顿的另一个世界。"这是发自《每日电讯报》的报道。

报道称，自1890年起，这里就被称为唐人街，1900年人口普查数据记录共有6321名华人居住在此。现在，唐人街上共居住着超过5.6万名亚裔，估计其中95%为华裔。亚裔社区不断蓬勃发展、亚洲企业在金融区置地、亚裔移民纷迭而至，长期作为移民之家的唐人街很难被人遗忘。唐人街不仅是一座远离曼哈顿的"世外桃源"，同样也是与时代广场、百老汇和自由女神像齐名的纽约标志。

纽约唐人街之所以很难被人遗忘，是因为坐落于美国纽约曼哈顿区的唐人街，距纽约市政府仅一箭之遥，与闻名世界的国际金融中心华尔街也近在咫尺，又毗邻世界表演艺术中心的百老汇，优越的地理位置使其在纽约有举足轻重的地位，非常有利于华侨华人在此长期发展。

《孙子兵法·地形篇》从军事地理学和军事地形学的角度，论述了战略地形的重要性。在战争中合理地利用地形的优势是克敌制胜的一个重要条件，它同样也适用于作为华人企业和商业主要聚集地的唐人街。凡用兵贵先知地形。占据战略位置，无论是在战场上还是商场上，都具有举足轻重的地位。

历尽百年沧桑的纽约唐人街，一直是纽约华人最重要的商业活动中心，其中最早的华人店铺可以追溯到19世纪中叶。事实上，这里也是除亚洲之外海外华人最早设立起来的华人商业街之一，已经成为美国最大的华裔人口居住地。

几十年来，纽约唐人街的地理优势充分显现。曼哈顿下城的老唐人街，地盘扩大了，往北越过了运河大道，进入以前是意大利人天下的"小意大利"；往东占领了以前比较冷清的东百老汇大街。从曼哈顿下城短短三条街发展到今天遍布三大区100多条街的五个华人社区，面积超过四平方公里，华人已达80万之众，已形成四座中国城和十个华人社区。

纽约唐人街的扩容也辐射其他唐人街。在皇后区的法拉盛，纽约第二唐人街规模和人气飙升，在布鲁克林区第八大道的第三唐人街和在皇后区艾姆赫斯特的第四唐人街也已经初具规模了。

在纽约唐人街住了几十年的李先生告诉记者，唐人街的这些楼房一大半都有100年左右的历史。因为地处闹市，生活非常方便，所以很多华人还是愿意居住在这里。一家房屋中介的销售员王先生认为，纽约唐人街毗邻华尔街等几个繁华街区，新楼盘的出现让唐人街也分享曼哈顿的房地产热，而这些新建楼宇大部分是被华人买下的。

纽约市立大学亨特学院图书馆馆员谭婉英出版了《纽约唐人街》，她认为，与其他国家的华人有些不同，纽约的华人遍布全市，并不一定要聚居在同一社区，现时唐人街的商业性远大于居住功效。

据美国媒体报道，纽约唐人街附近正计划建设一座名为"中山中心"的超级摩天大楼。该建筑高达128层，将实现"年收益超过3000万美元地产税"和"数十亿美元的营业税"。

如此得天独厚的地理位置，注定了纽约唐人街的现代化趋势似乎已经不可避免。有媒体预测：也许有一天，开发商会为地处世界金融中心华尔街边缘的楼盘打出广告，骄傲地写道："位于曼哈顿唐人街。"

贵在变通的美国休斯敦唐人街

　　休斯敦有新旧两个唐人街，旧唐人街在市中心附近，而新唐人街位于休市西南区的百利大道。随着华人的数量和居住位置几经变化，唐人街一切都在悄悄地改变着，印证了《孙子兵法·九变篇》所说的"故将通于九变之地利者，知用兵矣"。

　　20世纪90年代，休斯敦唐人街开始从旧中国城转移到新商业区。于是，新的唐人街不断扩展，这里聚集的新一代华人，很多是原来中国国内知识界和工商界的精英，他们对《孙子兵法》等中国传统文化颇为精通，充满智慧，善于谋划，以自己独特的方式试图减小唐人街在美国的落差，朝着国际化的经济发展目标迈进，成为全美第四大城市颈上的一串具有东方风格的璀璨珠宝。

　　入夜，记者来到休斯敦唐人街，为这个与众不同的场面感到震撼。这里仿佛中国的一座不夜城，有五六个繁华街区，霓虹灯闪烁，五彩斑斓，以广场命名的商务生活中心如顶好广场、黄金广场、世纪广场、名人广场、敦煌广场鳞次栉比，惠康超市、百佳超市、王朝超市、大华超市、越华超市、黄金超市、阳光超市的中国商品琳琅满目，实在让人怀疑这里到底是否为美国领土。

　　休斯敦唐人街最亮丽的风景莫过于林立的十几家银行，其中尤以首都银行、亨通银行、第一国际银行、德州第一银行、中央银行、富国银行、美南银行等华人银行占据了主导的位置，百利大道此段因此被视为美国德州南部的主要金融中心之一。

　　休斯敦唐人街是侨社集中的场所，这里中国人活动中心、中华文化服务中心相继购买了新的办公场所，华夏中文学校、慈济中心、盛世公寓、幸福公寓、汉明顿公寓、安良工商会大楼，构成唐人街的人文中心。2000年起，新唐人街华文媒体也进入一个发展旺期，四家电台、十多家平面媒体在此展开竞争。

记者发现，休斯敦唐人街的医疗中心、医院诊所、中药房也是唐人街中最多最全的，档次也很高。牙科、内科、妇科、儿科一应齐全，环境和设备都很好，有一大批医术较高的华人医生。华侨华人及探亲家属在休斯敦，很多人选择到这里找医生看病。

新唐人街经过多年的发展，不仅比早期的旧中国城规模扩大了十倍以上，内涵也因此完全不一样了。西尔顿花园酒店气势恢宏，电影院拔地而起。从老夏普顿城到西夏普顿再到百利大道这样一个范围里，形成一个以亚洲文化为主要特点的多元文化的生活区域，有80多种语言在这个区域里通行，是整个大休斯敦地区最有"国际代表性"的区域。

"休斯敦唐人街变大变新变美了。"新华人俞小姐自豪地对记者说，这里华侨的房子是一家比一家好，车是一辆比一辆高级，最新款最流行的奔驰、宝马、保时捷，应有尽有。华人加盟的21世纪地产公司、联合地产公司，给华人展示了一幅正在画着的最新最美的图景。

美国华人《孙子兵法》研究学者认为，孙子在"九变篇"中说："凡用兵之法，将受命于君，合军聚众，圮地无舍，衢地交合，绝地无留，围地则谋，死地则战。"用兵贵在变通，通晓变化之术，方可为将为帅，若不识此术，纵然晓察地形之别，终不能为我所用，何谈借"形"为"势"而获胜？唐人街的发展亦然，离不开一个"变"字。

旧金山唐人街百年不变的中国梦

有游人称，旧金山唐人街之所以引起强烈的好奇，是因为它那种"以不变应万变"的气场。记者来的这里也有同感。千古兵家第一奇书《孙子兵法》，将神鬼难测、千头万端的战争总结出各种规律，以不变应万变。真正的高手，隐匿于市井之中，那里才是藏龙卧虎之地，旧金山唐人街的华人正是这样的高手。

位于美国西海岸旧金山，这里有IT之都硅谷，出了苹果教主乔布斯；这里是披头族、同性恋者的大本营和嬉皮士运动的发祥地；这里又是美国自由言论运动和性解放运动的发源地之一和潮流汇集地。然而，就是在这样一个"新潮城市"的心脏地带，有一个百年不变的城中之城，那就是旧金山的唐人街。

旧金山的唐人街共有16条街口有10万余名华侨居住，为亚洲之外最大的华人社区，也是全美最大的唐人街。这里所写的、所听的都是中国语，所见的都是挂满中国大红灯笼和中文招牌，所品尝的都是正宗的中国味道，所感受的都是浓浓的中国传统文化风，这里宛然成为"中国以外的中国"。

走进旧金山唐人街，但见街上的建筑物顶端、街灯和电话亭都状如宝塔，勾画出典型的中国氛围。唐人街上至今保持前店后住，下店上住的中国传统格局。中国货是唐人街永恒不变的烙印，中国风是唐人街永恒不变的标记，中国文化是唐人街永恒不变的主题。

最不变的是旧金山唐人街华侨华人的中国心、中国情、中国梦。他们在不断融入美国主流社会的同时，"不忘本，不忘根"。有人评价，"旧金山唐人街是东方巨龙的化身，是一个散发着华夏民族魅力的窗口"。

1931年，九一八事变的消息传到美国时，广大华侨"愿为后盾"，组织了拒日救国会。1949年，新中国成立的喜讯传来时，旧金山华工合作会不畏阻碍，联袂各团体隆重举行庆祝大会。几十年来，无论祖国遭受百年不遇的水灾、风灾还是地震，旧金山侨胞都会慷慨解囊，这种同胞亲情从未隔断。2013年春节，三名年过花甲的三代移民联手推出名为"故乡情"的展览，勾起华侨华人的家乡情、中国梦。

唐人街由华人开的会馆、堂所特别多，有超过200个堂所、同乡会、协会、华人服务社，皆以中华文化这一纽带联系起来，是华人联谊交流、了解家乡、支援家乡的信息中心。这里的公共图书馆及多间大小书店，包括《孙子兵法》在内的中华典籍琳琅满目，种类繁多，不但成为华人寻求知识的宝库，也是华侨华人中国梦的寄托。

自从1919年第一间晨钟中文学校在旧金山唐人街开办以来，各社团相继成立了多家中文学校，让华人子女入学就读，向他们灌输中华文化，主要是希望子女不要忘记自己的根来自中国。中医界组织了中医联合总会、针灸医师公会、中药联商会、中医跌打伤科协会、中药联商会、中医政治联盟等团体，传承中医文化。

中国文化中心举办华裔美国人的各种展览，美国华人历史博物馆收藏了一流的美籍华人工艺品，陶瓷店里象征中华文明的中国陶瓷货品齐全，陶器造型千姿百态，有关公、岳飞、孙中山、毛泽东等古今著名兵家人物像，也有少林武术队雕像。由旧金山中华总商会组织的农历新年大巡游每年都引起轰动，当地居民和来自世界各地的游客观赏这场全美最大的新春庆祝巡游活动，感受中国的传统文化。

旧金山孙子研究学者认为，《孙子兵法·军争篇》提出从事战争的目的是为了"掠乡分众，廓地分利"，就是要保全本国民众的利益。华侨华人在海外开土拓境，则需分兵扼守。要权衡利害得失，懂得正确运用变迂远为近直的策略者就能胜利，这就是军争所应遵循的原则。唐人街的变化似乎不能避免，但旧金山唐人街以不变应万变，固守阵地，坚守传统，延续文化，充分体现了孙子的这一战略原则。

墨西哥城小唐人街藏中国大智慧

　　距离墨西哥城市中心最热闹的艺术剧院仅百米之遥，从车水马龙的 Juárez 大街上一拐进名叫 Dolores 的小街，满眼都是大红灯笼，这就是墨西哥城唐人街，这也许是世界上最小的唐人街。令记者没想到的是，在世界最大城市之一的墨西哥城市中心竟然隐藏着这么一个小华埠。

　　这条唐人街长不过 50 米，一眼就能望到尽头；两边的小中餐馆，商店出售廉价的中国小商品。从规模上讲，墨西哥城的这条小小的唐人街跟大多数海外的中国城没法比，但街上悬挂的大红灯笼从里往外透着中国文化，好景楼餐厅、东风饭店、上海饭店、重建大酒家、汉化珠宝、康兴贸易公司以及针灸按摩等十几家华人商家在此聚集，琳琅满目的中国商品和粤式风味的美味佳肴，每天都吸引着无数的游客和行人。

　　墨西哥文化学者称，墨西哥城小小的唐人街蕴藏中国大智慧，被称为"东方世界"。记者看到，《孙子兵法》《三国演义》《英雄》《卧虎藏龙》和《十面埋伏》等中国文化书籍、影视光盘在这里随处可见。橱窗里陈列的工艺品洋溢着浓浓的中国文化味儿，孔子、老子、孔明、关公等中国智慧和财富人物栩栩如生。

　　陪同记者采访的当地华人介绍说，早在 16 世纪中叶，就有在西班牙船上做船工的部分菲律宾华侨移居墨西哥，在各地造船、经商和做工。16 世纪末在墨西哥城已有唐人街。来自中国的医生、裁缝、织工、金银首饰匠、木匠、理发师以及商人已活跃于该城的经济生活中。如今，墨西哥的华人越来越多，来投资的中资公司数量也在增加。据中国驻墨西哥使馆最新的估计，华裔人数在 5 万至 10 万之间。

　　华人在墨西哥的发展一靠老祖宗传下的智慧，二靠自己的勤劳。当地华人对记者说，墨西哥城小唐人街的小店每天基本是早上10时开门，晚上10时关门。到这里来的墨西哥人回头客特别多，他们大多数都非常喜欢中国的东西，甚至还会介绍一些亲戚朋友来买东西。而华商每天都在店里守12个小时。

墨西哥人说，中国人有智慧，很聪明，他们都很喜欢唐人街的中国产品。一位墨西哥司机告诉记者，墨西哥节日多，墨西哥人喜欢搞聚会，喜欢互赠礼品，中国产品在墨西哥无处不在，中国的工艺品和玩具很受欢迎。

孙子在"势篇"中说，"凡治众如治寡，分数是也；斗众如斗寡，形名是也"。意思是，治理千军万马就如同治理小部队一样简单，那是由于有严密的组织编制；指挥大军作战就如同指挥小部队作战一样容易，那是由于有有效的号令指挥。反之，治寡如治众，斗寡如斗众。能治理小部队，也能治理千军万马；能指挥小部队就能指挥大兵团作战。

当地华人文化学者认为，不管是小部队还是大部队，靠的是大智慧，大谋略，靠的是严密的组织，有效的号令指挥。墨西哥城唐人街虽小，但已成"势"，在墨西哥影响很大。中国有一句俗话："螺蛳壳里做道场。"在螺蛳壳里做出事，做出名气，是需要智慧和谋略的。孙子的奇正之术，在小巧玲珑的墨西哥城唐人街演绎得淋漓尽致。

芝加哥唐人街开启中国智慧之门

　　美国芝加哥新唐人街入口处建有一座中国式大牌楼，牌楼两侧分别开启了"智门"和"慧门"，用中英文书写，雕梁画栋，十分醒目。匾额下方左右两侧有中国四大发明、中国传统文化等雕刻，唐人街墙上绘有"运筹帷幄"大幅标语，商店里老子、孔子、诸葛亮等中国古代智慧人物工艺品栩栩如生。

　　芝加哥唐人街是美国东部规模最大、最繁荣的唐人街之一，也是芝加哥最有活力的地区之一。靠近芝加哥市中心区的克拉克街，又称第一唐人街，后扩展到隔一条马路的第二唐人街。这里屹立着许多年代久远的历史建筑，见证了华侨华人融入当地社会的历史过程，见证了华侨华人丰富的历史和文化，也见证了华侨华人的勤劳和智慧。

　　早期移居海外的华人，是当地的少数民族，面对陌生、严峻语言文化大相径庭的新的生活环境，需要聚居在一起，以便同舟共济、相互协助。芝加哥美洲华裔博物馆展出芝加哥最先出现的中国餐馆使用的糖碗，华人贺岁时穿着的传统服饰，充满中国情调的楠木家具和刺绣挂画，20世纪30年代密歇根州本顿港唯一的一家华人洗衣馆，以及多珍贵的老旧照片，讲述了华侨华人勤劳智慧的故事。

　　如今，芝加哥唐人街不但不失中国的传统文化气息，而且具有现代文明的气息。小巷是芝加哥唐人街最有特色及历史风貌的街巷，这里居住着很多华人移民，保留着中国的文化韵味。因为这条小巷极富年代感，连好莱坞的大片都会专门到这儿来取景。芝加哥唐人街的胡同清静而朴素，飘出的仍是一股悠悠的中国风。

　　芝加哥公立图书馆唐人街分馆，面积1000多平方米，收藏了不少中英文书籍，仅杂志就有200种。芝加哥老城唐人街有一家出售中国大陆图书的书店，门庭若市。书店最醒目的位置摆放的是《孙子兵法》《中国人的智慧》等有关中国传统文化的书籍。

在芝加哥唐人街，经常从这扇"智慧之门"里的透出华侨华人智慧的光芒。据报道，美国伊州财长罗德富自2010年11月宣誓就职以来，造访了芝加哥华商会、中华会馆以及芝加哥唐人街的七家银行，他谈到华裔一向善理财，让他留下深刻的印象。另据报道，芝加哥唐人街一家厨师培训课程CASL，教授的课程可以让学生了解不同文化的差异，已经培养出1400名学生，约70%的毕业生在六个月内找到工作。

在芝加哥唐人街餐馆中，一系列以"老"字开头的老四川、老北京、老上海、老友聚和老湖南，十分引人注目。这五家"老"字号餐馆属于同一个人，他就是美籍华裔人士胡晓军。他在美国开饭店开出智慧，开出学问。胡晓军说，中餐烹饪是科学，是艺术，是文化，必须在创新的同时保持中餐传统。他在芝加哥一家电视频道介绍学做中国菜节目，还在芝加哥市政厅和美国西北大学讲中餐，在美国精彩演绎中餐文化。

目前，芝加哥唐人街正在开启新的"中国智慧之门"，拉开了"华埠远见计划"的序幕，并发布带有"请分享您希望看到的2040年的中国城的景象"字样的明信片。芝城华商会新任执行理事简英彬似乎无所不在，各种不同的文化在她的组织下都能统一融合。她的"合和"理念也充满孙子的智慧："提供人与企业连接的平台，共同发展，是促进芝加哥商业社区前进的唯一方法。"

美国孙子研究学者称，《孙子兵法》是智慧之法，是全世界的智慧宝库。芝加哥唐人街开启中国智慧之门，彰显了中国人的大智大慧。一部唐人街的历史，既是海外华侨华人的奋斗史，也是中国人智慧的开创史。

秘鲁利马唐人街秘而不宣的经商秘诀

记者在秘鲁首都利马唐人街发现，这里店铺经商的绝大多数已不是华人，而是当地人。秘鲁有20多万华人，大多住唐人街附近，如今换成不是华人面孔，让人看了一下子难以接受，这恐怕在全球唐人街中实属罕见。是否利马唐人街改换门庭了？

秘鲁首都利马市中心广场附近繁华地段的帕鲁罗街，矗立着一座中国传统风格的绿色琉璃瓦牌楼。牌楼之下，便是拉美最大的唐人街——利马唐人街。该唐人街规模很大，方圆近一平方公里，大小店铺不过三四百家，是秘鲁最大的华人聚居地。在拉丁美洲诸国中，秘鲁长期以来一直是华侨最多的国家，近年才被巴西超过。

据当地华人介绍，利马唐人街是早期抵秘华侨华人生存发展的根据地。早在19世纪中期，唐人街就已经初步形成，那时中国一些大商号就在这里落脚。到19世纪90年代，"永发""邝记""邓记""宝隆"等商号生意已经颇为兴隆，从大商号到个体临时小业主应有尽有，形成中国人集中经商的地方。秘鲁华侨华人凭借自己的勤劳与智慧，逐渐融入当地社会。

记者注意到，在这条具有东方民族色彩的商业步行街上，两旁并立多座整齐的红柱绿瓦的小牌楼，路面铺设了嵌有红地砖和十二生肖图案的地面，浓郁的中华民族文化特色吸引了各方游客驻足流连。唐人街的中餐馆门面都是传统中式廊檐，店里的设施则中西合璧，街上无处不见的中国货。

而在唐人街露天集市上，满目皆是形形色色的拉丁人，即印第安人与白人或黑人混血种：各色生意兴隆小商摊贩经营者都是秘鲁人，涌动的人潮也多半是秘鲁人；银行前，秘鲁人排着长队；园林式的一座座精美亭子里，坐的多是秘鲁人；就连中国式擦皮鞋摊上竟然还是秘鲁人，擦起皮鞋来除了肤色不同，手法姿势与中国人毫无二致，令记者惊讶不已。

有人惊叹：利马唐人街吃饭的是拉丁人，端盘子的是拉丁人，保安是拉丁人，卖菜卖饭的是拉丁人，甚至连厨子都是拉丁人，半天找不到一张亚洲面孔，华人居然成了稀有物种。

"利马唐人街店铺经营者为何都换秘鲁人？"记者好奇地问一位老华侨。老华侨风趣地对记者说，这是秘而不宣的经商秘诀。现在利马唐人街华侨华人当"董事长"，运筹在帷幄之中，秘鲁人出任"总经理"，负责打理商铺。其实这里真正的老板没换，店铺还是中国人的店铺，唐人街还是中国人的唐人街。

"这样做出于什么原因，有什么好处呢？"记者追问道。在秘鲁圣马丁大学研究生班学过《孙子兵法》的中国留学生肖鹏回答说，孙子在其兵法中说到"九变"，唐人街随着时间的推移和时代的变迁也在变，唐人街一成不变就没出路。其实全球唐人街都在变，有的悄悄变，有的慢慢变，而利马唐人街是大变快变。

"都说商场如战场。利马唐人街这个变，顺应了秘鲁的这个商场的实际情况。"肖鹏说，利马唐人街在秘鲁首都名气很响，中国商品很受当地人欢迎，来这里购物消费的生力军是当地人。由当地人服务当地人，情况熟，信息快，行情准，更利于唐人街的商战；秘鲁人想在唐人街学习中国人经商的智慧，华侨华人也可腾出精力做更大的生意，这是一举多得的好事，何乐而不为。

此间孙子文化研究学者认为，目前有华人血统的秘鲁人已超过300万，据说秘鲁有十分之一的人口都有华人血统，其土著人的遗传基因和中国人相同，秘鲁文明与华夏文化密切相关。一般认为，中国和秘鲁两国人民的交流史应追溯到3000年以前的中国殷商时期，中国文化深深地影响着秘鲁文化。利马唐人街变为由秘鲁人为主经营，对中国传统文化在利马的传播及影响是一件利好的事。